KB199449

베르그손의 잠재적 무의식

베르그손의 잠재적 무의식

반복을 넘어서는 창조적 사유 역량의 회복

초판1쇄 펴냄 2010년 6월 20일
초판5쇄 펴냄 2022년 10월 13일

지은이 김재희
펴낸이 유재건
펴낸곳 (주)그린비출판사
주소 서울시 마포구 와우산로 180, 4층
대표전화 02-702-2717 | **팩스** 02-703-0272
홈페이지 www.greenbee.co.kr
원고투고 및 문의 editor@greenbee.co.kr

편집 신효섭, 구세주, 송예진 | **디자인** 권희원, 이은솔
마케팅 육소연 | **물류유통** 유재영, 유연식 | **경영관리** 유수진

ISBN 978-89-7682-349-6 93100

學問思辨行: 배우고 묻고 생각하고 판단하고 행동하고
독자의 학문사변행을 돕는 든든한 가이드 _ 그린비 출판그룹

그린비 철학, 예술, 고전, 인문교양 브랜드
엑스북스 책읽기, 글쓰기에 대한 거의 모든 것
곰세마리 책으로 크는 아이들, 온 가족이 함께 읽는 책

베르그손의 잠재적 무의식

반복을 넘어서는 창조적 사유 역량의 회복

김재희 지음

그린비

머리말

시간의 불가역적인 흐름, 연속적인 질적 변화의 삼라만상, 예측불가능한 새로움의 생성과 창조……. 이 모든 것은 우리의 사유 습관을 바꾸지 않고서는 도달할 수 없는 세계이자 베르그손이 우리에게 열어 보인 실재의 모습이다. 베르그손은 기계론적 결정론의 과학적 세계관과 지성의 부동화된 표상체계를 넘어서 살아 움직이는 실재의 차이와 뉘앙스를 직접 포착하고 느끼는 것, 다시 말해 개념을 통해 실재를 파악하려는 것이 아니라 실재로부터 출발하여 개념을 발명해 내는 것이야말로 진정한 경험론으로서의 철학적 작업이라고 역설했다.

현상학, 분석철학, 구조주의로 대표되는 20세기의 언어적 전회 이후, 현대 철학은 여전히 역동적인 실재와의 직접적인 접촉은 뒤로 한 채 개념들의 의미론적 체계와 텍스트를 조직하는 기호들의 운동에 사로잡혀 있는 듯하다. 정신의 자유란 단지 뇌의 신경생리학적 작동 효과에 지나지 않으며 생명의 신비 역시 물리화학적 코드들의 해독으로 풀 수 있다고 믿는 과학의 거침없는 지성 앞에서, 또한 생동하는 이미지들을 통해 실재의 내재하는 힘들을 감각적으로 직접 포착해 보이는 예술의 새로운 감성 옆에서, 철학은 이제 실재와의 관계에서 멀어져 수사학적 글쓰기의 차원으로 축소되어 가는 경향을 보이고 있다. 오늘날 베르그손주의자가 된다는 것은 무엇을 의미하는가.

그것은 단지 흘러간 옛노래에 대한 취향을 보여주는 데 불과한 것이 아니다. 과학적 지성의 수학적 도식들과 예술적 감성의 감각적 이미지들 사이에는, 아니 그것들의 발생적인 근원에는 언제나 먼저 철학적 직관이, 다시 말해서 실재와 직접 접촉하는 사유의 역량이 존재해 왔고, 또 존재해야 하기 때문이다. 베르그손의 철학적인 기획은 아마 우리의 사유가 지속하는 한 여전히 유효할 것이다. 문제는 이러한 사유의 역량을 언제나 다시 회복하고 강화해야 한다는 것, 굳어져 버린 지각-행동-감정의 협소한 경험을 울타리 너머로 다시 확장시키고자 해야 한다는 것이다. 시간의 흐름 속에 열려 있는 실재와 다시 접촉하면서, 접촉을 새로 반복하면서, 생존의 필연성과 물질적 조건에 맞추어진 일상적인 사유의 습관만이 아니라 현상계와 상징계의 울타리 바깥으로 나가려 하지 않는 철학적 개념의 틀마저 부수어 내고자 매번 새로 노력해야 한다는 것이다. 어렵고도 고통스러운, 실재에 대한 직접적이면서도 확장된 경험을 통해서 우리의 사유를 끊임없이 갱신하며 삶의 창조적 역량을 실천하는 것, 이것이 바로 인간의 조건 너머로까지 실재의 운동을 따라가려는 베르그손주의자 되기의 의미일 것이다.

이 책은 기존의 베르그손주의를 잠재적 무의식이라는 새로운 개념의 발굴을 통해 다시 유연하게 만들고 그 현대적 의미를 확장시켜 보고자 한 하나의 시도이다. 이 책에서 다루어지는 무의식으로의 탐색은 현재의 삶과 의식을 억누르는 과거의 트라우마에서 벗어나려는 정신분석학적 노력이기 이전에, 현재-의식 중심의 사유 습관을 벗어나서 현실적 경험의 심층적 배후에 잠재적으로 존속하는 무의식적 실재와의 잃어버린 접촉을 회복하려는 존재론적 탐구이자 현실적 경험 자체의 확장 가능성에 대한 인식론적 모색이다. 이 작업은 의식 현상의 실재적 조건과 의식 존재 자체의 발생적 근거를 존재론적 무의식에서 발견하고, 칸트적 의미의 초월론적인 것transcendantal을 심리학적 의식의 형식으로부터 존재론적 무의식의 잠재적 실재성으로 변환함으로써 이루어진다. 여기서 베르그손의 철학은 지속하는 의식과 창조하는 생명의 철학에서 잠재적인 무의식의 존재론으로 재정의된다. 베르그손은 정신주의spiritualisme나 생기론vitalisme의 연장선에서 한 걸음 벗어나와 탈근대 사유의 선두에서 근대 의식 철학의 한계를 넘어서는 무의식의 철학자로 새로이 자리매김된다.

베르그손의 존재론적 무의식은 잠재적 다양체로서 오로지 '자기-변용'과 '자기-차이화'의 방식으로만 스스로를 현실화한다. 잠재적인 것은 비초월적이고 비결정적인 방식으로 현실화된 것들을 근거지으며, 현실화된 것들은 잠재적인 것의 모방이나 재현이 아닌 창조적 발명으로 생성한다. 이제 세계는 일자와 다자, 존재와 생성 사이의 전통적인 대립을 넘어서 자기 동일적 일자로 머무르지 않고 부단히 스스로 달라지는 열린 전체로 존재한다. 이러한 베르그손의 세계 안에서는 유아론적 곤경을 야기했던 정신과 물질의 이원론, 실증적 내용에 도달하지 못하는 관념론과 유물론의 대결은 해체되고, 잠재적인 무의식과 현실적인 물질을 왕복하는 의식의 노력에 따라 인식론적 경험의 장場이 확장 가능하다. 베르그손의 무의식 개념은 과학적 심리학에서 주장하는 뇌의 신경생리학적 상태나 정보 처리 과정의 기제를 넘어서는 것으로서 오히려 그것의 발생적 근원에 해당하는 잠재적 에너지를 보여 준다. 또한 그것은 정신분석학적 무의식의 부정적이고 형식주의적인 측면을 넘어서 우리의 현실적 삶을 결핍이 아닌 충만한 생산으로 긍정할 수 있게 한다. 무엇보다 이 새로운 잠재적 무의식은 현재를 견고하게 다지는 선형적이고 연대기적인 습관의 시간이 아니라, 현재의 이행과 변형을 가능하게 하는 창조적 생성의 시간, 잠재성을 현실화하는 근원적인 시간의 운동 속에서 인간의 조건을 넘어가는 우리 자신을 발견하게 한다.

이 책은 박사학위 논문(「베르그손의 무의식 개념에 대한 연구」, 서울대학교, 2005년)을 수정 보완한 것이다. 논문을 쓸 당시에 참조하지 못했던 새로운 논문들과 연구서들이 국내외에서 계속 출간되고 있다. 말랑말랑했던 나의 베르그손주의가 어느 정도 형체를 갖추며 굳어져 가는 동안, 어느새 등장한 새로운 사유의 역량들이 그 윤곽을 다시 주무르며 변형하기 시작한다고나 할까. 더 늦기 전에, 베르그손에 관한 연구가 더욱 풍성해지길 바라는 마음으로 부끄러운 생산물을 마무리해 내놓는다. 많은 질책을 바란다. 이 자리를 빌려 지금의 성과를 가능하게 해주신 지도교수 김상환 선생님을 비롯하여, 논문 심사를 맡아 주셨던 황수영 선생님, 차건희 선생님, 박찬국 선생님, 김기현 선생님께 진심으로 다시 한번 감사를 드린다. 끝으로 부족한 원고의 출판을 흔쾌히 허락해 준 그린비 출판사에 감사드린다.

지은이 김재희

차 례

1 이 책에 인용된 베르그손의 저서는 백주년 기념판 전집(Henri Bergson, *Œuvres, édition du centenaire*, Paris : puf, 1970)을 사용했으며, 인용쪽수는 '단행본 쪽수/전집 쪽수'의 순으로 표기하였다. 베르그손의 저서를 인용할 때 독자들의 이해를 돕기 위해 주요 한글번역본의 쪽수를 병기하지만, 원문을 토대로 부정확한 부분들을 전부 새로 번역했기 때문에 한글번역본과는 상당부분 다를 수 있다는 점을 미리 밝혀 둔다.
베르그손 저서의 인용 약호는 다음과 같다.

ESSAI	*Essai sur les données immédiates de la conscience* (1889)
MM	*Matière et Mémoire* (1896)
EC	*L'évolution créatrice* (1907)
ES	*L'énergie spirituelle* (1919)
MR	*Les deux sources de la morale et de la religion* (1932)
PM	*La pensée et le mouvant* (1934)
Mél	*Mélanges*, Paris : puf, 1972
Cours	*Cours I, II*, Paris : puf, 1990

2 베르그손 저서 이외의 인용문헌의 서지정보는 각주에 '지은이, 책(논문)제목, 쪽수' 식으로 명기했으며 자세한 서지정보는 참고문헌에 밝혔다. 국역본이 있는 경우, 국역본의 제목과 쪽수도 함께 명기했다.

3 독자의 이해를 돕기 위하여 인용문에 지은이가 추가한 내용은 대괄호([])로 묶어서 표시했다.

4 단행본과 정기간행물에는 겹낫표(『 』)를, 논문·단편·회화 등에는 홑낫표(「 」)를 사용했다.

5 외국 인명이나 지명, 작품명은 2002년에 국립국어원에서 펴낸 외래어 표기법을 따라 표기했다.

1

잠재적 무의식,
경험의 실재적 조건

1장_ 잠재적 무의식, 경험의 실재적 조건

1. 무의식의 문제가 오로지 정신분석학의 문제인 것만은 아니다. 무의식을 탐구하는 정신분석학의 관심이 의식의 병리적 현상들에 대한 실제적인 치료에 있다면, 무의식에 대한 철학적인 관심은 의식에 주어지는 것들의 발생적 근거와 실재적 조건을 해명하려는 데 있다. 이러한 철학적 관심은 우리 경험의 한계를 인식하고 정당화하고자 하는 것이 아니라 '인간의 조건을 넘어서' 경험의 확장 가능성을 확보하고자 하는 것이다. 여기서 '인간의 조건'이란 실존적 곤경을 의미하는 것이 아니라 진화론적으로 습득된 사유의 습관들과 행위의 양식을 말한다. 이를 '넘어선다'는 것은 구체적인 삶을 부정하고 경험 세계 바깥으로의 초월을 꿈꾸는 것이 아니라, 현실적 경험의 심층적 배후에 잠재적으로 존속하는 실재와의 잃어버린 접촉을 회복하려는 시도이며, 이를 통해서 우리의 삶을 풍요롭게 하려는 노력을 의미한다.

　　이 책의 주요 목표는 의식 현상의 실재적réel 조건이자 의식 존재 자체의 발생적 근거로 작동하는 '잠재성virtualité으로서의 무의식'을 베르그손으로부터 발굴하는 것이다. 이는 두 가지 이유에서다. 하나는 철학사적 문제의 맥락에서, 근대 의식의 유아론적 곤경을 야기했던 정신과 물질의 이원론을 해체하고 '인간적 경험'의 근거와 본성에 대한 새로운 설명을 제안

하는 것이고, 다른 하나는 프로이트로부터 전파된 무의식의 부정적이고 제한적인 함의를 넘어서서 무의식의 긍정성과 창조적 생산성을 복원하고 자 하는 것이다. 이러한 작업은 근대의 의식철학과 현대의 무의식 이론이 도달한 허무주의적 귀결을 극복하고, 구체적인 삶을 긍정하며 풍부하게 할 수 있는 철학적 사유의 가능성, 인간적 경험의 확장 가능성을 제시해 보 려는 것이다.

2. 베르그손에게 의식이란 물질적 신체와 결합되어 있는 심리-생물학적 의식이다. 심리-생물학적 의식은 생명체로서의 삶을 영위하기 위해 요구 되는 삶에의 주의를 근본 특징으로 한다. 본능적이거나 습관적인 자동 행 위와 마찬가지로 의식의 표상적 기능이나 지향적 특성조차도 외부 세계와 의 상호작용이라는 실천적 맥락에서 이해된다. 무의식이란 이와 같은 의 식의 주의 바깥에 비록 실천적 관심의 대상이 되지 못한 채 비표상적으로 존재하는 것이지만 오히려 심리-생물학적 의식 자체의 발생적 근원이자 의식적 경험의 실재적 조건으로 작동할 수 있는 잠재적 실재를 말한다.

존재론적 차원에서 의식과 무의식의 관계는 심리-생물학적으로 현실 화된 부분과 잠재적으로 존속하는 실재 전체의 관계와 같다. 존재론적 무 의식이 심리-생물학적 의식으로 개별화되고 축소되는 과정은 잠재적 다 양체가 현실적 다양체로 분화되는 과정이다. 잠재적인 무의식과 현실적인 의식의 관계는 얼핏 스피노자의 능산적 자연과 소산적 자연의 관계를, 또 는 셸링의 절대적 동일자의 변증법적 자기관계를 연상시킨다. 그러나 잠 재적인 것과 현실적인 것 사이에는 무엇보다 질적 변화의 창조적 시간이 개입한다. 현실적인 것들은 잠재적인 것의 발생적 결과물로서 잠재적인 것으로 환원불가능하다. 무의식의 의식화, 잠재성의 현실화 과정은 그 자 체로 창조적인 지속이며 비결정적이고 예측불가능한 새로움을 생성하는 운동이라는 점에 베르그손의 고유성이 있다.

　베르그손에게 무의식과 시간의 관계는 필연적이다. 무의식이란 의식적으로 표상되지 않고 잠재적인 상태로 존재하는 과거의 총체를 의미하기 때문이다. 이 과거의 총체는 이미 지나가 버린 무기력한 흔적에 불과한 것이 아니다. 그것은 오히려 아직 다 의식화되지 못한 표상들, 아직 다 발현되지 못한 경향들이고, 따라서 장차 현실화되고 실현될, 매 순간 다르게 표현될 수 있는 풍부한 어떤 원천으로서의 잠재성이다. 베르그손적 의미의 과거는 미래로부터 와서 현재를 지나 사라져 가는 과거가 아니라 오히려 현재를 예측불가능한 미래로 개방하며 끊임없이 새롭게 창조하는 과거다. 이 과거는 무엇보다 개별자의 체험된 과거에 국한되지 않는다. 그것은 개인의 정신적 내부에 갇혀 있는 심리학적 무의식에 지나지 않는 것이 아니라, 현실적 의식 자체의 발생적 근원이자 개별자의 체험 자체를 가능하게 하는 조건으로서 존재론적 무의식이다. 존재론적 무의식으로서의 과거는 그 자체로서는 결코 경험적으로 현실화될 수 없지만 모든 현실적 경험의 현재를 지나가게 하고 변화하게 한다는 점에서 일종의 초월론적 transcendantal 근거로 작동한다고 할 수 있다.

　존재론적 과거로서의 무의식은 단지 경험의 장場을 벗어나 있다는 의미에서 초재적인transcendant 것이 아니라, 오히려 경험의 장에 내재적인 immanent 것이지만 현재의 현실적 경험에 선행하여a priori 존재하면서 이 경험을 가능하게 한다는 점에서, 경험의 초월론적 근거라고 할 수 있다. 여기서 주목할 점은 경험의 초월론적 근거가 의식의 형식적 구조에 있는 것이 아니라 잠재적 무의식에 있다는 점에서 칸트와 베르그손 사이에 결정적인 차이가 있다는 것이다. 다시 말해, 칸트가 초월론적인 것의 기능을 심리학적 의식의 형식에 두었다면, 베르그손은 잠재적인 무의식의 현실화 작동에 둔다는 것이다. 칸트는 의식의 초월론적 기능을 '모든 경험의 가능 근거'로 놓았지만, 베르그손은 무의식의 잠재성을 '구체적 경험의 실재적 근거'로 놓았다. 베르그손의 관점에서 보자면, 칸트가 말하는 의식의 초월론적 형식들이란 심리학적 의식의 경험적 작용으로부터 도출된 것들이기 때문에 칸트는 여전히 심리학적 영역을 벗어나지 못하고 있다고 할 수 있다. 반면 베르그손은 심리학적 의식 자체의 발생적 근원을 묻고 경험의 장을 심리학적 의식의 영역 바깥으로까지 확장시킨다. 베르그손의 잠재적 무의식 개념은 경험의 장을 초재적으로 벗어나지 않으면서 또한 심리학적 경험의 영역에 국한되지 않는 방식으로, 경험의 확장 가능성을 보여 준다. 내재적 차원에서의 이러한 경험의 확장 가능성이 바로 '인간적 조건을 넘어서기'라는 철학적 기획의 의미이다.

이러한 베르그손의 존재론적 무의식 개념은 현재 논의되고 있는 무의식 개념들과 근본적인 차별성을 지닌다. 우선, 베르그손적 무의식은 과학적 심리학(특히 인지주의적 입장)에서 얘기하고 있는, 의식의 표상적 내용을 산출하는 소위 뇌의 신경생리학적 상태나 정보처리 과정의 기제를 의미하지 않는다. 베르그손적 무의식은 뇌-신체의 상태를 넘어서는 것일 뿐만 아니라, 오히려 그 뇌-신체의 발생적 근원에 해당하는 잠재적 에너지이다. 또한, 베르그손의 무의식은 프로이트의 정신분석학적 무의식처럼 억압되거나 부정되면서 병리적 상태로 표현될 수밖에 없는 과거의 고통스런 체험이나 충동들의 집합과도 다르다. 베르그손의 무의식은 심리학적 무의식을 넘어서는 존재론적 무의식일 뿐만 아니라, 그 무의식의 잠재성은 부정성이나 결핍과는 무관하며 충만한 잠재성으로서 현재의 의식과 삶을 창조하는 긍정적 생산력이다. 베르그손의 무의식은 잠재적인 존재에 불과한 것이 아니라 역동적으로 '현실화하는 잠재성'이며, 무의식의 현실화는 재현과 번역translation의 문제가 아니라 긍정되어야 할 존재론적 변형transformation의 문제이다. 잠재적인 무의식의 현실화 운동은 연속적인 질적 변화의 창조적인 과정, 자기 동일성을 유지하면서도 자기 자신을 넘어서는 '자기-변용'과 '자기-차이화'의 과정, 즉 보편적 생성의 지속 그 자체이다.

3. 무의식이라는 개념은 베르그손 철학 안에서 그의 핵심적인 다른 개념들, 즉 지속, 기억, 생명을 정확히 이해하는 데 필수적일 뿐만 아니라, 그의 철학 전체의 방향과 사유 방법을 이해하는 데에도 결정적인 역할을 하는 중요한 개념이다. 또한 이 개념은 현대 사유의 흐름과 관련하여 베르그손 철학의 현재성을 보여 줄 수 있는 문제적 개념이기도 하다.

그런데 베르그손의 무의식 개념을 해명하는 작업은 무엇보다 베르그손이 말하는 '과거'의 존재 양상에 대한 정확한 이해를 요구한다. 이것은 『물질과 기억』(1896)과 『창조적 진화』(1907) 사이의 불연속적인 문제 지평 속에서 '순수 기억'과 '순수 생명' 사이의 개념적 연속성을 찾아내야 하는 작업이기도 하다.

예컨대 『물질과 기억』은 신체적 조건에 제한되어 있는 인간 정신의 삶을 문제 영역으로 삼고 있는데, 여기서 무의식의 존재가 처음 주제화되며, 사라지지 않고 고스란히 존속하고 있는 과거의 총체가 '순수 기억'으로 정의된다. 순수 기억은 현실적인 무용성을 이유로 표상적 의식의 배후에 억제되어 있다가 현재의 실천적 필요에 따라 행동이나 표상으로 현실화한다. 의식과 무의식은 표상적 기억과 순수 기억, 육화된 정신과 순수 정신, 현재화된 과거와 순수 과거의 관계로 나타난다. 인간 정신은 현실적인 표상적 의식과 잠재적인 비표상적 무의식 사이를 왕복 운동하는 기억의 활동을 통해서 자신의 삶을 다양한 수준들에서 영위할 수 있다.

반면 『창조적 진화』에서는 물질성과 생명성이 결합되어 있는 생명체들의 삶을 문제 영역으로 삼고 있으며, 여기서 의식은 생명과 동연

coextensif적인 것으로서, 인간 지성을 포함한 의식 일반의 발생적 근거로 작동하는 '순수 생명'[1]을 근원적 과거로 제시하고 있다. 순수 생명은 육화된 생명(생명체)이 아니라 그 발생적 배후에 존재하는 잠재성으로서, 현실적으로 존재하는 모든 종적 형상뿐만 아니라 그러한 형상들로 분배된 의식 일반의 공통된 발생적 근원이다. 의식과 무의식은 현실화된 생명체들과 순수 생명, 개별화된 의식과 "초의식"超意識 supraconscience[2]의 관계 속에서 규정된다고 할 수 있다. 개별 생명체들의 삶과 의식은 이 근원적인 잠재성으로부터 각기 다른 경향들로 현실화한 종의 계열에 따라 다양한 수준들에서 영위될 수 있다.

인간 정신의 삶과 우주적 자연의 삶이라는 이 두 경우에서 무의식의 의식화 과정, 즉 잠재적인 과거의 현실화 운동은 현재(의식 상태 또는 생명체)의 진정한 변형과 새로움을 생성한다는 점에서 공통점을 지닌다. 그런데 문제는 '잠재적 표상'으로서의 순수 기억과 '잠재적 의식'으로서의 순수 생명 사이의 관계이다. 순수 기억의 과거는 의식적인 삶의 관심에서 벗어나 있는 무용하고 무능력하고 비활동적인 잠재성이다. 반면 순수 생명의 과거는 개별 생명체들에 내재하는 배아胚芽적 무의식의 형태로 연속적인 생성을 전개하는 역동적인 잠재성이다. 과연 순수 기억의 무능력한 잠재성과 순수 생명의 역동적 잠재성을 동일한 것으로 볼 수 있는가? 다시 말해

---

1) '순수 생명'은 베르그손이 직접 사용한 용어는 아니다. 이것은 항상 혼합물로 존재하는 현실태(생명체)와 잠재성 그 자체(생명성)를 구분하기 위하여 내가 고안한 개념이다. 그러나 잠재성은 현실성과 동전의 양면처럼 공존하는 것이기 때문에, 이 '순수 생명'을 마치 현실계를 초월해 있는 불변의 어떤 실체처럼 간주해서는 안 된다(이 책 5장 3.2절 참조).
2) EC 261/716(『창조적 진화』, 389). 이 책 5장 3.2절에서 밝혀지겠지만, 오해의 소지를 없애기 위해 간략히 언급하자면, 여기서 '초'(supra)는 물론 현실적인 의식을 넘어서는 것을 의미한다. 그러나 이것은 현실 세계 자체를 벗어난다는 의미에서 '초월적인 것'이 아니라, 현실적인 의식들의 총합을 초과한다는 의미에서 의식의 발생적 근원에 해당하는 '잠재적인 것'을 의미한다.

서, 개별적인 의식의 배후에 각자의 것으로서 보존되어 있는 심리학적 과거의 총체가 어떻게 종의 존재론적 근원으로서의 생물학적 과거와 연속적일 수 있는가?[3]

그 해답의 열쇠는 바로 베르그손의 존재론적 실재인 창조적 지속의 관점에서 순수 기억과 순수 생명의 관계를 이해하는 데 있다. 순수 기억을 심리학적 과거나 불멸하는 혼으로 해석하는 정신주의적 관점, 또 순수 생명을 생물학적 진화를 설명하는 생기론적 원리로 혼동하는 관점에서는 둘 사이의 유비적인 관계만을 볼 수 있을 뿐이며, 따라서 베르그손적 무의식 개념의 진정한 본성이 드러나기 어렵다. 따라서 해석의 관건은 순수 기억과 순수 생명이 심리-생물학적 영역을 초과하는 것이면서 또한 그 영역의 실재적 조건으로 작동하는 형이상학적 원리임을 보여 주는 데 있다. 그리고 이것은 과거를 향하여 무한히 팽창하면서 동시에 현재-미래를 향하여 수축하는 존재론적 지속의 자기 분열적 본성을 이해하고, 이러한 지속의 수축-팽창 운동 속에서 현재의 생성을 가능하게 하는 '순수 과거'의 존재를 파악하는 것으로부터 가능하다. 순수 과거는 의식의 과거와 생명체의 과거를 하나로 묶는 존재론적 과거이며, 이 과거는 무한히 팽창하는 순수 기억임과 동시에 현재-미래를 향하여 수축하는 '수축 기억'이다. 순수 기억은 무엇보다 수축 기억이기 때문에 순수 생명과 일치할 수 있다.

---

3) 예컨대, 에릭 매슈스(Eric Matthews)는 인간의 기억과 생물학적 과거의 보존을 동일시하려는 베르그손의 시도는 실패할 수밖에 없다고 주장한다. 그에 따르면, 우선 과거는 인간의 기억처럼 의식적으로 상기될 수 있는 것이어야 현재의 경험에 의미 있는 영향을 미칠 수 있고 현재의 일부로서 존재하는 과거라고 할 수 있다. 그러나 생물학적 진화처럼 의식적인 상기가 불가능한 과거는 사라진 과거와 다를 바 없으며 단지 현재와 동떨어져서 인과적인 영향을 미치는 것에 지나지 않는다. 따라서 생명체의 과거 전체가 현재로 연장되며 현재 속에서 현실태로 활동한다는 베르그손의 주장은 공허한 말장난에 불과하다. 에릭 매슈스는 바로 이런 이유 때문에 생물학적 진화를 심리학적 발달 과정과 동일시함으로써 과학적 진화론을 비판하고, 나아가 지속을 심리학적 영역 바깥으로 확장하려 한 베르그손의 형이상학적 시도는 좌절할 수밖에 없다고 주장한다(『20세기 프랑스 철학』, 58~59).

이러한 순수 과거의 존재론적 본성에 대해 결정적인 통찰을 제공한 것은 들뢰즈의 베르그손 해석이다. 들뢰즈는 정신주의적 실재론에 기초한 전통적인 베르그손주의와 달리 베르그손의 철학을 '잠재성의 존재론'으로 해석하고, '의식과 생명의 자유'라는 (어찌 보면) 낡은 주제를 '차이의 생성'이라는 새로운 개념으로 대체하여 베르그손주의의 현대화를 이끌었다.[4] 들뢰즈는 『베르그손주의』에서 특히 순수 기억을 존재론적 과거로 해석하며, 이 존재론적 과거를 또한 과거의 모든 수준들이 공존하는 잠재적 다양체로 정의한다. 이러한 들뢰즈의 정의는 순수 기억과 순수 생명, 심리학적

---

4) 베르그손의 철학은 당대의 열광적인 인기에도 불구하고 세계대전의 여파로 일찍 쇠퇴했다고 할 수 있는데, 이러한 베르그손의 철학을 현대적으로 부활시키는 데 결정적으로 기여한 것이 바로 들뢰즈의 '베르그손주의'이다. 들뢰즈는 베르그손에 관한 일련의 연구들("La conception de la différence chez Bergson", 1956 ; "Bergson", 1956 ; *Le Bergsonisme*, 1966)을 통해서 새로운 베르그손주의를 제시했을 뿐만 아니라, 이러한 베르그손주의를 들뢰즈 자신의 철학에 핵심적인 요소로 활용하며 베르그손주의 자체를 확장하였다고 할 수 있다. 특히 『물질과 기억』에서의 베르그손적 개념들은 들뢰즈의 『차이와 반복』(*Différence et Répétition*, 1968)에서의 시간론과 반복론, 그리고 『시네마 I : 운동−이미지』(*Cinéma 1: L'image-mouvement*, 1983), 『시네마 II : 시간−이미지』(*Cinéma 2: L'image-temps*, 1985)의 영화철학에서 결정적인 역할을 하고 있다. 들뢰즈는 베르그손의 생명 철학과 기억 이론 전체를 잠재성과 가능성의 구분 위에서 구축하고 있는데, 이것은 고전적인 베르그손의 해석과 비교했을 때 혁신적이다. 예컨대 마리탱(Jacques Maritain)은 베르그손을 순수 현실성의 철학자로 이해했던 반면, 들뢰즈는 잠재성의 철학자로 해석한다. 마리탱은 베르그손이 선−존재하는 어떠한 관념적 가능성도 인정하지 않으면서 사물들이 그 자신으로서 존재하게 되는 것은 오로지 현실적인 하나의 상태에서 또 다른 현실적인 상태로 이행하는 데서 성립한다는 것을 보여 주었다고 주장한다(*La philosophie Bergsonienne*, 1913). 그러나 들뢰즈는 잠재성과 가능성의 차이에 주목하여 잠재성은 선−형상적인 가능성이 아니라 현실화하면서 자기−차이화하는 것임을 밝힘으로써 베르그손의 잠재성 개념이야말로 내재적 차원에서 모든 차이의 생성을 설명할 수 있게 한다고 주장한다. 베르그손의 철학을 잠재성과 차이의 철학으로 만든 들뢰즈의 해석에 대해 바르텔레미−마돌(Barthélemy-Madaule)은 한마디로 "베르그손은 니체가 아니다"("Lire Bergson", 1968)라며 비판적으로 이해하기도 한다. 그러나 오늘날 베르그손 철학의 활성화는 전적으로 들뢰즈의 베르그손주의에 기인한다고 할 수 있다. 들뢰즈의 베르그손주의 이후의 긍정적인 작업으로는 안셀 피어슨(Keith Ansell-Pearson)이 대표적인데, 그는 현대 철학과 과학 이론의 맥락에서 베르그손과 들뢰즈의 연속성과 차이를 해명하면서, 잠재성과 생명의 시간에 대한 논의를 확장시키고 있다(*Germinal Life*, 1999 ; *Philosophy and the adventure of the virtual*, 2002).

과거와 생물학적 과거 사이의 개념적 연속성을 찾아내는 데 중요한 해석의 실마리를 제공한다. 나는 들뢰즈의 관점을 수용하여 베르그손 철학 안에 남아 있던 불분명함을 해소하고, 결국 순수 과거는 지속하는 모든 존재자들의 과거를 하나로 묶는 잠재적 일자로서 존재론적 지속의 과거이며, 이 과거의 잠재성이야말로 베르그손 고유의 존재론적 무의식에 해당하는 것임을 보여 주고자 한다.

순수 기억, 순수 과거, 순수 생명은 잠재적인 차원에 속하는 베르그손적 실재의 다른 이름들이며, 또한 베르그손의 존재론적 무의식을 특징짓는 요소 개념들이다. 이 세 요소들이 어떻게 하나의 잠재성으로 묶여 존재론적 무의식을 형성하는지, 그리고 이 존재론적 무의식이 어떻게 심리−생물학적 의식으로 현실화하는지를 밝히는 것이 이 책의 중심 내용이라 할 수 있다. 이를 통해서 베르그손의 존재론적 무의식 개념이 의식의 발생적 근거와 인간적 경험의 실재적 조건에 대해 새로운 설명을 제공할 뿐만 아니라, 경험의 장을 초재적으로 벗어나지 않으면서도 심리학적 경험의 영역에 한정되지 않는 방식으로 경험의 확장 가능성을 보여 준다는 점이 드러날 것이다.

1장은 진정한 경험론으로서의 철학에 대한 베르그손의 이념과 직관의 방법을 소개하고 이를 통해 무의식의 발견에 이르는 과정과 그 의미를 간략하게 제시한다.

2장은 『물질과 기억』 1장을 중심으로, 베르그손의 '이미지론'과 '순수지각론'을 다룬다. 여기서는 관념론과 실재론의 거짓 문제를 해체하고, 의식과 물질의 관계를 재정립할 것이다. 이를 통해서, 한편으로는 인간적 경험의 객관적 토대가 가능함을 보여 주면서, 다른 한편으로는 진정한 주관성의 출현이 순수 기억인 잠재적 무의식에 있음을 예고할 것이다.

3장은 『물질과 기억』 2장과 3장을 중심으로, 베르그손의 '순수 기억론'과 '의식수준론'을 다룬다. 여기서 순수 기억은 심리학적 무의식이 아니라 존재론적 무의식으로 해석되어야 함을 보이고, 무의식의 존재론적 구조와 역동적인 현실화 과정을 밝힐 것이다. 또한 의식의 수준들과 탄력성은 과거의 수축과 현실화 정도에 상응한다는 것을 해명하고, 이를 통해서 경험의 장을 확장시킬 가능성과 나아가 물질의 필연성으로부터 자유를 확보하는 인간 정신의 능동적인 힘이 결국은 잠재적인 무의식으로부터 비롯된다는 것을 보여 줄 것이다.

4장에서는 『의식에 직접 주어진 것들에 관한 시론』(이하 『시론』')을 중심으로 베르그손 철학 전체를 관통하는 '지속 이론'을 통해서 순수 기억과 순수 생명을 매개하는 '순수 과거의 존재론'을 분석한다. 여기서 베르그손의 시간론은 곧 생성의 존재론임이 드러날 것이다. 순수 과거는 과거의 모든 수준들이 공존하는 잠재적 다양체로서 현실화된 계열들을 선언적으로 종합하며 현실적 다양체의 초월론적 근거로 작동함이 밝혀질 것이다. 거대한 우주적 과거의 원뿔을 통해 존재론적 지속의 '팽창-수축'하며 '자기-차이화'하는 생성 운동을 설명하고, 순수 기억의 잠재성이 궁극적으로 순수 생명의 잠재성과 이어질 수 있는 기초를 마련할 것이다.

5장에서는 『창조적 진화』를 중심으로 순수 생명의 잠재성과 배아적 무의식을 분석한다. 여기서 생명의 진화는 가능성의 실현이 아니라 잠재성의 현실화 과정이며, 이는 곧 존재론적 무의식의 창조적인 생성 운동에 해당하는 것임이 밝혀질 것이다. 존재론적 반복과 차이화의 운동, 가능성의 논리와 구분되는 잠재성의 논리, 인간의 조건과 초월의 문제가 핵심 내용으로 또한 다루어질 것이다.

마지막 6장은 최종 결론에 해당한다. 보론은 특히 개체생성의 문제와 관련해 베르그손의 물질 개념이 지닌 의의와 한계를 보여 줄 것이다.

1. 실증적 형이상학의 이념과 직관의 방법

참된 인식을 얻고자 하는 사유의 출발점은 어디에 놓아야 하는가? 응당 인식 대상으로부터 우리에게 주어지는 경험, 인식하는 우리 의식에 현실적으로 주어지는 것들les données에 두어야 할 것이다. 문제는 이 출발점이 과연 대상의 실재 자체에 대한 직접적인 접촉을 보장하느냐에 있다. 대개 일상적이고 자연적인 앎의 세계에서 우리는 실재 자체로부터 떨어져 있으며 직접적인 사태 자체는 가상에 의해 은폐되어 있다. 따라서 사유에는 그에 걸맞는 특정한 방법이 요구되며, 이는 무엇보다 실재와 사유 사이의 직접적인 만남을 의도할 때는 더욱 더 그렇다.

베르그손은 실재에 대한 직접적인 사유가 원칙적으로 가능하다고 본다는 점에서 칸트나 헤겔 식의 매개적 사유, 변증법적 사유와 일정한 거리를 두고 있다. 베르그손의 직관은 무엇보다 실재와의 직접적인 일치와 공감을 보장하는 인식 방법이다. 그러나 이 직관은 신비하고 불가해한 어떤 능력도 아니고,[5] 칸트의 '감성적 직관'intuition sensible이나 그가 불가능하다고 주장했던 보편적 지성의 '지적 직관'intuition intellectuelle도 아니다. 이 직관은 개별적인 의식의 노력에 의해 '절대적이지만 부분적'으로 이루어질 수 있는 독특한 실재들réalités singulières에 대한 직접적인 경험이다. 따라서 이 직관은 결코 완성될 수가 없으며 점차 확장시켜 나갈 수밖에 없다. 이 점 때문에 개념의 변증법이 필요하기도 하지만, 이것은 어디까지나 "직관의 이완"[6]에 지나지 않는다.

---

5) 직관이 신비주의와 만나는 부분이 있다. 그러나 이 신비주의는 "생명을 나타나게 한 창조적 노력과의 접촉"(MR 233/1162, 『도덕과 종교의 두 원천』 239), 즉 실재의 창조적 본성에 대한 직접적인 인식을 실천적 행위로 연장하는 활동과 관련된 것이지 정적 종교의 미신적 특성이나 관조적 명상과는 무관한 것이다.
6) EC 239/697(『창조적 진화』 357).

문제는 이러한 베르그손적 직관이 철학적 사유의 일반화된 방법으로서 어떻게 가능한가 하는 것이다. 따라서 들뢰즈처럼 "직관은 베르그손주의의 방법이다"[7]라고 주장할 때 우선 주의해야 할 것이 있다. 엄밀히 말하자면, 베르그손에게는 데카르트적 의미에서의 '방법론'이 없기 때문이다. 그나마 그의 방법론을 엿볼 수 있는 「형이상학 입문」(1903)조차도 그의 주요 저서들이 다 출간된 뒤에 느지막이 출간(1934년 『사유와 운동』을 통해서)되었을 뿐이다. 사실 방법과 같은 사유의 형식은 사유의 내용에 따라 수반되는 것이기 때문에 방법에 대한 고려는 베르그손에게 일차적인 것이 아니었다. 사실에 접근하기 전에 먼저 인식하는 사유의 구조, 기능, 한계 등에 대한 방법론적 성찰을 길게 사유하는 것은 불필요한 낭비라는 것이다. 따라서 베르그손이 저서들마다 새롭게 제기한 문제들에 구체적으로 사용하면서 가다듬었던 방법들과 그러한 방법에 대한 반성적 고찰을 구분해야 한다. "지속에 대한 고찰들이 결정적인 것처럼 보인다. 이 고찰들이 직관을 철학적 방법으로 확립하게 했다."[8] 이것은 직관이라는 방법을 사용해서 실재 지속을 고찰했다는 것이 아니라, 실재 지속에 대한 고찰이 우선이며, 이를 하다 보니 직관이 점차 방법의 요소가 되었다는 것이다. 따라서 직관

---

7) Deleuze, *Le Bergsonisme*, 1(『베르그송주의』 9). 이 점에 대해서는 차건희의 들뢰즈 비판을 참조할 수 있다. 차건희는 「인식론과 베르그손의 형이상학」(『대동철학』 제6집 12)에서 "들뢰즈는 '베르크손주의'를 '방법으로서의 직관'에 의거하는 철학으로 간주하였지만, 베르크손에 있어서 인식방법과 인식대상은 결코 분리되지 않는다"는 점을 우선 지적하고, 들뢰즈가 직관을 플라톤적인 나눔의 방법과 칸트적인 초월적 분석과 연결시키는 점을 비판한다. 직관은 실재와 접촉하는 형이상학적 경험 그 자체이지 그 경험에 대한 합리적 반성 내지 초월적 분석이 아니라는 것이다. 즉 "'나눔'과 '초월적 분석'은 분명 직관의 결과이지만 직관은 아니다.", "베르크손은 분명 칸트가 아니다"라는 것인데, 이러한 비판적 지적은 들뢰즈의 베르그손주의가 지닌 성격과 한계를 잘 드러내 준다고 할 수 있다. 그러나 나는 궁극적으로 베르그손주의의 질적 특성과 칸트주의의 형식적 특성 사이의 대립이 분명함에도 불구하고, 베르그손적 의미에서의 '잠재적인 것'이 칸트적 의미에서의 '초월론적인 것'과 유사한 기능으로 작동한다는 발견에서 들뢰즈 해석의 의미를 찾아야 하지 않을까 생각된다.
8) PM 25/1271.

이라는 방법을 통해서 실재에 대한 직접적인 인식을 얻는 것이 아니라, 직관이라는 직접적 인식이 어떻게 가능했는지를 확인하는 것이 그의 방법을 찾아내는 길이다.

실재와 사유 사이의 직접적인 만남이란 베르그손식으로 말하자면 직관적인 경험이다. 이 직관적인 경험을 가능하게 하기 위한 방법은 베르그손의 경우, 크게 부정적인négatif 작업과 긍정적인positif 작업으로 나눠 볼 수 있다.

1. 부정적인 작업은 인식론적 순수성을 가로막고 있는 불순물의 막을 걷어내는 것이다. 그것은 한마디로 "인간적인 경험"을 넘어서서 그 발생적 원천을 고려할 수 있는 단계로 이행하기 위한 것이다.

> 우리가 보통 사실un fait이라고 부르는 것, 그것은 직접적인 직관에 나타나는 그대로의 실재가 아니라, 실천적인 관심들과 사회적인 삶의 요구들에 맞춰 조정된 실재이다.[9]

베르그손에 의하면, 우리가 '사실'이라고 부르는 경험적 자료들은 그 자체로 순수한 것이 아니라 혼합물들이다. 이때 혼합물un mixte이란 단순한 요소들로 해체될 수 있는 데카르트적 의미에서의 복합물un composé이

---

9) MM 203/319(『물질과 기억』 305). 베르그손은 '사실'이라는 인간적 경험과 실재에 대한 직접적 인식인 '직관적 경험'을 구분한다. 전자는 불순한 혼합물이고 후자는 순수한 것이다. "우리는 지각 대상과 지각의 일치가 사실상이라기보다 오히려 원리상 존재한다고 말할 이유를 갖는다"(MM 68/213, 『물질과 기억』 117). 순수하고 직접적인 인식은 항상 '원리상' 가능한 것이며 '사실상' 인간적 경험은 불순하다. "현존과 표상 사이의 거리가 정확히 물질 그 자체와 그것에 대해 우리가 갖는 의식적 지각 사이의 간격을 측정하는 것 같다"(MM 32/185, 『물질과 기억』 67). 이 '거리'와 '간격'에 순수한 접촉을 가로막는 '불순물'이 들어 있다. 그런데 이 '불순물'이야말로 바로 '인간적' 경험을 구성하는 요소다.

아니라, '원리상'en droit 순수한 것들로 분해될 수 있는 일종의 화학적 불순물에 비교될 수 있다. 우리에게 주어지는 것들, 우리 의식의 표상들, 우리의 경험 자체는 '사실상'en fait 불순한 혼합물들이다. 이 혼합물들은 오로지 '원리상'으로만 존재하는 순수 기억과 순수 지각, 순수 정신과 순수 물질, 순수 지속과 순수 연장이라는 두 순수한 현존들pures présences, 본성상 다른 두 경향들tendances, 상반된 방향의 두 운동들이 상이한 정도의 비율로 섞여 있는 것들이다. 그리고 이러한 혼합물들은 "우리의 신체적 기능들과 우리의 욕구들"에 의해서, "우리의 유용성"을 위해서, "실천적인 관심들과 사회적인 삶의 요구들"에 맞춰서 자연스럽게 만들어지는 것들이다.[10] 우리의 현실 세계는 이러한 혼합물들의 세계로 주어지며, 이런 세계 속에서 삶을 영위해야 하는 것이 또한 우리의 생존 조건이기도 하다.

문제는 우리에게 주어지는 것들, 우리의 표상들, 우리의 경험 자체가 불순한 혼합물이라는 데 있는 것이 아니다. 이 혼합물을 순수하고 단일한 것으로 착각하는 것, 이 혼합물의 근거이자 실재적 조건을 사유하지 않는다는 것, 이 혼합물 안에서 본성의 차이를 발견하지 못하고 혼합물의 마디를 잘못 분절하여 거짓 문제와 거짓 해답들을 창출한다는 데 문제가 있다.

베르그손에 의하면, 근대 경험론의 잘못은 경험 그 자체의 가치를 지나치게 높이 평가했다는 데 있는 것이 아니다. 그것은 궁극적인 출발점으로 삼아야 할 진정한 경험, 실재 그 자체와 직접 접촉하고 있는 경험을, 단지 잠정적인 출발점에 지나지 않는 이미 변질되고 불순한 혼합물의 상태에 있는 경험으로 대체했다는 데 있다. 혼합물인 경험을 아무리 더 잘게 세분해 보아야 실재 그 자체에는 도달할 수 없는 노릇이고, 따라서 경험론은 결국 실재와의 접촉을 포기할 수밖에 없었다. 근대 합리론은 경험론과 마

---

10) MM 204/319, 205/321(『물질과 기억』305, 308).

찬가지로 잘게 부수어 놓은 불연속적인 혼합물들로부터 출발하여 이들을 추상적인 형식으로 종합하려는 노력에 불과했다. 따라서 그 요소들의 종합은 기껏해야 새로운 혼합물의 구성에 그칠 뿐이었고, 결국 경험론과 마찬가지의 실패를 겪을 수밖에 없었다. 이들의 실패를 극복해 보고자 했던 비판철학 역시 같은 맥락에서 우리 정신의 근본적인 형식과 구조에서 기인하는 인식의 상대성을 받아들이고 실재 그 자체에 도달 불가능한 정신의 무능력을 선언하는 데 그치고 만다.[11]

베르그손의 근대 철학 비판은 주어진 경험으로부터 출발하여 어떻게 하면 일관된 설명 체계를 구성할 수 있을 것인가를 고민할 것이 아니라, 먼저 주어진 경험의 배후에 대한 검토를 통해서 이러한 경험의 발생적 조건으로부터 이 경험 자체를 재해석하고자 했어야 한다는 데 있다. 주어진 경험은 불순한 혼합물로서 사유의 잠정적인 출발점일 뿐이며, 진정한 출발점은 주어진 경험의 발생적 원천에 있다.[12]

베르그손의 일차적인 방법은 사유의 출발점에서 '사실상' 혼합물로

---

11) MM 205/320(『물질과 기억』 307).

12) 그러니까 베르그손의 경우, 경험 자체의 이중성이 있다. "한편으론 거의 반복하고, 거의 측정되며, 그래서 구분된 다수성과 공간성의 방향으로 전개하는, 서로 병렬하는 사실들의 형태로 주어지는 경험의 측면이 있고, 다른 한편으론 법칙과 측정에 저항하는, 순수 지속인 상호 침투의 형태로 주어지는 경험의 측면이 있다. 이 두 경우에 경험이란 의식을 의미한다. 그러나 전자의 경우, 의식은 바깥으로 퍼져 나가고 외부 사물들을 지각하는 그만큼 자기 자신을 외재화한다. 후자의 경우, 의식은 자기 안으로 들어가서 스스로를 되찾고 심화시킨다"(PM 137/1361). 따라서 의식의 경험은 일상적이고 자연적인 경험과 진정한 경험으로 구분된다. 전자는 삶을 살아가야 하는 심리생물학적 존재에게 있어서는 실천적으로 유용하며 불가피한 가상으로서의 경험이고 후자는 자신의 조건을 넘어서 실재 그 자체와 직접 접촉하는 참된 인식의 경험이다. 전자는 지성적 의식의 경험이고 후자는 직관적 의식의 경험이다. 철학적 사유의 출발점이자 도착점은 당연히 후자에 있다. 주의해야 할 것은 베르그손이 두 경험의 가치를 동등하게 인정한다는 것이다. 베르그손의 지성 비판의 의미는 실재를 있는 그대로 사유해야 하는 철학적 사유의 관점에서 보았을 때 두 경험의 혼동이 야기하는 거짓 문제들을 일소하는 데 있는 것이지, 인간적 삶으로서의 우리의 조건 자체를 부정하는 것이 아니다. 철학적 사유의 목적은 궁극적으로 인간적 삶의 의미를 해명하는 데 있기 때문이다.

주어지는 '우리의 경험'에 머무르지 않고, 이 혼합물을 가로지르는 본성상 다른 힘의 계열들, 혼합물의 실재적 조건인 원리상의 순수한 것을 향하는데 있다.[13] 그것은 곧 경험 자체를 넘어감으로써 실재의 진정한 분절 마디를 찾아내는 것과 같다.[14]

그것은 경험을 그 근원으로 찾으러 가는 것일지도 모른다. 또는 차라리, 우리의 유용성의 방향으로 굴절되면서 고유하게 **인간적** 경험이 되는 결정적인 **전환점** 너머로 경험을 찾으러 가는 것일지도 모른다.[15]

여기서 "우리의 유용성"에 따라 "인간적인 경험"으로 주어진 그 "전환점"을 넘어서 이 경험의 발생적 원천으로 넘어간다고 할 때, 즉 '경험의 조건들을 향하여 경험을 넘어선다'고 할 때, 베르그손이 말하는 이 '넘어섬' dépassement을 칸트의 경우와 구별하는 것이 필요하다. 이것은 "경험 일반을 가능케 하는 조건들"을 향하여, 따라서 추상적이고 형식적인 개념을 향하여 경험(칸트적 의미의 감성 재료인 '잡다')을 '넘어서는 것'이 아니다. 베르그손의 '넘어섬'은 차라리 경험의 '확장' élargissement 이라고 해야 맞다.

---

13) 자연적 태도를 버리고 현상학적 환원을 거쳐 사물을 그 순수성 속에서 파악하고자 한다는 점에서 후설은 베르그손의 태도와 상통한다. 그러나 후설은 우리가 사물을 어떻게 인식하길래 사물이 그렇게 있는지를 문제 삼는다면, 베르그손은 사물이 어떻게 있길래 우리가 사물을 그렇게 인식하게 되는지를 묻는다는 점에서 차이가 있다. 베르그손의 관점은 인식하는 주체로서의 우리의 관점이 아니라 항상 사물과 우리 자신을 포함한 실재 전체의 관점에 있으며, 이런 관점에서 우리의 인식 이전에 우리의 인식을 가능하게 한 존재론적 조건을 문제 삼는다.

14) 실재의 분절마디를 자른다는 점에서 베르그손의 방법은 플라톤의 방법과 유사하다. 특히 베르그손은 플라톤의 요리사 비유를 즐겨 사용하였다(EC 157/627, 『창조적 진화』 238). 그러나 분절마디를 찾는 궁극적인 기준을 찾는다면, 플라톤의 경우는 '선'의 이데아일 것이고 베르그손의 경우는 '지속'일 것이다. 선의 이데아가 부동불변의 본질이라면 지속은 연속적인 질적 변화로서의 운동이라는 점에서 양자의 관점은 극과 극이라 할 수 있을 것이다.

15) MM 205/321(『물질과 기억』 307~308).

왜냐하면 베르그손은 자연지각의 불충분성을 뛰어넘어 개념의 종합으로 나아가는 것이 아니라 오히려 지각 안으로 들어가 지각을 확장시킴으로써 지각을 완성하고자 하기 때문이다.[16] 베르그손이 찾는 경험의 실재적 조건들은 '경험 일반'의 가능 조건이 아니라 특수하고 구체적인 경험의 '잠재적인'virtuel 조건이다. 경험의 '잠재적인' 조건이란 경험의 외재적인 조건이 아니라 경험 안에 내재하는immanent 조건이다. 베르그손에게 우리의 경험은 항상 잠재적인 전체로부터 부분적으로 실현된 것이기 때문에, 이 경험 이전의 전체에로 돌아가는 것, 이 나머지 전체의 맥락 속에서 온전한 경험을 회복하는 것이 바로 경험의 잠재적인 조건을 찾는 것이다.[17] 혼합물로 주어진 구체적인 경험 안에서 이 경험이 갖고 있는 특수성들에 따라 각기 상이한 분절마디들을 찾아서 그 혼합물에 내재하던 본성상 다른 경향들이 드러나도록 하는 것, 그리고 그 혼합물의 '잠재적인' 실재적 조건을 향하여 분절마디들을 '확장'시키는 것, 이것이 바로 베르그손적 '넘어섬'의 일차적

---

16) "사물들에 대한 우리의 지각 저편으로 우리를 들어 올리려고 하는 대신에, 지각을 깊이 파헤치고 확장하기 위해 우리를 지각 안으로 집어넣는다고 하자. 지각 안으로 우리의 의지를 끼워 넣고, 이 의지가 팽창하면서 사물들에 대한 우리의 시각을 팽창시킨다고 해보자"(PM 148/1370). "직관은 우선 의식이다, 단 직접적인 의식, 보여진 대상과 거의 구분되지 않는 시선, 접촉이자 차라리 일치인 인식이다. 그 다음에 직관은 양보하고 저항하고, 굴복하고 다시 시작하면서 무의식의 연안으로 압박해 들어가는 확장된 의식이다. 어둠과 빛을 신속하게 교체함을 통해서 그것은 무의식이 거기에 있음을 우리에게 확증시켜 준다"(PM 27~8/1273).

17) 따라서 경험의 발생적 조건을 찾는 베르그손의 방법은 구체적인 경험들에 따라 매번 새로운 문제를 제기하며 새로운 문제를 풀기 위한 새로운 노력을 기울여야 한다는 특징이 있다. "이 방법은 적용할 때마다 끊임없이 새로 나타나는 상당한 어려움들을 드러내는데, 그것은 (이 방법이) 각각의 새로운 문제를 풀기 위해서 매번 완전히 새로운 노력을 기울여야 할 것을 요구하기 때문이다"(MM 205~206/321, 『물질과 기억』308). 이것이 바로 베르그손의 방법이 추구하는, 항상 경험에 조회하는 진정한 경험론으로서의 철학이다. "한 가지 결론을 논리적으로 발전시켜 다른 결론에 적용시키려는 경향"(Mél 964) 자체가 지성의 경향이고 이런 지성의 경향을 따른 것이 기존의 철학적 사유였다. 베르그손은 무엇보다 단단한 토대 위에 일반화된 체계를 구축하려는 '건축에의 의지'를 비판하며, 진정한 경험론으로서의 철학은 실증과학처럼 매번 새로운 경험에 입각해 실증적인 진리를 차곡차곡 쌓아 나가야 한다고 말한다.

인 의미이다.

　인간적 경험으로 전환되기 이전의 진정한 경험으로 사유를 확장한다는 것은 바꿔 말하자면 지성적 사유의 습관을 직관으로 전환한다는 것이다. 즉 우리 의식의 '삶에 대한 주의'를 실재 자체에 대한 주의로 돌려야 한다는 것을 의미한다. 마치 플라톤의 동굴의 비유에서 사슬을 끊고 동굴 밖으로 고개를 돌리는 죄수처럼. 그러나 문제는 플라톤의 경우와 마찬가지로 이것은 단지 시작일 뿐이라는 것이다. "사유의 어떤 습관들을 거부한다는 것은 지각의 경우에도 마찬가지지만 매우 어려운 것이다. 그러나 그것은 아직 앞으로 해야 할 작업의 소극적인négative 일부분에 지나지 않는다."[18] 더 중요한 것은 동굴 밖에서 다시 돌아오는 데 있다. 철학의 적극적인 작업은 통합 작업이다. 분리한 다음에는 종합해야 한다. 사실의 선들을 본성 차이(본성상 다른 경향, 본성상 다른 방향의 운동, 즉 지속과 연장, 정신과 물질)에 따라 이원화시킨 이후에는 이 이원화된 선들을 교차시켜 현재의 경험을 가능하게 한 발생적 근거를 찾음으로써 진정한 설명력을 갖춰야 한다.

2. 첫번째 작업은 방법이 지닌 부정적일 뿐만 아니라 소극적인négatif 측면일 뿐이다. 베르그손적 방법의 보다 중요한 측면은 긍정적이고 적극적인 positif 작업이다. 이 작업에서야말로 직관적 경험이 어떤 신비 체험이 아니라 '실증적 확실성'을 보장하는 절차임이 드러난다. 일단 '경험의 전환점 너머에서' 본성상의 차이들에 따라 갈라진 두 경향들, 상반된 방향의 두 운동들을 발견한 이후에는, 거기서 다시 이것들이 서로 교차하고 만나고 있는 지점을, 진정한 경험의 출발점을 다시 발견해야만 한다. 바로 그 지점이

---

18) MM 206/321(『물질과 기억』 308).

야말로 우리가 잠정적인 출발점으로 삼았던 혼합물로서의 경험 자체를 가능하게 했던 "충족이유"la raison suffisante[19]를 제공하기 때문이다.

그것을 완수하였을 때, 우리가 경험의 전환점이라고 불렀던 것에 위치했을 때, **직접적인 것**l'immédiat 으로부터 **유용한 것**l'utile 으로 넘어가는 것을 조명하면서 우리 인간적 경험의 여명을 시작하는 어스름 빛을 이용했을 때, 남은 것은 우리가 실재적 곡선으로부터 그와 같이 포착하는 무한히 작은 요소들을 가지고 그것들 뒤의 어둠 속에서 펼쳐지는 곡선 자체의 형태를 재구성하는 일이다. 이런 의미에서 우리가 이해하는 바와 같은 철학자의 임무는 미분으로부터 출발하면서 하나의 함수를 결정하는 수학자의 작업을 상당히 닮고 있다. 철학적 탐구의 궁극의 과정은 진정한 적분의 작업이다.[20]

여기서 베르그손이 말하는 철학의 진정한 적분 작업은 "우리가 인식한 무한히 작은 요소들을 가지고서 그것들 뒤에 남아 있는 어둠 속에 펼쳐져 있는 그 곡선 자체의 형태를 재구성하는 것"이다. 다시 말해서 이것은 완전한 철학적 체계의 구축을 의미하는 것이 아니라, 실증 과학의 경우에서처럼 경험의 다양한 영역에서 얻어질 수 있는 "사실의 선線들"lignes de faits 을 수렴·교차시킴으로써 개연적 확실성을 얻는 것을 말한다.[21] 즉 우리

---

19) "전환점 너머로 분기하는 선들을 따라간 후에, 그 선들은 우리가 출발했었던 지점이 아니라 잠재적인 지점, 출발점의 잠재적인 이미지 속에서 다시 마주쳐야만 한다. 그 지점이야말로 우리에게 결국 사물의 충족이유를, 혼합물의 충족이유를, 출발점의 충족이유를 제공한다" (Deleuze, *Le Bergsonisme*, 20 [『베르그송주의』 33]).

20) MM 205~206/321(『물질과 기억』 309).

21) "내가 생각하기에, 경험의 다양한 영역들 안에서 볼 수 있는 것은 상이한 묶음의 사실들이고, 이 사실들의 묶음 각각은 우리가 원했던 인식을 주는 것이 아니라, 단지 그 인식을 발견할 수 있도록 방향을 제시할 뿐이다. (……) 그 방향들은 동일한 한 지점으로 수렴해야 하며 그 지

경험의 발생적 원천으로부터 우리의 경험을 설명하는 것이다.

혼합물 안에서 본성 차이에 따라 갈라지는 사실의 선들을 계속 추적하여 이들이 마주치는 진정한 출발점에서 다시 재전환점을 넘어오는 사유의 운동은 베르그손에겐 수학에서의 미적분과 같은 방식으로 철학에서의 정확성précision을 확보하는 방법이다.[22] 베르그손이 철학에서 가장 중요한 것으로 여기는 정확성, 이것은 누구에게나 걸맞는 기성복의 일반성처럼 추상적인 개념의 정확성이 아니라 맞춤복처럼 오로지 주어진 그 경험에만 딱 맞는 개념, 그래서 엄밀히 말하면 개념이라고도 할 수 없는, 개념의 사유에 부여되는 것이다. 이는 결국 실재와 사유 사이의 직접적이고도 순수한 접촉을 의미한다. 직관적 경험이란 경험의 전환점 너머에서, 본성상 다른 경향의 것들로 갈라져 버린 두 사실의 선들을 다시 마주치게 하고 둘 사이에 확장된 그 간격을 다시 좁히는 데서 얻어지는 실증적 확실성 외에 다른 것이 아니다.[23] 베르그손에게 철학자의 모델은 어디까지나 건축기사가 아니라 측량기사이다. 철학자는 하나의 단단한 기반 위에서 하나의 완벽한 체계를 구축하는 자가 아니고, 매번 새로이 제기되는 경험적 사실들에 대

점이 바로 우리가 찾는 그것이다. (……) 철학은 더 이상 한 사상가의 체계적 작품, 즉 구축물(construction)이 아닐 것이다. 그것은 끊임없는 덧붙임들, 교정들, 재접촉들을 허용하고 소환할 것이다. 그것은 실증 과학처럼 진보할 것이다"(ES 4/817~818). "개연성(probabilité)의 축적에 의해서만 얻어지는 과학적 확실성이 있는 것이며, 그 자체로써는 진리를 규정하기에 불충분하나 그것들의 교차에 의해 진리를 규정하는 사실의 선들이 있다"(Mél 483). 베르그손의 진정한 경험론으로서의 철학에 대해서는 차건희의 「베르크손의 哲學觀(I)」(『과학과 철학』 제4집, 1993)을 참조.

22) "철학에서 가장 결핍되었던 것, 그것이 바로 정확성이다"(PM 1/1253).

23) "우리는 예전에 충분히 멀리까지 가지는 않기 때문에 다만 진리의 방향만을 제공할 뿐인 사실의 선들에 대해서 말했었다. 그것들 사이에 둘을 그것들이 서로 갈라지는 지점까지 연장시키면 결국 우리는 진리 그 자체에 도달할 것이다. 측량기사는 자신이 접근했던 두 지점들에서 차례차례로 조준하면서 접근할 수 없는 어떤 지점까지의 거리를 측정한다. 우리는 이 마주침(recoupement)의 방법이야말로 마침내 형이상학을 발전시킬 수 있는 유일한 것이라고 생각한다"(MR 263/1186, 『도덕과 종교의 두 원천』 267).

한 구체적 연구에 전적으로 새로운 노력을 경주하는 자이며, 오히려 쉽사리 '체계를 건축하려는 자연적 경향'에 저항하는 자이다. 여러 곳에서 측량된 사실의 선들을 교차시키고 수정하면서 개연적 확실성을 높여 감으로써 실재의 진상에 다가가는 것이 철학적 작업이다. 철학에서의 '정확성'이란 보편 수학의 이념을 따르고자 하는 데카르트적 의미에서의 정확성이 아니라, 경험적 사실들의 교차지점에서 개연성이 더해지면서 점점 더 분명해지는 실증적 확실성으로서의 정확성인 것이다.

따라서 경험의 실재적 조건을 향하여 경험의 결정적인 전환점을 넘어서는 베르그손적 초월은 두 가지 의미를 갖는다고 할 수 있다. 우선, 현실적으로 주어져 있는 것, 혼합물이자 잠정적인 출발점인 경험으로부터 여기에 주어진 사실의 선들에 따라서 이 경험의 전환점 너머로 본성 차이들을 분리하여 이원화하는 '확장'의 계기. 그 다음, 이원화된 그 선들이 잠정적인 출발점이었던 경험의 발생적 근거를 제공하는 새로운 지점에서 마주치도록, 즉 잠재적이지만 진정한 출발점을 형성하도록 일원화하는 '좁힘'의 계기.[24] 전자의 방법이 주어진 경험에 문제를 제기하며 그 경험의 구체적인 조건을 향해 초월하는 우월한 경험론empirisme supérieur의 면모를 보인다면, 후자의 방법은 제기된 문제에 대답하면서 발견된 그 조건으로부터 조건지어지는 것의 발생을 설명하는 우월한 개연론probabilisme supérieur의 면모를 보인다고 할 수 있다.[25] 이것이 바로 베르그손의 "실증적 형이상

---

24) Deleuze, *Le Bergsonisme*, 21(『베르그송주의』 33~34). 베르그손 철학을 특징짓는 그토록 많은 이원론의 계기들은 결국 일원론을 재형성하기 위한 계기였을 뿐이다. 다시 말하자면, 전자는 인간적 경험 너머로 사실의 선들을 확장한다는 점에서, 그리고 사실의 선들은 결국 지속과 연장, 기억과 물질, 생명과 물질 등으로 이원화된다는 점에서, "방법적 또는 반성적 이원론"의 계기이다. 후자는 이렇게 이원화된 두 계열이 '하나의 발생적 원천'으로부터 비롯된 두 경향이라는 점에서 "발생적 이원론"의 계기이다.

25) Deleuze, *Le Bergsonisme*, 22(『베르그송주의』 36).

학"이다.[26] 사물을 바깥에서 접근하는 분석과 종합이 아니라, 그 안에서 내적 운동의 결을 따라 접근해 들어가는 '분화'(미분différenciation)와 '통합'(적분intégration)의 작업이야말로 실재의 뉘앙스를 정확하게 파악할 수 있는 방법인 것이다. 베르그손적 사유의 운동은 이렇게 '인간의 조건을 넘어서' 실재 그 자체와의 직접적인 마주침을 목표로 한다.

2. 무의식의 발견 : 경험의 전환점을 넘어서

만일 우리의 현실적 의식 자체와 우리의 경험적 표상들이 무의식의 결과물이자 효과로서 주어지는 것이라면, 우리의 의식은 어떻게 그 자신의 조건과 한계를 넘어서 주어진 것의 발생적 근원인 의식 바깥으로 나갈 수 있는가? 의식은 어떻게 의식 자신의 실재적 조건과 발생적 근원을 사유할 수 있는가? 무의식이란 우리가 현실적으로 의식할 수도 경험할 수도 없는 비가시적이고 잠재적인 것이 아닌가?

잠정적인 사유의 출발점은 '인간적 경험'으로서 우리의 현실적인 의식에 혼합물로 주어지는 구체적인 표상들이다. 무의식에 대한 사유는 바로 이 혼합물로서의 구체적 표상으로부터, 그 발생적 원천을 향하여 넘어가는 것에서 출발해야 할 것이다.

『물질과 기억』의 도식에 따르면,[27] 의식적인 표상은 공간 계열의 현실적인 지각들 중 일부와 시간 계열의 잠재적인 기억들 중 일부가 교차하고 있는 지점이다. 왜 실재에 대한 우리의 구체적인 표상은 이러한 혼합물로 주어지는가? 베르그손에 의하면 우선 의식은 세계 바깥에서 세계를 자신

---

26) Mél 652. 윌리엄 제임스(W. James)에게 보낸 1905년 2월 15일자 베르그손의 편지.
27) 이 도식에 대해서는 이 책 3장 2.1절을 참조.

의 객관적 대상으로 마주하고 있는 초월적 의식이 아니다. 그것은 세계 안에서 세계의 일부로서 존재하는 생명체의 의식이다. 그것은 자신의 신체적인 자연적 조건과 결합하여 시공간 상에서 움직이며 구체적인 삶을 영위하고 있는 현실적인 의식이다. 이러한 의식의 일차적인 역할은 세계에 대한 순수 인식에 있는 것이 아니라 세계와 상호작용하는 실천적 행위에 있다. 식물인간이나 뇌사상태의 환자를 검증할 때 의식의 있고 없음을 자극에 대한 반응여부에서 보듯이, 의식은 일차적으로 외부 자극에 대한 반응과 그 반응의 선택 능력이다. 원초적인 상태의 생명체부터 인간에 이르기까지 삶을 살아가는 존재자의 의식은 실재 자체를 있는 그대로 인식하기 위한 능력이기 이전에 먼저 자신의 삶에 유용한 것들을 선택함으로써 자유롭게 행위하고자 하는 능력이다.[28]

　　따라서 우리의 현실적인 의식은 사유하기 이전에 '삶에 주의'하는 의식이고, 현재의 지각과 과거의 기억을 종합하여 자기 삶의 미래를 확장시켜 가는 의식이다. 의식은 거울처럼 실재를 반영하는 정적인 상태로 있는 것이 아니라 실재 세계와의 관계 속에서 항상 역동적인 운동을 실행하고 있다. "수축과 팽창의 이중 운동에 의해서 의식은 자신의 내용 전개를 좁히거나 넓힌다. 이 운동은 삶의 근본적인 필연성으로부터 비롯된다."[29] 즉 의

---

28) 따라서 베르그손의 경우, 사는 의식이 아니라 순수하게 사유하는 의식이 가능하기 위해서는 일차적인 '삶에 대한 주의'를 실재 그 자체로 돌려야 하는 지적 노력이 요구된다. 베르그손의 '데카르트적 코기토'는 외부 세계나 삶에 대한 관심을 전환시켜서 존재의 본질에 다가가기 위해 자기 안의 내면으로 주의를 집중하는 의식, 즉 삶(외부세계)에 대해선 무관심/방심하면서 동시에 긴장을 늦추지 않고 자기 안으로 주의를 기울이는 반성적 의식이다. 그러나 여기서도 베르그손적 코기토는 역설적이라고 할 수 있다. 왜냐하면 의식이 의식 자신을 완전하게 인식하고자 할 때, 의식이 자기 자신과 일치하고자 할 때 그 자신이 바로 무의식이기 때문이다. 즉 자기 안에 있는 무의식으로 주의를 확장시키는 것이 정신 자체의 실재성을 인식하는 길인 것이다. 따라서 데카르트의 명증한 코기토는 베르그손에겐 '꿈꾸는 코기토'(꿈이 무의식으로 인도한다는 점에서)가 된다.
29) MM 185/305(『물질과 기억』 281).

식이란 현재의 상황에 대한 지각으로부터 이를 해석하기 위한 기억을 끌어내기 위하여 과거 속으로 '팽창'했다가 다시 현재의 행위로 '수축'하는 왕복 운동을 통해서 실제적인 행위 수행의 정확도를 높이고, 현실적인 삶의 적응을 강화하기 위해 존재하는 것이다.

이렇게 현실적 의식의 본질적인 경향이 순수 사유가 아니고 항상 "현재의 행위와 관련된 것, 현실적으로 체험되는 것"에 관심을 기울이고 있는 것이라면, 이 의식의 내용을 이루는 표상들의 성격 또한 달리 해석되어야 할 것이다. 의식적인 표상들은 순수 사유를 목적으로 바깥 세계를 있는 그대로 표상하거나 재현하는 것이 아니라 미래의 행동을 준비하고 적절한 행동을 실행하는 데 유용한 것으로서 선택된 것들일 수 있다는 것이다.

데카르트주의자들은 사물들이 현상하는 그대로 존재한다는 것에 대해서는 의심했지만, 의식 그 자체가 현상하는 그대로 존재하는지에 대해서는 의심하지 않았다.[30] 그들은 표상적 의식의 단순성과 자명성에 대한 회의, 의식의 빈틈에 대한 의심, 의식 그 자체가 불순한 혼합물일 수도 있다는 것에 대해서는 의문시하지 않았다. 그러나 베르그손에 따르면, 우리가 경험의 원초적인 소여들이라고 간주하는 의식적인 표상들은 그 자체로 명증하고 자명한 것이 아니다. 표상들이야말로 분석해서 구분해야 될 참된 사실의 계열들이 섞여 있는 혼합물들이다. 표상이란 객관적인 외부 세계의 단순한 반영이나 재현도 아니고 순수하게 주관적인 정신적 산물도 아니다. 만일 표상이 그런 것이라면 그것은 구체적인 삶을 살아가야 하는 의식에게는 불필요할 뿐만 아니라 사치스러운 것일 게다. 물질적인 것이든

---

30) "데카르트 학파로 낙인된 철학자는 사물들이 의심스러운 것이라는 사실을, 사물들이 현상하는 대로 그렇게 존재하지 않는다는 사실을 알고 있다. 그러나 그는 의식 그 자체가 현상하는 그대로 존재한다는 사실에 대해서는 의심하지 않는다. (……) 맑스, 니체, 프로이트 이래로 우리는 그것에 대해 의심한다. 사태에 대한 의심 이후 우리는 이제 의식에 대한 회의로 넘어간다"(Ricoeur, *De l'interprétation; essai sur Freud*, 46).

정신적인 것이든 단순한 재현이나 반복에 지나지 않는 표상이 왜 있어야 하겠는가! 무언가 새로운 것을 산출하는 것이 아니라면, 그리고 그것이 삶에 유용한 것이 아니라면 대체 그것의 존재 이유가 무엇인가! 따라서 행위하는 의식에 필요한 구체적인 표상은 외부 세계와 직접 접촉하여 정보를 제공해 주는 지각과 이 지각된 내용을 의미 있게 해석해 줄 수 있는 기억이 상이한 비율로 섞여 있는 혼합물일 수밖에 없다. 즉 우리의 표상은 우리 의식의 '외재적 바깥'으로부터 오는 지각 표상들과 우리 의식의 '내재적 바깥'으로부터 오는 기억 표상들의 이질적인 혼합물인 셈이다.

그러면, 이러한 현실적 표상의 발생적 원천은 무엇인가? 베르그손은 우선 의식적 표상과 관련된 뇌의 기능과 역할에 대한 사실로부터 우리의 표상 안에 섞여 있는 '지각'과 '기억'이라는 본성상 다른 두 경향의 '사실의 선'을 찾아낸다.[31] 그리고 이 사실의 선을 '우리의' 표상이라는 '인간적 경험'으로 전환되기 이전으로, 두 경향의 본성 차이가 드러나도록 서로 섞이기 이전의 순수한 상태로 확장시킨다. 의식 외재적 존재인 물질 그 자체와 동일하게 생각할 수 있는 순수한 지각을 얻을 때까지, 그리고 의식 내재적 존재인 과거의 총체와 동일시할 수 있는 순수한 기억을 얻을 때까지. 순수한 지각과 순수한 기억은 실천적 행위에 무용하기 때문에 현실적인 표상으로 선택되지 않은 의식 바깥의 잠재적인 표상들이다. 순수한 지각은 공간 계열 상에서 존재하는 지각되지 않은 물질적 대상들의 총체이고, 순수한 기억은 시간 계열 상에서 의식되지 않은 기억들의 총체이다. 순수한 지각과 순수한 기억은 우리의 표상적 의식 바깥에서 '무의식적으로' 존재한다. 이렇게 해서 사실상 지각-기억의 혼합물로 존재하는 우리의 표상은 순

---

31) 뇌는 자신의 물질적 본성과 전혀 다른 의식적 표상을 저장하거나 산출할 능력이 없다. 따라서 표상은 뇌로 환원될 수 없는 외부 실재로부터, 즉 지각은 뇌 자신을 포함한 물질세계로부터, 그리고 기억은 뇌와 독립적인 정신세계로부터 비롯될 수밖에 없다.

수 지각과 순수 기억으로 이원화된다. 이것이 바로 존재론적 무의식을 발견하기 위해 심리학적 의식을 넘어가는 첫번째 단계이다.

인간적 경험으로의 전환점 너머로 확장된 순수 지각과 순수 기억은 주관과 객관이 더 이상 의식과 외부 실재의 관계로 단순 분석될 수 없음을 보여 준다. '지각표상→순수 지각'으로 확장되는 객관적·현실적 계열과 '기억표상→순수 기억'으로 확장되는 주관적·잠재적 계열이 이미 우리의 의식 안에서 혼합되어 있기 때문이다. 따라서 의식과 그 바깥의 관계는 주관적이고 질적이며 비연장적인 표상(의식)과 객관적이고 양적이며 연장적인 실재(물질) 사이의 (풀 수 없는 방식으로 제기되는 이원적) 대립 관계가 아니라, 현실적인 것(의식-물질)과 잠재적인 것(무의식), 이질적인 혼합물로서의 실재(부분)와 순수하고 직접적인 실재(전체)의 관계로 대체된다.

그러면 현실적 의식의 바깥으로서 '공간-지각' 계열과 '시간-기억' 계열 사이에는 본성 차이가 없는가? 베르그손의 무의식은 단지 의식 바깥의 실재를 의미하는 개념에 불과하단 말인가? 여기서 무의식의 본성과 관련해서 엄밀하게 주의해야 할 것은 바로 현실적인 것l'actuel과 잠재적인 것le virtuel의 본성상 차이이다. 순수 지각은 기억이 배제된 순간화된 의식으로서 물질 그 자체와 부분적이지만 절대적으로 일치한다. 순수 지각으로 접촉하는 의식과 물질은 모두 '현재'의 시간 차원에 놓여 있는 현실적인 것이다. 따라서 순수 지각의 객관적 계열에서는 지각되지 않은 대상들과 지각된 대상 사이에, 의식되지 않은 것과 의식된 것 사이에 전체와 부분의 양적 차이, 오로지 정도의 차이만이 있을 뿐이다.

반면 순수 기억의 주관적 계열에서는 무의식의 영역과 의식의 영역 사이에 전체와 부분으로서의 양적 차이뿐만 아니라 질적 차이, 본성상 차이가 있다. 무의식적인 과거 전체는 잠재적인 것이지만 의식적인 과거, 즉 상기된 기억은 현실적인 것이다. 현실화된 기억은 그 자체로 잠재적인 무의식 속에서 찾을 수 없다. 잠재적인 무의식의 총체는 질적 변화의 과정을 거쳐서 의식적인 표상으로 현실화되거나 또는 전체의 수축을 통해서 의식 그 자체로 스스로를 표현한다. 따라서 객관적으로는 주어지지 않은 새로운 무언가를 현실적인 것으로 표현할 수 있는 진정한 잠재성, 우리의 표상을 '우리의' 표상으로 주관화시키는 능력은 오로지 시간 계열의 정신적 무의식, 순수 기억의 무의식에만 있다. 이것은 물질과 정신의 진정한 차이를 보여 준다. 정신이 물질과 본성상 다른 것은 의식 때문이 아니라 바로 이 무의식 때문이다. 정신 안에, 그러나 의식 심층에, 순수 기억이라는 잠재적인 무의식이 존재하기 때문에 정신 또는 의식은 물질과 달리 창조적이며 자유로울 수 있다.

이제 현실적 의식을 넘어서서, 인간적 경험을 형성하기 이전으로, 방법적으로 확장된 순수 지각과 순수 기억의 두 계열이 다시 마주쳐 인간적 경험의 발생적 근원을 가리키는 지점은 어디인가?

이에 답하기 위해서는 우선 '수축 기억'이라는 또 다른 기억의 작동 방식에 주목해야 한다. 본성상 다른 지각과 기억을 종합하고, 순수 지각의 객관성을 '인간적인' 경험으로 주관화시키는 것은 바로 수축 기억이다. 수축 기억은 물질 고유의 흐름(연속적인 진동들)과 일치하는 순수 지각들을 연결하여 '우리의' 리듬의 한 순간으로 압축함으로써 '우리의' 지각으로 전환시킨다. 우리의 표상적 의식에 주어지는 지각은 사실상 이 수축 기억에 의해 수축된 기억이다. 물질을 수축하여 얻어지는 감각질과 같은 원초적 지각은 표상적 의식 이하에서, 생물학적 본능의 차원에서, 수축 기억의 무의식적인 작용에 의해 주어진다. 수축 기억은 물질을 수축하는 생명적 의식의 작용과 같다. 이 수축 기억의 계열을 따라 표상적 의식의 차원을 거슬러 올라가면, 생명적 의식의 발생적 근원에 해당하는 '초의식'과 만나게 된다.

따라서 원리상 순수 기억의 과거와 본성상 다른 것으로 나누어졌던 순수 지각의 현재는 사실상 수축 기억 안에서 가장 수축된 과거의 한 수준으로 통합된다. 현실적 의식의 지각은 언제나 수축된 기억이며 현재는 항상 수축된 과거이다. 본성상 다른 것으로 구분되었던 지각과 기억, 현재와 과거는 이제 기억-과거 안에서 정도상 다른 것으로 종합된다. 현재란 미래를 잠식하는 과거의 포착되지 않는 전진이자 흐름이기 때문에, 잠재적인 과거 전체는 항상 수축된 형태로 현재 속에 연장되며 현재와 함께 공존한다. 따라서 과거의 무의식 전체는 항상 현실적인 의식에 잠재적으로 공존하고 있으며 과거의 수축의 정도에 따라 의식 자체의 수준이 결정된다. 순수 기억과 수축 기억의 관계는 과거를 향하여 팽창하면서 동시에 현재-미래를 향하여 수축하는 지속의 이중 운동을 나타낸다. 지속의 상이한 리듬들은 기억의 팽창과 수축의 정도에 따라 결정되며, 지속은 기억의 운동에 의해 심리학적 지속을 넘어서 존재론적 지속으로 확장된다. 순수 과거는 존재론적 지속의 과거이며, 과거의 모든 수준들이 잠재적으로 공존하는 존재론적 과거이다.

그런데 물질을 우리의 유용성을 위한 방향으로 구부리는 기억의 힘은 어디서 오는가? 수축 기억은 『창조적 진화』에서 초의식이라는 근원적 생명성과 만난다. 수축 기억은 '지각-물질'과 '기억-정신'의 두 계열이 접속하는 생명성la vitalité 안으로 우리를 인도한다. 생명은 그 자체로 수많은 경향들이 상호 침투하고 있는 엄청난 잠재성virtualité이며 물질과 마주쳐 스스로 분화하면서 개별화된 생명체들로 현실화한다. 따라서 표상적 의식의 작용, 인간적 경험을 형성하는 지각과 기억의 두 경향은 그 발생적 원천을 순수 생명의 잠재성에서 갖는다. 이것이 존재론적 무의식을 발견하는 두 번째 단계이다. 여기서 우리의 현실적인 의식이 왜 물질을 이용하는 자유로운 행위의 능력일 수밖에 없는지 우리의 표상들이 왜 혼합물로 주어질 수밖에 없는지 그 근원적 이유가 밝혀진다.

순수 기억의 극단인 순수 지각에서 접촉한 물질은 과거의 기억이 거의 없는, 그래서 수축하지 못하고 자기 반복하는 운동이다. 반면 정신과 생명은 과거의 수축을 통해서 과거 전체를 반복하면서 스스로 질적으로 변화하는 운동이다. 이제 수축 기억을 통해서 순수 생명의 잠재성과 하나가 된 순수 기억의 무의식은 우주 안에서 새로운 형상들을 창조하는 '배아胚芽적 무의식'으로 나타난다고 할 수 있다. 우리가 '배아적 무의식'라 부르는 것은 생명의 잠재성이 배아적 상태로 생명체들에 내재하여 흐르는 어떤 충동을 말하는데, 이는 비유기적인 물질을 유기화하는 힘(물질을 수축하는 수축 기억)이자 물질적 우주 안에 새로운 형상을 창조하는 에너지에 해당한다. 배아적 무의식은 개체초월적이고 탈인간적인 흐름이요, 생명의 약동으로서 하나의 닫힌 체계를 형성하는 데 머무르지 않고 끊임없이 변이와 진화를 통하여 표현되는 자기-차이화 경향이다. 우주적 자연은 마치 수축하고 이완함으로써 차이를 산출하는 거대한 기억의 운동과 같다. 자연 전체는 수축하고 이완하는 상반된 방향의 이중 운동 속에서 생명체들과 의식적인 존재자를 창조하는 보편적 생성이다. 자연의 수축 운동이 생명의 약동으로 펼쳐진다면 이완 운동은 물질의 해체 운동으로 전개된다. 물질은 자기 반복으로서 잠재성이 없을 뿐만 아니라 오히려 차이를 무화시키는 방향으로 기하학적 공간의 방향으로 하강한다. 물질의 운동은 생명의 잠재적 다양성이 현실적 다양성으로 갈라질 수 있도록 분리시키고 개별화하는 원리로 작동한다. 우리의 정신적 삶 안에서 또 우주 안에서 잠재적인 무의식은 현실화하면서 비결정적이고 예측불가능한 새로운 것들을 창조한다. 물질은 그 자체로서는 잠재성이 없으나 잠재성의 현실화를 돕는 조건으로 기능한다.

그렇다면 인간적 경험으로서의 표상적 의식은 왜 존재하는가? 그것은 주체의 자유, 주체의 창조를 실현하는 것이다. 그런데 우리는 순수 기억의 결과물이요, 배아적 무의식이 드러나는 경향이며, 생명적 힘의 실현 매체에 지나지 않는다. 진정한 주체는 순수 기억이요, 수축 기억이며, 배아적 무의식이다. 우리 자신은 그러한 무의식적 운동의 가장 탁월한 매개자로서 자연 전체의 자기 차이화 운동, 자기 변신, 자기 생성의 현현으로 작동할 뿐이다. 따라서 주체의 죽음이란 없다. 인간 역시 인간 자신을 넘어서는 보편적 생성의 창조적 흐름 가운데 존재하기 때문이다.

　　그러면 인간은 왜 가장 탁월한 매개자인가? 인간은 삶을 실현하는 존재자이면서 또한 동시에 삶을 넘어설 수 있는 존재자이기 때문이다. 실천적 유용성에 몰두하는 우리 의식의 지성적 경향에도 불구하고 우리는 또한 삶으로부터 우리 자신을 분리시켜 우리 자신의 존재론적 조건과 발생적 원천을 사유할 수 있는 능력이 있다. "지성적 존재는 자기 안에 자기 자신을 넘어서는 무언가를 지닌다."[32] 아니 우리 자신의 조건을 넘어서야 하는 것이 바로 우리의 주어진 운명이다. "자연을 넘어서야만 한다. 우리에게 그것을 넘어설 수단들을 제공한 것이 또한 자연 그 자체다."[33] 인간의 조건을 넘어서 실재와의 직접적인 마주침을 의도하는 철학적 사유의 존재 이유, 이것은 바로 자기 차이화 운동을 하는 무의식의 생성 운동을 계속 진행시키기 위한 것이고 자연 안에 진정한 자유의 실현을 가능하게 하기 위한 것이다.[34] 그래서 직관은 우리 안에 자연이 심어 놓은 또 다른 본능이다. "우리가 소산적 자연으로부터 우리 스스로를 분리하는 것은 능산적 자연

---

32) EC 152/623(『창조적 진화』 231).

33) Vieillard-Baron, *Bergson*, 107.

34) 인간성을 완성한다는 것은 이렇게 자신을 넘어가는 것을 의미한다. 철학이란 말하자면 창조적 직관 안에서 자기 자신을 넘어가는 지성의 승리인 셈이다. 이것은 칸트의 형식주의와 정확히 반대의 길이다. 칸트는 극복할 수 없는 한계들인 형식들 안에 지성을 가두었다. 그러나 베르그손은 지성이 자신의 형식을 넘어설 수 있다는 것, 자신의 조건을 넘어서 자기 자신을 창조하고 재창조할 수 있다는 것을 보여 주었다. 그것은 바로 정신이 잠재적인 것을 소유하고 있기 때문이다. 무의식 속에 자신의 잠재성을 축적할 수 있기 때문에, 그리고 그 잠재성을

으로 돌아가기 위해서다."[35]

이렇게 해서 베르그손의 무의식은 인간중심적 관점을 벗어나야 볼 수 있는 우리 자신의 존재론적 근원으로서 또한 우리 자신을 포함한 보편적 생성의 창조적 운동으로서 드러난다. 우리의 의식, 우리의 존재는 이러한 무의식의 산물이자 표현이다.

현실화할 수 있기 때문에, 정신은 자신이 소유하지 않은 것 이상을 줄 수 있는, 그래서 새로운 무언가를 창조할 수 있는 유일한 실재가 되는 것이다. 철학은 이러한 창조의 능력을 통해서 인간을 해방시키는 것 외에 다른 목적이 없다.
35) MR 56/1024(『도덕과 종교의 두 원천』 68).

2

순수 지각과 물질

2장_순수 지각과 물질

의식의 수준을 넘어서서, 잠재적인 것으로 존재하는 무의식의 본성을 밝히기 위해서는 먼저 잠재적인 것le virtuel과 현실적인 것l'actuel 사이의 차이를 분명히 이해하는 것이 필요하다. 이것은 현실 세계와 접하고 있는 의식의 구성 요소, 즉 지각과 기억 사이의 본성상 차이를 인식하는 것으로부터 시작한다. 기억을 약한 지각에 불과한 것으로 간주할 때 사라지는 것이 바로 순수 기억이기 때문이다. 예컨대 관념연합론자들은 모든 심리 상태를 원자적인 요소로 단순화하여 감각된 것과 기억된 것을 단지 강도에서의 정도상 차이만 있는 것으로 간주한다. 그래서 지각을 강한 기억으로, 기억을 약한 지각으로 놓으면서 현재와 과거의 본성상 차이를 지우고 순수 기억의 존재 자체를 부정한다. 이들의 근본적인 오류는 현재의 의식에 주어진 결과물들을 진정한 출발점으로 놓고, 오로지 현재에 주어져 있는 것만이 존재한다고 간주하는 데 있다. 그러나 지각은 의식의 외부인 현실적 실재로부터 비롯된 것이고, 기억은 의식의 심층을 이루는 잠재적 실재로부터 비롯한다.

이 장에서는 베르그손의 '순수 지각론'과 '이미지론'을 다루면서, 표상적 의식과 물질적 실재와의 관계를 우선 기억의 요소를 전적으로 배제한 지각의 차원에서 해명하고자 한다. 이는 순수 기억의 잠재적 실재성과 주관화 작용을 간접적으로 확증하는 방법이며, 베르그손의 무의식 개념을 밝히는 데 분명한 기초를 제공할 것이다.

　　마그리트의 회화 「인간의 조건」은 현재의 의식에 주어진 것만이 확실하게 존재한다고 믿으면서 의식 외부의 존재를 회의하는 근대적 코기토의 곤경을 잘 보여 주고 있다. 의식을 채우고 있는 현실적인 내용들은 의식 안에 현전하며 의식 자신에 의해 분명하게 인식될 수 있는 것들로서 존재하지만, 의식에 현실적으로 현전하지도 않고 의식에 의해 조명되지도 않는 것들, 즉 의식의 외부는 존재한다고 할 수 있는가? 만일 의식의 외부가 존재하지 않는다면, 의식에 주어지는 표상들, 관념들, 정념들은 도대체 어디서 비롯되는 것인가? 만일 의식의 외부가 존재한다면, 의식은 과연 그 외부로 나갈 수 있는가?

　　관념연합론과 마찬가지로 지각 주체를 특권화하는 현상학적 관점에서도 이 문제는 풀 수 없다. 세계의 출발점이자 정초 지점을 지각 주체에 두었을 때 세계를 구성하는 이 주체는 자신의 세계를 넘어가지 못한다. 주어져 있는 것은 오로지 나의 의식, 나의 신체라는 관점에서 출발한다면 내 의식 또는 내 신체의 표면에 각인된 인상들이, 그리고 오직 나에게만 관련된 인상들이 어떻게 나에게 독립적인 대상들로 구성되고, 나아가 외부 세계 자체를 형성하게 되는지 설명할 수 없게 된다. 세계는 나의 지각으로 환원되거나, 아니면 나의 지각과는 다른 본성의 것으로 존재하거나 해야 할 것이다. 관념론과 실재론의 문제도 이와 다른 맥락에서 나온 것이 아니다. 나의 의식에 주어진 주관적 표상으로부터 출발한다면 의식 외부의 객관적 현존은 의문스러울 수밖에 없다. 의식 외부의 존재에 대한 문제는 적어도 근대 철학적 문제틀 안에서는 충분한 해답을 얻을 수 없다.

　　베르그손의 독창성은 관점과 문제틀을 전환시켰다는 데 있다. 그는 '인간적 경험'의 전환점을 넘어서, 그것의 발생적 근원으로부터 문제를 재

검토하였다. 나의 의식과 물질 사이의 인식적 만남 이전에 물질적 우주 안에서 움직이는 생명체의 '행위'로부터 지각의 본성을 살펴보아야 한다. 지각 주체를 이미 특권화된 것으로 놓고 출발하기 이전에, 지각 주체가 어떻게 그러한 특권을 획득하게 되는지부터 검토해야 한다. 어떠한 중심점도 정박점도 없이 움직이는 물질적 우주를 근원적인 출발점으로 놓고 이로부터 우리가 어떻게 지각 주체를 중심으로 설정하게 되는지, 전체의 표상이 어떻게 우리의 지각 표상으로 축소되는지를 설명하는 것이 문제 해결을 위해 필요한 태도이다.

베르그손과 현상학의 결정적인 차이는 베르그손이 물질을 의식과 절대적으로 다른 것은 아닌 것으로 놓았다는 데 있다. 그는 물질을 의식의 대립항으로 놓은 것이 아니라, 의식과 동일하게 '현실적인 것'으로 놓았다. 물질을 '지각들의 총체'로 놓음으로써 "어떻게 지각이 가능한가?"가 아니라 "어떻게 지각이 제한되는가?"를 묻는다.[1] 지각 전체가 어떻게 '우리의' 지각으로 축소되는가? 베르그손은 지각의 문제를 '분리되어 있는 대상과 주관이 어떻게 만나느냐'에서 '미분화된 전체로부터 어떻게 대상과 주관으로 분리되느냐'로 전환시킨다. 이렇게 물질을 의식과 대립되는 외부로 놓는 것이 아니라 의식과 같은 차원에 놓을 때, 물질에 대한 관념론과 실재론의 논쟁도 넘어설 수 있다. 즉 의식되지 않은 지각들의 총체로서 물질은 항상 우리의 의식적인 지각을 초과하기 때문에 우리의 지각으로 환원되지 않으며(관념론에 대한 반대), 그렇다고 해서 의식된 지각과 본성상 다른 무언가를 갖고 있지도 않기 때문이다(실재론에 대한 반대).

이렇게 해서, 의식되지 않은 지각들이 의식적인 지각 바깥에 객관적으로 실재하는 것이 입증된다면, 의식되지 않은 기억들(잠재적인 과거의 총체

---

1) MM 38/190(『물질과 기억』 75). H. Hude, *Bergson II*, 64.

인 무의식) 역시 의식의 심층에 그 자체로 존재한다고 주장할 수 있을 것이다. 또 의식적인 지각이 지각되지 않은 나머지 물질 전체와 정도상 차이만 지니며, 따라서 지각이 물질의 부분으로서 객관적 외재성을 지닌다는 것이 확증된다면, 표상적 의식이 물질적 실재와의 관계 속에서 갖게 되었던 주관적 특성은 오로지 기억에서 비롯되는 것임이 밝혀질 것이다.

『물질과 기억』 1장은 이상과 같은 맥락에서 물질과 지각의 문제를 다루고 있다. 여기서 베르그손은 물질을 '운동하는 이미지들의 총체'로 정의한다.[2] 이러한 정의의 기본적인 목표는 크게 3가지로 그려 볼 수 있다.

1. 지각이란 물질에 대한 순수 인식이 아니라 생명체의 행동 경향이라는 것을 밝히는 것이다. 먼저 탈중심적이고 의식되지 않은 지각 전체(물질적 우주)를 놓고서 신체의 행동과 관련해 어떻게 중심화된 의식적 지각이 출현하게 되는지, 어떻게 전체로부터 부분으로 축소되는지를 보여 준다.

2. 이로부터 객관적 현존과 주관적 표상의 관계를 둘러싼 관념론과 실재론의 논쟁은 거짓 문제임을 보이고 이를 해체하는 것이다.

3. 결론적으로, 물질은 지각된 것과 본성상 다른 무언가를 숨겨 놓을 수 있는 잠재적 심층을 전혀 갖지 않는다는 것을 보여 준다. 즉 물질은 이미지들로서 우리에게 나타나는 바대로 존재하며 어떤 잠재성도 없는 현실적인 것이다. '물질-이미지'와 '지각-이미지' 사이에, 물질과 '지각-의식' 사이에는 단지 전체와 부분이라는 정도 차이밖에는 없다. 따라서 물질은 자신에게 주어지지 않은 새로운 무언가를 그 자신으로부터 발생시킬 어떠한

---

2) "우리에게 물질이란 '이미지들'의 총체이다. 우리는 이 '이미지'라는 말을 관념론자들이 표상이라고 부르는 것보다 더 있는 것이고 실재론자들이 사물이라고 부르는 것보다 덜 있는 어떤 존재——'사물'과 '표상' 사이의 중간쯤에 위치한 존재——로 이해한다"(MM 1/161, 『물질과 기억』 22). "주관적인 것도 객관적인 것도 아닌 순수한 경험, 나는 그런 종류의 실재를 가리키기 위해서 이미지라는 말을 사용했습니다"(Mél 660. 1905년 7월 20일 윌리엄 제임스에게 쓴 편지 중에서).

잠재성도 지니지 않기에, 의식적 지각의 출현이 함축하는 진정한 주관성은 잠재적 기억으로부터 올 수밖에 없다는 것을 분명히 보여 주는 것이다.

1. 관념론과 실재론 사이 : 이미지들의 총체로서의 물질

내 앞에 어떤 사물이 있다. 이것을 바라보고 만져 보면서 나는 검고 단단하다는 표상을 갖는다. 과연 이 사물은 검고 단단한 것인가? 이 사물에 대한 나의 표상은 이 사물과 일치하는가? 만일 이 사물이 내가 지각한 대로, 내가 표상한 대로 검고 단단한 것으로 있는 것이 아니라면, 이 사물은 무엇이며 이 표상은 또한 무엇인가? 관념론자라면 이 사물의 존재 자체를 정신의 내부로 옮겨 놓으면서 그것을 검고 단단한 것이라는 관념(표상)으로 환원시킬 것이고, 실재론자라면 이 사물의 존재를 정신의 외부에 그대로 두되, 그것을 검고 단단한 것(표상)과는 전혀 다른 본성의 어떤 것으로 여길 것이다. 그러나 나는 내 앞에 있는 이 사물이 내가 이 방을 떠나더라도 그대로 존재할 것이라고 믿으며, 또한 내가 지각한 그대로 검고 단단한 것으로서 있다고 믿기 때문에 이 사물(책상) 위에서 글을 쓰고 있는 것이다. 관념론과 실재론의 이론적 분석이 사물의 존재와 사물의 표상 사이에 뛰어넘을 수 없는 간격을 보여 주고 있다면, '실재가 그 자체로 우리의 인식과 독립적으로 존재한다'(관념론이 부정한 테제)는 것과 '실재는 있는 그대로 우리에게 인식된다'(실재론이 부정한 테제)는 양립 불가능한 듯한 두 테제가 동시에 유지되고 있는 나의 이 소박한 확신은 어떻게 설명될 수 있을까?

문제는 여기서 출발한다. 관념론은 물질을 지각으로 환원시키면서 우리 안으로 지나치게 가까이 가져다 놓은 반면, 실재론은 물질 안에 지각과 본성상 다른 무언가가 있다고 주장하면서 그것을 우리로부터 지나치게 멀리 갖다 놓는다.

베르그손에 의하면, 관념론과 실재론의 문제는 거짓 문제의 전형이다. 이들은 실재의 복잡성을 그 자체로 해명하려 하지 않고 오히려 실재를 단순화시켜 문제를 제기한 뒤 하나의 해답으로만 문제를 해소하고자 한다. 베르그손은 관념론과 실재론이 설정한 객관적 현존과 주관적 표상 사이의 대립 관계를 상호작용의 두 체계(즉자적인 물질들 간의 상호작용 체계 그리고 물질과 신체간의 상호작용 체계) 사이의 관계로 재설정함으로써 이들이 풀지 못한 문제의 해답을 제공한다.

> 잠시 동안 우리는 물질에 관한 이론들과 정신에 관한 이론들, 외부세계의 실재성이나 관념성을 놓고 벌이는 논쟁들에 대해서 아무것도 모른다고 가정할 것이다. 그러면 나는 누구나 자유롭게 취할 수 있는 가장 모호한 의미에서의 이미지들 앞에, 내가 감각을 열면 지각되고 감각을 닫으면 지각되지 않는 이미지들 앞에 서게 된다.[3]

우선 이 구절은 버클리적 입장으로, 즉 이미지들은 지각될 때에만 존재한다는 식으로 읽어서는 안 된다. 왜냐하면 뒤에 가서 밝혀지지만 이미지들은 지각되지 않고서도 현존하는 것이기 때문이다. 물질을 이미지로 놓는 것은 물질이 이미지 이면에 숨겨진 잠재성을 전혀 갖지 않는다는 것을 드러내기 위한 것이다. 이렇게 잠재성이 결여된 물질이라는 개념은 '베르그손이 재해석한' 버클리적 관점에는 부합한다. 「철학적 직관」(1911)에서 베르그손은 버클리의 비물질주의(물질이란 관념들의 집합이다)는 단순히 물체가 관념이라고 말하는 것이 아니라, 물질과 그에 대한 우리 표상의 외연이 같다는 것^{coextensive}, 즉 물질은 내적인 것도 심층적인 것도 지니

---

3) MM 11/169(『물질과 기억』 37).

지 않으며, 아무것도 감추지 않고, 어떠한 잠재성도 소유하지 않은 채로 표면 위에 펼쳐져 있는 것으로서, 어느 한 순간에 우리에게 나타나는 것 그대로라는 것을 의미한다고 주장하고 있기 때문이다.[4] 따라서 1장에서 전개되는 이미지들의 세계를 현상학적인 세계라고 보는 것도 무리가 있다. 물론 이 구절은 현상학적으로 읽힐 수 있다. 이 세계는 지각하는 나와 관계 맺고 있는 세계로서 주체와 동시에 주어진 세계로 그려지기 때문이다. 어디까지나 상식적인 '내'가 보기에 외부 이미지들, 내 신체 이미지, 지각 이미지가 구분된다는 것이고 이것은 오로지 '나'의 지각적 차원에서 벌어지는 일이라는 것이다. 그래서 메를로 퐁티는 여기서 현상학적 주체를 발견하고 베르그손의 신체를 현상학적 의미로 읽는다. 그러나 들뢰즈는 이와 반대로 현상학적인 자연 지각의 주체를 넘어서는 비인격적인 초월적 장으로서 유물론적인 이미지들의 세계로 해석한다. 세계는 주체와 더불어 비로소 주어지는 것이 아니라 주체 이전에 주체의 가능 조건으로서 먼저 주어져야 한다는 것을 보여 준다는 것이다.

어쨌든 베르그손이 가정하듯, 우리가 물질이나 정신에 관한 모든 이론들에 대해 아무것도 모르며 어떠한 선입견도 갖지 않는다고 할 때 우리에게 나타나는 것들은 '이미지'들이다.[5] 우리에게 경험적 자료로서 주어져

---

4) PM 127/1353.

5) 베르그손은 이 '이미지'에다가 전통적인 이미지 개념과는 전혀 다른 의미와 보다 상승된 존재론적 지위를 부여하면서 이 모든 문제를 풀어 나간다. 오래된 전통 속에서 '이미지'라는 말은 '원본에 대한 모사'라는 뉘앙스, '의식 내적인 정신적 대상'이라는 뉘앙스를 간직하고 있었다. 이미지의 라틴어원인 '이마고'(imago)는 어떤 것을 닮아 있거나 본뜬 것으로서 '상'(像)을 의미하는 '에이콘'(eikon)과 또 실재가 아닌 상상이나 공상의 산물로서 '환영이나 가상'을 의미하는 '판타스마'(phantasma)에 대응한다. 특히 '에이콘'은 '보다'를 뜻하는 그리스 동사 '에이도'(eido)로부터 같이 파생된 '에이도스'(eidos)와 대립쌍을 이루어 초감성적 실재인 '이데아'(eidos)의 '모상'(eikon) 역할을 맡게 되면서 전락하기 시작했고, 이 때문에 플라톤 이래로 이미지의 인식형이상학적 지위는 참된 실재의 복사물로서 열등한 가상적 현상의 계열에 속하는 것이 되었다. 이미지는 언제나 실재에 관한 표상적 내용을 함축하는 정도에서 추상적인 관념

있는 것은 오로지 이미지들뿐이다. 그런데 이 이미지들은 우리가 감각을 열면 지각되고 감각을 닫으면 지각되지 않는다. 이렇게 우리의 지각 여부에 따라 나타나고 나타나지 않는다는 점에서만 보자면 이미지들은 전적으로 우리에게 의존적인 것 같다. 그러나 다른 한편으로 보면 우리가 이미지들에 대해서 실제로 할 수 있는 일이란 감각을 여닫으며 지각하는 것뿐이다. 이것은 이미지들에 대하여 우리가 수동적이고 외적인 접근밖에 할 수 없다는 것을 의미하는 것 같다. 따라서 이미지들은 우리 바깥에 객관적으로 존재하는 것처럼 보인다.[6] 이미지들은 과연 주관적인 것인가? 아니면 객관적인 것인가? "'이미지'라는 말이 가리키는 존재는 사유와 사물들에 동시에 참여한다."[7] 베르그손은 이 이미지들이 '구분되는 두 체계'에 다 들어갈 수 있다고 본다.

여기에, 우주에 대한 나의 지각이라고 불리는 이미지들의 체계가 있는데, 이 체계는 나의 신체라는 어떤 특권화된 이미지의 사소한 변화에도 완전히 교란된다. 나의 신체라는 이미지가 중심을 차지하고 있고 이 중심 이미지의 움직임에 따라서 주변 이미지들도 변화한다……. 여기에 또 다른, 그러나 마찬가지의 이미지들이 있는데, 이것들은 각각 자기 자신에 비추어 움직이는 것으로서, 결과가 원인에 비례하는 방식으로 서로서로 영향을 주고받는다. 이를 우주라고 부른다.[8]

이나 개념에 뒤떨어졌던 것이다. 그러나 베르그손의 '이미지'는 다르다. 베르그손에게는 관념보다 이미지가 실재성을 더 갖는다. 이미지는 참된 실재의 불완전한 가상도 아니고, 순수하게 주관적인 표상도 아니다. 이미지라는 개념은 '우리 의식의 상태'이면서 동시에 '우리로부터 독립적인 실재'라는 모순적인 현상, 즉 지각이라는 역설적 사태를 드러내기 위한 개념이다(김재희, 「베르그송의 이미지개념」, 『철학연구』 제56집, 2002, 봄호 참조).

6) Worms, *Introduction à Matière et mémoire de Bergson*, 20~21.
7) Naulin, "le problème de La conscience et la notion d'⟨image⟩", 10.

어떻게 동일한 이미지들이 '우주'라는 이미지 체계와 '우주에 대한 나의 지각'이라는 이미지 체계에 동시에 들어갈 수 있는가? 이미지들의 두 체계 사이에 유지되고 있는 관계는 무엇인가?

베르그손에 의하면, 관념론과 실재론은 두 이미지 체계 중 어느 한 쪽으로부터 다른 쪽을 연역하는 방식으로 이를 설명하려 하기 때문에 실패할 수밖에 없다. 우선 유물론적 실재론은 결정론적 인과법칙에 따라 상호작용하고 있는 이미지들의 체계, 즉 우주로부터 출발한다. 무엇보다 이 우주의 "특징은 중심을 갖지 않는다는 데 있다. 모든 이미지들이 무한히 연장되는 동일한 평면 위에서 펼쳐진다." 그런데 만일 중심을 갖지 않고 각기 자신의 크기와 절대적인 가치를 지니고 있는 이미지들의 체계만이 존재한다고 상정한다면, 사실상 그 체계 이외에 '지각들'이 있다는 것은, 즉 그 동일한 이미지들이 특권화된 어떤 이미지를 중심으로 "다른 평면들 위에서" 배열되며, 이 중심 이미지의 사소한 변화에도 그 전체가 변화하는 이미지들의 체계가 있다는 것은 어떻게 설명할 수 있는가? 왜 그 자체로 자족적인 체계가 각각의 이미지가 비결정적인 가치를 지니며 중심적인 어떤 이미지의 모든 "변화"에 종속되는 그런 '지각 체계'를 덧붙여야만 되는가? 부대현상론의 유물론적 가설처럼 지각을 산출하기 위해선 '기계로부터 나온 신' deus ex machina[9]을 상정하거나, 아니면 '뇌'를 다른 이미지들과 달리 특별한 이미지로 설정하여 상대적이고 가변적인 지각 체계를 산출할 수 있는 신비한 능력을 가진 것으로 만들거나 해야 할 것이다. 따라서 "모든 실재론은 지각을 우연으로, 신비로 만들 것이다."

주관적 관념론은 지각으로부터 출발하고, 이 지각이 제공하는 이미지

---

8) MM 20/176(『물질과 기억』 50~51).

9) 고대 희비극에서 돌연히 무대 뒤에서 나타나 극 중의 모든 문제를 해결하는 신을 비유하는 관용어로서 '근거 없는 원리'를 의미한다.

들의 체계 안에다 이들을 정렬시키는 중심 이미지인 나의 신체를 둔다. 그러나 특권화된 이미지를 중심으로 변화하는 이미지체계만이 존재한다고 상정한다면, 우주에 대한 과학의 성공을 설명할 수 없다. 현재를 과거에 연결시키고 미래를 예측하기 위해서는 중심적인 위치를 포기해야만 하고, 모든 이미지들을 '동일한 평면' 위에 다시 놓아야만 하며 이미지들 각각이 정확한 인과법칙에 따라 변하는 것으로 상정해야만 하기 때문이다. 그런데 과학은 이미 존재하며 미래를 성공적으로 예측하고 있기 때문에 과학적 가설이 무조건 임의적인 것이라고 부인하기는 어렵다. 따라서 우선 배제되었던 무차별적인 자연의 질서를 다시 복원해야만 하는데, 이를 위해서는 역시 '기계로부터 나온 신'을 상정하여 정신과 사물 사이에, 감성과 오성 사이에 알 수 없는 예정조화를 상정하는 수밖에 없을 것이다. 따라서 주관적 관념론의 경우 "우연이 되는 것은 과학이고 그것의 성공이 미스테리가 된다." 결국 실재론과 관념론은 어느 한 체계에서 다른 체계를 연역하려 하기 때문에 두 체계 사이의 '차이'의 발생을 설명하는 데 실패할 수밖에 없다.[10]

　　베르그손에 의하면, 이들의 공통된 실패의 원인은 지각이 전적으로 사변적인 관심을 갖는다고 보는 것, 즉 "지각이란 순수 인식"이라고 전제한다는 점에 있다.[11] 따라서 베르그손은 무엇보다 지각을 순수 인식이 아니라 실천적인 행동의 관점에서 보도록 교정함으로써 관념론과 실재론의 거짓 문제를 일소하고자 한다.[12] 베르그손에 의하면, 물질과 지각은 두 종류의 운동 체계, 두 상호작용의 체계이며, 두 체계의 차이는 운동에서의 속도 차이, 작용과 반작용 사이의 시간적 간격의 차이에 있다.[13] 실재와 표상 사

10) MM 22~24/177~179(『물질과 기억』 53~55).
11) MM 24/179(『물질과 기억』 56).

이의 진정한 차이는 '물질과 지각 사이'에서가 아니라 '물질과 기억 사이'에서 주어진다.

2. 신체의 역할

우선 '우주'라는 일반적인 이미지들의 세계를 보도록 하자. 자연세계 전체, 물질적 우주의 총체가 바로 이 세계다. 여기에서 이미지들은 지각되거나 표상되지 않고서도 그 자체로 현존할 수 있으며, 각각의 이미지는 오직 자기 자신에만 관계하면서 절대적인 가치를 간직한다. 이 세계의 모든 이미지들은 운동을 전달받고(작용) 운동을 되돌려 주는(반작용) 방식으로 존재한다. 그것도 우리가 '자연의 법칙'이라고 부르는 '결정론적인 법칙'에 따라서 말이다. 만일 과학이 '자연의 법칙' 전부를 인식하는 것이 가능하다면 이 이미지들에게서 일어나는 일들을 완전하게 계산하고 예측할 수 있을 정도로, 따라서 이미지들의 미래가 현재 속에 포함되어 있어 어떠한 새로운 것도 그 자체로부터는 발생하지 못할 정도로 이 세계는 결정론적인 세

---

12) 이런 거짓 문제는 행위의 영역에서 형성된 습관이 사변의 영역으로까지 침투했을 때 만들어진 것이다. 철학의 첫번째 임무가 이런 인위적인 문제들을 일소하는 데 있다는 점에서 베르그손의 진단은 후기 비트겐슈타인의 문제의식(철학적 문제들은 우리의 언어와 삶의 형식에 의해 잘못 인도된 것)과도 비슷하다. 그러나 비트겐슈타인은 그런 문제들을 일소함으로써 언어의 토대로 돌아가게 한 반면, 베르그손은 언어와 공리적 가정들로부터 벗어나게 한다는 점에서 차이가 있다(Moore, *Bergson; thinking backwards*, 22).
13) 물질적 실재가 '이미지'라는 이 독특한 존재론적 가설은 인식론의 기본적인 출발점 자체를 역전시켰다. '나의 의식→나의 육체→다른 육체→외부세계'의 순서로 나아가는 것이 아니라, '외부세계→나의 육체→나의 의식'의 순서로 나아간다. 주관과 감각, 또는 의식과 내재성으로부터 출발하는 것이 아니고, 객관적인 우주와 행위 또는 삶과 외재성으로부터 출발한다. 여기선 인식이란 것 자체가 나와 세계 간의 가능한 작용을 측정하면서 사물들을 변화시키는 한 단계에 지나지 않는다. 지각은 사유가 아니라 행위이며, 유기체와 그것의 환경 사이에 이루어지는 관계들의 총체 속에 있는 것이다(Lattre, *Bergson une ontologie de la perplexité*, 61).

계이다. 여기에서 한 이미지의 변화는 나머지 모든 다른 이미지들의 변화로 연결된다. 이미지들은 마치 그 자신이 거대한 우주 속으로 전파되는 변화들을 모든 방향으로 지나가게 하는 하나의 길일 뿐인 것처럼 자신의 모든 부분들에 의해서 다른 이미지들의 모든 부분들에 작용하고 자신이 받은 것 전부를 전달한다.[14] 즉 "각각의 작용에 똑같이 상응하는 반작용을 실행해야 한다"는 것, 작용과 반작용 사이에 어떠한 새로운 요소도 첨가하지 않는다는 것, 이것이 바로 잠재성이 전혀 없는 물질 고유의 반복 운동 체계이다.

그런데 이 이미지들의 우주 가운데는 다소 특별한 이미지들이 있다. 그것은 바로 '나의 신체'와 같은 유형의 이미지들이다.

여기에 외부의 이미지들이 있고, 또 나의 신체가 있고, 마지막으로 나의 신체가 주위의 이미지들에 일으킨 변형들이 있다. 나는 외부의 이미지들이 내가 신체라고 부르는 이미지에 어떻게 작용하는지를 잘 안다. 그것들은 나의 신체라는 이미지에 운동을 전달한다. 또한 이 신체가 외부의 이미지들에 어떻게 작용하는지를 본다. 나의 신체는 외부의 이미지들에게 운동을 되돌려 준다. 따라서 나의 신체는 물질적 세계의 총체 속에서 운동을 주고받는 다른 이미지들과 마찬가지로 하나의 이미지일 뿐이지만, 어느 정도의 한도 내에서 받은 것을 되돌려 주는 방식을 선택하는 것처럼 보인다는 유일한 차이점을 지닌다.[15]

---

14) "**현전하는 객관적 실재인 이미지는**, 그것이 자신의 요소들 각각에 의해서 다른 이미지들의 모든 요소들에 작용해야만 하고 자신이 받은 것 전부를 전달해야만 한다는 것, 즉 각각의 작용에 똑같이 그 반대의 반작용을 가해야만 한다는 것, 그래서 결국 광대한 우주 속으로 전파되는 변화들을 모든 방향으로 이행시키는 하나의 길일 뿐이어야만 한다는 필연성을 지니기 때문에 **표상된 이미지와 구분**된다"(MM 33/186, 『물질과 기억』 68, 강조는 인용자).

15) MM 14/171(『물질과 기억』 41).

'나의 신체'는 일반적인 이미지들과 마찬가지로 운동을 주고받는 하나의 이미지일 뿐이다. 그러나 이 이미지는 다른 이미지들과 달리 결정된 방식으로 운동을 주고받지 않는다. 이것은 이미지들의 작용과 반작용 사이에 '선택의 여지'를 주는 시간적인 간격을 도입한다. 일반적인 이미지들이 자신의 모든 표면에서 운동을 수용하고, 또 수용한 그 운동을 즉각적으로 모두 전달하는 반면에, '나의 신체'와 같은 특별한 이미지들은 특권화된 어떤 부분과 표면에서만 선택적으로 자극을 수용하고, 또 수용한 그 운동을 되돌려 주는 데서도 '선택적'이다. 베르그손의 신체는 1장에서조차도 데카르트적 기계가 아니다. 여기서 베르그손이 비록 뇌-신경체계의 생리학적인 감각 운동 과정을 통해서 신체를 기술하고 있고, 물질적 이미지들 중의 하나로 표현하고 있다 해도 작용과 반작용 사이에 비결정성의 영역을 확보할 수 있는 '특별한' 존재라는 점에서 살아 있는 신체는 이미 기계와 같은 물체가 아닌 것이다. 무엇보다 신체는 반작용의 선택적 능동성을 통해 차이를 산출할 수 있지만 물체는 단지 반복할 뿐이다. 신체의 '무의식적인' 이런 선택은 진정한 주관성으로서의 정신을 예고한다. 신체적 지각의 선택 작용 자체가 이미 가장 낮은 차원의 정신적 특성에 속하며, 궁극적으로는 생명적 무의식의 발로이기 때문이다. 이것이 바로 신체와 물체의 차이이다. 신체는 이미 이전과 이후 사이에 유기적인 조직화를 구축한 습관의 체계이자 수축의 산물이다. 아무리 자동화된 습관이라 할지라도 습관은 여전히 차이를 구축하며, 해체되어 가는 물체의 기계적 반복과 동일하지 않다. 신체의 습관적 반복과 물체의 기계적인 반복 사이에 존재하는 정도 차이(운동 속도의 차이)는 궁극적으로는 본성상 차이인 셈이다.

신체의 이러한 특수한 존재방식은 신체(신경계와 뇌)의 역할이 외부 자극을 수용(감각)하고 거기에 반응(운동)하는 것이 진화론적으로 체계화된 '감각-운동 능력'에 있음을 전제한다. 생명체는 가장 단순한 원형질 덩어리 상태에서부터 이미 자극에 민감하고 수축적이며, 외부 자극에 의해 영향을 받고 이에 대해 물리화학적인 기계적 반응으로 대응할 줄 안다. 고차원의 유기체가 될수록, 이런 자극-반응의 생리학적인 작업은 뇌-신경체계의 발전과 더불어 수동적인 감각적 수용능력과 능동적인 행위능력으로 분리되어 분화하게 된다. 열등한 종일수록 자극과 반응 사이의 간격이 작기 때문에(자극에 대한 반응이 즉각적이기 때문에) 외부 세계와의 접촉은 수동적이면서 동시에 능동적이다. 즉 수동적인 감각적 지각은 단순 접촉에 가깝고 능동적 행위는 자동반사에 가깝다. 뇌-신경체계가 발달할수록 수용되는 자극들과 실행할 수 있는 운동 노선들이 많아지기 때문에 자극과 반응 사이에 간격도 그만큼 커지고 행위의 선택 폭도 커지게 된다. 특히 척추동물의 경우에 척수의 자동적 반사기능과 뇌의 개입이 요구되는 능동적 행위 사이의 구분은 분명해진다.

그러나 베르그손은 척수의 기능과 뇌의 기능 사이에는 본성상의 차이가 아니라 복잡성의 정도 차이밖에는 없다고 주장한다.[16] 베르그손에 의하면, 외부 자극에 의해서 수용된 진동이 척수 신경 세포들의 매개로 곧장 근육수축을 결정짓는 반작용으로 반사되지 않고, 일단 뇌로 거슬러 올라갔다가 다시 내려올 때, "이 우회에서 얻는 것이 무엇인가? 뇌 피질의 소위 감각 세포들 안으로 무엇을 찾으러 갔는가?"[17] 거기엔 사물들을 표상으로 바꾸어 주는 신비한 역량이 있는 게 아니라, 수용된 진동으로 하여금 "척수의 이런 저런 운동메커니즘 기구에 **마음껏**ª volonté 도달할 수 있도록 해서 그 효과를 **선택하게**choisir 하는 것"[18]밖에는 없다. 뇌 세포들이 더 많아지고 뇌-신경체계가 더 복잡해진다는 것은 단지 동일한 자극에 대해 취할 수 있

---

16) MM 18~19/175(『물질과 기억』 48).

17) MM 25/180(『물질과 기억』 58).

18) MM 26/180(『물질과 기억』 58).

는 더 많은 반응기제들이 가능하다는 것을 말해 줄 뿐이다. 뇌-신경체계는 인식을 위한 기능이나 지각 표상을 산출하는 데 기여하는 기능이 아니라, 오로지 우리의 행위와 관련해서 더 많은 선택의 여지를 마련하고 더 많은 공간상의 지점들을 확보하는 데 기여하는 기능을 할 뿐이다.

따라서 뇌-신경체계의 역할은 "한편에서는 수용된 운동을 선택된 반작용 기관으로 인도해 주고 다른 한편에서는 이 운동에다가 가능한 모든 반작용을 그릴 수 있도록 운동노선들 전체를 열어 주는 것"이고, "수용된 운동과 관련해서는 분석의 도구이고, 실행된 운동과 관련해서는 선택의 도구"로서 어디까지나 그 역할은 운동을 전달하고 나누는 데 그치는 "일종의 중앙전화국"[19]에 지나지 않는다. 이미지 존재론이라는 "베르그손의 유물론적 관점에서 보면, 사유의 내적 운동을 지배하는 법칙, 즉 시냅스의 섬광과 신경관을 통한 흐름은, 물체들의 운동을 지배하는 법칙들과 다르지 않다."[20]

그런데 부대현상설épiphénoménisme을 주장하는 유물론자들은 지각이라는 것이 뇌의 분자운동들을 번역하는 부차적인 현상이라고 주장한다. 심신평행론parallélisme 역시 지각 표상이 뇌의 분자 운동을 특별한 방식으로 표현하고 있다고 본다. 그러나 베르그손에 의하면, 뇌의 분자운동들은 신체 내부에서 외부 대상들에 대한 반응을 준비하게 하는 운동들일 뿐이다. 이것은 완성된 운동이 아니라 생성되기 시작하는 운동이라는 점에서 막 나타나기 시작하는 운동들mouvements naissants일 뿐이다. 무엇보다 부대현상론이나 심신평행론은 모두 뇌-신경체계를 독립적이고 자족적인 존재로 전제하고서 뇌-신경체계가 우주에 대한 표상들을 산출하는 것처럼 보

---

19) MM 26/180(『물질과 기억』 59).
20) Rodowick, *Gilles Deleuze's time machine*, 29(『질 들뢰즈의 시간기계』 76).

고 있다는 점에서 오류이다. "신경계는 그것에 영양을 공급하는 유기체 없이, 유기체는 그것이 호흡하는 환경이 없이, 이 환경은 그것이 젖어 있는 지구 없이, 지구는 그것이 주위를 선회하는 태양 없이 살아 있는 것으로 생각할 수 있는가?"[21] 뇌-신경체계는 어디까지나 물질적 우주 전체의 일부분일 뿐이다. 부분이 전체를 산출한다는 것은 당연히 부조리하다.

따라서 '나의 신체'도 '뇌'도 수용된 것에 어떠한 새로운 내용을 덧붙이진 못한다. 이미지들은 결코 그 자신과 다른 이미지들을(예컨대 실재 그 자체와 다르다고 간주되는 '지각-이미지들'이라는 의식적인 표상을) 창출할 수 없다.[22] 다만 특별한 이미지들은 이미지들의 결정적인 상호작용 속에 '선택의 여지'를 주는 시간적 간격을 확보함으로써 어떤 '비결정성'이 도입될 자리를 마련할 뿐이다. 그러니까 나의 신체와 같은 살아 있는 신체와 물체의 차이는 단지 운동 방식에서의 차이, 즉 작용과 반작용 사이의 속도, 시간적 간격에서의 '정도 차이'에 있는 것이다. 그러나 바로 그 차이만으로 특별한 이미지들은 탈중심적인 이미지들의 세계 여기저기에서 "비결정성의 중심들"centres d'indétermination[23]을 이루고 우주 전체 안에 진정한 새로움의 생성이 가능하게 한다.

그런데 가정상 주어져 있는 것은 오로지 결정론적이고 기계적인 방식으로 운동하는 이미지들뿐이고, 분명 '나의 신체'라는 이미지도 그 이미지들 중 하나인데, 어떻게 이 이미지만이 운동에 있어서 '선택의 여지'라는 '비결정적인 간격'을 가질 수 있는 것인가? 기계적이고 결정적인 물질적 우주 안에서 진정한 자발성의 출현 또는 주체의 발생이 어떻게 가능한가? 이에 대한 직접적인 답변은 『창조적 진화』에 가서야 제공될 수 있다. 여기

---

21) MM 19/175(『물질과 기억』 49~50).
22) MM 14/172(『물질과 기억』 41~42).
23) MM 33/186, 36/188(『물질과 기억』 69, 72).

서는 지각 주체의 존재론적 발생 자체를 규명하는 작업은 생략하고, 의식적인 지각의 출현과 관련하여 '뇌-신체'의 기능이 지각 표상 자체를 산출하는 데 있는 게 아니라 오로지 운동의 매개에 있음을 확립하는 데 초점이 맞춰져 있을 뿐이다. 그런데 베르그손은 여기서 이미『창조적 진화』를 예고하는 듯, 뇌-신체의 '비결정성'을 동물계의 신경체계 구조와 지각능력의 진화론적 발전이라는 생물학적 사실들을 근거로 확증된 "하나의 사실"[24]로 받아들이고 있다. 그리고 "이 비결정성을 진정한 원리로 놓고"[25] 이로부터 의식적인 지각의 필연적인 발생을 설명해 나간다. 따라서 '이미지들의 우주'는 이미 이중적이다. 처음의 가설상으로는 시간이 배제된 공간적 차원에서 결정론적 방식으로 상호작용하는 과학적 우주였다면, 이제는 뇌-신체라는 생명체의 존재와 더불어 이미 시간적 차원을 복원시킨 전체로서의 우주가 된다. '이미지들의 총체 = 물질적 우주'는 엄밀하게 결정론적인 세계가 더 이상 아니며, 살아 있는 신체와 같은 특별한 이미지들을 포함하고 있다는 점에서 이미 비결정성의 여지를 내포하고 있다. 가장 초보적인 수준에서나마 살아 있는 신체의 존재는 그 자체로 의식적인 지각의 출현이며, 또한 시간의 도입을 의미한다. 다시 말하자면, 엄밀하게 현상학적인 우주는 불가능하다는 것이다. '내'가 보기에 과학적인 우주의 결정성과 내 신체의 비결정성이 비교되는 것이지, 신체적 존재인 '나'의 발생적 근거를 따져 보면 나를 포함한 우주 전체는 비결정적일 수밖에 없는 것이다. 그러니까 특별한 이미지들과 비교되는 일반적인 이미지들은 분명 전체로서의 우주가 아니다. 결정론적으로 '상호작용하는 물체들 = 이미지들의 세계'는 지각적 차원의 우주일 뿐이고, 지각 현상 자체를 포함하는 전체

---

24) MM 29/183(『물질과 기억』 63).
25) MM 27/182(『물질과 기억』 60).

로서의 우주는 시간적 비결정성을 지니며 지속한다(이 부분에 대해서는 5장과 보론 참조).

3. 순수 지각의 출현 : 현존에서 표상으로

이제, 끊임없이 운동을 주고받고 있는 물질적 이미지들의 세계 속에는 두 종류의 이미지들이 있게 된다. 하나는 결정적인 방식으로 즉각적으로 작용 반작용하는 일반적인 이미지들이고, 다른 하나는 작용과 반작용 사이에 선택의 여지라는 시간적 간격을 확보하는 특별한 이미지들이다. 그런데 뇌-신체의 특별한 이미지가 우주에 대한 나의 지각 체계를 산출하지 않는다면, 그럼에도 불구하고 그러한 지각 체계라는 것이 산출되고 있다면, 가설상 물질적 이미지들의 세계 이외에는 주어진 것이 없으므로, 지각 체계는 뇌-신체 바깥에, 애초부터 물질적 세계의 자리에 있어야만 할 것이다. 한마디로 지각 표상은 **대상들이 있는 바로 거기에서** 나타날 수밖에 없다. 그러면 지각의 총체라고 할 수 있는 이미지들의 전체는 어떻게 나의 신체라는 이미지를 중심으로 만곡^{彎曲}을 이루면서 이 중심에 따라 가변적인 소위 지각된 이미지들의 세계로 축소되는가?

> 자신들을 연결하는 근본적인 기제 때문에 서로 서로에게 무차별적인 그것들(이미지들)은 서로가 서로에게 동시적으로 자신들의 모든 표면들을 보여 준다. 그것들은 자신들의 모든 요소적인 부분들에 의해서 자신들 사이에서 작용하고 반작용한다. 따라서 그것들 중에 어떠한 것도 의식적으로 지각되지도 지각하지도 않는다.[26]

---

26) MM 34/187(『물질과 기억』 69).

임의의 무의식적인 물질적 지점의 지각은, 순간적인 것이나마, 우리 자신의 것보다 무한히 더 광대하고 더 완전하다. 왜냐하면 그 지점은 물질적 세계의 모든 지점들과 작용들을 수용하고 전달하는 반면, 우리의 의식은 단지 몇몇 측면들에 의해서 몇몇 부분들만을 접하기 때문이다.[27]

그 자체로 현전하는 모든 이미지들은 필연적인 운동에 의해서 서로서로 불가분적으로 연결되어 있으며 어떠한 선별 작용도 하지 않는다는 점에서 어떠한 중심도 없이 서로에게 무차별적으로 펼쳐져 있다. 한마디로 **현존하는 이미지들의 총체인 물질적 세계는 탈중심적이고 의식되지 않은 지각들의 세계**인 것이다. 그런데 특별한 이미지는 자기를 중심으로 이 세계를 만곡시키면서 의식적으로 지각된 이미지들로 전환시킨다. 특별한 이미지들이 자신의 실천적 관심에 따라서 주변의 이미지들과 선택적으로 관계 맺을 때 비로소 우주에 대한 나의 지각이라는 이미지 체계가 출현하게 된다는 것이다. 특별한 이미지들은 자신들이 수용할 수 있는 것들(관심 있는 것들)만 선택적으로 수용하고 자신들이 수용할 수 없는 것들(관심 없는 것들)은 제거함으로써 대상들을 지각한다. 마치 그림은 남겨 놓고 그 뒤의 배경만을 뒤로 밀어내는 것처럼, 마치 대상의 윤곽을 드러내기 위해 바닥을 깎아 내는 판화처럼, 그 자체로 현실적인 이미지들의 총체 가운데서 자기에게 관심 있는 부분만 즉 현실적인 이미지 일부만 남겨 놓고 그 외의 나머지를 빼버린다. 이렇게 관심 없는 나머지를 의식 바깥에 남겨 놓는 것, 이것이 바로 신체적 주체가 경험을 제한하는 방식이다.

모든 사물들의 모든 지점들로부터 오는 모든 영향들을 지각한다는 것은

---

27) MM 35/188(『물질과 기억』 71).

물질적 대상의 상태로 하강하는 것일 것이다. 의식적으로 지각한다는 것은 선택한다는 것을 의미한다. 의식은 무엇보다 이런 실천적 식별에 있다.[28]

의식은——외부 지각의 경우에——정확하게 그 선택에 있다. 그러나 우리의 의식적 지각이 갖는 이런 필연적인 빈약함 안에는 이미 정신을 예고하는 적극적인 무언가가 있다. 그것은 바로, 어원학적인 의미에서의 식별이다.[29]

'선택한다'는 것은 '식별'discernement이라는 정신적 특성에 속한다. 그러나 여기서의 '선택'은 물론 신체적 차원에서의 선택이며 아직 주관적 의식으로서의 선택이 아니다. 그런데 물질적인 운동만 하는 뇌-신체가 어떻게 이런 저런 지각 내용을 '선별'할 수 있단 말인가? 다시 말해서 작용과 반작용 사이의 간격에 지나지 않는 비결정적인 행위의 영역이 어떻게 외부 지각의 외연과 정확하게 일치할 수 있는가?

베르그손에 의하면, 뇌의 간격과 지각 내용은 둘 다 생명적 의지의 정도를 상징하기 때문에 서로 상응한다. "뇌 분자운동의 양태변화modification와 의식적인 지각은 엄밀하게 서로 상응한다. 이 두 항들의 상호 의존성은 단지 그것들이 각각 의지vouloir의 비결정성이라는 제3항의 기능이라는 데서 비롯한다."[30] "말단에서 중추로 가는 실들이 있는 만큼, 나의 의지를 부추길 수 있는, 그래서 나의 활동성에 기본적인 문제를 제기하는 공간의 지점들이 그만큼 있는 것이다. (이렇게) 제기된 각각의 문제가 정확하게 지각

---

28) MM 48/198(『물질과 기억』 88~89).
29) MM 35/188(『물질과 기억』 71).
30) MM 39/191(『물질과 기억』 76).

이라고 하는 것이다."[31] 따라서 '비결정성의 영역'은 뇌-신경체계의 역량만큼 확보된다. 뇌-신경체계의 '내용'은 신경세포들의 복잡한 연결망으로서 그 자체로 물질적인 이미지들이다. 뇌-신경체계의 '내용'이 복잡해지고 완전성이 높아질수록 생명체의 운동 역량과 생명적 의지의 비결정성도 그만큼 커진다. 즉 뇌-신경체계의 완전성 정도는 생명적 의지의 비결정성을 상징한다.

한편, 지각 표상의 '내용' 역시 그 자체로 외재적인 물질적인 이미지들이다. 그런데 신경체계의 역할은 외부의 물질적 진동을 수용하여 실천적인 행위들로 전환시키는 데 있는데, 만일 신경체계가 어떤 손상을 입는다면, 수용력과 실행력이 그만큼 줄어들면서 실행 가능한 행위, 지연된 행위, 즉 지각 자체가 축소된다. 여기서 지각장의 크기는 생명체의 활동 가능성의 크기를 보여 주는 것이기 때문에 지각의 정도가 또한 생명적 '의지'의 정도를 상징한다.

따라서 생명체의 신체적 역량만큼 마주친 물질적 세계로부터 생명적 의지를 부추기는 것이 지각 그 자체이다. 지각은 물질적 세계가 생명체의 활동에 제기한 문제들이며, 실제적 행위를 즉각 수행하기 전에 주춤하게 하고 머뭇거리게 하는 것이다. 신경체계를 통해 지각되지 않는 것, 그것은 무의식적으로 남아 있는 것이고, 문제를 제기하지 않는 것이므로 무능력한 것이다. 무의식적인 지각의 세계는 생명적 활동을 부추기지 않는다는 점에서 무능력한 세계인 셈이다. 따라서 뇌-신경체계의 역량과 지각의 역량이 동시에 그만큼의 생명적 의지를 표현하는 것이기 때문에, 신경체계의 '내용'과 지각 표상의 '내용'이 "엄밀하게 서로 상응"하며, 지각장의 크기와 비결정성의 정도가 "정확한 비례로" 서로를 "상징한다"고 할 수 있다.

---

31) MM 43/194(『물질과 기억』 82).

여기서 베르그손은 '신체의 운동'과 '의식의 지각' 사이에 '평행론'이나 '예정조화설'을 벗어나는 설명을 하고 있는 셈이다. 스피노자나 라이프니츠처럼 베르그손도 두 영역 사이를 '인과적인' 생산관계가 아니라 '상징적인' 상응 관계로 보는 것은 맞다. 그러나 베르그손의 경우, 신체와 지각의 관계는 물질과 정신의 관계가 아니라 어디까지나 물질적 우주의 두 부분들 사이의 상응관계이다. 신경세포들과 지각된 외부 대상들 사이엔 본성의 차이가 아니라 의미상의 차이만 있을 뿐이다. 즉 시신경세포에 주어지는 '진동들'을 '빛'이라고 지각하는 차이이다. 여기서 두 항의 관계는 본성상 서로 다른 차원의 '번역'이나 '표현'이 아니다. 동일한 물질적 운동의 차원에서 즉각적이고 결정적인 우주적 운동 안에 우회하고 지연하는 신체적 운동이 끼어드는 것에 지나지 않는다. 진정으로 대립시켜야 할 것은, '신체-지각'의 계열과 '영혼-기억'의 계열이다. '신체-지각'은 동일한 물질적 계열에 속한다. 물질적 우주 그 자체가 즉각적으로 결정된 운동과 지연된 운동으로, 이렇게 두 운동으로 구분되는 것, 이런 운동의 나뉨 자체가 바로 물질적 계열과 본성상 다른 정신적 계열의 개입에 의해서, 즉 '의지'의 비결정성에 의해서 비롯되는 것이다. 이것은 객관적인 물질적 운동의 일차원적이고 수평적인 차원에 주관적인 정신적 운동의 수직적 깊이가 교차해야 한다는 것을 말한다. 따라서 탈중심적이고 무의식적인 물질세계 안에서 '신체적 주체'와 '의식적 지각'을 동시적으로 발생시키는 '의지의 비결정성'을 설명하기 위해서는 순수 지각을 얻기 위해서 추상했던 기억-시간 계열과의 최종적인 교차지점까지 가야만 한다.[32]

　그러니까 지각-이미지는 전체 이미지와 본성상 다르지 않다. 그것은

---

32) 이것은 순수 기억이 순수 생명과 마주치는 지점까지 거슬러 올라가야 설명될 수 있다. 우주의 존재론적 무의식인 순수 생명의 잠재성이 현실화하면서 전체로서의 우주가 비로소 물질과 의식의 대립으로 현상하게 된다. 이에 대해서는 5장에서 다루어질 것이다.

이미지들의 세계에 새로운 무언가를 첨가함으로써 얻어지는 것이 아니라 단지 있는 전체에서 제거된 것일 뿐이다. 이러한 지각-이미지의 발생을 거꾸로 탈중심적인 이미지 전체의 관점에서 보면, 이미지들의 현실적인 작용이 특별한 이미지라는 어떤 불투명한 막 또는 일종의 여과기에 걸려서 즉각적으로 통과되지 못하고 거기에 남겨지는 것이라고 할 수 있다.[33)]

우주 안의 어떤 장소를 고려하더라도, 물질 전체의 작용이 그곳을 지나간다, 저항 없이 그리고 손상 없이. 전체에 대한 사진은 거기에서 반투명하다. 다만 그것은 이미지가 뜰 검은 막, 건판을 결여하고 있다. 우리의 '비결정성의 지대들'은 일종의 필터의 역할을 한다. 그것들은 있는 것에 아무것도 덧붙이지 않는다. 그것들은 오로지 실제적인 작용action réelle 은 지나가게 하고 잠재적인 작용action virtuelle 은 머무르게 할 뿐이다.[34)]

마치 우리가 항상 전파되고는 있지만 결코 현상된 적이 없었던 빛, 거기에서 방출하는 빛을 그 표면들 위로 반사하는 것 같다. 우리를 둘러싼 이미

---

33) 특별한 이미지들이 갖는 선택적 관심, 일종의 여과작업은 원초적인 생물학적 요인에 의해 결정된다. 이것은 지각을 생명체의 행위와 관련된 원초적인 생물학적 현상으로 보기 때문이다. 그런데, 무어(F. C. T. Moore)는 생명체의 '여과하기'를 단순히 생물학적 현상으로만 보아서는 안 되고 사회적 현상으로서도 보아야 한다고 주장한다(*Bergson: thinking backwards*, 28). 예를 들어 우리의 색깔 지각은 생물학적으로도 제한되지만, 그렇게 지각된 색깔들을 어떻게 분할하느냐에 사회적이고 문화적인 요인이 들어가 실제로 다양한 색깔 지각이 나타난다는 것이다. 따라서 '여과된 속성'들인 지각이란 것은 본능으로부터 비롯되는 측면도 있지만 그렇게 지각하도록 학습된 지성으로부터 비롯되는 측면도 간과해선 안 된다는 것이다. 그러나 내가 보기에 무어의 주장은 '순수 지각'과 관련해서는 타당하지 못하다. '이미지 존재론'에서는 아직 '지성'이나 '사회 문화적' 차원을 언급할 수 없다. 순수 지각이 '순수' 지각일 수 있는 것은 바로 이러한 '정신적 측면'을 모두 배제하고 있기 때문이며, 철저하게 물질적 차원에서 설명 가능한 지각의 성격을 부각시키고자 하기 때문이다. 지각의 사회적 측면은 기억 또는 정신과 결합되어 있는 '구체적 지각'의 차원에서나 가능한 것이다.
34) MM 36/188(『물질과 기억』 72).

지들은 우리가 관심 갖는 표면을 환하게 밝힌 채로 우리의 신체를 향하여 돌리고 있는 것처럼 보인다. 그것들은 우리가 작용할 수 있는 것, 우리가 지나가지 못하게 막았을 것을 자신들의 실체로부터 떼어 내 풀어 놓았을 것이다.[35]

지각은 방해된 굴절에서 비롯하는 반사현상들과 유사하다. 그것은 마치 신기루 효과와 같다.[36]

어떠한 선별도 없이 모든 표면에서 모든 방향으로 운동이 전달되는 이미지들의 존재 방식은 빛의 운동 방식을 닮았다. 여기서 베르그손은 빛의 은유를 영혼이 아닌 사물의 편에 귀속시키는 독창성을 보여 준다.[37] 전통적으로 빛은 진리의 빛이자 로고스의 빛으로서 정신적이고 내적인 것의 힘을 표현해 왔고, 이 정신의 빛이 어두운 물질세계를 비추는 것이었다. 그러나 베르그손에게 이 관계는 역전된다. 빛은 오히려 물질 안에 있다. 사물들은 자신들을 밝혀 줄 어떠한 의식이 없이도 자신들의 빛으로 스스로 빛난다. 만일 의식이 빛이라면, 이 의식은 무언가에 **대한**, 무언가를 비추는 것이 아니라, 이미 무언가**이다**.[38] 이 의식은 물질에 내재적인 빛이기 때문에

---

35) MM 34/186~7(『물질과 기억』69).
36) MM 35/187(『물질과 기억』70~71).
37) "의식이 주체로부터 사물로 나아가는 빛인 것이 아니라, 사물로부터 주체로 나아가는 빛남"(Sartre, *L'imagination*, 44). 그런데 바로 이 점을 사르트르는 비판한다.
38) Deleuze, *Cinéma 1 : L'image-mouvement*, 89(『시네마 I』113). 물질은 이미지이고 현실적인 것이라는 점에서 이미 의식의 일종이라고 할 수 있다. 들뢰즈는 베르그손이 의식을 물질에 내재적인 것으로 둠으로써 현상학적 주체(세계 내 존재로서 자연 지각의 특권화된 주체)를 넘어서는 사유의 가능성을 보여 주었다고 주장한다. 반면 메를로 퐁티나 사르트르는 이러한 베르그손적 의식의 비현상학적 특성을 비판하였고 대자적 의식의 결여를 문제 삼았다. 그러나 메를로 퐁티나 사르트르 같은 현상학적 관점에서는 인간적 경험의 확장과 넘어감(초월적 세계가 아닌 잠재적 내재의 세계로)이라는 베르그손적 기획의 의미를 이해할 수 없다.

빛의 이미지인 사물들이나 마찬가지기 때문이다. 이 빛의 이미지를 사진에 비유한다면, 이 사진은 반투명한 사진일 것이다. 이 사진을 좀더 명확하게 뚜렷한 윤곽을 가진 것으로 현상하기 위해서는 건판의 검은 막이 있어야 될 것이다. 이것이 바로 뇌-신체 주체의 간격이다. 항상 전파되고는 있지만 현상된 적이 없었던 빛의 세계 안에서 뇌-신체 주체는 이 빛을 필터처럼 분리시키거나, 또는 거울처럼 반사시키거나, 또는 프리즘처럼 굴절시킨다.[39] 주체는 결코 빛의 원천이 아니다. 다만, 신기루와 같은 객관적 가상을 산출하면서 이 표상이 마치 주체의 내부에서 산출되는 것인 양 자신을 빛의 원천으로 착각할 뿐이다.

　이 주체의 막에 걸린 것은 물질 그 자체의 빛이자 운동이다. 뇌-신체 이미지가 주위의 다른 이미지들에 대한 선택적 반응을 하기 위해서 수용된 진동을 즉각적인 반작용으로 연장시키지 않고 머뭇거리고 있을 때, 바로 그 순간에, 작용과 반작용 사이에 벌려 놓은 그 간격에 걸려 머물러 있는 것, 그것은 바로 반사되거나 굴절된 빛이자 지연된 운동이다. 그런데 이것이 또한 지각-이미지이다. 지각-이미지는 마치 빛이 매질을 통과하지 못하고 전반사할 때 매질 속에 잠재적으로 생기는 이미지처럼 다른 곳이 아니라 빛을 반사하는 바로 그곳에서 형성된다. 지각-이미지의 내용을 이루는 그 운동의 질과 양은 뇌-신체 자신으로부터 산출되는 것이 아니라 그 바깥에 물질적 우주 안에 이미 주어져 있던 것이다. 뇌-신체라는 주체는

---

39) 따라서 "베르그손에게는, 의식의 두 형태가 있다. 내재성의 평면 위에는 권리상의 의식이 있다. 이 의식은 잠재적인 것이다. 빛으로서 그것은 내재성의 전 평면을 가로질러 방사된다. 그러나 만일 사실상의 의식이 내재성의 평면 위, 어떤 특별한 지점에서 출현한다면, 이것은 이미 존재하는 잠재적인(latent) 이미지의 전개도 아니고 의식의 빛나는 광선을 통한 이미지의 발견도 아니다. 사실적 의식은 빛을 전개하지도 투사하지도 않는다. 그것은 불투명한 표면이자 어두운 스크린처럼 빛을 멈추고 반사시키고 뺀다."(Rodowick, *Gilles Deleuze's time machine*, 33 [『질 들뢰즈의 시간기계』 82])

주어진 것 외에 결코 새로운 것을 덧붙여 창출할 수 없다.

따라서 지각-이미지는 주체 바깥에서, 대상과 함께, 대상 안에서, 대상이 있는 바로 거기에서 주어지는 것이지, 결코 주체의 내적인 의식 상태를 바깥의 외부 대상으로 투사하는 방식으로 형성되는 것이 아니다.[40] 눈(카메라의 렌즈)이 외부 대상을 찍으면 뇌 안에 그 대상의 표상(사진)이 현상되는 것처럼 지각 작용을 사물들에 대한 사진 찍기로 생각하는 것은 상식적으로 일어나는 오류이다.

> 만일 사진이라는 게 있다면, 어떻게 그 사진이 사물들의 내부 자체에서 그리고 공간의 모든 지점들에 대해서 이미 촬영되고, 이미 찍혀져 있다고 보지 않을 수 있겠는가?[41]

'뇌-신체'가 '지각-이미지'들을 산출하는 것이 아니라면, 이 이미지들은 이미 '뇌-신체' 바깥에 있어야만 한다. 즉 사진들이 있다면, 그것들은 이미 사물들 안에서 찍혀 있어야만 한다. 이러한 의미에서 현실적인 이미지들은 그 자체로 또한 가능적인 표상들이다. 이미지들은 자신들의 표상을 이미 자신들 안에 함축하고 있다. 이미지들의 세계에서 결여된 것은 오히려 사진이 뜰 건판이고, 가능적인 표상을 현실화시킬 검은 필터이다. 지각-이미지는 특별한 이미지들인 신체의 필터에 걸려 분리된다. 일반적인 이미지들이 투명한 빛으로서 가능적인 가시성의 세계 전체(우리가 아직 다 보지 못한 세계, 또는 우리가 결코 한꺼번에 다 볼 수 없는 세계)를 이루고 있

---

40) "순수하게 내적인 상태들을 우리 바깥으로 투사한다는 바로 이런 생각 속에서 그토록 많은 오해들, 문제 자체를 잘못 제기해 놓고서 대답한다고 하는 그토록 많은 절름발이식 답변들을 발견할 수 있을 것이다"(MM 47/197, 『물질과 기억』 87).
41) MM 36/188(『물질과 기억』 72).

다면, 우리에 의해서 지각된 이미지들은 이 전체로부터 부분적으로 현실화된 가시성의 세계(우리가 지금 보고 있는 세계, 우리가 현재 관심을 두고 있는 세계)를 이룬다고 할 수 있다.

> 이미지들에게 있어서 **존재와 의식적으로 지각된 존재** 사이에는 본성의 차이가 아니라 단순히 정도의 차이만이 있다.[42]

> 물질 자체와 물질에 대한 지각 사이에는 본성의 차이가 아니라 단지 정도의 차이만이 있다. 순수 지각과 물질의 관계는 부분과 전체의 관계 속에 있다.[43]

물질적 세계 전체는 그것이 '이미지들'의 총체라는 점에서는 '원리상' 가시적이며 지각 가능하다. 그러나 그것이 이미지들의 '총체'라는 점에서는 '사실상' 비가시적이며 지각 불가능하다.[44] 이미지들이 어떤 특별한 이미지를 위해서가 아니라 자기 자신을 위해서 존재할 때는 서로 서로에게 완전하게 현전할 수 있지만, 그것들이 지각될 수 있는 것은 오로지 자신들의 축소를 대가로 해서만 가능하기 때문이다. 따라서 물질과 지각은 완전히 일치하지 않고 부분적으로만 일치한다. 그래서 차이가 발생한다. 그러나 그 차이는 본성상의 문제가 아니다. 부분적이긴 하지만 물질과 지각의 일치는 절대적인 접촉이기 때문이다. '우주'라는 이미지들의 체계와 '우주에 대한 나의 지각'이라는 이미지들의 체계 사이에는 가능적인 전체와 현실적인 부분이라는 정도 차이만 존재한다.

---

42) MM 35/187(『물질과 기억』 71).
43) MM 74~75/218(『물질과 기억』 125).
44) Worms, *Introduction à Matière et mémoire de Bergson*, 54.

여기서 '객관적인 물질/주관적인 지각'의 대립은 '가능적인 전체(물질
=이미지)/현실화된 부분(지각-이미지)'의 관계로 대체되면서 극복된다. 객
관적인 물질의 현존과 정도상의 차이가 아니라 본성상의 차이를 통해 구
별될 수밖에 없는 진정한 주관성, 그것은 시간의 차원에서야 해명될 수 있
다. 물질의 진정한 주관적 대립자는 지각이 아니라 기억이다.[45]

4. 이미지들의 객관적 실재성

이제 이미지들의 총체로서의 물질은 단순히 가설적 전제에 그치는 것이
아니라 현실적인 지각의 출현을 위한 객관적인 조건으로서 의식 외부에
우선적으로 실재해야만 한다는 베르그손의 논리적 증명을 살펴보자. 이것
은 물질이 비록 이미지들이지만, 결코 의식 안의 관념들이 아니며 의식 밖
의 객관적 실재라는 것을 보여 주는 것이다. 관념론과 달리, 물질은 결코 마
음 안에 있는 것이 아니며, 그래도 지각 현상은 설명될 수 있다는 것이다.

베르그손에 의하면, 물질은 적어도 현실적인 지각 바깥에 객관적으
로 실재하지 않을 수 없다. 이것은 "지각에 관한 어떠한 이론도 놓고 나가
지 않을 수 없는 소여"이며, "물질적 세계의 가능성, 즉 근본적으로 모든 사
물들에 대한 잠재적인 지각을 상정하지 않고서는 어떠한 심리학자도 외부
지각에 대한 연구를 달성시킬 수 없을 것"이기 때문에 "어떠한 형이상학
도, 어떠한 물리학조차도 이런 결론을 피할 수는 없을 것"이라고 베르그손
은 주장한다.[46] 바꿔 말하면, 이것은 우리 의식 바깥에 있는 물질의 객관적
실재성을 주장하는 것이다.[47]

---

45) "주관과 객관, 이들의 구분과 통합에 관계된 문제들은 공간보다는 시간의 함수로 제기되어야
한다"(MM 74/218, 『물질과 기억』 124).
46) MM 32/185, 36/188~9(『물질과 기억』 66, 73).

예컨대, 물질을 운동하는 원자들로 환원시켜 보자. 그 원자들이란 질적 특성이 모두 사상된 채로 오로지 추상적인 시각(특정한 관점이 없는)과 추상적인 촉각(구체적인 질감이 없는)에 의해서만 규정될 수 있는 것들이다. 즉 원자들의 세계는 더 이상 구체적인 지각들의 세계라고 할 수 없는 세계라는 것이다. 이 원자들을 더 환원시켜서 아예 연속적인 흐름 속에서 변화하고 있는 소용돌이로, 힘의 중심들로 해체시켜 보자. 이 흐름, 이 운동들, 이 중심들은 오로지 무능력한 접촉, 효과 없는 충력, 탈색된 빛에 의해서만 규정될 수 있을 것이다. 즉 추상적인 시각이나 촉각에 의해서도 규정될 수 없는 그런 세계라는 것이다. 이렇게 모든 지각성이 빠져 버린 세계, 오로지 '흐름–운동'밖에 없는 물질적 세계를 최후로 남겨 둔다고 한다면, 그것은 지각 가능성으로서의 무언가인 이미지들의 세계라고밖에는 할 수 없다. **지각되지는 않았지만 존재하는 이미지들, 표상되지는 않았지만 현전하는 이미지들.**[48] 바로 이것이 아직 의식적으로 현실화되지 않은 이미지들의 세계이자 지각 가능성으로서의 세계가 아니고 무엇이겠는가?

---

47) 무어(F. C. T. Moore)는 베르그손이 지각에 관한 데카르트적 가정들, 즉 비연장적이고(공간적 속성이나 관계를 갖지 않는 관념), 내적이며(하나의 의식 안에 나타남), 표상적인(자기자신과 다른 무언가의 표상) 지각이라는 관념을 거부한다고 지적하고, '순수 지각론'을 '강한 실재론', 또는 '초강력 외재주의'라 부른다. "소위 '정신적 상태'(지각과 같은 것)가 '내재주의자'(internalist)의 방식(정신적 상태의 동일성이 지각자의 내적 사실들과 관련해서만 결정된다)으로 구성될 수 있다거나, 아니면 '외재주의자'(externalist)의 방식(정신적 상태의 동일성이 외부 맥락과 관련해서 부분적으로 결정된다)으로 구성될 수 있다거나 하는 논쟁의 견지에서 보자면, 순수지각에 관한 베르그손의 입장은 초강력 외재주의자(ultra-externalist)에 속한다. 지각은 가능한 반응을 위해서 신체에 의해 선택된 대상의 (전적으로 외재적인) 속성들이다"(*Bergson; thinking backwards*, 22, 32). 위드(H. Hude)는 순수 지각론을 "극단적 실재론"(*réalisme radical*)이라 부른다(*Bergson II*, 63). 그러나 베르그손의 이미지론이 함축하는 이러한 실재론적 성격은 지각과 본성상 다른 것으로 물질적 실재를 상정하지 않는다는 점을 간과해선 안 된다.

48) MM 32/185(『물질과 기억』 66~67).

물질의 운동들은 아주 분명하게 이미지들로 있고, 그 운동 안에서 우리가 거기서 보는 것과 다른 것을 찾을 필요가 없다.[49]

물질은 우리가 거기서 인식하는 것들과 다른 종류의 능력들을 실행할 수 없다. 그것은 신비한 효력을 은닉하지도 않았고 그럴 수도 없다.[50]

물질은 어떠한 불가해하고 신비로운 능력도 갖지 않는다. 물질은 본질적으로 그것이 지니고 있는 것 안에서 순수지각과 일치한다.[51]

주어지는 것, 그것은 자신들의 모든 내적 요소들을 다 가지고 있는 물질적 세계의 이미지들의 총체이다.[52]

따라서 이미지들의 총체인 물질은 현실화된 것과 본성상 다른 무언가를 감춰 놓을 만한 심층을 전혀 갖고 있지 못하다. 즉 물질은 스스로로부터 새로운 무언가를 발생시킬 수 있는, 스스로와 달라질 수 있는, 자기-차이화 할 수 있는 잠재력이 없다. 그래서 물질은 그 자체로 현실적인 이미지들, 이미 현실화된 이미지들이다. 바로 이러한 의미에서 물질은 이미지들의 총체인 것이며 의식 바깥에 객관적으로 실재하는 것이다.

이렇게 물질을 이미지들의 총체로서 먼저 놓는다면, 이로부터 지각의 출현은 필연적으로 도출된다. 우선 현존présence과 표상 혹은 재현représentation의 관계는 전체와 부분의 관계여야만 설명될 수 있다는 점에

---

49) MM 18/174(『물질과 기억』 47).
50) MM 75/218(『물질과 기억』 125~126).
51) MM 77/220(『물질과 기억』 128).
52) MM 34/187(『물질과 기억』 70).

서 그렇다. 만일 현존보다 표상에 더 많은 것이 있어서 전자로부터 후자로 이행할 때 무언가를 더 덧붙여야만 한다면, 주어진 현존 외에 덧붙일 것을 어디서 가져와야 할지 알 수 없기 때문에 현존으로부터 표상으로의 이행은 불가해한 것이 되고 만다. 그러나 이와 반대로 충만한 현전에서 무언가를 감소시킴으로써 빈약한 표상으로 이행하는 것이라고 한다면, 물질 그 자체로부터 물질에 대한 지각으로의 이행 역시 충분히 설명 가능한 것이 될 것이다. 따라서 물질은 이미지들의 **전체**로서 **모든** 지각들의 가능 세계로서 먼저 주어져야만 할 것이다.[53]

　　만일 관념론이나 현상학에서처럼 주어져 있는 것은 오로지 나의 신체라는 관점에서 출발한다면 내 신체의 표면에 각인된 인상들이, 그리고 오직 내 신체에만 관련된 인상들이 어떻게 나에게 독립적인 대상들로 구성되고, 나아가 외부 세계 자체를 형성하게 되는지 설명할 수 없게 된다. 하지만 그 반대로 일반적인 이미지들의 총체를 "우선"[54] 놓고 나간다면, 어떻게 내 신체가 여기서 특권화된 중심을 차지하게 되는지, 그리고 처음엔 단지 내 신체와 나머지 다른 것들(신체들과 물체들) 사이의 구분에 불과했던 것이 어떻게 안과 밖이라는 개념을 낳는지, 어떻게 지각이 발생하는지를 모두 설명할 수 있다.

　　물질을 이미지들의 총체로서 우선 놓고 나간다면, 지각 표상의 발생 자체를 주어진 것 외의 다른 곳에서 찾을 필요가 없게 된다. 왜냐하면, "표상은 항상 바로 거기에, 잠재적으로, 중립화된 채로 있는 것"[55]이 되기 때문이다. 전체에서 부분으로, 주변에서 중심으로, 밖에서 안으로 좁혀들어가는 이러한 사유 방식의 정당성은 우리의 표상이 비인격적인 것으로부터

---

53) MM 32/185(『물질과 기억』 67).
54) MM 45~6/196(『물질과 기억』 85).
55) MM 33/186(『물질과 기억』 68).

출발해서 차츰 차츰 '우리의' 표상으로 되어 간다는 유아기의 심리학적 경험에서도 그 사실적 토대를 발견할 수 있을 뿐만 아니라,[56] 무엇보다 우리의 상식이 이미 어려움 없이 받아들이고 있는 태도이기도 하다. 베르그손에 의하면, 외부 세계의 객관적 실재성 문제는 오로지 의식 주체를 중심에 놓고 출발하는 철학적 이론가들에게만 곤란한 문제일 뿐이다.

5. 지각된 물질의 평면과 기억의 원뿔

지금까지 살펴본 대로 지각의 본성은 순수 인식이 아니라 생명체로서의 신체적 행동의 경향임이 밝혀졌다. 그렇다면 기억으로서의 표상적 의식은 어떻게 연역될 수 있을까? 신체가 외부에서 오는 자극들을 분석하여 자발적인 반응을 준비하는 것이라면, 이 반응은 우연적이어서는 안 되고 의지적인 선택이어야 할 것이다. 따라서 지각된 표상들을 과거 속에 보존했다가 보존된 과거를 현재의 행동에 이용할 수 있어야 할 것이다. 바로 이런 필연성이 기억 능력을 가진 의식을 존재하게 한다. 따라서 생명체의 지각은 동시에 기억의 존재 또한 보장한다.

　베르그손은 이미지들의 전체인 물질적 우주는 아직 어떠한 의식도 출현하지 않은 따라서 드러나지 않은latente 의식의 상태에 비유한다.

　아마도 이미지들의 총체로 정의된 물질적 우주 그 자체는 의식의 일종일 것이다. 즉 모든 것이 서로 상쇄되어 있고 중화되어 있는se neutralise 의식, 모든 우발적인 부분들이 항상 작용에 동등한 반작용에 의해서 서로 균형

---

56) "유아기를 연구했던 심리학자들은 우리의 표상이 비인격적인 존재로부터 출발한다는 것을 매우 잘 알고 있다. 그것(우리의 표상)이 우리의 신체를 중심으로 채택하고 우리의 표상이 되는 것은 차츰 차츰, 귀납의 힘을 빌려서이다"(MM 45/195, 『물질과 기억』 84).

잡혀 있고 돌출되어 나오는 것을 서로 막고 있는 의식이다.[57]

총체적으로 고찰해 보았을 때 연장된 물질은 마치 모든 것이 상호 균형을 이루고 있고 서로 상쇄되어 있으며 서로 중화되어 있는 의식처럼 존재한다. 그것은 진정으로 우리 지각의 불가분성을 제공한다.[58]

그러면 의식의 출현은 어떻게 이루어지는가? 그것은 현실적인 물질적 우주 전체로부터 어떤 선택과 분리를 통해서 비로소 이루어진다. 즉 "우주에 대한 나의 현실적 표상의 움직이는 평면"[59]이 전체로부터 분리될 때, 바로 그 순간 지각하는 의식이 출현한다. 그리고 이 지각하는 의식과 동시에 지각된 세계가 형성된다.

현재의 순간이란, 실재 그 자체인 생성의 이 연속성 안에서, 흐르고 있는 물질 덩어리로부터 우리의 지각에 의해 거의 순간적으로 절단된 단면에 의해서 형성된다. 그리고 이 단면이 바로 우리가 물질세계라고 부르는 것이다. 이 속에서 우리의 몸이 중심을 차지한다.[60]

우리가 지각하는 물질세계란 바로 "생성의 순간화된 절단면"[61]이자 "보편적 생성의 횡단면"une coupe transversale de l'universel devenir[62]이다. 이 물질의 평면은 '나의 신체'를 중심으로 선별되어 만곡된, 부동화된 우주이

---

57) MM 264/365(『물질과 기억』 388).
58) MM 247/353(『물질과 기억』 366).
59) MM 169/293(『물질과 기억』 260).
60) MM 154/281(『물질과 기억』 239).
61) MM 81/223(『물질과 기억』 136).
62) MM 169/292(『물질과 기억』 259).

다. 보편적 생성의 절단면으로서 지각된 물질세계가 지각 주체를 중심으로 만곡된 세계라면 거꾸로 보편적 생성의 우주 전체는 탈중심화된 평면으로 펼쳐진 세계라고 할 수 있을 것이다.[63]

탈중심적인 보편적 생성의 우주 전체로부터 순간화된 절단면으로서 얻어 낸 움직이는 평면, 이 지각된 물질세계가 바로 나의 신체를 꼭짓점으로 하여 둥글게 말리면서 원뿔의 부풀어 가는 내면을 형성한다.[64] 현실적인 세계의 한 단면을 기억의 원뿔 안에서 잠재성의 평면들로 전환하는 것, 이것이 바로 주체의 출현을 의미한다. 여기서 주체란 지각된 내용을 기억 속에 보존하여 자유로운 행위로 사용할 수 있는 주체, 잠재적인 무의식을 형성함으로써 객관적인 물질 세계로부터 주어지지 않은 새로운 무언가를 자기 자신으로부터 끌어 낼 수 있는 존재를 말한다.[65] 이 주체의 잠재적 무

---

63) 『시네마』에서 들뢰즈가 제시하는 "내재성의 평면"은 운동하는 이미지들의 세계인 베르그손의 "물질의 평면"으로부터 비롯한다. "내재성의 평면은 각 체계의 부분들 사이에 그리고 한 체계와 다른 체계 사이에서 성립하는 운동(운동의 양상)이다. 이것이 그것들(체계들과 체계의 부분들)을 모두 가로지르며, 그것들을 뒤섞고, 그것들을 절대로 닫히게 하지 않는 한에서 그것들을 지배한다"(Cinéma 1 : L'image-mouvement, 87, n.11 [『시네마I』117]). 이 내재성의 평면은 순간적으로 부동화된 절단면이 아니라, 시간 속에서 움직이는 면으로서 일종의 시-공간 블록이다. 이것은 베르그손의 '물질의 평면'을 『물질과 기억』 1장에서 제시된 지각장(부동화된 물질세계)의 의미로서가 아니라, 『물질과 기억』 전체를 통해 결론적으로 도출되는 우주적 물질 개념의 의미로 해석한 귀결이다. 사실 『물질과 기억』 4장까지의 논의를 거쳐 다시 돌아와 1장을 보면, 이미지들의 총체는 지속을 회복한 우주 전체로서 기억-생명의 시간성을 지닌 시-공간 면이다(이에 대해서는 보론 참조). 들뢰즈가 말하는 '내재성의 평면'은 신체를 중심으로 축소된 물질의 절단면을 넘어서는 '탈중심화된 전체'로서 지속 안에 개방되어 있는 베르그손적 의미에서의 "무한한 이미지들의 총체"이다.
64) 이미지들의 총체인 우주가 왜 "보편적 생성의 우주"인가에 대해서는 이 책 5장에 가서 해명된다. 여기서는 지각된 이미지들의 세계가 어떻게 기억의 원뿔로 내면화되는지만을 설명하는 데 그칠 것이다.
65) 이 주체는 일차적으로는 물질에 대해 작용하는 개별화된 생명체로서의 주체이지만, 궁극적으로 이 주체는 순수 생명 그 자체이다. 개체들은 순수 생명의 의지를 실어 나르는 순수 생명의 매개체이자 첨단으로서 물질에 작용할 뿐이다. 따라서 현실적인 의식, 개별화된 의식은 진정한 주체가 아니며, 순수 기억이자 순수 생명인 존재론적 무의식이야말로 창조적 생성을 실현하는 진정한 주체이다. 이에 대해서는 이 책 5장에 가서야 제대로 설명될 수 있다.

의식을 상징하는 순수 기억의 원뿔은 바로 이 생성의 절단면들 총체를 잠재적인 것으로 전환한 것이다. 현실적으로 지각된 것들만이 기억 속에 보존되는 것은 아니다. 우리는 물질적이고 현실적으로 지각하는 것보다 훨씬 더 많은 것을 잠재적으로 지각하기 때문이다. 물질에 대한 무의식적인 지각들이란 바로 이런 잠재적인 지각들이다.[66] 현실적인 지각들과 이를 둘러싼 나머지 잠재적인 지각들이 순간 포착된 정지 화면처럼 매 순간 의식의 심층에 축적된다. 그래서 원뿔의 각 단면들이 '빛나는 몇몇 지점들'(현실적인 지각)과 그를 둘러싼 어두운 구름(잠재적인 지각)의 형태로 체계화되어 있을 수 있게 된다.

따라서 우리의 신체적 조건에 의해 한계 지어져 있는 현실적인 의식의 바깥으로 경험을 확장하는 것, 우리의 지각장을 넓히고 더 많은 현실적 지각들을 얻어 내는 것, 이것은 오로지 잠재적인 기억의 원뿔 안으로 강화된 주의를 들여보냄으로써만 가능한 것일 것이다. 무의식 세계로의 여행, 그것은 바로 우리가 제거했던 풍요로운 경험을 회복하는 길이다.

---

66) 베르그손은 1897년 르샬라(G. Lechalas)에게 쓴 편지에서 잠재적 지각의 반경에 대해서 언급하고 있다. "기억의 경우에 나는 상기된 기억들이 과거의 총체로부터 선택된다는 것을 인정할 적극적인 근거들을 갖고 있습니다. 그러나 이와 달리, 지각의 경우에 나는 지각된 이미지가 어떻게 현실적 지각의 것보다 더 넓은 장으로부터 취해지는지를 볼 수 있고 또 이를 보여 주고자 합니다만, 이 잠재적인 지각이 얼마나 멀리까지 확장되는지를 결정할 수단을 갖고 있지 못합니다. (……) 우리는 우리가 물질적이고 현실적으로 지각하는 것보다 훨씬 더 많은 것을 잠재적으로 지각합니다"(Mél 412).

3

순수 기억과
존재론적 무의식의
발견

3장_순수 기억과 존재론적 무의식의 발견

베르그손에 의하면, 의식과 생명의 본질적인 성향은 항상 자기 자신임과 동시에 자기 자신을 넘어선다는 데 있다. 다시 말해서 의식적인 존재자 또는 살아 있는 신체는 한순간도 정지해 있지 않으며 끊임없이 스스로 달라진다는 것이다. 물론 물질적 사물들도 달라진다. 하지만 이것들은 자기 안에 주어진 것 '이상의' 것을 끄집어 내는 방식으로 달라지지 않는다. 항상 이전 것으로부터 이후 것이 예측가능한 방식으로 도출된다. 그러나 정신적 존재는 자기 안에 주어진 것 '이상의' 것을 끄집어 내는 방식으로 달라질 수 있다.[1] 즉 예측불가능한 차이들을 생성한다는 것이다. 이것은 바로 기억 때문이다. 정신적 존재는 과거를 축적함으로써 자기 창조의 잠재력을 갖는다. 물질은 과거를 축적할 줄 모르며 따라서 잠재성이 전혀 없는 현실적인 것이다. 정신은 표면적으로 드러난 의식 현상 배후에 무의식이라는 비가시적이고 잠재적인 심층을 지니고 있고, 이 심층에 축적된 과거 전체를 통해서 물질이 산출하지 못하는 비결정적이고 예측불가능한 새로움

---

1) "모든 측면에서 신체를 넘어서는 이것, 자기 자신을 새롭게 창조하면서 활동들을 창조하는 이 것, 이것이 바로 '자아'이고, 이것이 바로 '영혼'이며, 이것이 바로 정신이다. ── 정신이란 자 신이 갖고 있지 않은 것 이상을 자기 자신으로부터 끌어낼 수 있고, 자신이 받지 않은 것 이 상을 돌려줄 수 있으며, 자신이 지니지 않은 것 이상을 줄 수 있는 힘, 정확히 이것이다"(ES 31/838).

들을 생성할 수 있다. 정신은 이런 기억의 잠재력 때문에 물질적 사물들과 구별되면서도 또한 그것들과 직접 접촉하여 그것들을 자신에게 유리하게 이용할 수 있다.

이 장에서는 앞 장에서의 이론적 귀결에 따라 예고되었던 대로, 베르그손이 '순수 기억'이라 정의한 무의식의 본성을 해명할 것이다. 순수 기억은 뇌의 신경생리학적 상태나 운동 기제로 환원불가능하며, 이드^{Id}의 본능적인 충동들의 집합과도 무관하다. 순수 기억은 잠재적인 과거의 총체로서 개인적인 과거의 체험에 국한된 심리학적 무의식이 아니라 심리학적 영역을 넘어서 과거 일반으로 확장되는 존재론적 무의식이다. 이 잠재적인 실재의 구조와 현실화 운동을 분석하면서 무의식의 창조적 생성력이 어디서 비롯하는지 살펴보고자 한다.

1. 순수 기억과 심리 – 생리학적 무의식

'순수 기억'이라는 베르그손의 무의식 개념은 현대의 과학적 심리학에서 논의하고 있는 뇌의 신경생리학적 체계로 환원될 수 있는 무의식도 아니고, 정신분석학적 무의식과도 다르다. 순수 기억의 이러한 위상을 이해하기 위해서는 먼저 순수 기억의 형이상학적 측면을 염두에 둘 필요가 있다. 『물질과 기억』에서 제시되고 있는 베르그손의 기억 분류를 면밀히 살펴보면, 명시적으로는 2장에서 두 종류로 구분된 심리학적 분류가 있지만, 3장을 기점으로 보면 이 심리학적 기억들과 구분되는 존재론적 기억을 또한 분류하고 있음을 알 수 있다.[2]

1. 신체적 기억 또는 습관–기억^{souvenir-habitude}: 이것은 시를 암기한다거나 또는 자전거 타기를 배우거나 할 때처럼 동일한 노력의 반복을 통해서 습관을 형성하는 것과 같은 기억을 말한다. 이것은 과거의 경험을 마치

반복할수록 점점 더 분명하게 새겨지는 주름처럼 신체 안에 자동화된 행위 도식으로 축적하고 또한 의식적인 상기의 노력 없이 자동적인 행동으로 재생한다.

　2. 심리학적 기억 또는 이미지-기억souvenir-image：이것은 일상적인 삶의 자연적인 흐름에 따라 겪게 되는 과거의 세세한 모든 경험들을 각각의 고유한 장소와 날짜를 간직한 기억-이미지들images-souvenirs의 형태로 보존했다가 현재의 실천적 요구에 따라 자유롭게 떠올릴 수 있는 기억을 말한다. 이것은 과거의 경험을 행위하지 않고 표상하는 기억이고, 삶에 주의하는 현실적인 의식과 외연이 같다는 점에서 심리학적 의미에서의 기억이다.[3] 따라서 이 기억은 현재와 과거 사이를 왕복 운동하면서 현재 상황의 요구에 맞게 유용한 과거의 기억들을 수축하는 현실적 의식의 지적 노력과 같은 것이다.

　이상의 두 기억은 신체적 행동의 형태든 지적 표상의 형태든 모두 삶의 일반적 목적인 환경에의 적응이라는 실천적 목적을 위해 과거를 저장하고 재생한다. 일반적으로 베르그손의 기억이론은 이 두 기억의 구분에 근거하여, '미래의 관점에서 과거와 현재를 종합'하는 심리학적 의식의 운

---

2) 『물질과 기억』에서의 기억이론은 심리학적 측면과 형이상학적 측면이 결합되어 있는 독특한 이론이다. 2장의 주제인 '뇌와 기억의 관계：이미지들의 재인에 관한 문제'는 심리학적 차원에서 제기된 것이고, 3장의 주제인 '기억과 정신의 관계：이미지들의 존속에 관한 문제'는 형이상학적 차원에서 설명될 수 있는 문제이다. 이에 따라 베르그손의 기억이론에서 주로 심리학적 측면을 강조한 해석들(예컨대 Chevalier, *Bergson*, 161~190 ; Jankélévitch, *Henri Bergson*, 80~116)과 형이상학적 측면을 강조한 해석들(예컨대 Delbos, "Compte rendu de l'ouvrage de H. Bergson" ; Hyppolite, *Figures de la pensée philosophique*, 468~488 ; Deleuze, *Le bergsonisme*, 45~70[『베르그송주의』67~98])을 구분해 볼 수 있다(인용 텍스트는 Baron, *Bergson*, 50 참조).

3) MM 168/292(『물질과 기억』 258). 여기서 이미지-기억(souvenir-image)과 기억-이미지(image-souvenir)를 구분할 필요가 있다. 전자는 역동적으로 움직이는 의식과 동연적인 것이고, 후자는 혼합물인 의식적 표상을 구성하는 한 요소로서 '지각-이미지'와 구분되는 '기억-이미지'를 말한다. 전자가 운동성을 띤다면, 후자는 부동화된 상태이다.

동을 중심으로 이해되어 왔다.[4] 그러나 이것으로는 베르그손의 기억이론에 대한 충분한 이해가 될 수 없다. 현실적 의식의 역동적 활동성을 제대로 이해하기 위해서라도 제3의 기억인 순수 기억에 대한 이해가 필수적이다.

3. 존재론적 과거 또는 순수 기억souvenir pur: 순수 기억은 실천적 유용성과는 무관하게 그 자체로 보존되는 순수 과거를 의미한다. 이것은 이전 현재의 기억으로서 현재의 의식에 상기되는 과거가 아니라는 점에서 심리학적 의식 바깥에 무의식적으로 존재하는 과거 일반이다. 이 과거는 '행위

---

4) 19세기 말 베르그손 당시의 기억 연구를 토대로 한 이러한 심리학적 분류는 현대 인지심리학의 발전에 따른 기억 연구의 관점에 보자면 물론 초보적인 상태에 지나지 않는다. 그러나 베르그손의 분류가 본질적으로 잘못된 분류라고 할 수는 없다. 베르그손이 주로 참조한 19세기 후반의 기억에 관한 경험적 연구는 '연합 기제'를 토대로 한 것이었고, 주로 자극-반응의 연합 학습의 연구, 연상과 망각의 문제를 주로 다루었다. 1960년대 이후, 인지심리학의 정보처리 패러다임이 지배적이 됨에 따라서 기억은 정보를 선택적으로 부호화하고 저장하여 필요할 때 인출하는 일종의 정보처리과정으로 설명된다. 여기서 기억은 단기기억과 장기기억으로 구분되는데, 이 구분을 별개의 기억 저장고에 따라 구별하는 구조적 견해와 단일한 기억체계 내에서 정보 처리 방식에 따라 구분하는 과정적 견해가 있다. 1980년대 이후, 뇌-신경생리학적 방법론을 도입하면서, 기억연구는 기억내용을 의식적으로 자각할 수 있는 외현기억(explicit memory)과 무의식적인 암묵기억(implicit memory)의 구분을 바탕으로 한 다중기억체계 (multiple memory system)에 관한 연구로 진행되고 있다. 여기서 의미 있는 발전은 암묵기억의 발견이다. 이전의 정보처리 모형에서 기억은 의식적인 작업을 반드시 포함했다. 새로운 정보는 단기기억에서 의식적으로 지각된 후에만 장기기억에 부호화될 수 있었다. 그러나 암묵기억의 경우는 더 이상 기억손상이 기억의 완전한 파괴를 의미하지 않는다는 것을 입증하고 있을 뿐만 아니라, 모든 기억이 반드시 의식을 동반하는 것은 아니라는 것을 보여 준다. 외현기억은 의식적인 사고를 포함하는 기억(정보처리모델에서 주로 다루었던 것)으로서 기억 내용을 직접적으로 서술할 수 있는 서술기억이라면, 암묵기억은 과거 학습에 의한 의식적 참조나 자각이 요구되지 않는 기억으로서, 기억 내용을 직접적으로 서술할 수 없는 비서술기억이다. 암묵기억에 속하는 것이 바로 운동기술, 습관 등과 같은 절차기억이다. 환경에 대한 행동의 적응성과 관련된다는 점에서 진화상 더 오래된 종류의 기억으로 간주된다.(이정모, 『인지심리학 : 형성사, 개념적 기초, 조망』 참조.) 이렇게 기억에 관한 경험적 연구의 역사를 살펴보면, 경험적 자료의 빈약함과 풍부함의 차이는 있을지언정 여전히 '습관-기억'과 '이미지-기억'의 구분이 유효함을 알 수 있다. 과학적 기억 연구와 베르그손의 기억 이론 사이에 결정적인 차이는 기억 현상 자체와 뇌의 신경생리학적 상태 사이의 관계를 어떻게 보느냐에 있다. 전자가 뇌 환원주의적 관점에 있다면, 후자는 기억의 독자적 존속을 주장한다. 이러한 관점의 차이는 결국 형이상학적 전제의 문제이고, 어느 한 쪽이 옳다고 얘기할 수 없는 부분이라고 할 수 있다.

와 지각을 연결하는 신경 체계의 감각-운동적 평형'에 의해 억압되어 있으며 삶에 주의하는 의식의 배후에 잠재적 상태로 존재한다. 이 순수 기억이 바로 베르그손 고유의 무의식 개념에 해당한다. 그리고 이 기억이야말로 앞의 두 기억, 즉 신체적 기억과 심리학적 기억 모두의 실재적 조건이다.[5]

순수 기억의 본성을 본격적으로 분석하기 전에, 먼저 순수 기억이란 뇌의 신경생리학적 상태(뇌-무의식)로 환원될 수 있는 것이 아니며, 프로이트의 심리학적 무의식과도 다른 것임을 간략하게나마 짚고 넘어가도록 하겠다.

1.1 뇌와 기억

베르그손에 의하면, "정신은 모든 부분에서 뇌를 넘어선다. 뇌의 활동은 정신 활동의 극히 적은 부분에 대해서만 응답한다."[6] 베르그손에게 있어서 '기억'이라는 정신현상과 뇌-신경체계 사이의 관계 문제는, 의식적인 상태도 아니면서 뇌의 상태도 아닌, 정신적 무의식의 존재를 확신하는 데 실증적인 토대를 제공한다는 점에서 결정적인 사안이다. 예컨대, 까맣게 잊고 있었지만 어느 날 문득 의식에 떠오른 과거의 기억은 마치 디스켓 속의 파일이 그런 것처럼 뇌-물질 속에 저장되었다가 다시 재생되는 것인가? 만일 기억들이 뇌 속에 저장되는 것이 아니라면, 기억들은 비-물질적인 방식으로(즉 뇌-물질과는 다른 방식으로) 보존될 수밖에 없을 것이고, 또한 보존

---

5) '습관-기억'과 '이미지-기억'은 순수 기억이 심리학적인 존재의 신체적 상태와 정신적 상태로 현실화한 두 양상이라고 할 수 있다. 두 기억의 구분은 심리학적 의식의 관점에서 볼 때에나 신체적인 것과 정신적인 것으로서 본성상 차이를 지니는 것이지, 순수 기억 자체의 관점에서 보면 두 기억의 차이는 정도상 차이에 지나지 않는다. 베르그손은 습관-기억을 열등한 기억으로, 이미지-기억을 우월한 기억으로 표현하기도 하는데, 이것은 순수 기억의 고유한 현실화 방식에서 볼 때, 즉 차이를 생성하는 정도에서 후자가 뛰어나기 때문이다.

6) ES 57/858.

되어 있는 그 기억들은 우리가 의식하지 않는 한에서 무의식적으로 존재한다고 말할 수 있지 않을까?

① 뇌 국재화론^{la thèse des localisations cérébrales} 비판

베르그손은 뇌의 국지적 손상에 의한 기억상실증의 여러 병리학적 사례들, 특히 실어증에 대해 충분히 검토한 후,[7] 이를 토대로 당시의 지배적인 가설이었던 '뇌 국재화론'을 비판한다. '뇌 국재화론'은 기억상실의 원인이 뇌의 부분적 손상에서 비롯된다는 브로카와 베르니케의 발견[8] 이후로 실어증에 관한 당시의 지배적인 설명모델이었다. 이것은 18세기 말 영국경험론으로부터 심리학과 신경과학에 도입된 '관념연합론'^{l'associationisme}을 토대로 하고 있기 때문에, 정신적 상태를 원자화할 뿐만 아니라 이 원자화된 정신 상태 각각을 이에 해당하는 뇌의 여러 신경중추들의 활동으로 환원시킨다. 이 이론에 의하면, 언어는 각각 분리된 운동 표상들과 감각 표상들의 연합에 의해서 이루어지는 것이고, 또한 이들 각각의 표상들에 해당하는 복수의 언어신경중추들을 물리적 토대로 갖는다. 따라서 뇌를 다친

---

7) 1880~90년대는 '기억연구의 황금시기'를 구가하고 있었다. 당시 베르그손은 1889년부터 5년 동안 언어장애와 실어증 관련 문헌을 연구했으며, 이를 토대로 정신현상과 뇌-신경체계 사이의 관계에 관한 다양한 연구 결과물들을 출간하였다. 1896년 『물질과 기억』을 시작으로 1901년 「꿈」, 1904년 「뇌와 사유」, 1908년 「현재의 기억과 거짓 재인」, 1912년 「영혼과 신체」, 1913년 「인간의 환영들과 정신 탐구」 등 다양한 심신관련 논문들을 발표했고(이들 논문들은 1919년 『정신적 에너지』^{L'énergie spirituelle}로 묶여 재출간되었다), 그 밖에 당시에 미간행되었던 동일 주제의 강연록들은 베르그손 사후에 묶여진 *Mélanges*(1972)에 실려 있다.

8) 브로카(Paul Broca)는 실어증의 원인이 왼쪽 전두엽 세번째 회로의 손상에 있다는 관찰 결과를 발표함으로써 언어의 '뇌 국재화론'을 처음으로 제기했으며(1861), 베르니케(Karl Wernicke)는 측두엽의 손상에 기인하는 실어증의 사례들을 발견하여 브로카의 운동적 실어증(운동적 언어중추를 담당하는 전두엽 손상에 의한 실어증)과 구분되는 감각적 실어증(청각적 언어중추를 담당하는 측두엽 손상에 의한 실어증)에 대한 설명을 제시하였다(1874). Philippe Gallois, "En quoi Bergson peut-il, aujourd'hui, intéresser le neurologue", *Bergson et les neurosciences* 참조.

환자가 기억상실증에 걸린다든지, 특히 특정 단어를 잊어버려 말을 할 수 없게 된다든지 하는 현상들에 대해서, 이 이론은 뇌 속의 언어신경중추가 손상된 부위에 따라 그에 해당하는 기억도 상실되었기 때문이라고 해석한다. 이런 관점에서는 상이한 기억들이 마치 감광판 위에 찍힌 이미지처럼, 또는 레코드 판 위에 새겨진 소리들처럼 뇌의 어떤 지점들에 국소적으로 저장되어 있는 것이 된다.

이 이론에 대한 베르그손의 일차적인 비판은 이렇다. **설령 뇌의 손상과 기억상실이 동시적으로 발생한다 하더라도, 그 현상으로부터 '기억이 뇌에 저장되어 있음'이 필연적으로 도출되는 것은 아니다!** 이를 입증하는 실증적 사례로 베르그손은 '단어기억상실증'의 경우들을 제시한다. 이런 경우들은 갑작스런 상실이든 점진적 상실이든 현상적으로는 뇌 손상과 더불어 일정한 단어의 기억들이 사라진 듯 보이지만 실상은 전혀 그렇지 않다는 것이다. 예컨대 '갑작스럽고 무작위적으로 일어난 기억상실'의 경우 어떤 환자는 시를 지어 보라고 하자 자신이 잊어버렸던 것과 유사한 시를 지은 경우도 있고, 또 완전히 사라졌다던 기억이 오랜 시간 뒤에 다시 돌아온 환자도 있었다. 즉 뇌의 손상이 결정적인 기억 파괴를 야기하지 않았다는 것이다. 게다가 '리보의 법칙'에 따라 단어의 기억이 고유명사, 보통명사, 형용사, 동사 순으로 점차 사라지는 '점진적 실어증'의 경우는 뇌의 어느 부분이 손상되더라도 이와 동일한 문법적 순서대로 기억상실이 일어나는데,[9] 이 경

---

9) MM 131~134/263~266(『물질과 기억』 205~210) ; ES 53~55/855~6. 점진적 실어증에 대한 베르그손의 해석은 '상기하기가 가장 어려운 것부터 제일 먼저 잊는다'는 것이다. 베르그손에 의하면 기억의 본성은 현재의 행위를 위해서 과거를 이용하는 실천적 유용성에 있기 때문에, 행위와의 연관성이 가장 먼 것이 기억하기 가장 어려운 것, 즉 가장 쉽게 잊혀지는 것이다. 동사는 행위를 표현하는 것이기 때문에 본래 행위를 모방하는 뇌가 가장 상기하기 쉬운 것이고, 형용사는 동사를 매개하여야만 모방될 수 있으며, 보통명사는 속성을 표현하는 형용사와 형용사 안에 함축된 동사의 이중 매개를 통해서, 또 고유명사는 보통명사, 형용사, 동사의 삼중 매개를 통해서 모방될 수 있다. 따라서 동사로부터 고유명사로 가는 순서는 신체에 의해서 즉

우엔 더더욱 각각의 언어를 담당하는 뇌 세포에 각각의 단어에 대한 기억이 저장되어 있다고 할 수 없다는 것이다. 따라서 뇌의 국지적 손상과 더불어 기억의 소멸이 명백해 보이는 실어증의 경우에조차 기억은 뇌에 저장되지 않으며 결코 사라지지도 않는다고 베르그손은 결론짓는다.

그 다음 베르그손의 비판은 '뇌 국재화론'의 '연합론적 특성'을 겨냥하여 이루어진다. **기억은 완성된 윤곽을 가진 대상처럼 뇌의 흔적으로 저장되는 것이 아니다!** 만일 연합론적 관점에서의 뇌 국재화론을 수용한다면, 예컨대 동일한 단어일지라도 상이한 목소리에 의해서 발음되거나 또는 같은 목소리지만 상이한 높이로 발음될 경우 모두 상이한 청각 표상들을 줄 것이기 때문에, 그 단어에 대한 청각 기억들도 목소리의 떨림들과 높낮이에 따라 그만큼 다양하게 뇌 속에 새겨져야 할 것이다. 그런데 단어의 기억을 뇌의 흔적과 동일시해야 한다면, 어떻게 동일한 단어에 대해서 그토록 많은 청각 기억들(결정된 윤곽을 가진 대상과 같은 이미지들)이 모두 뇌 속에 축적될 수 있는지도 의문이고, 게다가 처음 듣는 새로운 목소리에 의해 동일한 단어가 발음될 경우, 어떻게 그에 해당되는 단어의 기억 표상이 선택되어 상기될 수 있는지도 의문이라는 것이다.[10] 따라서 기억은 감광판 위에 찍힌 이미지처럼, 또는 레코드 판 위에 새겨진 소리들처럼 뇌의 어떤 지점들에 저장되어 있을 수 없다고 베르그손은 주장한다.

이와 같은 '뇌 국재화론'에 대한 비판으로부터 베르그손은 **'뇌는 기억을 저장하지 않는다. 기억은 뇌의 기능적 산물이 아니며 뇌와 독립적으로 자기 보존하는 정신적 실재이다!'**라는 자신의 독창적 주장을 확립하게 된다.[11] 이를 따르자면, 결국 기억은 뇌 속에 저장되는 것도 아니고 뇌의 상태로 환

각적으로 실행할 수 있도록 모방가능한 행위로부터 점점 멀어지는 순서라고 할 수 있다.
10) MM 130/262(『물질과 기억』 204).

원될 수 있는 것도 아니다. 따라서 기억은 뇌와 독립적으로 자기 보존되어야 하는 것이며, 설령 그 존재가 의식되지 않는다 하더라도 무의식적인 상태로나마 존재한다고 해야 할 것이다.

② 기억에 대한 뇌의 역할

그렇다면, 경험적 현상들은 왜 뇌의 손상과 동시에 기억도 소멸되는 것처럼 나타나는가? 어떻게 뇌에 저장되지 않는 기억이 뇌의 손상과 더불어 사라질 수 있는가? 우선 베르그손이 뇌-신경체계의 기억 저장 능력을 완전히 배제한 것은 아니라는 것을 알아야 한다. 아니 오히려 뇌-신경체계에 '고유한' 기억 저장 능력을 적극적으로 인정했다고 할 수 있는데, 그것은 바로 신체적 기억, 즉 습관-기억이다. 그러니까 뇌-신경체계는 기억을 저장할 수 있다. 그러나 이것은 오로지 '신체적 운동 도식의 형태'로 과거를 보존한다는 것, 그리고 정신적 표상의 형태가 아니라 '습관화된 행위의 형태'로 과거를 현실화한다는 것을 의미한다![12]

따라서 뇌-신경체계와 독립적인 방식으로 보존되고 재생되어야 하는 기억은 이런 신체적 기억이 아니다. 베르그손의 '뇌 국재화론' 비판도

---

11) 『물질과 기억』(1896)이 출간된 후 베르그손의 이러한 비판적 주장에 대한 당시 과학계의 반응에 대해서 자크 슈발리에는 다음과 같이 증언하고 있다. "베르그손이 1897년 처음으로 문제를 제기했을 때, 의학자들은 그의 행위를 말도 안 되는 시도로 다루었고, '순전히 미친 짓'이라고 했다"(Chevalier, *Bergson*, 154~155).

12) 뇌-신경체계에 습관-기억이 기입될 수 있다는 것, 나아가 뇌-신경체계 자체가 습관-기억의 산물이라는 것은 베르그손이 신체를 물질 일반과 동일시하지 않고 '특별한 이미지'로 보는 이유를 함축한다. 베르그손에 의하면, 신체는 데카르트적 의미에서의 기계가 결코 아니다. 베르그손에게서는 물질 일반조차도 기계가 아니며, 신체는 더더욱 기계가 아니다. 데카르트적 의미에서의 기계는 베르그손의 관점에서는 순수한 추상적 개념에 지나지 않는다. 베르그손은 물질의 경우에도 이전과 이후 상태 사이에 환원불가능한 질적 변화가 있음을 인정하며, 신체의 경우에는 물질 일반보다 한 단계 높은 질적 변화를 인정한다. 이는 신체에 기입된 습관-기억조차 물질의 경우에서와 같은 동일한 상태의 반복, 거의 기계적인 반복에 이를 수는 없으며 차이를 생성하는 수축에 의해 이루어진다는 것을 의미한다.

뇌-신경체계의 흔적과 동일시할 수 있는 신체적 기억에 대한 것이 아니라, 정신적 본성을 지닌 기억의 뇌-신경체계로의 환원불가능성에 대한 것이었던 셈이다. 즉 무의식적인 상태로 존재하는 과거 일반으로서의 순수 기억이나 이 순수 기억을 의식적인 표상의 형태로 떠올리는 이미지-기억은 뇌의 손상과 더불어 결코 파괴되거나 사라지지 않는다는 것이다.

그렇다면, 이러한 기억은 왜 뇌의 손상과 더불어 사라지는 **것처럼 보이는가**? 뇌에 저장되지 않는 독자적인 기억이 뇌의 손상과 더불어 사라지는 현상을 설명하기 위해서는 이 기억에 대한 뇌의 기능적 역할이 무엇인지 살펴볼 필요가 있다.

베르그손에 의하면, 앞서 '순수 지각론'에서 이미 언급했듯이, 뇌-신경체계는 본질적으로 외부 자극을 수용하고 그에 대한 반응을 전달하는 감각-운동적 기관에 지나지 않는다. 이것은 정신적 표상을 자기 안에 저장한다거나 스스로 산출할 수 있는 능력이 전혀 없다. 다만 수용된 자극과 실행할 운동 사이에 다양한 형태의 경로를 선택할 수 있는 시간적 간격을 마련할 수 있고, 이 간격으로 기억이 삽입될 수 있도록 할 수 있을 뿐이다. 자극과 반응 사이에 자동화된 운동 도식을 형성하거나 임의의 선택을 가능하게 하는 것은 모두 기억의 역량이다. 따라서 이미지-기억과 관련해서 뇌-신경체계가 할 수 있는 유일한 역할은 자신과 독자적으로 존재하는 이 기억의 '현실화 도구'로서 사용되는 것뿐이다.[13] 과거 그 자체(또는 그 내용)에 대해서 뇌가 할 수 있는 것은 아무것도 없지만, 독자적으로 존속하는

---

13) "삶에 대한 우리의 고정된 주의를 유지하기 위해서 우리가 사용하는 것이 바로 뇌이다. (……) 정신에게 있어서 산다는 것, 그것은 본질적으로 장차 수행하게 될 행위에 집중하는 것이다. 따라서 정신은 나머지 대부분을 어둠 속에 남겨 놓고 행위에 유용한 것만 의식으로 끌어내는 기제의 매개를 통해서 사물들 속으로 끼어들어간다. 바로 이것이 기억의 작동 안에서 뇌의 역할이다. 뇌는 과거를 보존하는 데 쓰이는 게 아니라, 우선은 과거를 덮어놓는 데에, 그 다음에는 실천적으로 유용한 것을 나타나게 하는 데에 쓰이는 것이다"(ES 57/858).

이 과거의 어떤 부분이 즉각적인 행위로 현실화하거나 기억-이미지로 현실화하는 것은 모두 뇌-신경체계의 도움이 없이는 불가능하다는 점에서 그렇다. 따라서 뇌-신경체계는 한편으로 무의식적으로 존재하는 기억의 총체(순수 기억) 가운데서 어떤 기억들을 기억-이미지로 선별적으로 현실화할 때 그 현실적 유용성의 기준을 제공한다는 점에서 '선택의 도구'로 기능하고,[14] 동시에 다른 한편으로는 유용하지 않은 나머지 기억들을 여전히 무의식적인 과거 속에 남아 있도록 '억압하고 망각하게 하는 도구'로서 작동한다고 할 수 있다.

그러므로 뇌-신경체계의 손상은 기억 자체에 영향을 미치는 것이 아니라 어디까지나 기억의 현실화를 돕는 뇌-신경체계 자신의 운동 도식에 영향을 미치는 것이다. 뇌의 손상과 더불어 기억도 소멸하는 것처럼 보이는 것은 기억 자체가 사라졌기 때문이 아니라 '기억을 현실화하는 능력'이 약화되어 기억이 최종적인 현실화의 길을 차단당했기 때문인 것이다.[15] 특

---

14) 실천적으로 행위 가능한 신체적 조건(뇌-신경체계의 상태)에 적합한 기억들만이 과거로부터 상기될 수 있다. 왜냐하면 과거의 기억을 상기할 필요성 자체가 삶에 유용한 행위를 실행하기 위한 것이기 때문이다. 물론 실천적 행위와 무관하게 상기되는 과거의 기억들도 있는데, 이것은 몽상적인 회상과 꿈속의 이미지들을 의미한다. 이때 뇌-신경체계는 긴장의 이완 상태로서 제 기능이 약화되어 있다.

15) 베르그손의 비판은 유효했고, '연합론에 기초한 뇌 국재화론'은 결국 자멸하게 되었다. 그리고 뇌의 손상이 기억 자체의 손상을 야기하는 것이 아니라 기억을 현실화하는 능력의 약화를 초래한다는 베르그손의 선구적인 통찰은 이후에 "브로카 중추의 손상 없이도 실어증이 있을 수 있으며, 실어증의 가장 핵심적 요인은 일반적인 지적 능력의 축소에 있다"는 피에르 마리(Pierre Marie)의 해부학적 증명(1906)을 통해서 그리고 피에르 자네(Pierre Janet)의 신경쇠약 연구(1903)에 의해서 정당화된다. 아니 엄밀히 말하자면, 이들의 과학적 실험들이 그보다 앞서 있던 베르그손의 천재적인 통찰로부터 영향을 받아 이루어진 것이었다고 봐야 할 것이다(Bergson et les neurosciences, 14). 베르그손의 선구적인 통찰을 긍정하면서 피에르 마리의 실험적 결과가 베르그손의 테제를 정당화한다는 주장에 대하여는 Philonenko, Bergson ou de la philosophie comme science rigoureuse, 153~4 참조. 그리고 피에르 마리의 작업이 자신의 테제를 정당화하는 데 유용하다는 베르그손 자신의 언급이 있는 부분은 Mél 1211, 피에르 자네에 대한 언급은 MM 8/166~167(『물질과 기억』 31) 참조.

히 재인reconnaissance의 질병들은 무의식적인 상태로 고스란히 남아 있는 과거 일반은 물론이고 기억-이미지조차도 파괴되지 않고 상기될 수 있음에도 불구하고 실제적인 행위로 연장되지 못하는 기억의 경우들을 보여 준다. 이것은 순수 기억의 최종적인 현실화 국면이 감각-운동적 체계에 있음을 거꾸로 확증해 주는 실증적인 사례들이다.

베르그손의 이러한 주장은 과연 오늘날에도 유효할 수 있을까? 현대 신경과학자들은 무엇보다 뇌-신경체계의 제한된 역할에 대해 반론을 제기한다. 즉 뇌-신경체계는 단순히 감각-운동적 행위의 기관에 그치는 것이 아니라 '표상의 기관'이기도 하다는 것이다.[16] 이들은 베르그손의 주장은 어디까지나 그 당시 뇌 기능에 관한 과학적 연구의 한계에 기인하는 것

---

16) 예컨대, 장 노엘 미샤(Jean-Noël Missa)는 우선 피에르 마리의 작업이 베르그손의 주장을 정당화하지 못한다고 지적한다. 왜냐하면 피에르 마리는 브로카의 운동적 실어증 테제를 부정하고 베르니케의 감각적 실어증을 지적 능력의 교란으로 재해석하여 실어증을 일원화함으로써 다양한 중추들의 구분을 상정했던 연합론을 공격한 최초의 신경학자였지 뇌 환원론 자체를 부정하진 않았다는 것이다. 더욱이 오늘날의 실어증 연구는 이러한 피에르 마리의 이론 자체를 약화시키고 있다는 것이다. 따라서 기억의 뇌 저장설에 대한 베르그손의 비판은 연합론적 해석에 대해선 유효할지 몰라도 기억의 뇌 환원론 자체에 대한 반론이 될 수는 없다는 것이다. 게다가 현대 과학은 기억의 뇌 환원론을 점점 더 확증하고 있기 때문에 베르그손의 비판과 주장은 더 이상 설 자리가 없다는 것이다. 그의 비판을 더 들어 보면, "오늘날 지각 불능과 감각적 실어증을 '운동 습관의 교란'으로 생각하는 이론은 완전히 포기되어야만 한다. 그런 이론은 임상적으로 관찰된 신경정신학적 분열 사례들 전체를 완전히 설명할 수 없다. 게다가 그것은 새로운 의학적 영상기술(X선, 초음파, MRI……)에서 비롯되는 신경체계의 기능적 생리학에 관한 실험적 데이터들과도 양립할 수 없고, 두뇌 영역들에 대한 구조적 기능적 전문화에 기초한 현대 이론들과도 양립할 수 없다. 기억, 순수 기억에 관한 베르그손의 개념도 마찬가지다. 비록 기억의 신경생리학적인 토대들이 여전히 완전하게 인식되지 않았다 할지라도, 정신적 본성을 가진 기억의 테제는 과학적으로 옹호되지 않는다. 엄밀히 말해서 형이상학적 가설로서 반박불가능한 이원론 테제는 점점 더 연구실험실에서 통용되지 않는 이론으로 나타난다. 오늘날의 신경과학자들에게 두뇌는 행위의 기관일 뿐 아니라 표상의 기관이기도 하다. 단도직입적으로 말해서, 두뇌가 또한 표상의 기관이라는 것을 보여 주는 가장 분명한 사실들은 중추신경체계 속의 국부적인 혈류 변화에 대한 연구들에서 제시된다"(Jean-Noël Missa, "Critique positive du chapitre II de *Matière et mémoire*", *Bergson et les neurosciences*, 74~76. 강조는 인용자).

으로서 그나마 의미가 있다면 역사적 자료로서나 '반증가능한' 철학적 이론의 범례로서일 뿐 그 자체로서는 완전히 의미가 없다고 주장한다. 특히 뇌-신경체계의 기능을 기계적인 운동 전달로 보는 '전화국'의 비유는 전적으로 잘못된 것이라고 한다. 뇌-신경체계의 활동은 뉴런들 간의 보다 복잡한 물리화학적 신호의 전달과 약호화로 설명되어야 하며, 감각적 입력과 운동적 출력 사이의 연결은 계열적이고 국소적인 선형적 연결방식이 아니라 평행적이고 분산적인 방식으로 이루어지며, 무엇보다 뇌는 자기조직화 능력, 즉 가소성을 갖는다는 것이다. 그리고 뇌 단층촬영, 자기공명영상장치들의 출현은 '뇌의 표상 산출 능력'을 충분히 입증한다고 주장한다.[17]

그러나 현대 신경과학과 뇌 분자생물학의 성과들이 과연 베르그손의 주장을 '반증'한다고 할 수 있을까? 사실, "뇌의 내부에 침투해 들어가서" 아무리 두개골 안에서 일어나는 물리화학적 신호들의 활동을 영상화하여 관찰한다 한들 우리가 볼 수 있는 것은 "원자들과 분자들이 추는 춤", 즉 이미지화된 물질의 운동밖에 더 있겠는가? 관찰 가능한 사실들이라고 우리에게 주어진 것들이란 그 발생적 근원과 관련해서 생각해 보면 언제나 최종적인 결과물들에 지나지 않는다. 경험적 사실들은 베르그손이 지적하듯이, 이 결과물들 간의 '인과적 관계', 예컨대 벽에 박힌 못이 떨어지면 이 못에 걸려 있던 옷도 떨어지는 경우와 같이 못과 옷 사이에 모종의 상관관계가 있다는 것은 보여 줄지언정 못 자체와 옷 자체 사이의 어떠한 '발생적 관계'를 보여 주는 것은 아니다.[18] 못과 옷이 함께 떨어진다고 해서 못이 옷을 산출했다고 할 수 없듯이, 뇌와 함께 사라지고 뇌와 함께 출현한다고 해서 기억 현상이 '반드시' 뇌로부터 비롯되었다고 할 수는 없는 것이다.

---

17) Jean Delacour, "Matière et mémoire, à la lumière des neurosciences conten-
   poraines", *Bergson et les neurosciences*, 23~27.
18) MM 4/164(『물질과 기억』 26).

베르그손 주장의 강조점은 아무리 발견된 뇌의 기능들이 복잡한 양상을 띤다 하더라도 뇌는 본성상 물질적 운동(약호화되었든 실제적 진동이든)의 전달능력을 지닐 뿐 자신과 본질적으로 다른 '정신적 상태'라는 것을 산출할 능력은 없으며, 다만 기억과 같은 정신현상의 **출현을 도울 수 있을 뿐**이라는 데 있다. 베르그손에게 있어 물질은 자신과 다른 본성의 무언가를 결코 산출할 수 없다. 뇌를 철저히 물질적인 것으로 간주한다면, 이 뇌가 기억과 같은 정신적 상태를 산출할 수 없다는 것은 지극히 당연한 귀결일 수밖에 없다. 이는 차라리 유물론을 철저히 밀고 나간 견해라고 할 수 있다. 그럼에도 불구하고, 뇌-신경체계가 다른 물체들과 차이를 지닌다면, 그것은 바로 뇌가 작용과 반작용 사이에 시간적 간격을 마련할 수 있는 능력을 지닌다는 데 있다. 일반적인 물체들이 다른 물체들과 갖는 상호작용에서 작용에 대한 즉각적인 반작용을 보인다면, 뇌-신경체계는 수용된 작용에 대한 지연된 반작용을 보일 수 있다는 특성을 지닌다. 바로 이 간격의 의미, 이 '머뭇거림'의 의미가 무엇인가? 물질적 세계 안에서 이런 뇌의 출현 자체를 가능케 한 것이 무엇인가? 베르그손은 이 뇌의 발생적 근거를 잠재적 무의식의 생명적 의지 속에서 찾은 것이고, 또한 이 뇌의 간격 속으로 잠재적인 과거가 현실화되면서 의식의 선택적인 반작용이 가능하게 된다고 보는 것이다. 이렇게 잠재적인 과거 일반으로부터 심리학적 상태로 현실화한 '기억-이미지'의 출현과 관련하여 '뇌-신경체계'가 할 수 있는 일이란, 단지 현실적인 작용과 현실적인 반작용 사이에 기억과 같은 의식적인 표상이 끼어들 '간격'을 마련하는 것뿐이라는 베르그손의 통찰은, 오히려 뉴런들 간의 시냅스에서 기억작용의 활성화를 본다(과학적으로는 여전히 그 발생적 실체를 해명할 수 없는)는 현대 과학의 논의에 걸맞는 것이 아닐까?

베르그손은 뇌-신경체계를 결코 '데카르트적 기계'로 간주한 적이 없다. 무엇보다 기계는 습관-기억을 형성할 수 없기 때문이다. 순수하게 정신적인 기억과도 다르지만 순수하게 물질적인 것과도 다른 것이 바로 베르그손의 '뇌-신체'이다. 뇌-신경체계가 자극과 반응 사이에 일정한 도식을 형성할 수도 있고 시간적 간격을 마련할 수도 있다는 것 자체가 이미 오래된 반복의 결과이자 습관의 산물이다. 오늘날 발견된 뇌의 가소성이야말로 뇌를 습관-기억의 산물로 보는 베르그손의 견해를 오히려 증명하는 게 아닐까?

베르그손의 관점에서 보자면, 최신 과학 기술의 도구들이 보여 주는 것은 단지 뇌 상태의 변양이 정신적 표상의 출현과 동시적으로 발생한다는 것에 지나지 않는다. 이 현상 자체로부터 '뇌는 그 자신과 독립적인 기억의 현실화를 도울 뿐'이라는 해석이 도출 불가능한 것이 아니다.

③ 뇌와 독립적인 과거의 존속

이제, 오로지 뇌를 이용하여 자신을 표현할 수밖에 없지만 그럼에도 불구하고 뇌 그 자체로는 환원불가능하다는 기억의 존재 방식에 대한 궁금증을 풀어 보기로 하자. 여기서 우리는 '경험의 전환점'을 넘어가는 형이상학자로서의 베르그손을 만나게 된다(사실 기억의 문제는 관찰 가능한 사실로부터 관찰 불가능한 사실로 이행하는 베르그손의 실증적 형이상학의 면모를 가장 탁월하게 보여 주는 범례이다).

만일 뇌-신경체계가 아니라면, 도대체 기억은 어디에, 어떻게 보존되는 것일까? 과거의 표상들은 어디서 비롯되어 의식에 떠오르는 것일까? 베르그손은 '어디에'라는 공간적 범주를 사용하는 질문 자체가 잘못이라고 지적한다. 왜냐하면 과거는 오로지 시간적 차원에만 속하는 것이기 때문에, 이것에다가 공간적 차원에 속하는 대상들에게나 해당될 "담겨지는 것과 담는 것"의 관계를 적용시킬 수 없기 때문이다.

설령 뇌가 기억을 쌓아 둔다고 가정하더라도, 우리는 과거가 자동적으로 그 자신을 스스로 보존할 수 있다는 결론을 피할 수 없다.[19]

과거가 뇌 속에 쌓여진 기억의 상태로 잔존한다고 가정해 보자. 그러면 뇌는 기억을 보존하기 위해서라도 적어도 자기 자신은 스스로 보존해야만 할 것이다.[20]

뇌가 기억을 보존하기 전에, 뇌 자체가 먼저 자신의 과거를 보존해야 된다는 객관적 사실! 이것은 뇌-신경체계 자체가 이미 하나의 시간적 산물이며, 축적된 과거의 결과물이라는 것을 함축한다. 과거가 뇌 안에 있는 것이 아니라 뇌가 이미 과거 안에 있어야 한다는 것이다. 그렇게 따지자면, 뇌-신경체계와 인지적인 의식 작용(이미지-기억)이 존재한다는 사실 자체가 이미 존속하는 과거로서의 순수 기억을 증명하고 있다고 해야 한다. 따라서 시간 존재의 차원에서 볼 때 "과거의 존속 **그 자체**는 필연적인 것임이 분명하다."[21] 순수 기억은 바로 이런 의미에서 스스로 존속하는 과거이다.

이러한 과거 일반으로서의 순수 기억은 더 이상 심리-생리학적 영역에 속하지 않는다. 신체적 습관이든 자유로운 과거의 회상이든, 반복되거나 떠올릴 수 있는 과거 일반의 존재를 먼저 전제하지 않고서는 불가능하다는 점에서뿐만 아니라, 심리-생리학적 존재 자체의 실재적 조건으로서 존재해야 한다는 점에서 그렇다. 그러니까 뇌가 기억을 저장할 수 없는 이유는 단지 기억의 병리학적 사실들이 보여 준 반증 때문만이 아니라, 기억이 '과거 그 자체'라는 시간적 본성을 지닌다는 데 있다.

---

19) PM 173/1389.
20) MM 165/290(『물질과 기억』 255).
21) MM 166/290(『물질과 기억』 256).

이 점에서 보면, 실재적 지속에 대한 내적 관찰이야말로 오히려 "우리로 하여금 기억이 어디에 보존되는지를 찾지 않아도 되도록 하고 아예 그런 탐구를 하지 못하게 막는다. 그것은 그 자신을 스스로 보존한다"[22]는 것을 더 잘 보여 줄 수 있다. 끊임없이 변화하는 현재와 결코 사라지지 않으면서 이 현재 속으로 스스로를 연장하는 과거의 존속을 직접 체험할 수 있게 하기 때문이다. 뇌와 독립적인 과거의 존속은 이렇게 실재적 지속으로부터의 논리적이고 형이상학적인 필연성에 따라서도 도출될 수 있다.

베르그손은 이 외에도 사라지거나 파괴되지 않고 고스란히 보존되어 있는 '과거의 완전한 존속'[23]을 뒷받침하는 실증적 사례들을 제시하였다. 예컨대 일상적으로 우리가 늘 만나는 '꿈의 현상'이라든가, 죽음에 직면한 예외적 상황에서 겪게 되는 '기억의 이상증진 현상'[24] 등이 그것이다. 이뿐만 아니라 베르그손은 억압된 기억이라든가 무의식적인 과거의 보존을 역시 전제하고 있는 정신분석학적 작업도 자신의 주장을 뒷받침하는 과학적 사례의 하나로 꼽고 있다.[25]

그러나 그 자체로 존속하는 과거로서의 순수 기억이야말로 정신적 무의식의 세계를 이룬다는 사실은 뇌와 기억의 관계에 대한 실증적 연구가

---

22) PM 80/1315~1316. 베르그손은 심지어 이렇게 순수 지속에 관한 내적 관찰로부터 직접적으로 '과거의 존속' 테제를 끌어낼 수 있다는 사실을 좀더 일찍 알았더라면, 뇌와 기억의 관계에 관한 외적 관찰에 쏟아 부었던 수년간의 탐구를 절약할 수도 있었을 거라고 말한다.

23) 베르그손은 '뇌와 독립적인 과거의 완전한 보존'을 인정한다면, 뇌-신체의 죽음 이후 영혼 불멸의 가능성도 부정하기 어렵다고 주장한다(「영혼불멸에 대해서」, ES 58~60/859~860). 또한 공간을 차지하고 있는 신체와 독립적일 수 있는 영혼들 간의 소통가능성이나 텔레파시와 같은 현상도 얼마든지 개연성을 가질 수 있다고 본다(「텔레파시에 대해서」, ES 78/874).

24) MM 172/295(『물질과 기억』 264);ES 76~77/872~873;PM 170/1387. 베르그손은 물에 빠져 죽을 뻔했던 사람이나 교수형에서 가까스로 구출된 사람들의 경우, 죽음에 임박한 상황에서 순간적으로 자기 과거의 잊혀졌던 모든 사건들이 아주 미세한 상황의 전부까지도 파노라마처럼 의식에 펼쳐지는 경험을 했다는 것을 실증적 자료로 제시하고 있다.

25) "과거의 완전한 보존이라는 나의 생각마저도 프로이트의 제자들에 의해서 행해진 거대한 실험의 집적 안에서 그 경험적 정당성을 점점 더 발견하게 되었다"(PM 81/1316).

뒷받침되지 않았다면 또한 가능하지 않았을 것이 분명하다.

> 만일 기억들이 스스로 보존된다면, 기억들이 뇌 속에 저장되는 것이 불가능하다면, 그것들의 존재 양상은 정신적인 것이고, 따라서 그것들은 우리가 그것들에 대해서 사유하지 않을 때, **무의식적인 정신**을 형성한다. 따라서 현실적으로 상기된 과거에 대한 의식적 기억의 주위에서 나는, 당신과 마찬가지로, **잠재적인 기억들의 영역**을 깨닫는다.[26]

설령 뇌-신경체계의 손상과 더불어 기억-이미지들이 사라지는 것처럼 보일지라도, 순수 기억은 뇌-신경체계와 본성상 다른 정신적-시간적 존재이기 때문에 결코 파괴되지 않는다. 따라서 우리가 의식하지 않는 한 순수 기억은 무의식적인 존재로 남아 있을 것이다. 뇌는 우리의 정신을 의식의 차원과 무의식의 차원으로 구분하게 할 뿐이다. 의식적 상태와 관련해서는 "삶에 대한 주의의 기관"이자 행위의 정확성을 위한 "선택의 도구"로서 작동하고, 무의식(의식되지 않은 잠재적인 기억들)과 관련해서는 "억압과 망각의 기관"으로 작동하면서.

베르그손의 이러한 주장은 현대 심리철학에서 심리현상을 뇌의 물리적 상태로 환원시키는 환원적 유물론의 여러 경향들에 대한 반론을 함축한다. 예컨대, 유형동일론Type-Type Identity theory은 "모든 유형의 심리상태는 그것에 상응하는 어떤 특정한 물질적 상태, 즉 두뇌 신경 상태가 있으며 이 둘은 실제적으로 동일한 것이다"[27] 또는 "마음이란 두뇌이며, 마음의 내용물 —— 아픔·생각·감각 따위 —— 은 단지 두뇌의 여러 가지 사건·과

---

26) Mél 805~6, 강조는 인용자.
27) 김영정, 『심리철학과 인지과학』, 52.

정·상태이다"[28]라고 주장한다. 이 이론의 결정적인 난점인 '복수실현가능성문제'(동일한 심리상태가 여러 두뇌들에서 복수실현가능하다는 것)를 해결하고자 등장한 기능주의functionalism는 요컨대 튜링 기계의 기능적 상태와 물리화학적 구조를 각각 인간의 마음과 뇌의 상태에 비유하면서 인간의 심리적 상태를 튜링 기계의 기능적 상태들로 정의한다. 그래서 "어떤 믿음 또는 아픔이 특정한 기능적 상태라는 것은, 기능적으로 같은 체계 속에서 같은 기능의 역할을 충족시킬 때 그것의 구성·화학적 성질·모양·물리적 특징과 상관없이 동일한 믿음 또는 아픔이다"[29]라고 주장한다. 더 최근에는 뇌와 의식에 대한 진화론적 접근을 통해서, 심리상태를 진화의 결과로 나타난 고도의 물질적 구조체인 뇌의 산물로 보는 입장이 등장한다. 예컨대 대니얼 데닛D. Dennett은 의식 내용을 통합하는 초월적 주관을 상정하는 데카르트적 극장을 부정하면서 의식 내용의 기제인 뇌의 복수초안모델the Multiple Drafts Model을 제시한다. 이 역시 의식 현상들을 뇌의 잠재적 상태의 실현으로, 즉 뇌가 심적 내용을 일정한 방식으로 프로그래밍함으로써 심적 내용을 산출한다고 보는 것이다.[30] "데닛은 의식의 원천이 '무의식' 안에 있다고 주장하는데, 이때 무의식이란 뇌 안에 있는 '잠재적 기계'를 가리킨다. 이런 관점에서 볼 때, 의식이란 통합된 어떤 존재가 아니라, 이 기계에 의해 정교화된 어떤 도식의 출현, 다시 말해 신경생리학적 활동의 잡동사니로부터 나오는 것이다."[31]

이러한 현대 심리철학의 경향들은 뇌에 관한 과학적 발견들에 힘입어 기본적으로 심리 현상을 뇌의 구조와 능력으로 환원시켜 생각한다. 즉

---

28) J. 쉐퍼·D. 데네트·D. 암스트롱, 『심리철학』, 이병덕 옮김, 67.
29) 같은 책, 73.
30) 앤드루 브룩·돈 로스 편저, 『다니엘 데닛』, 석봉래 옮김 참조.
31) Gunter, "Bergson, les images et l'homme neuronal", *Bergson et les neuro-sciences*, 123.

뇌-무의식에 의해 의식 현상들이 산출된다는 것이다. 베르그손의 관점에서 보면, 이미 '순수 지각론'에서도 언급했듯이, 이러한 입장들은 물질의 일부에 불과한 뇌를 지나치게 특권화하고 있다고 할 수 있다. 또한 이러한 입장들은 여전히 정신과 물질의 데카르트적 이원론 안에서 '의식 아니면 뇌'라는 관점을 취하고 있기 때문에, 의식 상태가 아닌 것은 모두 뇌의 상태로 환원시키고 있다. 다시 말해서 **뇌의 상태와 의식 상태를 모두 초과하는 무의식의 존재는 간과하고 있다**는 것이다. 베르그손적 의미에서의 잠재적 무의식은 뇌 자체의 발생적 원천, 즉 물질을 수축하는 어떤 에너지이다. 뇌와 의식의 관계에 대해 진화론적 접근을 시도하는 과학적 심리학의 최근 경향은 이 생명적 무의식의 실재적 '잠재성'을 여전히 기계론적 사유의 토대 위에서 논리적 '가능성'으로 환원시켜 본다는 점에서 결정적인 한계를 지닌다(이 점에 대해서는 5장 5절에서 상론될 것이다).

1.2 순수 기억과 프로이트의 무의식

순수 기억이 뇌의 신경생리학적 상태와 같은 무의식이 아니라면, 프로이트가 말하는 정신분석학적 무의식과는 어떻게 다른 것인가? 무의식에 관한 프로이트의 대표적인 두 논문을 살펴보면, 프로이트는 무의식을 크게 두 가지로 생각하고 있음을 알 수 있다.[32]

> 무의식은 일반적으로 잠재적인 생각을 지칭하는 것일 뿐만 아니라 특히 어떤 동태적인 성격을 지닌 생각들, 즉 그 힘의 강도나 활동성에도 불구하고 의식에서 멀리 떨어져 있는 생각들을 가리키기도 하는 것이다.[33]

---

32) 프로이트, 『정신분석학의 근본 개념』 중에서 「정신분석에서의 무의식에 관한 노트」(1912), 「무의식에 관하여」(1915).
33) 「정신분석에서의 무의식에 관한 노트」, 31.

잠재적 정신 과정의 일부는 우리에게는 아주 낯선, 아니 더 나아가 믿을 수 없는, 그리고 우리가 잘 알고 있는 의식의 속성과는 정반대되는 성격과 특성을 지니고 있다. (……) 의식에는 부재하는 또 다른 정신활동이 존재한다.[34]

하나는 잠재적인 정신 상태로서 의식과 연속적인 '전의식'das Vorbewußte 으로서의 무의식이고, 또 하나는 의식과 절대적으로 이질적이지만 '활동적이면서도 무의식적인 관념'으로서의 무의식이다.

우선 전의식이란 현재로서는 의식의 내용이 아니나 "일정한 조건이 주어지면 특별한 저항 없이"[35] 의식의 내용으로 편입될 수 있는 정신 현상을 말한다. 이것은 의식 바깥에 있는 모든 정신 상태를 지칭하는 '서술적 의미'의 무의식이다. "우리는 그 잠재적인 상태를 의식의 정신 과정으로 전환시킬 수도 있고 대체할 수도 있으며, 또 표상, 목적, 결의 등 우리가 의식적인 정신 활동을 묘사하기 위해 사용하는 여러 범주의 용어들을 그 잠재적인 상태에도 적용할 수 있다. (……) 우리가 그것들을 의식의 상태와 구분할 수 있는 것은 오로지 그 잠재적인 상태들이 의식에 부재한다는 사실 때문인 것이다."[36] 여기서 의식과 무의식은 연속적이며 유일한 차이는 의식성의 결여뿐이다.

그러나 이러한 전의식으로서의 무의식은 정신분석학에서 요청되는 진정한 무의식이 아니다. 정신분석에서 밝혀져야 할 진정한 무의식은 후자의 무의식, 즉 의식과 절대적으로 구분되는 이질적 타자성을 지닌 무의식이다. 이 무의식은 정태적이거나 휴면 상태로 있는 것이 아니라 그 나름

---

34) 「무의식에 관하여」, 167~8.
35) 같은 책, 171.
36) 프로이트, 「무의식에 관하여」, 『정신분석학의 근본 개념』, 164~5.

대로의 법칙과 질서를 가지고, 즉 의식을 지배하는 '현실원칙'에 따르지 않고 자기 고유의 '쾌락원칙'에 따라 역동적으로 활동한다. 또한 이것은 의식으로부터의 '억압'과 '반발', '저항'을 불러일으키는 "그 자체의 내용 속에 내재된 어떤 성향"[37] 때문에 위장과 변장과 왜곡이 아니고서는 의식으로 그대로 표출될 수 없는 정신 현상이다. 이것은 의식과는 전혀 다른 '곳'에 전혀 다른 '조직'으로 존재하는 정신 상태라는 점에서 '지형학'Topographie 적 의미에서 보여진 무의식이라고 할 수 있다.

이렇게 놓고 보았을 때, 베르그손의 순수 기억은 프로이트의 두 무의식 중 어느 것에도 해당되지 않는다. 순수 기억은 전의식과 같은 '잠재의식'das Latenbewußte이 아니다. 여기서의 '잠재적'이란 불어로 치면 'latent', 즉 '드러나지 않고 감춰져 있는'을 의미한다. 이것은 드러나지 않은 상태나 드러난 상태나 본질적인 차이가 없는 경우에나 해당되는 것이다. 베르그손의 경우 이런 잠재성은 물질의 경우에나 해당한다. 앞의 '순수지각론'에서 이미 밝혀졌듯이 물질적 사물들이야말로 잠재적인 상태와 현실화된 상태 간에 정도상 차이밖에 지니지 않는다.

순수 기억은 'latent'가 아니라 'virtuel'이라는 의미에서 잠재적인 것이다. 이 잠재성은 현실화되었을 때 본질적인 변화를 겪는다. 현실화된 것으로부터 이전의 잠재적인 상태를 찾을 수 없다는 것이다. 순수 기억과 의식의 관계는 이러한 의미에서 잠재적인 것과 현실적인 것의 관계이고, 분명 잠재적인 무의식으로부터 의식으로의 현실화과정은 연속적이지만 그럼에도 불구하고 이 연속성은 질적 변화의 연속성이라는 것이 핵심적인 것이다. 따라서 프로이트가 말하는 전의식을 순수 기억에 해당한다고 보아선 안 된다.

---

37) 프로이트, 「정신분석에서의 무의식에 관한 노트」, 『정신분석학의 근본 개념』, 33.

그 다음, 정신분석학적 무의식은 정신분석학에 고유한 개념규정을 가진 무의식이고 순수 기억과는 다른 것이다. 여기서 언급할 수 있는 것은, 순수 기억은 심리학적 무의식이 아니라는 점이다. 심리학의 영역 안에서 정신분석학이 얻어 낸 여러 가지 성과들에 대해서는 베르그손 자신도 기대했던 것들이고 따라서 인정하지 않을 수 없을 것이다.[38] 그런데 순수 기억은 이러한 심리학적 무의식의 실재적 조건으로서 전제될 수밖에 없는 존재론적 무의식이라는 것이다. 프로이트의 무의식이 의식의 저항과 억압 때문에 의식되지 않을 뿐 어쨌든 정신 안에서 어디까지나 '무의식으로서' '현실적으로' 활동하고 있는 것을 말한다면, 순수 기억은 잠재적인 존재이고 심리학적 의식 안으로 '현실화'되면 이미 무의식으로서의 자신의 모습을 지우는 것이다. 마치 하이데거에서의 존재와 존재자의 관계처럼. 또는 스피노자에서의 능산적 자연과 소산적 자연의 관계처럼.

무엇보다 결정적인 차이는 베르그손의 무의식이 잠재성의 현실화라는 시간적 과정 속에서 전개되는 것이라면 프로이트의 무의식은 무시간적인 것이라는 점이다. 순수 기억은 시간적인 순서에 따라 고스란히 과거 전체가 보존되고 또 현실화하는 시간적 과정에 따라 질적 변화를 겪는 것이라면, 프로이트의 무의식은 "시간과 아무런 관계가 없다. 시간의 문제는 의식 조직에서 이루어지는 작업과 관련이 있는 것이다."[39]

한 가지 더 지적하자면, 순수 기억은 프로이트의 기억 흔적Erinnerungs-

---

38) "특별하게 적용된 방법을 가지고서 무의식을 탐색하는 것, 정신의 지하에서 작업하는 것, 이것이야말로 개방되는 세기에 심리학의 주요 임무가 될 것이다"(ES 108/897), "무의식의 가장 비밀스런 심층들을 탐색하는 것은, 내가 방금 의식의 지하라고 불렀던 것 안에서 작업하는 것이다. 바로 거기에 앞으로 열릴 세기에 심리학의 주요 임무인 무언가가 있을 것이다. 나는 거기서 기다리는 아름다운 발견들을 믿어 의심하지 않는다"(Mél 461), "무의식이란 관념은, 그것을 사용함에 따라, 점점 더 분명한 관념이 될 것이다"(Mél 475).
39) 프로이트, 「무의식에 관하여」, 『정신분석학의 근본 개념』, 190.

spur과도 다르다. 기억 흔적이란 의식적인 기억(전의식의 기억)과는 달리 무의식의 바탕에 놓여 있는 것으로서 외부로부터 지각된 자극의 영구적인 흔적을 의미한다.[40] 이것은 마치 썼다가 다시 지우고 그 위에 또 다시 써도 되는 '신비한 글쓰기판'과 같다. "기억-흔적의 형태로 잔존하는 내용은 때때로 새로운 환경에 맞추어 재조직을 겪고, 말하자면 재기록을 거친다."[41] 그러나 베르그손의 순수 기억은 시간의 흐름에 따라서 점점 더 부풀어 가며 전체를 고스란히 보존하는 과거이고, 이렇게 보존된 과거 전체가 현재의 지점으로 수축될지언정 사후적으로 재구성되는 것은 아니다(이러한 논의들은 '무의식과 시간'의 문제를 다루는 이 책의 4장 3절에서 자세히 언급될 것이다).

따라서 베르그손의 무의식 개념은 프로이트의 심리학적 무의식과는 전혀 다른 것이며, 오히려 심리학적 의식이나 무의식의 실재적 조건이자 발생적 원천으로서 보다 근원적인 존재론적 무의식이다.

2. 순수 기억과 존재론적 무의식

2.1 무의식의 존재에 대한 가상들

현실적인 그리고 잠재적인, 우리의 지각들은 두 계열을 따라서, 즉 공간상에서 동시적인 모든 대상들을 담고 있는 수평선 AB의 계열과, 시간상에서 계속적으로 늘어서는 우리의 기억들을 배치하고 있는 수직선 CI의 계

---

40) "접수된 자극의 영원한 흔적은 지각 조직의 뒤에 놓여 있는 '기억 조직' 속에 보존된다"(프로이트, 「신비스런 글쓰기 판에 대한 소고」, 『정신분석학의 근본 개념』, 437). 또한 「쾌락원칙을 넘어서」, 293 참조.

41) Freud, *Extracts from the Fliess Papers(1892~1899)*, 영어 표준판 전집, 제1권(London: The Hogarth, 1966), letter 52, 233(김상환, 『니체, 프로이트, 맑스 이후』 180 각주14, 재인용).

열을 따라서 펼쳐진다. 두 계열이 교차하고 있는 I 지점은 우리의 의식에 현실적으로 주어지는 유일한 부분이다.[42]

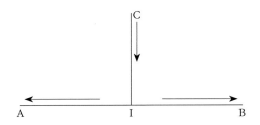

『물질과 기억』의 이 도식에 따르면, 의식이란 I지점이 상징하듯이 공간 계열의 현실적인 지각들 중 일부와 시간 계열의 잠재적인 기억들 중 일부가 교차하고 있는 지점이다. 그래서 현실적인 의식, 실재에 대한 구체적인 지각은 현실적이면서 잠재적인 혼합물이다. 따라서 의식의 바깥이란 I 지점 바깥에 존재하는 공간 계열에서의 지각들의 총체와 시간 계열에서의 기억들의 총체라고 할 수 있을 것이다. '지각되지 못한 물질적 대상들'과 '의식되지 못한 기억들'은 모두 현실적 의식 바깥에 '무의식적으로' 존재한다는 점에서는 동일하지만, 유독 '의식되지 못한 기억들', 즉 의식의 '심층'에 놓여 있는 무의식의 존재에 대해서는 생각하기 어려워하는 것이 일반적인 사유 경향이다. 왜 그런가?

우리가 **무의식적 심리 상태들**을 생각하는 데서 갖는 혐오감은 무엇보다도 우리가 의식을 심리적 상태들의 본질적 속성으로 간주하며, 따라서 한 심리적 상태는 의식적이기 위해서는 존재하지 않을 수 없을 것으로 보인다는 사실에서 비롯한다는 점을 주목하는 데 그치도록 하자. 그러나 만일 의

---

42) MM 158/284~5(『물질과 기억』 245~246).

식이 단지 **현재적인 것**présent의 표식, 즉 현실적으로 체험된 것, 다시 말해 결국 **작용하는 것**l'agissant의 특징적인 표식에 불과하다면, 그때는 작용하지 않는 것은 그것이 어떤 방식으로 필연적으로 계속 존재하는 데도 의식에 더 이상 속하지 않을 수 있을 것이다. 다른 말로 해서 심리학적 영역에서 의식은 실존existence과 동의어가 아니라, 단지 실재적 작용 또는 직접적 효율성과 동의어이다. 그리고 이 용어의 외연이 이와 같이 제한된다면, 무의식적 심리 상태, 즉 요컨대 무력한impuissant 심리적 상태를 표상하는데 있어서 어려움을 덜 갖게 될 것이다.[43]

무의식의 존재를 믿지 않는 근거는 두 가지다. ① 심리적 상태는 본질적으로 의식적인 상태이다. ② 심리적 상태가 존재한다는 것은 의식적인 상태로 존재한다는 것이다. 이런 관점에서라면 무의식이란 당연히 비-존재이거나 아니면 뇌의 생리-화학적 상태로 환원되고 말 것이다. 베르그손은 우선 의식 개념 자체를 교정했다. 의식은 단순한 것이 아니라 현실적인 표면과 잠재적인 심층을 지니고 있는 혼합물이고, 이러한 의식은 존재의 거울이 아닌 구체적인 삶의 맥락 속에서 행위하는 경향이다. 따라서 심리적 상태는 의식과 무의식의 공존이며, 의식의 심층에는 무력하고 무용한 것으로서 무의식적인 심리상태가 존재할 수 있다.

그러나 의식 바깥의 두 계열 중에서 유독 잠재적 무의식의 존재를 인정하지 못하게 하는 또 다른 가상들이 존재한다. 이 가상들은 의식 기능의 발생적 기원과 동일한 '삶의 필요와 유용성'에 근거하고 있다는 점에서 '인간적 경험'을 형성하는 자연적 가상이라고 할 수 있다.

---

43) MM 156~157/283(『물질과 기억』 242~243).

① 시간 계열과 공간 계열의 비대칭성

앞서 제시된 베르그손의 도식에 따른다면, 우리가 상식적으로 존재한다고 생각하는 것은 AB의 공간 계열과 CI의 시간 계열이 서로 교차하는 지점 I 뿐이다. 왜냐하면 I 지점만이 우리 의식에 현실적으로 주어지는 부분이기 때문이다. 따라서 우리는 두 계열상에서 의식에 현실적으로 주어지지 않은 나머지 부분은 존재하지 않는 것이라고 생각하거나, 아니면 두 계열상의 나머지 부분이 모두 다 존재하지만 의식에 현실적으로 존재하는 것과는 다른 방식으로 존재한다고 생각할 수 있을 것이다. 그런데 우리는 공간 계열상의 외부 대상들에 대해서는 비록 그것들이 지각되지 않았다 하더라도 그 계열 전체가 존재한다고 상정하는 반면, 시간 계열상의 내적 대상들에 대해서는 오로지 I 지점에서 현실화된 것만이 존재하고 나머지는 아예 존재하지 않는다고 생각하는 자연스런 경향이 있다. 왜 우리는 시간 계열과 공간 계열의 실재성에 논리적인 비대칭성이 있다고 생각하는 것일까?

베르그손에 의하면 이 가상의 기원에는 시간과 공간에 대한 사유의 거짓 운동이 자리 잡고 있다. 공간을 마치 동시에 나란히 놓여 있는 사물들을 담는 절대적인 그릇처럼 만들고, 시간을 마치 연속적으로 이어지는 상태들을 곧바로 먹어치우는 크로노스처럼 만드는 거짓 사유의 운동. 공간을 절대적인 형식으로 만들고 시간을 미래로부터 와서 현재를 지나 과거로 사라지는 선형적이고 연대기적인 흐름으로 간주하는 것, 그리고 이러한 공간과 시간을 인간적 경험의 공통된 형식으로 만든 것은 잘못된 사유의 결과이다. 그런데 이 잘못된 사유는 자연스런 경향이고, 이것이 인간의 조건이기도 하다. 이 잘못된 사유의 방향을 어떻게 바로잡을 수 있는가? 어떻게 우리의 조건을 넘어설 수 있는가? 인간적 경험의 발생적 원천으로서의 무의식을 해명한다는 것은 바로 이러한 문제들에 대한 해답을 찾는 것과 같다.

나중에 밝혀지겠지만 간략히 말하자면, 이러한 공간과 시간의 개념은 실재에 대한 우리의 행위 도식을 추상화함으로써 형성된다. 실재에 대한 우리의 행위는 지각과 기억으로 이루어지는데 전자는 실재를 나누는 경향이고 후자는 실재를 응축하는 경향이다. 이 나눔과 응축의 행위 경향으로부터 공간, 시간이라는 경험의 추상적 형식이 도출되는 것이다. 그런데 이런 행위 경향과 이로부터 추상적 형식을 도출하는 사유의 경향은 삶이라는 공통된 근거를 지닌다. 삶의 필요와 유용성 때문에 이러한 가상이 산출되는데, 문제는 이 가상을 실재라고 믿는다는 데 있다. 이를 실재로 믿고 있기 때문에 무의식의 존재가 사유될 수 없게 되는 것이다.

먼저, 공간 계열에 있는 의식 바깥의 존재들에 대해서 살펴보자. 현실적으로 지각되지 않은 물질적 대상들은 과연 '존재한다'고 할 수 있는가? 만일 버클리처럼 '지각되는 것만이 존재하는 것'이라고 한다면, 지각되지 않은 물질적 대상들은 존재한다고 할 수 없을 것이다. 신의 지각에 의해 존재한다고 하지 않는다면 말이다. 그러나 베르그손은 이 대상들이 우리의 것이든 신의 것이든 '지각되지 않아도 존재할 수 있다'고 주장한다. 비록 현재의 의식에는 "부재하는 지각들"이고 현실적으로 의식에 주어지지 않은 지각들이지만 이것들은 "무의식적인 상태"로 존재한다는 것이다.[44] 현실적인 의식에 현전하지 않는 것은 존재하지 않는 것이 아니라 다만 무용하기 때문에, 불필요하기 때문에 의식화되지 않았을 뿐인 것이다. 의식적인 지각과 무의식적인 지각의 관계는 존재와 비-존재의 관계가 아니라 단지 경계를 짓는 것의 문제이다. 지각이란 본질적으로 나눔의 경향이다. 앞서 2장에서 이미 밝혀졌듯이, 지각의 문제는 '의식 바깥의 현실적인 물질 세계는 연속적인 전체인데, 이 가운데서 어디에 경계선을 긋고 윤곽을 설

---

44) MM 158/284(『물질과 기억』 245).

정하여 하나의 지각 대상으로 분리시켜 내는가' 하는 것이었다.

　그런데 의식 바깥의 지각되지 않은 물질적 대상들이 '신의 지각'이든 '무의식적인 상태'이든 어쨌든 존재한다는 것에 대해서는 자연스럽게 인정하는 경향이 강하지만, 의식되지 않은 정신적 대상들의 경우엔 마치 의식 안에 의식되지 않는 어떤 것이 존재한다는 것은 논리적인 모순인 것처럼, 따라서 정신적 무의식의 존재는 불가능한 것처럼 생각하는 경향이 강하다. 왜 그럴까?

　베르그손에 의하면, 그것은 두 계열이 의식적 존재자에게 주는 실천적 유용성이 상대적으로 다르다는 데서 비롯된 자연적이고 실천적인 구분이 점점 더 형이상학적인 구분으로까지 굳어졌기 때문이다. AB 선의 대상들은 우리가 '앞으로' 지각할 것들을 나타낸다면 CI 선의 대상들은 '이미' 지각했던 것을 나타낸다. 이미 지각된 과거는 그 영향력을 상실한 것이지만 막 다가올 미래는 아직 소진되지 않은 영향력을 지니고 있다. 아무리 위험했던 사건이라 할지라도 이미 과거가 된 것은 이제 막 나에게 다가오는 칼끝만큼 위험하지는 않다. 나와 나를 둘러싼 사물들 사이의 공간적 거리는 시간적인 위협이나 약속의 임박함이 어느 정도인지를 나타내 준다. 그래서 아직 지각되지 않은 물질적 대상들은 다가올 위협이나 약속으로 인해서 우리에게 실재성(현실성)을 지닌 것으로 나타나지만, 현실적으로 상기되지 않은 과거는 실재성(현실성)을 가질 수 없는 것처럼 보인다. 따라서 우리가 움직이고 있는 공간, 우리에게 약속이나 위협의 대상으로 주어지는 사물들에 의해서 구성된 '구체적인 공간'은 바로 "우리의 근접미래에 대한 도식"[45)]으로 제공된다. 우리는 살아 있는 존재자로서 우리 자신의 삶에 필요한 자연스런 관심을 따라 우리 앞의 미래는 무한히 펼쳐져야 한다

---

45) MM 160/286(『물질과 기억』 248).

고 여긴다. 내가 지금 지각하고 있는 이 직접적인 경험 지평 바깥에 이 지평을 둘러싸고 있는 더 큰 지평, 다시 이를 포함하고 있는 더욱 더 큰 지평이 현재 우리 의식에는 부재한다 할지라도 실재하고 있다고 여긴다. 그래서 우리의 미래를 상징하는 공간은 무한히 개방된 지평으로 간주하게 된다.

그런데, 우리의 본능적인 삶에 대한 의지는 궁극적인 위협(죽음)을 예견하려는 관심 때문에 우리의 지각을 무한히 넘어서는 공간상의 물질적 대상들이 실재한다고 여기는 반면, 전혀 위협이 되지 않는 지나간 과거[46], 우리가 살아온 만큼의 무게를 갖는, 그래서 우리가 살아갈 날을 그만큼 줄이는, 그 풍부한 과거 전체는 아예 사라지고 없는 셈 치려고 한다.

> 우리로 하여금 우리 앞에 공간을 무한히 열어 놓게 하는 바로 그 동일한 본능이, 시간에 대해서는 우리로 하여금, 그것이 흘러감에 따라 우리 뒤에서 닫아 버리게 한다.[47]

따라서 근접미래의 도식으로 제공된 공간적 차원에서는 우리 의식에 주어진 현실적 지각 바깥에까지 그 실재성이 연장되는 반면에, 우리의 내적 삶이 축적된 시간적 차원에서는 오로지 현재 순간에 주어진 것만이 실재하고 나머지는 사라진 것처럼 되는 것이다. 그래서 과거의 어떤 기억이 의식에 돌아왔을 때는, 그 출현 자체가 신비하게 여겨지는 일종의 "유령효과"[48]로 간주되기까지 한다.

---

46) 그러나 프로이트에게 과거는 현실적인 삶을 얼마든지 위협할 수 있다. 그에게 위협적이라고 인식된 과거를 억압하고 경계하는 것이 자아의 본능적인 작용이다. 반면 베르그손에게 과거는 현실적인 삶에 무용한 것 또는 지금은 불필요하지만 장차 유용하게 쓰일 수 있는 것이지 결코 위협적인 것이 아니다.
47) MM 160~1/286(『물질과 기억』 248~249).
48) MM 161/286(『물질과 기억』 249).

그러나 엄밀하게 말한다면, "내가 지각하기를 멈출 때 물질적 대상도 존재하기를 멈춘다고 상정할 이유가 없듯이, 일단 지각된 과거도 사라진다고 말할 이유가 없다."[49] 우리의 현실적인 지각 대상에 지각되지 못한 대상들이 연결되어 있듯이, 우리의 현실적인 의식 상태에 무의식적인 과거의 기억들도 연결되어 있다. 앞서 인용하였듯이, "이 두 경우에 **무의식**은 동일한 종류의 역할을 한다."[50] 즉 무의식이란 비-존재가 아니라 무용한 존재를 뜻한다는 것이다. 결국 의식 바깥의 존재와 관련해서 공간적인 계열의 지각되지 않은 대상들의 실재성은 쉽게 긍정하면서 시간적인 계열의 상기되지 않은 기억들의 실재성은 긍정하지 못하는 "이유"는 바로 삶의 필연성 때문이고 이 삶의 실천적 요구에 따르고자 하는 의식의 실용적 본성 때문이다.

② 존재의 정도에 대한 가상

그러니까 시간적 계열과 공간적 계열에서 우리의 현실적 의식 바깥에 있는 존재들은 실천적으로 무용하다는 점에서 동일하게 '무의식적인 실재'이다. 그럼에도 불구하고 공간적 계열에서의 실재성만을 쉽사리 인정하는 경향은 어디까지나 '실천적 유용성'의 상대성에서 비롯하는 것이지 본질적인 것은 아니다. 그러면 우리는 왜 이런 실용적 구분을 형이상학적 구분으로까지 굳히게 되었을까? 즉 물질의 존재는 인정하면서, 왜 과거의 존재는 인정하려 하지 않는 걸까?

우리가 경험적 차원에서 사실상 어떤 것이 '실존한다'exister고 말할 때 암묵적으로 전제하고 있는 조건들이 있다. 베르그손에 따르면, 그 조건들

---

49) MM 157/284(『물질과 기억』 244).
50) MM 161/286~7(『물질과 기억』 249).

은 다음의 두 가지이다. ① 의식에 현전해야 한다. ② 그렇게 현전하는 것이 앞선 것과 뒤따르는 것과 맺는 논리적이거나 인과적인 연결 순서를 가져야 한다.[51] 우리는 통상 이 두 가지 조건을 동시에 충족시켜야 어떤 것이 존재한다고 인정한다. 그런데, 여기서 베르그손이 문제삼는 것은 이 두 조건이 존재의 근본적인 조건들이라는 사실 자체가 아니라, 이 조건들을 충족시키는 '정도에서의 차이'를 간과한다는 데 있다.

예컨대 "현실적인 내적 상태들"[52]의 경우엔 ①의 조건은 완벽하게 충족시키지만 ②의 조건은 불충분하게 충족시킨다. 즉 현실적 심리상태는 자신의 내용 전부를 그늘 없이 자신에게 완전히 현시할 수는 있지만, 시간적 계열에서 논리적이거나 인과적인 연결(과거에 의한 현재의 결정)은 느슨하며 우연의 여지가 많다. 여기엔 결코 수학적 등식과 같은 특징은 있을 수 없다. 반면에 현실적인 외부의 "물질적 대상들"의 경우엔 오히려 ②의 조건이 ①의 조건보다 완벽하게 충족된다. 노트북을 사용할 때 노트북의 바닥이나 뒷면은 지각되지 않듯이 물질적 대상은 지각되지 않는 많은 부분들을 의식 밖에 남겨 두지만, 공간적 계열에서의 인과적인 연결은 필연적인 법칙을 형성할 정도로 강하다.

따라서 우리는 실존은, 그 말의 경험적 의미에서, 의식적인 파악과 규칙적인 연결을 동시에, 그러나 상이한 정도로, 내포한다고 말해야만 할 것이다.[53]

---

51) MM 163/288(『물질과 기억』 252).
52) MM 163/288(『물질과 기억』 252). 이 내적 상태들은 '잠재적인 것'이 아니라 어디까지나 '현실적인' 심리 상태다.
53) MM 164/289(『물질과 기억』 253).

그러나 실제로 우리에게 '존재의 정도'를 인정한다거나 생각하는 것은 그 자체로 몹시 어렵게 다가온다. 왜냐하면 우리의 사유 방식이 분명한 윤곽과 경계를 가진 '사물들'의 관점에서 보는 데 익숙하기 때문이다. 베르그손이 '오성' 또는 '지성'이라고 부르는 우리의 일상적인 사유 방식은 늘 실천적 행동을 겨냥하고 있기 때문에 상징적 논리를 따라 진행된다. 따라서 다양한 비율로 섞여서 충족되고 있는 두 조건들의 현존 자체를 인정하기보다는, 두 조건들을 분리하여 지배적인 조건에 따라 실재를 분류 정의하려고 한다. 그래서 논리적인 순서와 인과적 연결이 우세한 외부 대상들과 의식 내의 현전성이 뚜렷한 내적 상태들을 근본적으로 상이한 두 존재 방식으로 나누어 버리는 경향이 있다.

베르그손에 따르면, 우리는 "공간 안에 동시적으로 나열된 **대상들**의 계열과 시간 안에 연속적으로 전개된 **상태들**의 계열 사이에서, 유사성들은 지우고 오히려 차이들을 강조하는 습관"[54]을 지니고 있다. 사실상 '현실적 의식 바깥에 있다'는 점에서는 두 계열상의 존재자들이 마찬가지인데, 지금 내가 앉아 있는 이 방에서 나가면 거실이 출현하는 것에 대해서는 놀라지 않으면서 과거의 어떤 기억이 불현듯 떠오르는 것에 대해서는 '유령'처럼 신기하게 여기게 되는 것은 무엇보다 '순서의 필연성'에서 기인하는 '차이'가 있다고 볼 수 있을 것이다. 즉 공간적 계열에서 내 의식에 주어지는 표상들의 순서는 필연적으로 결정되어 있고 그래서 예측가능하며 나를 불편하게 하지 않지만, 나의 기억들, 과거의 표상들은 일관성 없이 변덕스럽게 나타나며 그래서 '유령'처럼 공포스럽게 다가오기도 한다.

그러나 이러한 순서의 필연성과 우연성은 절대적인 본성상의 것이 아니라 정도상의 것에 지나지 않는다. 그래서 '습관'인 것이다. 사유의 습관.

---

54) MM 161/287(『물질과 기억』 249).

왜냐하면 기억들도 필연적인 결정력을 지니고 있기 때문이다. 특히 우리의 성격을 분석해 보면, 이것은 우리의 과거 전부를 현실적으로 종합하고 있는 것으로서 외부 세계처럼 정합적인 구조를 갖고 있고 우리의 모든 결정들에 항상 참여하고 있다. 성격이라는 압축된 형태로 우리 과거의 정신적 삶 전체가 현재의 의식에 필연적으로 연결되어 있다. 오히려 우리는 공간상의 외부 세계에 대해서는 극히 일부만을 의식적으로 지각하지만 "우리는 우리의 체험된 경험 전체를 사용한다"[55]고 말해야 할 정도다. 예컨대, 내가 글을 쓰고 있을 때, 내가 앉아 있는 이 방 안의 사물들 중에서 내가 관심을 기울이며 의식적으로 지각하고 있는 것들은 이 노트북과 몇 권의 책들 정도이겠지만, 사실 이 현재 순간의 의식에는 나의 과거 전체, 나의 기억 전체가 집중되고 있다. 그럼에도 불구하고, 여전히 개별적인 과거의 기억들은 완전히 사라지기도 하고 변덕스럽게 출현하기도 한다는 점은 인정해야 한다. 그러면 의식 심층에 있다고 여겨지는 과거의 기억들은 왜 '전체'의 관점에서는 현재의 의식에 필연적으로 연결되고 '부분들'의 관점에서는 우연적으로만 연결되는 것인가?

이것은 어디까지나 의식이 무의식에 관계하는 방식에서 비롯되는 것이다. 앞에서 정의한 대로, 항상 행동을 향하고 있는 의식이 현재의 지각과 유용하게 결합할 수 있는 것들만을 이전의 기억들로부터 선택하여 물질화하기 때문이다. 공간상의 어떤 지점에다가 어떤 행동을 행사하려는 나의 의지(궁극적으론 '살고자 하는 의지')는 나와 그 지점 사이의 모든 매개물들, 즉 장애물들로 이루어진 공간상의 거리를 파괴하고 싶어한다. 마찬가지로 이 행동을 유리하게 하기 위해서는 현재의 상황과 이에 유사한 과거의 상황 사이를 갈라놓는 시간적 간격 역시 뛰어넘는 것이 의식에 유리하다. 본

---

55) MM 162/287(『물질과 기억』 250).

질적으로 의지의 속도는 모든 중간적 방해물들을 무시하면서 공간적 시간적 간격들을 뛰어넘는 데 달려 있다. 삶의 의지의 속도가 곧 의식의 도약의 속도이다. 바로 이 "도약" 때문에 '과거의 중간 부분들'이 모두 사라지고 나의 현재 의식에 필요로 하는 과거가 등장하게 되는 것이다. "우리의 지각이 공간 안에서 엄격하게 연속적으로 배열되게 하는 이유가, 바로 우리의 기억이 시간 안에서 불연속적인 방식으로 드러나게 하는 그 이유이다."[56]

따라서 삶의 필요와 유용성에 기인하는 사유 습관으로부터 의식에 현전하지도 않고 인과적 연결성도 부족한 과거의 기억들은 더 이상 존재하지 않는 것이 되어 버린다. 시간과 공간에 대한 잘못된 개념화 그리고 지성의 사유 습관, 이 때문에 결국 "그렇게 해서, 실존하지만 지각되지는 않은 물질적 대상들은 의식에 최소한의 참여도 불가능하게 되고, 내적이지만 의식되지 않은 상태들은 실존에 최소한의 참여도 불가능하게 된다."[57] 그리고 이러한 가상들이 물질적 대상을 "의식과 무관한 객관적 실재들"로 만들고, 심리적 상태를 "객관적 실재성 없는 의식 상태들"로 만드는 오류의 기원이다.[58] 실재론과 관념론의 오래된 대립의 뿌리가 바로 여기에 있다. 바로 이러한 지성의 가상, 즉 실천적 편의에 입각한 행동의 논리에서 비롯된 사유의 습관 때문에 '무의식의 존재 방식'을 생각하는 것이 불가능하게 된 것이다.

그러나 의식에 현실적으로 현전하지 않아도, 그리고 인과적 연결이 필연적이지 않아도 존재하는 것이 있고, 그것이 바로 '잠재적인 존재'라는 무의식이다. 베르그손은 "공간 안에서 지각되지 않은 대상들과 시간 안에서 무의식적인 기억들에 관한 것에서, 근본적으로 다른 존재의 두 형태들은

---

56) MM 162/288(『물질과 기억』 251).
57) MM 164/289(『물질과 기억』 253~254).
58) MM 159/285(『물질과 기억』 246).

보지 않는다. 다만 행동의 요구들이 서로에게 반대로 주어진다는 것을 볼 뿐이다."[59]

따라서 무의식에 관한 탐구는 이중적인 의미를 지닌다. 한편으로는 우리의 자연적 가상의 뿌리를 밝혀냄으로써 "인간적 경험"의 조건과 그 극복을 사유하는 것이 될 것이고, 동시에 다른 한편으로는 현실적 의식을 넘어서서 잠재적으로 존재하는 기억들, 잃어버린 시간들인 과거의 총체를 복원하는 것, 나아가 이들의 복원이 갖는 의미를 해명하는 것이 될 것이다.

2.2 순수 기억은 잠재적인 것le virtuel이다

순수 기억은 잠재적인 것이다. 앞에서도 지적했듯 여기서 '잠재적'은 'latent' 가 아니라 'virtuel'이라는 것에 주의해야 한다. '잠재적인 것'le virtuel이란 그 자체만 놓고 보면 "움직이지 않고 있는 것"demeure immobile[60]의 존재 양상이다. 그러나 잠재적인 것은 오로지 자기 차이화하면서, 스스로 변질되면서, 자신의 근원을 간직하면서도 즉자태로 존재하기를 멈추는 방식으로 움직이는 것이기도 하다. 따라서 순수 기억은 단순히 잠재적인 것이 아니라, 현실화하는 잠재성인 것이다. 순수 기억이 '잠재적인 것'이라고 하는 것은, 무엇보다 현실적인 것, 이미 현실화된 것, 현재적인 상태 안에서 그것의 과거 기원을 찾는다는 것이 헛된 노력이라는 점에서 그렇다.

순수 기억의 잠재성이 '부동적인 채로 남아 있는 것'이라는 의미를 이해하기 위해서는 '과거의 기억'과 '현재의 지각' 사이에 어떤 차이가 있는지 보아야 한다.

나의 의식이 무언가를 지각하고 있는 지금 이 순간, 현재의 이 순간이

---

59) MM 163/288(『물질과 기억』 251).
60) MM 169/293(『물질과 기억』 260).

란 무엇인가? 베르그손에 의하면, 이 순간은 결코 수학적 점과 같은 순간, 과거와 미래를 분리하는 추상적인 경계가 아니다. 나의 의식이 구체적으로 체험하고 있는 실재적인 이 현재는 지속의 두께를 지닌다. 나의 현재는 나의 과거와 나의 미래를 동시에 침범하고 있다. 나의 현재는 직전의 과거인 동시에 임박한 미래의 결정이다. '직전의 과거'란 지각된 것으로서 매우 긴 요소적 진동들의 연속인 감각이며, '임박한 미래'란 지각에 의해 결정되는 행동이다. 따라서 나의 현재는 직전의 과거를 미래의 행동으로 연장하는 불가분적 순간인 셈이다. 나의 현재는 감각들과 운동들이 결합된 체계로서 본질적으로 감각-운동성을 띤다. 구체적인 삶을 살아가는 데 몰두하는 의식의 관점에서 볼 때, '나의 현재'가 나에게 현실적인 관심을 불러일으키면서 나를 살아가도록 하고 행동하도록 부추기는 것이라면 그래서 감각-운동성을 지니는 것이라면, '나의 과거'는 이와 정반대이다. 의식이 주의를 기울여야 하는 것, 그래서 어떠한 형태로든 움직여야 하는 것이 현실적인 현재라면, 의식적인 주의 밖으로 밀려난 것, 더 이상 아무런 움직임도 야기하지 않는 것, 그래서 실질적인 효력을 발휘할 수 없는 것은 지나간 과거가 된다.[61]

그러나 과거는 흘러가 버리고 더 이상 존재하지 않는 것이 아니다. 기억과 뇌의 실증적 관계에서도 보여졌듯이 과거의 기억은 결코 사라지지 않는다. 우리는 흔히 현재는 '있는 것'이고 과거는 '더 이상 있지 않은 것, 사라진 것'이라고 여긴다. 그러나 "과거는 존재하기를 그만둔 것이 아니라,

---

61) MM 152~153/280~281(『물질과 기억』 236, 238). "우리가 우리의 현재와 우리의 과거 사이에 만드는 구분은 따라서 임의적인 것은 아니더라도, 최소한 우리의 삶에 대한 주의가 껴안을 수 있는 폭의 크기에는 상대적이다. '현재'란 정확히 이런 노력만큼의 영역을 차지한다. 이 특별한 주의가 자기 시선 하에 붙들고 있던 무언가를 놓치자마자, 현재로부터 떨어져 나온 그것은 그 즉시 **필연적으로**(ipso facto) 과거에 속하는 것이 된다. 한마디로 우리의 현재는 우리가 현실적인 관심을 거두어들일 때 과거 속에 떨어진다"(PM 169/1386).

단지 유용한 것이기를 그만둔 것"이며, 현재야말로 "있는 것"ce qui est이 아니라 "생성되고 있는 것"ce qui se fait일 뿐이다.[62] 과거는 현실적 삶에 주의하는 의식의 관점에서 보았을 때 실천적으로 무능하고 무용하기 때문에 '잠재적인 상태로 남아 있는 것', '움직임을 야기할 수 없는 것'일 뿐이지 그 자체로 '더 이상 존재하지 않는 것'이 아니다.[63] 순수 기억은 이러한 의미에서 잠재적인 과거 일반이다. 순수 기억은 무능력하고 무용하고 움직이지 않는 것이며, 어떠한 방식으로도 신체의 표면을 차지하는 현실적인 감각과 섞이지 않는, 비연장적인 채로 존재하는 것이다.

그러나 순수 기억이 단지 잠재적인 것이기만 한 것이 아니라 또한 스스로 변질되면서 자기 차이화하면서 현실화하는 것이라는 점을 이해하기 위해서는 '기억-이미지'와의 차이를 볼 필요가 있다.

상상한다imaginer는 것은 기억한다se souvenir는 것이 아니다. 물론 기억은 그것이 현실화함에 따라 점차 이미지로 살아나는 경향이 있지만, 그 반대 과정은 참이 아니다.[64]

이것은 과거를 기억한다거나 보존한다는 것은 과거를 상상하는 형태로 재생한다는 것과는 다르다는 것을 말한다. 우리는 과거를 과거 그 자체로서 인식한다기보다는 우리의 의식에 표상적 형태로 주어진 과거, 이미 '우리의 과거'로 개별화된 형태의 과거만을 인식한다. 기억-이미지는 잠재적인 상태의 순수 기억으로부터 회상 과정을 통해서 의식에 떠오른 개

---

62) MM 166/291(『물질과 기억』 256).
63) "심리학에서 의식은 존재와 같은 뜻을 갖는 게 아니라 단지 실제적인 행위나 직접적인 유효성과 같은 뜻을 지닌다"(MM 157/283, 『물질과 기억』 243), "심리학에서 무능력은 무의식을 의미한다"(MM 315/197, 『물질과 기억』 297).
64) MM 150/278(『물질과 기억』 233~234).

별적인 과거의 이미지를 말한다. 이것은 순수 기억에 뿌리를 두고 있으면서 현재의 지각과 결합하려고 하는 성향을 갖는다. 순수 기억이 순수 잠재성이라면 기억-이미지는 이 잠재성이 현실화되고 물질화된 상태, 이미 지각을 닮아 가고 있는 상태, 그래서 차라리 "막 생겨나기 시작하는 지각" perception naissante[65]이라고 할 수 있는 것이다.

순수 기억은 현실적인 의식 상태에 속하는 기억-이미지와는 "권리상 독립적인 것"[66]이다. 그러나 순수 기억은 기억-이미지로 현실화됨으로써만 자신의 존재를 표현할 수 있다. 순수 기억은 기억-이미지로, 그리고 지각으로 나아가는 "연속적인 운동"[67] 속에서 "스스로를 물질화"하고 또 이렇게 "현실화하면서 스스로를 변형시킨다."[68] 순수 기억은 단지 잠재적인 상태로 머물러 있기만 하는 것이 아니라, 이렇게 자신의 잠재성을 현실화하면서 능동적으로 자기 차이화한다.

잠재적인 순수 기억이 기억-이미지로 현실화하는 과정은 그 자체로

---

65) MM 147/276(『물질과 기억』 230).
66) MM 147/276(『물질과 기억』 230).
67)

MM 147~8/276(『물질과 기억』 229). '순수 기억 → 기억-이미지 → 지각'으로 이행하는 과정에 대한 그림. "이 세 항들을 동일한 직선 AD에서 연속적으로 이어지는 AB, BC, CD의 부분들로 상징적으로 그려 본다면, 이 직선은 A에서 D로 가는 연속적인 운동을 묘사하고 있는 거라 할 수 있는데, 여기서는 세 항 중에서 어느 한 항이 어디서 끝나고 어디서 다른 항이 시작되는지를 정확하게 말하는 것이 불가능하다고 할 수 있다."
68) MM 150~151/278~279(『물질과 기억』 234~235).

"살아 있는 실재인, 생성의 연속성"[69]이다. 이렇게 잠재적인 것에서 현실화된 것으로 나아가는 운동의 방향은 그러나 거꾸로 되짚어 가서는 결코 이해할 수 없다. 관념연합론자들의 오류는 무엇보다 잠재적인 것과 현실화된 것의 존재론적 양상에서의 차이를 보지 못한 데 있다. 현재의 경험에 주어진, 이미 다 현실화된 상태 안에서 이 상태의 발생적 기원인 잠재적인 것을 찾는 것은 헛된 일이다.[70] 이들은 지각과 기억을 단지 생생함의 정도 차이로만 인식함으로써 기억이 함축하고 있는 발생적 원천으로서의 순수 기억의 존재를 지워 버렸다. 예컨대 하나의 강한 감각을 택하여 이 감각을 점차 0에 가깝게 약화시켜 보자. 만일 감각 자체와 감각에 대한 기억 사이에 강약의 정도 차이만 있다면, 이 강한 감각은 소진되기 전에 벌써 기억이 되고 말 것이다. 감각은 아무리 약한 상태의 것이라 하더라도 현실적인 것이고 현재적인 것인 반면, 감각에 대한 기억은 아무리 강한 상태의 것이라 해도 무의식의 심층으로부터 어렵게 떠오른 것이다. "한 감각 또는 한 지각의 순수 기억은 결코 감각이거나 지각 자체가 아니다."[71] 기억-이미지는 약한 지각이 아니다. 아무리 지각을 닮는다 해도 발생적 뿌리가 지각과는 본성상 다르다. 지각-이미지는 외부 세계로부터 오는 것이지만 기억-이미지는 순수 기억으로부터 오기 때문이다. 그렇다고 해서 기억-이미지가 순수 기억의 단순한 '재현'인 것은 더더욱 아니다. 기억-이미지는 순수 기억의 구체적 변형태로 현실화된 것이기 때문이다.

순수 기억이 잠재적인 과거 전체라면 기억-이미지는 현실화된 개별 과거이다. 순수 기억은 그 자체로 기억-이미지가 아니다. 그러나 우리가 현실적으로 경험하는 것은 기억-이미지들이지 순수 기억이 아니다. 우리

---

69) MM 148/277(『물질과 기억』 231).
70) MM 148~150/277~278(『물질과 기억』 231~233).
71) ES 133/915.

의 의식은 우리 의식 바깥의 순수 기억 그 자체를 의식할 수 없다.[72] 의식은 오로지 현실화된 것만을, 즉 순수 기억으로부터 발생한 결과물들만을 볼 수 있을 뿐이다.[73] 또한 의식에 주어진 순수 기억의 생산적 표현물들은 현실화되면서 이미 질적 변화를 겪은 것이기에 이 현실화된 상태들의 조합만으로 순수 기억 그 자체를 복원할 수도 없다. 잠재적인 과거로서의 순수 기억은 현실적인 의식 상태와는 환원 불가능한 본질적인 차이를 갖는다. 따라서 과거를 주제화할 때 기억-이미지의 근본적인 불충분성이 있다. 기억-이미지는 자신이 물질화하고 육화하면서 표현하고 있는 근원적인 잠재성의 표시를 드러내지 못하기 때문이다.

> 만일 우리가 과거에 **단번에**d'emblée 위치하지 않는다면 우리는 거기에 결코 도달하지 못할 것이다. 과거는, 본질적으로 잠재적이어서, 그것이 어둠으로부터 빛으로 솟아나오면서 현재적 이미지로 피어나는 운동을 우리가 따르고 채택할 때만 우리에게 과거로 포착될 수 있다. 따라서 사람들이 현실적인 것 그리고 이미 실현된 어떤 것 속에서 그것의 흔적을 찾으려고 해보아야 헛된 일이다. 그것은 빛 아래서 어둠을 찾으려는 것과 같은 것일지도 모른다.[74]

이 '단번에'가 함축하는 일종의 '도약'이 순수 기억의 잠재적인 차원과 의식의 현실적 차원 사이에 존재하는 본성상 차이를 가늠하게 한다. 순수 기억은 의식적인 상태에 속하는 현재의 지각이나 기억-이미지와는 본성

---

72) 그러나 전혀 불가능한 것은 아니다. 아주 드물고도 힘겨운 직관의 노력을 통해서, "결코 완전하게 소유지는 못하겠지만, 확장되고 강화된 주의(attention)를 기울인다면"(Mél 808~9) 순수 기억 자체에 도달할 수 있다(Mél 614~625 ;「기억이론들의 역사」 참조).

73) "의식의 영역 안에서, 모든 실재는 현실적인 것이다"(MM 157/284,『물질과 기억』 244).

74) MM 150/278(『물질과 기억』 233). 강조는 인용자.

상 구분되는 **잠재적인 과거 일반으로서의 무의식**을 의미한다. 그러나 순수 기억은 현실화하면서 과거 그 자체로서의 자기 자신인 과거와 우리 의식에 대한 과거인 자기 차이화된 과거로, 즉 잠재적인 과거의 즉자태와 현실화된 과거의 대자태로 양분된다.

2.3 순수 기억은 존재론적 무의식이다

순수 기억은 심리학적 무의식이 아니라 존재론적 무의식이다. 순수 기억이 심리학적 무의식이 아니라는 것은 순수 기억이 심리학적 영역 안에 존재하는 것이 아니라는 것이다. 순수 기억은 심리학적 의식 바깥에 존재한다. 여기서 의식 바깥에 존재한다는 것은 심리학적 의식과 다른 장소에서 활동한다는 의미로 억압된 무의식을 가리키는 것이 아니라, 오히려 심리학적 의식(또는 무의식) 자체를 가능하게 하는 존재론적 조건으로서 작동한다는 의미에서의 무의식을 말한다.

그런데 종종 순수 기억을 심리학적 무의식으로 혼동한다. 그 결정적인 요인의 하나는 순수 기억을 이미지-기억과 동일시하는 데 있다. 순수 기억을 심리학적 의식과 마찬가지인 이미지-기억과 혼동하는 것은 가장 근본적인 오류이다. 이미지-기억은 순수 기억(잠재적인 과거)과 기억-이미지(현실된 과거) 사이를 왕복 운동하면서 현재의 실천적 행위에 몰두하고 있는 심리학적 의식과 동연적인 기억이다. 따라서 심리학적 의식인 이 이미지-기억은 결코 그 자체로 순수 기억과 동일시될 수 없다. 한마디로 순수 기억은 의식 자체가 아닌 것이다!

그러나 『물질과 기억』 2장에서 습관-기억과의 본성 차이를 강조하는 이미지-기억에 대한 기술들은 들뢰즈나 이폴리트가 분명하게 지적하고 있듯이[75] 오히려 이미지-기억과 순수 기억을 혼동하게 만드는 오해의 소지를 안고 있다.

전자의 기억은 우리 일상적 삶의 모든 사건들이 펼쳐짐에 따라 그것들을 **기억-이미지들의 형태**로 기록할 것이다. 그것은 어떠한 세부 사항도 소홀히 하지 않는다. 그것은 각각의 사실과 각각의 행위에 그 위치와 날짜를 남겨 놓을 것이다. **유용성이나 실천적 적용이라는 어떠한 속셈도 없이 그것은 오로지 자연적인 필연성에 따라서만 과거를 쌓는다.**[76]

이미지-기억에 대한 이 기술은 마치 그것이 순수 기억인 양, 순수 기억이 '기억 표상들의 총체'인 양 생각되게 한다. 특히 "과거를 무의식 속에 완성품으로 주어져 있는 이미지들의 총체로 간주하게"[77] 만든다. 그래서 감각-운동적 주의력이 약화되거나 이완되었을 때 겪게 되는 꿈의 상태는 그 자체로 순수 기억과 혼동될 수도 있다. "과거를 표상의 형태로 상기하기 위해서는 꿈을 꾸고자 하면 된다."[78] 마치 꿈이 순수 기억 그 자체를 보여 주는 듯이!

순수 기억은 결코 기억-이미지들의 총체가 아니다. 과거는 플라톤의

---

75) 이폴리트는 두 기억의 구분이 오히려 베르그손의 기억개념을 곡해시킬 위험이 있다고 지적한다. 특히 과거를 무의식 속에 완성품으로 주어져 있는 이미지들의 총체로 간주함으로써 팽창-수축의 이중운동에 의해 과거를 현실화하는 '유연한 기억'을 간과할 수 있으며, 이 유연한 기억이야말로 과거와 현재의 내적 단절을 통해서 창조적으로 도약하는 정신임을 강조한다 (Hyppolite, "Aspects divers de la mémoire chez Bergson"). 들뢰즈 역시 이 두 기억의 구분은 '기억의 현실화'라는 관점에서 행해지는 심리학적 구분일 뿐이며, 이보다 더 중요한 구분은 기억 그 자체의 관점에서 행해지는 '추억-기억'(la mémoire-souvenir)과 '수축-기억' (la mémoire-contraction)의 존재론적 구분이라고 지적한다. 전자가 지각을 물들이는 과거의 개별적인 기억들을 말한다면, 후자야말로 물질과 접촉하는 정신으로서의 기억, 지각된 물질적 실재의 계기들을 수축함으로써 진정한 주관적 질을 창출하는 기억을 말한다(Deleuze, *Le Bergsonisme*, 46 [『베르그송주의』 68]).

76) MM 86/227(『물질과 기억』 142), 강조는 인용자. '전자의 기억'이란 문맥상 독서의 기억에 해당하는 이미지-기억.

77) Hyppolite, "Aspects divers de la mémoire chez Bergson", 380.

78) MM 87/228(『물질과 기억』 144).

경우처럼 완성된 형상들로 존재하는 것이 아니라 다양한 형상들을 생성할 수 있는 잠재성으로 존재하는 것이다. 순수 기억, 이 잠재적인 과거 전체는 하나의 불가분한 전체로 존재하는 것이며 오로지 현실화되면서, 기억-이미지들로 구체화되면서 개별화되고 분리되어 심리학적 의식에 주어지는 것이다. 잠재적이고 불가분한 전체가 개별화된 부분들로 현실화하는 과정, 이 과정이야말로 순수 기억이 창조적으로 물질화되는 과정이다. 순수 기억을 이미지-기억과 동일시한다면, 이러한 창조적 생성의 과정 자체가 어떻게 가능한지 설명할 수 없게 될 것이다. 바로 이 때문에 순수 기억을 심리학적 의식인 이미지-기억과 분명히 구분해야 할 필요가 있는 것이다. 순수 기억은 심리학적 의식(이미지-기억)이 가능하기 위한 존재론적 조건이기 때문이다.

바로 이 점에 주목하지 않았을 때 순수 기억을 심리학적 무의식으로 쉽게 단정지을 수 있는데, 이런 단정에는 베르그손의 본질적인 기억이 심리학적 의식과 동연적인 이미지-기억이라고 해석하는 관점이 전제되어 있다. 베르그손의 기억이론을 의식중심주의적으로 해석했을 때 당연히 무의식의 위상에 대한 중요성은 간과되게 마련이다. 이폴리트는 팽창-수축의 이중운동에 의해 과거를 창조적으로 현실화하는 "자발적인 지성으로서의 유연한 기억"이야말로 과거와 현재의 내적 단절을 통해 창조적으로 도약하는 정신이자 베르그손 고유의 기억이라고 주장한다.[79] 보름스F. Worms 역시 "순간화된 순수 지각과 과거의 완전한 기억이라는 두 극단 사이에 구체적인 의식"이 있으며, "직접적인 과거와 임박한 미래의 종합으로서" 이 직접적인 우리의 의식을 정의하는 기억이야말로 베르그손의 본질적 기억이라고 주장한다.[80] 국내의 대표적 연구자인 김진성 역시 순수 기억과 습

---

79) Hyppolite, "Aspects divers de la mémoire chez Bergson", 373~391.

관 기억의 구분만 분명히 했을 뿐, 순수 기억과 이미지-기억의 구분에 대해선 주의하지 않았고, 순수 기억을 심리학적 의식 자체와 동일시했다.[81]

이러한 해석들은 어디까지나 심리학적 의식(경험적 기억)의 관점에서 기억의 본성을 설명하는 것이며, 문제는 이런 해석들이 '과거와 현재의 종합'과 관련된 심리학적 의식의 역동적인 수축-팽창 작용, 또는 기억의 경험적이거나 심리학적인 작동 자체가 '순수 기억'에 대한 고려가 없다면 결코 충분히 설명될 수 없다는 것을 간과한다는 데 있다.

베르그손 기억 이론의 본령은 순수 기억에 있으며 결코 간과해서 안 될 것이 바로 무의식과 의식의 본성 차이이다. 순수 기억은 심리학적 의식의 실재적 조건이고 존재론적 조건이다. 순수 기억이 아니라면 심리학적 의식의 창조적 운동성은 결코 가능하지 않다. 무의식과 의식 사이에는 잠재적인 전체와 현실화된 부분이라는 것에서뿐만 아니라 존재론적인 것과 심리학적인 것이라는 점에서도 본성 차이가 드러난다.

---

80) Worms, "la conception bergsonienne du temps", 81. "과거의 기억과 신체의 기제 사이에 직접적인 우리의 의식을 정의하는 기억, 즉 본질적인 기억인 **세번째 기억**이 있다. (……) 순간화된 순수 지각과 과거의 완전한 기억이라는 두 극단 사이에 구체적인 의식이 있다. 신체의 현재에 동연적인 그것(구체적인 의식)은 또한 과거에 대한 의식이고 순수 기억을 탐색할 수 있다. 그러나 그 근본적인 두 기능들을 가능하게 하는 것, 그것은 바로 '직접적인 과거'와 '임박한 미래'의 종합으로서, 그것의 고유한 내적 구조화이다. 이것이 『물질과 기억』의 심리학적이고 형이상학적인 이론 전체를 나타내는 '원뿔 도식'의 의미이다. 따라서 지속은 진정한 기억의 의미를 갖는다. 실재적인 현실화에 의해서, 주체의 시간적인 **활동성** 안에 기입되는 것을 과거의 **내용**에 허용하면서. 베르그손적 기억은 상기이기 이전에 현실화이다."

81) 김진성, 『베르그송 研究』, 97~98, 132. 김진성은 여기서 '이미지-기억'과 '습관-기억'의 구분만 분명히 했을 뿐, 순수 기억과 이미지-기억의 구분에 대해선 주의하지 않았다. 그는 순수 기억이 이미지-기억의 형태로 과거를 보존한다고 보았고, 그래서 순수 기억을 심리학적 의식 자체와 동일시하였다. 물론 김진성이 말한 대로 "의식 존재에게 있어서 존재한다는 것은 지속한다는 것이며, 지속한다는 것은 기억한다는 것을 의미한다"(같은 책, 99). 그러나 의식=기억은 어디까지나 '원리상' 가능한 것이고 '사실상' 불가능한 것이다. 왜냐하면 의식의 영역을 벗어나는 기억, 무의식적인 기억이 항상 남아 있기 때문이며, 심리학적인 의식은 의식 바깥에 잠재적으로 존재하는 무의식 전체를 결코 의식할 수 없기 때문이다.

그러면 순수 기억이 존재론적 무의식이라는 것은 어떤 의미인가? 순수 기억은 '습관-기억'도 아니고 '이미지-기억'도 아니다. 그 둘은 오히려 순수 기억이 심리학적 상태로 현실화한 양상에 지나지 않는다. 순수 기억은 이러한 심리학적 기억들의 '실재적 조건'이자 '발생적 토대'이다.

우선, '실재적 조건'이라는 것은, 개별적인 과거의 경험을 어떤 방식으로든(신체적 또는 정신적) 보존하고 재생하려면 먼저 과거 일반의 존재 자체가 보장되어야 한다는 점에서다. 순수 기억은 심리학적 기억들 이전에 이들의 실재적 조건으로서 선존재하는 과거 일반이다.

그 다음, '발생적 토대'라는 것은, 현재의 경험에 주어지는 기억-이미지나 신체의 습관적 행위 등은 모두 순수 기억으로부터 현실화된 것들이기 때문이다. 순수 기억이라는 과거 일반은 현재-의식의 관점에서 볼 때 대부분이 무용하고 무능력하기 때문에 그 존재 자체가 무시되고 있지만, 사실 우리의 현실적인 경험을 이루는 내용들은 순수 기억으로부터 현실화된 것들이다. 순수 기억은 단지 잠재적인 상태로 머물러 있는 것이 아니라 의식적인 표상으로, 신체적 행위로, 스스로를 연장하고 현실화하면서 연속적인 생성 운동을 전개한다. 의식적인 상태는 오히려 잠재적인 무의식이 현실화된 결과물인 셈이다.

의식과 무의식은 물론 정신 안에서의 내재적인 구분이다. 그러나 의식을 심리학적 의식에 국한시켜 본다면, 그리고 의식이란 항상 현실적인 현재의 상태로 존재하는 것이라고 한다면, 무의식은 잠재적인 것으로서 심리학적 의식을 초과한다. 순수 기억은 이러한 의미에서 심리학적 의식을 초과하는 존재론적 무의식이다.

널리 퍼져 있는 편견에도 불구하고 **무의식적 표상**이라는 관념은 명백한 것이다. 심지어 우리는 그것을 항시 사용하며 그보다 더 상식에 친밀한 개넘규정은 없다고 말할 수도 있다. 실로 모든 사람들은 우리 지각에 현실적으로 나타나는 이미지들이 물질의 전부는 아니라는 것을 인정한다. 그러나 다른 한편 지각되지 않은 어떤 물질적 대상, 상상되지 않은 어떤 이미지는 일종의 무의식적인 정신적 상태가 아니라면 무엇이겠는가?[82]

사실상 이 기억이 우리의 현재적 상태에 유착되어 있는 것은 지각되지 않은 대상들이 우리가 지각하는 대상들에 유착되어 있는 것에 완벽하게 비교될 수 있다. 그리고 **무의식**l'inconscient은 이 두 경우에서 같은 부류의 역할을 한다.[83]

무의식적인 표상에는 무의식적인 기억만 있는 것이 아니라 무의식적인 지각도 있다. 그런데 무의식적인 기억의 존재는 무의식적인 지각과 마찬가지로 실재적이다. 따라서 앞 장의 '순수 지각론'에서 보았듯이, 무의식적인 지각이 의식 바깥에 이미 존재하고 있었던 것이라면, 무의식적인 기억 역시 의식 바깥에 이미 존재하고 있어야만 한다. 우리가 사물들을 우리 안에서가 아니라 우리 바깥에 사물들이 있는 바로 거기에서 지각하듯이, 과거 역시 우리 의식 안에서가 아니라 과거 그 자신이 있는 바로 거기에서 찾아내야 하는 것이다. 여기서 무의식은 분명 우리 "의식 바깥의 존재"[84]를 의미한다. 무의식은 우리 의식을 넘어서 우리 의식 바깥에 존재하는 것이다.

물론 순수 기억은 "어디까지나 나의 과거, 체험된 내 경험 전체의 내면

---

82) MM 157~8/284(『물질과 기억』 244~245).
83) MM 161/286~287(『물질과 기억』 249).
84) MM 158/284(『물질과 기억』 245).

화"[85]이고, "우리 안에 있는 도달불가능한 과거의 즉자태"[86]로서, "개인적 기억의 총체"[87]이자 "개인적 삶의 역사로서의 기억"[88]이라고 얘기된다. **과연 순수 기억은 개인적 기억들, 개인적 과거의 총체일까? 만약 그렇게 본다면, 이 개인적 과거를 도대체 어디까지 한정지어야 할까?** 예컨대 '나의 과거'의 기억이란 '나'의 탄생 '이후에' 겪은 모든 삶의 과정을 기록한 것만을 말하는 것인가 아니면 탄생 '이전'까지의 기록도 포함해야 하는 것인가? 배아胚芽 상태의 기억, 또는 그 이전의 역사적 과거는 나의 기억이라 할 수 있는가? 그리고 심리학적 의식이란 것이 인간 존재에 고유한 특성이라고 한다면, 순수 기억은 심리학적 의식의 심층으로서 오로지 인간적인 무의식이라고 해야 하는 것인가? 시간의 차원에서 볼 때 순수 기억이 잠재적 과거 일반의 존재라고 한다면, 다른 존재자들에게는 과거가 존재하지 않는다고 해야 할 것인가? 그러나 분명 "과거는 의식적 존재자에게는 확실히 실재이며, 아마 생명체에게도 그럴 것이다."[89] 순수 기억이 우리의 의식 '이후에' 형성된 과거의 총체가 아니라 우리의 의식 '이전부터' 존재하던 과거 일반이라는 것을 보여 주는 결정적인 단서는 『창조적 진화』에서도 나타난다.

사실, 우리가 태어나면서부터 살아 왔던 역사, 심지어 우리의 출생 이전부터의 역사(왜냐하면 우리는 출생 전의 성향들도 지니고 있기 때문에)까지도 응축한 것이 아니라면, 우리는 무엇이고, 우리의 **성격**이란 무엇이겠는가?

---

85) Hyppolite, "Aspects divers de la mémoire chez Bergson", 385.
86) Barthélemy-Madaule, "Lire Bergson", 107~9.
87) "넓은 의미에서는 잠재적인 모든 표상들이 무의식적이라고 할 수 있다. 즉 인식되지 않았지만 지각가능한 대상들, 지금 상기되진 않았지만 기억 속에 보존된 추억들. 그러나, 엄밀한 의미에서, 무의식은 분명 개인적인 기억의 총체를 가리킨다"(Worms, *Le vocabulaire de Bergson*, 31). "순수 기억은 개인적인 의식에 일어나는 것 전부의 기록이다"(Ibid, 43).
88) Hude, *Bergson II*, 69~70.
89) ESSAI 116/102(『의식에 직접 주어진 것들에 관한 시론』 196).

아마도 우리가 사유하는 것은 우리 과거의 작은 부분만을 가지고서일 것이다. 그러나 우리가 욕망하고 의지하고 행위하는 것은, 원본적 영혼의 만곡彎曲까지 포함하는, 우리의 과거 전체와 더불어서이다. 따라서 우리의 과거가 우리에게 완전하게 드러나는 것은 그 추진력poussée을 통해서 그리고 경향의 형태 하에서인 것이고, 오로지 그것의 작은 어떤 부분만이 표상으로 되는 것이다.[90]

여기서 순수 기억은 분명 심리학적 의식 이전부터 존재해 왔던 과거 일반이다. 순수 기억은 한 개인의 심리학적 과거일 뿐만 아니라 개인의 탄생 이전에 종의 생물학적 성향으로 보존된 과거까지 포괄하는 무의식이다. 우리가 살아가고 있는 삶의 경향 자체가 이 무의식적인 과거 전체의 표현이며, 우리가 의식적으로 표상할 수 있는 과거는 그 전체 가운데 극히 작은 부분에 지나지 않는다. 이렇게 개인적인 과거의 경험을 초과한 순수 기억의 무의식은 '지성'으로 표현되는 우리 의식의 경향 자체를 조건짓는 생명적 무의식과 하나가 된다. 순수 기억은 우리의 '뇌-신경체계'나 '기억-이미지'로 환원불가능하다는 점에서 분명 심리-생리학적 상태 바깥에 존재하는 것이다. 뿐만 아니라 순수 기억의 과거는 개별자인 우리의 심리-생리학적 상태 자체를 조건짓는 생명적 잠재성으로서의 과거 일반과 이어진다. 과거는 심리학적 의식의 관점에서나 무능력하고 비활동적인 것이었을 뿐, 존재론적 차원에서는 우리의 삶 자체를 어떤 경향의 형태로 조건지으며 미래를 향해 밀고 나아가는 충동이라는 점에서 생산적이고 능동적인 힘을 지니는 것이다.[91]

---

90) EC 5/498~499(『창조적 진화』 26).
91) 각자의 순수 기억들은 전체의 순수 생명에 부분적이지만 절대적으로 일치한다. "바닥 없는 과거는 (……) 체험된 것의 총체를 보존하지만, 이 총체는 오로지 나의 것에 해당하는 것일 뿐

따라서 순수 기억으로서의 베르그손적 무의식은 분명 심리학적 의식 바깥의 존재론적 실재를 의미한다. 베르그손 자신이 무의식을 하나의 실재로 간주하고 있다. 이것은 의식에 의해 구성되거나 의식 이후에 형성되는 것이 아니라 의식 이전에 의식 바깥에 존재하는 것이다.[92]

내가 표현한 대로의 무의식을 획득하는 것은 의식의 점진적인 축소에 의해서도 아니고 주의의 점진적인 축소에 의해서도 아니다. 이 무의식은 현실적으로 의식적인 심리학적 상태의 어떤 빈 틈 안에, 그러나 긍정적인 positive 특성을 지니며 단순한 공허와는 전혀 다른 빈 틈 안에 있다. 왜냐하면 우리는 그것이 움직이고 있다고 느끼기 때문이다. 그리고 그것의 능동적 내용이라고 부르고 싶은, 우리의 심리적 상태의 질료는 내가 무의식이라고 부르는 이 일부가 의식적이 되었다고 해도 새로운 것으로 인해 풍부해지는 것은 전혀 아니기 때문이다.[93]

무의식은 나에게 하나의 실재une réalité로서 존재하는 것처럼 보인다.[94]

일반적인 생명의 것이 아니다. 따라서 모든 것을 담고 있는 이 과거는 단지 제한된 전체(나의 기억으로서, 생명과 의식의 원리와 절대적으로 일치하고 있는 나의 의식의 전체)만을 담고 있는 것이다"(Trotignon, *L'idée de vie chez Bergson, et la critique de la métaphysique*, 211).

92) 이런 점에서 베르그손의 기억은 플라톤적 상기를 연상시킨다. "베르그손주의 안에서와 마찬가지로 플라톤주의 안에서도, 기억의 보존은 심리학적인 작용이 아니라, 존재론적인 속성이다. 기억은 정신적인 것으로서 존재를 정의한다. 그럼에도 불구하고 다른 것은, 플라톤주의 안에서는, 기억은 가지적인 것들로 부풀어 오른 지성과 일치하고, 일시적인 삶에 처하도록 선고받은 영혼의 비시간적인 부분이며, 각 개인 안에는 비인격적인 것이 있다는 것을 나타낸다. 이와 반대로, 베르그손주의 안에서는, 기억은 과거의 내가 지금의 나라는 것을 보장하는 지성을 벗어나는 지속과 일치하며, 시간적인 것이 정신적인 것의 실체를 이룬다는 것을 의미한다"(Gouhier, *Bergson et le Christ des Évangiles*, 55).

93) Mél 809.

94) Mél 808.

무의식은 결코 의식 안의 한 수준으로서 의식과 연속적인 것이 아니다. 의식적인 주의력이 약화되고 이완된다 해서 무의식이 되는 게 아닌 것이다.[95] 무의식은 분명 실재적 내용을 갖고 있으면서 의식 이전에 이미 존재하고 있는 것이다. 의식은 이 무의식의 일부를 의식적인 주의의 노력을 통해 선택할 뿐, 새로운 무언가를 덧붙이지 않는다. 더군다나 무의식은 '부정'이나 '결핍'을 의미하지 않는다. 무의식은 의식 이후에 형성되는 그 무엇이 아니라 의식 이전에 그 자체로 긍정적인 실재성을 지니고 있는 것이다.

순수 기억은 이렇게 긍정적인 실재로서 그러나 비표상적이고 잠재적인 상태의 과거 일반으로서 존재하는 무의식이다. 이 과거 일반은 분명 우리 의식에 최종적으로 떠오르게 되는 기억-이미지가 아니다. 과거의 기억을 상기하고자 하는 우리의 의식은 일단 현재로부터 눈을 돌려 이 과거 일반 안으로 단번에 도약해 들어가는 독특한 노력을 해야 한다. 이런 도약 이후에야 의식은 순수 기억으로부터 특정한 기억-이미지를 이끌어 낼 수 있다. 그리고 이 과정은 또한 순수 기억이 "잠재적인 상태에서 현실적인 상태로 이행"하는 과정이기도 하다. 이 이행과정이야말로 존재론적 무의식이 심리학적인 존재로 육화되는 과정이다. 마치 언어의 의미가 물리적인 소리로 구체화되는 것처럼![96] 순수 기억이 그 자체로 비표상적이라는 것, 기

---

95) 베르그손은 이런 점에서 무의식을 '약한 의식'으로 보는 라이프니츠를 비판한다. "과거의 사실들이 무의식적인 것이 아니라 약한 의식으로 존속한다고 말하는 사람들과 더불어 라이프니츠 역시 말했던 것처럼, 우리의 영혼 안에, 명석판명한 지각들 옆에 혼동된 지각들이 있다고, 과거의 사실들이 그런 상태로 존속한다고 말할 것인가? 이런 이론은 더 이상 만족스럽지도 않고 만족스럽게 보이지도 않는다"(Cours I, 170). 왜냐하면 이런 관점에서는 무엇보다 대부분의 기억들이 전생애 동안 완전히 무의식적으로 남아 있다는 사실을 간과하기 때문이다. 영혼의 관점에서 보자면, 그 기억들은 아주 커다란 의지의 노력이 있거나 아니면 뇌-신경체계의 심각한 충격이 가해져 갑작스럽게 되살아나는 경우가 아니고서는 상기되기 힘든, 그 자체로 '잃어버린 시간들'이나 마찬가지인 것이기 때문이다. 베르그손은 분명히 무의식과 의식의 존재론적 차이를 강조한다.

96) MM 129/261(『물질과 기억』 202). 베르그손은 언어의 의미를 이해하고 발화하는 과정 자체

억-이미지와 본성상 다르다는 것은 꿈 이미지조차도 순수 기억과 혼동해선 안 된다는 것을 말해 준다. 꿈은 이미 개별적인 심리적 상태로 현실화된 것이기 때문이다.

우리의 의식이 과거 일반 안으로 '단번에' 들어가는 것은 "존재론으로의 도약"이다. 현재로부터 우리 자신을 떼어 내어, 즉 심리학적 영역으로부터 벗어나서 그 바깥의 "아득한 태곳적 기억 또는 존재론적 기억"으로의 도약![97] 베르그손은 이 도약의 과정을 왜 "다시 데려다 놓는다"reporter거나 "다시 놓는다"replacer[98]라고 표현하고 있는가? 우리 자신이 바로 그 과거의 존재로부터 비롯되었기 때문이다. 의식의 도약은 바로 우리 자신의 존재론적 근원으로의 회귀, 자기 자신으로의 회귀에 다름 아니다. 삶은 항상 근원으로의 회귀를 반복하면서 나아가는 것이고 죽음은 그 반복된 회귀의 한 수준에서 다른 수준으로 옮아 가는 것일 뿐이다. 다른 수준에서 삶은 또 다시 반복된다.

순수 기억은 이렇게 우리의 표상적 의식 바깥에 존재하는 무의식이다. 순수 기억은 단지 억압된 잠재의식으로서 심리학적 의식의 심층인 것이 아니라 심리학적 의식 바깥의 존재론적 무의식인 것이다. 이 순수 기억이

를 상기 과정과 동일하게 존재론적 차원으로의 도약에 의한 심리학적 현실화로 설명한다. 이에 대해서는 아래 4.2절에서 다시 언급될 것이다.

97) Deleuze, *Le Bergsonisme*, 52(『베르그송주의』 76). 들뢰즈는 순수 기억을 존재론적 무의식이라고 규정한다. "베르그손이 '순수기억'이라고 부른 것은 어떠한 심리학적 실존도 갖지 않는다. 그 때문에 그것이 **잠재적**이고, 비활동적이고, 무의식적이라고 말해지는 것이다. (……) 그렇지만 지금은 베르그손이 그 '무의식'이란 말을 의식 바깥의 심리학적 실재를 가리키기 위해서가 아니라 비심리학적인 실재, 즉 그 자체로 존재하는 존재를 가리키기 위해서 사용했다는 것을 이해해야만 한다. (……) 엄밀하게 말하자면, 심리학적인 것, 그것은 현재이다. 현재만이 '심리학적'이다. 그러나 과거, 그것은 순수 존재론이다, 순수 기억은 존재론적인 의미만을 갖는다"(Ibid., 50~51『베르그송주의』 74]).

98) "순전히 이미지인 것이 나를 **과거로 다시 데려다 놓는** 것은……"(MM 150/278, 『물질과 기억』 234), "우선 과거 일반 안에 **다시 놓는** 독특한 작용……"(MM 148/276, 『물질과 기억』 230). 강조는 인용자.

야말로 오히려 우리 의식의 실재적 조건이자 발생적 원천이다.

2.4 순수 기억은 차이들이다

순수 기억이 프로이트적 의미에서의 기억 흔적과 본성상 다르다고 한다면, 그것은 바로 순수 기억이 단순한 과거의 흔적에 그치는 것이 아니라 오히려 미래의 생성을 위한 힘이라는 점에서 그렇다. 순수 기억은 단지 현재지각의 흔적에 그치는 것이 아니라 현재 지각 자체를 새롭게 변형시키는 힘을 지닌다. 어떻게 과거가 이미 존재하던 것과 다른 새로운 무언가를 출현시킬 수 있는가?

바슐라르G. Bachelard는 『지속의 변증법』에서 베르그손의 현재는 결코 새로움을 창조할 수 없다고 주장한다. 왜냐하면 베르그손이 현재에 할당한 기능은 단지 과거를 현실화하는 것에 지나지 않기 때문이다. 과거와 현재 사이에 무나 부정의 계기가 없이 어떻게 과거와 현재의 연속성 안에서 새로운 무언가가 출현할 수 있겠느냐는 것이다. 부정의 변증법적 계기가 도입되지 않는 한 '시간은 머뭇거림이다'는 베르그손의 공식은 정당화될 수 없으며 결코 새로움은 창조될 수 없다고 바슐라르는 주장한다. 앤드류 벤자민Andrew Benjamin 역시 현재 속에 과거를 연장하는 지속 개념은 '변형'transformation 개념을 산출할 수 없다고 말한다. 왜냐하면 변형이란 현재가 단순히 변형이 일어나는 장소가 아니라 변형 그 자체여야 하기 때문인데, 베르그손의 과거는 단지 현재 속에 '지속'endure하는 것일 뿐 현재를 드라마틱한 결과물로 산출하는 것도 아니고 그 자체가 근본적으로 현재에 의해서 변형되는 것도 아니기 때문이라는 것이다.[99] 과연 그럴까?

순수 기억은 분명 새로운 것을 산출한다. 진정한 차이를 생성할 수 있

---

99) Ansell-Pearson, *Germinal life*, 78(『싹트는 생명』, 156)

다. 우리가 2절에서 이미 분석했듯이, 물질적 우주는 그 자체로 주어진 것 이상의 무언가를 창출할 잠재성이 전혀 없는 것이다. 그런데 물질에 대한 우리의 구체적인 지각에는 물질 그 자체와는 다른 질적 특성이 들어 있다. 그러면 우리의 지각에 '주관적인 질'을 형성하는 것은 어디서 비롯되는가? 지각은 본성상 물질 그 자체의 일부이지 주관적인 것이 아니다. 주어져 있는 것과 다른 것을 만들어 내는 것, 그것은 오로지 순수 기억으로부터 오는 것이다. 이 잠재적인 무의식 때문에 우리의 경험이 '우리의' 경험으로 '인간화'되고 주관화된다.

예측불가능한 것, 새로운 어떤 것의 출현은 물질적 세계 자체로부터는 발생할 수 없다. 따라서 새로운 것은 정신적인 세계로부터 비롯될 수밖에 없다. "순수 기억은 정신적인 것을 나타낸다. 기억과 더불어 우리는 진정으로 정신의 영역 안에 존재하게 된다."[100] "정신이란 자신이 갖고 있지 않은 것 이상을 자기 자신으로부터 끌어낼 수 있고, 자신이 받지 않은 것 이상을 돌려줄 수 있으며, 자신이 지니지 않은 것 이상을 줄 수 있는 힘, 정확히 이것이다."[101] 정신이 어디서 그런 초과분을 가져오겠는가? 심리학적 의식으로 환원되는 정신이라면 불가능할 것이다. 이것은 오로지 심리학적 의식을 초과하는 정신적 무의식이 존재해야 가능하다. 순수 기억이 진정한 의미에서 정신적 영역으로 우리를 인도한다고 한다면, 그것은 순수 기억이야말로 진정한 차이를 생성하는 정신적 에너지를 의미하는 것이기 때문이다. 들뢰즈는 순수 기억의 이러한 본성을 '차이'라는 개념을 사용하여 다음과 같이 정확하게 정의하고 있다.[102]

순수 기억은 그 자체로 차이들이다. 우선, 그 어떤 기억도 다른 기억과

---

100) MM 270~271/370(『물질과 기억』 396).
101) ES 31/838.
102) Deleuze, "La conception de la différence chez Bergson".

유사하지 않으며, 각각의 기억은 그 자체로 완전하고, 각각 자신의 고유한 날짜와 장소를 지닌다는 점에서 그렇다.[103] 각각의 기억은 특수한 것le particulier이고, 개별적인 것l'individuel이며, 유일한 것le singulier이다. 유사성이 지각의 대상이라면 차이들은 기억의 대상이다.[104] 이러한 차이들의 세계로 들어가기 위해서는 꿈을 꾸는 것으로 충분하다. 주의를 풀고, 긴장된 상태를 이완시켰을 때와 같은 꿈 속에서는 개별성을 드러내는 차이들을 볼 수 있을 것이다.[105] 따라서 순수 기억은 잠재적으로 존재하는 차이들의 총체라고 할 수 있다.

그러나 **순수 기억은 무엇보다 차이들을 생성하는 차이이기도 하다.** 과거는 스스로를 보존한다는 그 사실 자체로부터 이미 현재에 차이들을 생성한다. "뒤따르는 순간은 항상, 앞선 순간 위에다가, 그 앞선 순간이 남겨 놓은 기억을 포함"[106]하고 있기 때문에, 현재 자신은 끊임없는 질적 변화를 통해서 자기 뒤에 짊어지고 있는 눈덩이처럼 커져 가는 과거 전체를 표현한다. "내적 지속이란 과거를 현재 속으로 연장하는 기억의 연속적인 삶이다. 그리하여 현재는 끊임없이 커져 가는 과거의 이미지를 직접적으로 함

---

103) MM 86/227, 88/229(『물질과 기억』 142, 145).

104) MM 172~3/296(『물질과 기억』 264~265).

105) 여기서 꿈과 물질의 친화성을 엿볼 수 있다. 물질적 대상들이 서로 중첩되거나 수축되지 않고 무차별적인 개별성을 지닌 것처럼 꿈 속의 이미지들도 하나하나 분리될 수 있는 개별성을 지닌다. 베르그손은 이 둘의 공통된 원리를 '긴장의 이완'에서 보고 있는데, 이것은 곧 공간의 원리이기도 하다. 공간에서야 각각의 요소들이 외재적으로 병렬되고 분리된 상태를 지닐 수 있기 때문이다. 수축은 오로지 시간-지속의 원리이다. 따라서 베르그손에게서 꿈은 프로이트에서와 같은 '압축'과 '치환'의 원리는 없다. 베르그손은 꿈을 심리학적 의식의 수축과 이완의 관점에서만 보았고, 이 심리학적 의식의 이완 상태에서야 비로소 순수 기억의 무의식 세계를 엿볼 수 있다는 점만을 강조했을 뿐이다. 여기서 주의해야 할 것은 꿈의 세계를 곧 순수 기억의 세계라고 동일시해서는 안 된다는 점이다. 꿈 이미지조차도 순수 기억(존재론적 무의식)으로부터 심리학적인 상태(심리학적 무의식)로 현실화된 것이기 때문이다. 베르그손의 무의식은 프로이트의 심리학적 무의식조차 넘어선 곳에 있다.

106) PM 183~4/1398.

축하거나 또는 달리 말하자면, 현재 자신의 끊임없는 질적 변화를 통해서 사람이 나이를 먹어 감에 따라 자기 뒤에 끌고 가게 되는 짐들이 점점 더 무거워진다는 것을 보여 주고 있다."[107]

여기서 항상 새로워지는 현재, 현재의 질적 변화, 현재에 차이들을 가져오는 것은 오로지 "현재 안으로의 과거의 보존과 축적"[108]에 있음을 알 수 있다. 과거가 스스로를 보존함과 동시에 자기 자신을 또한 현재 안으로 연장할 때 현재는 새로워지고 달라질 수 있다. 물질적 세계가 '거의'[109] 동일한 것의 반복에 지나지 않는 현재만을 지닌다면, 과거의 기억을 지닐 수 있는 존재들은 이전 순간을 보유했다가 이후 순간과 '수축'하기 때문에 현재의 차이들을 생성할 수 있다. 따라서 과거의 운동은 미래의 작용과 연속적이며, 순수 기억은 생명적 의지와 하나의 동일한 운동을 실행한다는 것을 알 수 있다. 여기서 과거의 기억에 대한 베르그손과 프로이트의 입장이 결정적으로 다름이 드러난다. 프로이트의 경우, 본능적인 삶의 의지는 '위협적인 것으로 인식된 과거를 경계'하고 '현재 속에 도입되는 것을 차단' 시키는 데 있다. 반면 베르그손의 경우 본능적인 삶의 의지는 '전혀 위협이 되지 않는 풍부한 과거'를 '현재 속으로 연장함으로써 현재를 새롭게' 하는 데 있다.

그런데 과거가 스스로를 보존하면서 동시에 현재 안으로 스스로를 연장한다는 것은 구체적으로 무엇을 의미하는가? 바로 "하나가 나타났을 때

---

107) PM 201/1411.
108) ES 5/818.
109) 왜 '거의'인가 하면, 물질세계에도 완전히 공간화될 수 없는 약한 지속이 있기 때문이다. 그러나 이 지속은 점점 더 공간의 방향으로 하강하는 지속이다. 물질은 과거를 단순히 반복할 뿐이라서 이전 순간과 이후 순간이 동일하고 과거가 곧 현재인 것이기 때문에 적극적으로 차이를 생성한다고 할 수가 없다. 차이의 생성은 과거를 기억하면서 이전 순간과 이후 순간을 '수축'할 수 있는 정신적 존재에게나 가능한 것이다.

다른 하나가 아직 사라지지 않았기 때문에"[110] **수축**하는 것을 의미한다. 이 '수축'의 의미를 분명히 하려면, '반복'과 비교해 보면 된다. '반복'은 하나가 나타났을 때 다른 것이 이미 사라져야 가능한 것이다. 끊임없이 다시 시작하는 현재의 양상, 무한히 이완되어 수축할 수 없는 두 계기들의 관계를 생각해 보면 된다. 순수한 반복은 순간 그 자체밖에 없는 것, 떨림들, 진동들, 곧 물질의 양상이다. 그러나 '수축'은 이런 의미에서의 반복이 불가능한 것이다. 반복되지 않기 때문에 새로운 것, 차이가 되는 것이다.

현실화하는 잠재성으로서 차이를 생성하는 이 무의식의 수축 작용이 무엇인지, 베르그손이 든 구체적 예를 통해서 좀더 살펴보자. 백색광은 무한한 색조들이 공존하는 잠재성이다.[111] 이것을 스펙트럼에 통과시켜 보았을 때 구체적인 색깔들이 나타나는 것은 그러한 색깔들로 잠재성이 현실화된 것, 잠재성의 자기실현을 보여 주는 것이라고 할 수 있다. 여기서, 과거가 그 자체로 스스로를 보존하면서 또한 스스로를 현재 안으로 연장하는 '수축'의 경우를 볼 수 있다. 즉 잠재성으로서의 백색광이 스스로를 보존하면서도 자신의 현실화된 색깔들로 연장되고 있는 것이다. 과거와 현재의 동시적 공존, 이것이 바로 또한 '수축'의 의미이다. 순수 기억은 현재의 지각과 동시적으로 공존하는 잠재적인 것이면서 또한 미래로 스스로를 연장하며 차이를 생성한다.

따라서 순수 기억은 두 종류의 차이들을 지닌다. 하나는 꿈 속에 드러나는 이미지들처럼 개별성으로서의 차이들, 수축되지 않은 차이들, 하나가 나타나면 다른 하나가 사라지는 방식으로, 따로 따로 있는 것들의 차이들을 말한다면, 또 하나는 수축 작용의 생성물로서의 차이, 새로운 것으로서

---

110) Deleuze, *Le Bergsonisme*, 46(『베르그송주의』, 68).
111) PM 259~260/1456.

의 차이를 의미한다. 전자는 물질의 반복에서와 같이 대상을 그 개별성 안에서 그대로 유지하는 것이고, 후자의 수축은 대상 안에서 차이를 새로이 생성하는 것이다. 개별성으로서의 차이와 새로움으로서의 차이, 이 두 차이의 관계는 순수 기억의 현실화 운동에서 그 의미가 밝혀질 것이다.

3. 순수 기억의 구조 : 원뿔 도식

'개별자로서의 차이들'인 순수 기억은 어떻게 '새로운 것으로서의 차이들'을 생성할 수 있는가? 잠재적인 과거는 어떻게 현재의 새로움을 산출할 수 있을까? 이 문제들에 대한 해답을 얻기 위해서는 우선 순수 기억의 존재론적 구조를 살펴볼 필요가 있다. '원뿔 도식'은 무의식의 생산적 운동이 가능하기 위한 내적 조건을 상징적으로 보여 준다.

먼저, 순수 기억을 둘러싼 두 가지 궁금증을 살펴보자.

1. 우리는 앞에서 순수 기억은 각기 고유한 날짜와 장소를 지닌 개별적인 기억들로서의 차이들의 총체라고 했다. 그런데 순수 기억은 이런저런 특수한 과거의 기억-이미지들의 총체는 또한 아니라고 했다. 이 둘 사이에 모순은 없는가? 물론 없다. 전자는 잠재적인 상태에 있는 기억들이고, 후자는 심리학적 상태로 현실화된 기억들이기 때문이다. 전자로부터 후자로의 이행은 질적 변화의 과정이기 때문에 결코 직접적인 재현이 아니다.

2. 순수 기억의 현실화는 잠재적인 하나(과거 일반)가 현실적인 여럿(기억-이미지들)으로 되는 것이다. 마치 피라미드의 꼭대기에서 넓게 퍼진 바닥으로 내려오는 것처럼. 그런데 이와 반대로 순수 기억은 원뿔의 바닥에 넓게 펼쳐져 있으면서 꼭짓점을 향하여 점점 내려올수록 수축하는 모양으로 그려지고 있다. 이 둘 사이에 모순은 없는가? 물론 없다. 수축된 여러 단면들을 지니고 있는 원뿔 전체가 바로 잠재적인 단일체로서 피라미

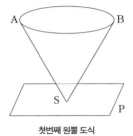

첫번째 원뿔 도식

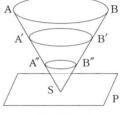

두번째 원뿔 도식

드의 꼭대기에 해당되기 때문이다.

　원뿔 도식을 통해서 이 해답들을 좀더 자세히 설명해 보도록 하자.[112]

　첫번째 원뿔 도식에 의하면, 순수 기억은 꼭짓점이 나타내는 현재(S)의 토대로서 "움직이지 않고 머물러 있는" 원뿔 바닥(AB)에만 해당되는 것으로 나타난다. 그런데 두번째 원뿔 도식에 의하면, 순수 기억은 더 이상 원뿔의 바닥에만 존재하지 않는다.[113] 원뿔 전체가 잠재적인 순수 기억이

---

112) "만일 내가 나의 기억 속에 축적된 기억들의 총체를 원뿔SAB로 나타낸다면, 바닥AB는 과거 속에 자리 잡고 있으면서 움직이지 않는 채로 머물러 있는 반면에, 매 순간의 나의 현재를 그리는 꼭짓점 S는 끊임없이 앞으로 나아가고, 또 끊임없이 우주에 대한 나의 현실적 표상인 움직이는 평면 P를 접촉한다"(MM 169/293, 『물질과 기억』 260). 원뿔 도식은 『물질과 기억』에서 두 번 제시된다. 이 첫번째 원뿔이 두 심리학적 기억('습관-기억'과 '이미지-기억')의 상호작용과 연속성을 회복시키기 위해서 그려졌다면, 두번째 원뿔(MM 181/302, 『물질과 기억』 275)은 현재의 행위와 순수 기억 사이의 왕복운동 속에서 형성되는 일반 관념을 설명하기 위해서 등장한다. 두 원뿔 도식들은 이중적인 의미를 갖는다. 한편으로는 존재론적 무의식의 구조와 수준들을 보여 주고, 다른 한편으로는 심리학적 의식의 수준들을 보여 준다. 이 둘을 혼동하지 않는 것이 중요하다. 순수 기억의 심리학적 현실화 과정(4절)에서 그 두 수준(존재와 의식)이 어떻게 중첩되는지 보여질 것이다. 원뿔 도식의 심리학적 의미에 대해서는 아래 5.2절에서 다루어질 것이다.

113) 이 두 원뿔의 차이는 순수기억을 단지 원뿔 바닥에만 놓느냐 아니면 원뿔 전체에 반복되는 단면들로 놓느냐에 있다. 이것은 베르그손의 애매함이라기보다는(François, "Entre Deleuze et Bergson: a propos de la deuxième synthèse du temps", 70) 단순한 근본 직관을 반복하면서 점차 복잡하고 심화된 것으로 만들어 나가는 베르그손 특유의 논의 방식에 따른 것이라고 봐야 한다. 사실상 첫번째 원뿔만이 아니라 『물질과 기억』에 나온 모든 도식들(5개)은 마지막 도식인 두번째 원뿔에 와서야 최종적으로 완성된 의미를 갖게 된다고 할 수 있다.

다. 바닥의 순수 기억(AB)은 현재의 행위(S)와 관련하여 점점 더 수축되는 A′B′, A″B″……로 그려진다. 이 단면들 각각은 모두 순수 기억 전체를 그만큼 수축된 채로 담고 있는 것들이다.[114] 그러니까 순수 기억은 AB의 한 수준에서만 존재하는 것이 아니라 A′B′, A″B″……의 여러 수준들에서 존재한다는 것이다. 순수 기억은 현재(S)의 바닥-토대로서 현재(S)와 공존하고 있는데 현재(S)와의 관계 정도에 따라 다양한 수준들에서 공존할 수 있는 탄력성élasticité을 지니고 있는 것이다.

그런데 수축의 정도에 따라 상이한 순수 기억의 이 수준들은 결정적인 것으로 존재하는 게 아니라 "잠재적으로"virtuellement 주어지는 것이다.

게다가 이 평면들은 이미 만들어진 채로 서로에 겹쳐지는 사물들처럼 주어지는 것이 아니다. 그것들은 오히려 잠재적으로, 정신적인 것들에 고유한 존재 방식으로 존재한다.[115]

여기서 수준들이 "잠재적으로, 정신적인 것들에 고유한 존재 방식으로" 존재한다는 것은 무엇을 의미하는가? 그 해답은 수준들의 '나눔', 수준들의 '분할가능성'에 대한 베르그손의 독특한 견해로부터 그 실마리를 얻을 수 있다. 먼저, 베르그손이 『시론』에서 '주관적인 것과 객관적인 것'을 구분짓고 있는 특성을 살펴보자.

사실 우리는 완전히 충전적으로adéquatement 알려지는 것을 주관적subjectif이라 부르며, 항상 증가하는 새로운 인상들이 우리가 현재 그것에 대

---

114) MM 187~188/307(『물질과 기억』 284).
115) MM 272/371(『물질과 기억』 398).

해서 가지고 있는 관념을 대체할 수 있는 방식으로 알려지는 것을 객관적 objectif이라 부른다는 것에 주목하자.[116]

객관적인 것이란 완전히 충전적으로 알려지지 않으면서, 항상 새로운 정보가 제공되는 것을 말한다. 이것은 객관적인 것이 현실적으로 지각되는 것이기 때문에 우리가 마음속에서 어떻게 나누든 그 나눔에 의해서 객관적인 것의 본성이 변하지는 않는다는 것을 의미한다.[117] 잠재성을 축적할 내면이 전혀 없는 물질적 대상의 경우는 항상 현실적인 것이기 때문에 우리가 그것을 잠재적인 상태로 지각하건 현실적인 상태로 지각하건 본질적인 차이가 없다. 예컨대 커튼 뒤에 반쯤 가려진 그림의 경우, 우리가 처음에 그 그림의 반만 나누어 지각했다가 나중에 커튼을 젖히고 나머지 반을 지각한다고 할 때, 커튼에 가려져 있던 그림의 상태와 커튼을 젖혀 드러나게 된 그림의 상태가 본성상 다른 것은 아니다. 그림 전체의 본질은 변하지 않은 채로 우리는 다만 처음에 반만 현실적으로 지각하다가 나중에 잠재적인 상태로 있던 나머지까지도 현실적으로 지각하게 되는 것이고 이때 잠재적인 상태의 것과 현실화된 상태의 것 사이에 본질적인 차이는 없다. 단지 부분적인 지각과 전체의 지각이라는 양적인 정보 차이를 얻을 뿐이다. 이렇게 객관적인 것은 우리가 인식한 것과 전혀 '다른 것'을 담고 있는 것이 아니라 '더 많은 것'을 담고 있을 수 있기 때문에, 항상 새로운 자료들에 의해 그 인식 내용이 교정될 수 있어서 그 자체로 '완전히 충분하게' 알려지지 않는다고 하는 것이다. 이것은 앞서 1절에서 밝혀졌듯이 물질이 이미지와 동일한 이유이기도 하다. 즉 물질 또는 객관적인 것은 현실적인 것

---

116) ESSAI 62/57(『의식에 직접 주어진 것들에 관한 시론』 107).

117) "나누어지지 않은 것에서의 재분할을 단지 잠재적으로가 아니라 현실적으로 지각하는 것이 바로 우리가 객관성이라 부르는 것이다"(ESSAI 63/57, 『의식에 직접 주어진 것들에 관한 시론』 108).

으로서 잠재성이 전혀 없는 것이기 때문이다.

그렇다면 주관적인 것이 완전히 충전적으로 알려진다는 것은 무슨 의미인가? 주관이 주관 자신을 들여다 볼 수 있다는 점에서 그런 것인가, 아니면 주관적인 것이 단순한 것이고 불가분한 것이기 때문에 그런 것인가? 베르그손은 복합적인 감정의 예를 들면서 "의식이 그것에 대한 분명한 지각을 가지자마자, 그들의 종합으로부터 결과되는 심적 상태는 (분명히 지각되었다는) 바로 그 사실 자체에 의해서 변화된다"[118]고 덧붙이고 있다. 이것은 주관적인 것도 나누어질 수 있다는 것, 그러나 나누어지면 나누어진 만큼 그 전체가 본질적인 변화를 겪는다는 것을 의미한다. 애증이 뒤섞여 있던 복잡한 감정 상태는 사랑인지 증오인지가 분명히 드러날 때 의식적인 상태가 되는데, 이때 처음의 복잡한 감정 상태와 나중에 분명해진 상태 사이에는 본질적인 차이가 있다. 즉 잠재적인 상태에 있던 어떤 관념을 분명한 이미지나 분절된 말로 표현했을 때, 이렇게 현실화된 이미지나 말은 이미 잠재적인 상태의 어떤 관념과는 다른 것임을 느낄 때가 그렇다. 이것은 주관적인 것이 정신적인 것이고 시간적인 것이며 무엇보다 잠재적인 것을 현실화하는 과정이기 때문이다. 잠재적인 것을 현실화하는 운동, 이것은 정신의 운동이고 지속의 흐름이다. 그런데 이 연속적인 흐름은 질적인 변화의 연속성이기 때문에 나뉘면 나뉜 대로 질적인 변화를 겪는다. 마치 A에서 B로 가는 연속적인 운동을 A와 B사이의 C지점에서 멈추었다가 다시 출발하는 운동으로 나누면, 이미 'A에서 B로 가는 운동'은 사라지고 질적으로 서로 다른 'A에서 C로 가는 운동'과 'C에서 B로 가는 운동'이 생기는 것처럼, 나뉘면 나뉜 만큼 나뉜 것들끼리 본성상 다른 것으로 차이를 지니게 된다. 그래서 주관적인 것에 대해서는 "만일 우리의 의식이 나눔을

---

118) ESSAI 62/57(『의식에 직접 주어진 것들에 관한 시론』 108).

어떤 부분에서 정지시킨다면, 바로 거기서 가분성도 멈춘다."[119] 주관적인 것을 나눌 때 나누어지는 수는 오로지 "가능적으로만"en puissance[120] 지니고 있었던 것이고, '현실적으로'actuellement 나눔이 수행되어야만, 실제로 나누어져 보아야만, 그것이 그렇게 나뉠 수 있는 것임을 알 수 있다.

주관적인 것과 객관적인 것의 이런 구분은 베르그손의 유명한 두 다양체의 구분에 상응한다. 주관적인 것은 질적 다양체multiplicité qualitive이며 객관적인 것은 수적 다양체multiplicité numerique이다. 전자는 나누어지면 질적으로 변화하면서 본성상 다른 것으로 나누어지는 것이고, 후자는 나누어져도 본질적인 변화 없이 양적으로 다른 것, 정도상 다른 것으로 나누어진다. 따라서 전자는 잠재적인 상태에서 이질적인 질들이 상호 침투하고 있는 불가분한 단일체로 있다가 나눔이 현실화되면서 질들이 분화되는 방식으로 전개된다. 후자는 항상 현실화된 상태에서 동질적인 요소들이 공간 위에 동시적으로 병렬되어 있는 방식으로 펼쳐져 있다.

순수 기억은 바로 이와 같은 의미에서 자신의 수준들을 "잠재적으로, 정신적인 것에 고유한 존재 방식으로" 지닌다. 순수 기억은 주관적인 것이고 질적 다양체이다. 따라서 순수 기억은 그 자체로 불가분한 하나의 전체가 아니라, 현실화되는 만큼 무한히 나누어질 수 있는 자신의 수준들을 잠재적으로 지니고 있으며, 그 수준들마다 자기 자신 전체를 담고 있다. 그러니까 순수 기억은 원뿔의 A'B', A"B"…… 단면들이 상징하듯이 잠재적으로 무수히 많은 수준들에서 자기 자신을 반복할 수 있고, 무한히 다양한 정도에서 자기 수축이 가능하다는 것이다.[121] 이 반복은 물론 물질적 요소들의 반복, 현실적인 차원에서 일어나는 개별화된 요소들의 반복, 동일한 순

---

119) MM 232/341(『물질과 기억』 345).
120) ESSAI 90/81(『의식에 직접 주어진 것들에 관한 시론』 156).
121) MM 115/250, 181/302, 188/308(『물질과 기억』 184, 275, 284).

간들의 기계적 반복과는 구분해야 된다. 순수 기억의 반복은 과거 전체의 자기 반복이고 '잠재적인 수준들'의 반복이며 이 반복을 통해서 '새로운 것'으로서의 차이를 생성할 수 있기 때문이다. 한마디로 **순수 기억은 잠재적인 과거의 수준들의 공존체**라고 할 수 있다. 개별적인 차이들이 다양하게 모인 하나의 집합이 아니라, 과거 일반 그 자신의 수준들의 잠재적 공존체!

예컨대, 주어진 상황에 따라 우리는 일반적인 언어의 수준에서 과거를 상기할 수도 있고 개인적인 추억의 수준에서 과거를 상기할 수도 있다. "내 귀에 들린, 어떤 외국어의 말 한 마디는 일반적인 그 언어를 생각하게 할 수도 있고 아니면 언젠가 어떤 방식으로 그 말을 발음했던 어떤 목소리를 생각하게 할 수도 있다."[122] 전자는 행위의 영역에 가까운 것이고 후자는 개인적인 회상에 가까운 것이다. 즉 현재의 동일한 지각에 대해서 상이한 과거의 영역이, 상이한 수준에서의 과거 일반이 상응할 수 있다는 것이다.

그러면, 순수 기억이 잠재적인 수준들을 지닌 과거 일반이라면, 이 과거 일반은 내용상으로 동일한 과거 전체를 반복하는 것인데 어떻게 잠재적인 수준들 사이에서의 차이를 마련할 수 있는가? 과거의 수준들 간에 차이를 가능하게 하는 수축의 정도란 무엇인가?

베르그손에 의하면, 과거 전체를 담고 있는 각 수준들은 "지배적인 기억들, 밝게 빛나는 몇몇 지점들"[123]을 중심으로 나머지 기억 전체가 희미한 구름처럼 둘러싸고 있는 형태로 수축되어 있다. 덜 수축되고 더 팽창된 수준일수록 이 '빛나는 지점들'은 더 많이 발견될 수 있다. 그러니까 순수 기억은 개별적인 기억들이 수많은 원자들처럼 병렬되어 있거나 마치 자루 속에 마구잡이로 쌓여 있는 덩어리처럼 존재하는 것이 아니다. 과거 전체

---

122) MM 188/308(『물질과 기억』 285).
123) MM 190/310(『물질과 기억』 288).

는 개별자로서의 차이들인 기억들이 이러한 수축의 방식에 의해서 "상이한 체계화"systématisations différentes[124]를 이루고 있는 것이다. 따라서 과거는 자기 자신 전체를 동일하게 반복하는 것임에도 불구하고 '상이한 체계화'를 통해 수준들 간의 차이를 보장할 수 있는 것이다. 이렇게 해서 순수 기억은 각기 '다른 지배적인 기억들'을 중심으로, 각기 '다른 체계화'를 통해서, 각기 '다른 수준들'에서, 과거 전체를 보존하는 것이다.[125]

따라서 현실화된 기억-이미지들이 잠재적인 상태에서 개별적인 차이들로서 존재하는 기억들과 동일시 될 수 없는 이유, 기억-이미지가 순수 기억의 단순한 재현일 수 없는 이유가 분명해진다. 현실화되는 것은 차이로서의 기억이 아니라 항상 어떤 수준에서의 과거 전체이기 때문이다. 그리고 피라미드의 꼭짓점과 원뿔의 꼭짓점이 일치하지 않는 이유 또한 분명해진다. 원뿔의 꼭짓점은 순수 기억이 최종적으로 현실화된 종착점이고, 피라미드의 꼭짓점은 순수 기억 안에서 의식이 출발하는 지점이기 때문이다. 피라미드의 꼭짓점처럼 과거 전체는 항상 '하나의 단일한 것'으로서 잠재적인 것이다. 우리의 의식은 항상 어떤 수준에서의 과거 일반으로부터 회상을 시작한다. 그러나 이 '잠재적인 하나'는 존재론적으로 볼 때 원뿔처

---

124) MM 188/308(『물질과 기억』285).
125) 뒤몽셀(Jean-Claude Dumoncel)은 원뿔 도식에서 보여지는 베르그손적 기억 개념의 독특성을 세 측면으로 특징짓는다. ①다중적 기억(Mémoire multiple):기억 속에는 과거의 '보존'뿐만 아니라 과거의 '수많은 반복'이 있고, 이것이 무의식의 원뿔 속에서 '상이한 의식 수준들'의 복수성을 결정짓는다. ②차이적 기억(Mémoire différentielle):원뿔의 각 수준들은 오직 그 수준에만 속하는 하나의 체계를 지니고 있고, 이러한 수준들의 복수성은 주어진 체계 안에서 '빛나는 지점'로 거기에 있는 '지배적인 기억들'에 따라서 형성된 상이한 '체계화들'의 무한한 다수성에 상응한다. 이때 베르그손적 무의식의 높이들 사이의 차이는 전자기장의 응집도를 나타내는 잠재력과 같은 '긴장력'의 차이에 있다. ③활동적 기억(Mémoire animée):원뿔의 바닥에서 비가시적인 유령처럼 존재하다가 삶에 대한 주의가 이완되면 병진-회전하는 이중 운동을 하면서 현실화한다.(Dumoncel, "le concept de mémoire multiple", *Bergson et les neurosciences*, 147)

럼 다양한 수축의 수준들을 지닌 '다양체'이다. 우리는 그 수준들 중의 하나인 과거 일반 안으로 도약하여 그로부터 기억을 현실화한다.

이렇게 해서 원뿔 도식은 새로운 것으로서의 차이를 생성할 수 있는 잠재적인 순수 기억의 존재론적 구조를 단적으로 보여 준다. 동일한 과거 전체이지만 상이한 수축-체계화에 따라서 과거의 수준들 간에 존재론적 차이가 있다는 것, 존재 그 자체의 상이한 수준들이 있다는 것, 이로부터 과거 일반이라는 동일한 존재론적 무의식으로부터 현실화되었음에도 불구하고 현실태들 사이에 다양성과 차이가 존재할 수 있는 근거가 마련될 수 있다.[126]

4. 순수 기억의 심리학적 현실화

의식은 우리에게 결과들만을 보여 준다. 그 작동의 심층적 원인인 순수 기억은 무의식 안에 있다. (……) 순수 기억은 항상 생성 중에 있으며 역동적인 것이다.[127]

이상에서 살펴본 대로, 순수 기억은 신비하고 불가해한 무언가로 존재하는 것이 아니라, 창조적 생성이 가능할 수 있는 내적 구조를 나름대로 갖추고 있음이 밝혀졌다. 과거 전체는 스스로를 반복하는 잠재적인 수준

---

126) "이 체계들을 분류하는 것, 그것들을 우리의 정신적 삶의 다양한 '색조들'(tons)에 제각각 연결하는 법칙을 찾는 것은, 어떻게 그 색조들 각각이 계기의 필연성들에 의해서 그리고 또한 우리의 개인적 노력의 다양한 정도에 의해서 그 자체로 결정되는지를 보여 주는 것인데, 이것은 어려운 기획이다"(MM 189/308, 『물질과 기억』 285). 이 어려운 기획이란 존재론적 과거의 수준들과 심리학적 의식의 수준들 사이의 상응, 잠재적인 과거의 체계들과 현실화된 현재의 체계들 사이의 관계를 보여 주는 것이다. 이 부분에 대해서는 아래 5절에서 다루어질 것이다.
127) Mél 614~625.

들의 공존체로 존재한다. 이제 심리학적 의식 바깥에 존재하는 이 순수 기억의 무의식이 어떻게 현실화하면서 심리학적 의식 안에 새로운 차이들을 생성하는지 구체적인 그 운동 양상을 검토할 차례다. 순수 기억은 어떻게 개별화된 우리의 과거로 상기되며, 뇌의 간격 속에 끼어들어 현재의 행위로 연장되는가? 순수 기억은 어떻게 지각과 결합하여 우리의 표상을 주관화하는가? 존재론적 무의식은 어떻게 심리학적으로 육화되는가? 여기서 잠재적인 과거의 현실화 정도는 삶에 주의하는 현실적 의식의 수준들을 결정짓는다는 것이 또한 밝혀질 것이다.

4.1 순수 기억으로부터 기억 – 이미지로

우리는 우선 과거 일반 속에, 그리고 나서 과거의 어떤 지역에 다시 위치하기 위해 현재로부터 벗어나는 어떤 **고유한**sui generis 행위의 의식을 가지고 있다. 이는 사진기의 초점맞추기와 유사한 모색의 작업이다. 그러나 우리의 기억은 아직도 잠재적 상태에 머물러 있다. 우리는 적절한 태도를 채택함으로써 기억을 받아들일 준비를 막 갖추게 된다. 그것은 구름처럼 나타나서 차츰 응축되는 것처럼 보인다. 즉 그것은 잠재적 상태로부터 현실적 상태로 이행한다. 그리고 기억은 자신의 윤곽들이 그려지고, 표면이 착색됨에 따라, 지각을 모방하는 경향이 있다.[128]

베르그손의 이 텍스트는 무의식적인 과거가 분명한 의식적 표상으로 상기되는 과정을 압축적으로 서술하고 있다. 우선, 현재로부터 제기되는 문제들, 과거의 기억을 불러내어야만 하는 현재 상황의 어떤 필요나 요구

---

128) MM 148/276~7(『물질과 기억』 230~231).

가 먼저 있어야 할 것이다.[129] 그 다음, 상기의 과정은 의식의 차원에서 일어나는 운동과 무의식의 차원에서 일어나는 운동이 동시에 진행함으로써 이루어진다. 항상 외부 세계와 접하고 있으면서 현재의 삶에 주의하고 있는 의식이 현재로부터 '주의를 돌려' 과거 안으로 '도약'하며 '사진기의 초점 맞추기'와 유사한 작업을 하는 것은 의식의 작업이고 의식의 노력이다. 그런데 의식이 도약하여 들어간 곳, 즉 사진기의 렌즈가 겨냥하는 곳은 과거 일반의 무의식 세계이다. 의식의 줌 렌즈에 따라 과거 일반의 순수 기억은 마치 렌즈에 희미하게 뭉쳐 있던 덩어리가 개별화된 분명한 상으로 분별되어 드러나듯이 잠재적인 상태에서 현실적인 상태로 서서히 이행하며 지각을 닮을 정도로 현실화하게 된다. 이는 무의식의 운동이다. 이렇게 무의식적 과거의 표상화 작용은 의식과 무의식의 이중 노력으로 이루어진다.[130] "잠재적인 상태에서 현실적인 상태로의 이행"에 대한 보다 구체적인 베르그손의 다른 기술들을 보자.

하나의 기억이 의식적으로 다시 취해지려면, 이 기억은 순수 기억의 높이들로부터 **행위**가 완수되는 정확한 지점에까지 내려와야만 한다.[131]

---

129) "기억이 응답하게 되는 호소가 비롯되는 곳은 바로 현재로부터이다. 그리고 기억이 생명을 얻는 삶을 차용하게 되는 것도 바로 현재 행위의 감각-운동적 요소들에서다"(MM 170/293, 『물질과 기억』 261). 순수 기억이 기억-이미지로 의식화되는 것은 항상 행위의 필연성에 이끌려서이다. 그러나 이것은 '정상적인' 의식 상태의 경우이고, 꿈이나 착란 증상같이 현재의 유용한 행위와 무관하게 현실화되는 경우도 분명 있다.

130) 기억들은 하나하나씩 존재하는 것이 아니라, 하나의 삶으로서, 하나의 기억으로서, 하나의 역사로서 존재한다. 기억들의 총체성, 무구분성, 인격성(기억들은 하나의 전체로서, 그 자신들에 의해서는 서로 구분될 수 없으면서, 나의 것으로서 보존된다)은 지각과의 본성 차이를 보여준다. 즉 지각 대상들은 부분들로서, 서로 분리되어서, 모두에게 공통된 것으로서 공간적으로 보존된다. Worms, "la théorie bergsonienne des plans de conscience", *Bergson et les neurosciences*, 98.

131) MM 170/293(『물질과 기억』 261).

기억작용mémoire은 현재적 상태의 호출에 동시적인 두 운동들에 의해서 답한다. 하나는 병진운동translation인데, 이 운동에 의해 기억은 전적으로 경험 앞으로 향하며, 행동을 목적으로, 분할되지 않은 채 다소간 수축한다. 다른 하나는 자기 자신 위에서의 회전운동rotation으로, 이 운동에 의해 기억은, 현재 순간의 상황에 자신의 가장 유용한 측면을 보여 주기 위해 그리로 향한다.[132]

잠재적인 것이 현실화되는 과정은 '불명료한 것이 명료한 것으로 되는 것'이라고 간단하게 설명할 수 없는 보다 복잡한 과정을 함축한다. 꼭짓점을 중심으로 둘둘 말린 원뿔 안에는 '회전하면서 수직으로 하강하는' 역동적 운동이 있는 것이다. 잠재적이고 무능력하게 존재하던 순수 기억은 원뿔의 바닥에서 꼭짓점으로 '병진'과 '회전'이라는 이중운동을 동시에 일으키면서 내려와 현재 상태의 소환에 응한다.

그런데, 이 과정은 그 자체로 중층적이다. 한편으론 순수 기억의 병진-회전 운동이 있고 다른 한편에는 심리학적 의식의 수축-팽창 작용이 있다. 수축-팽창하는 의식의 작용과 동시에 무의식이 병진-회전하면서 잠재적인 과거가 현실화하는 것이다.[133]

우선, 순수 기억의 병진 운동은 심리학적 수축 작용과 더불어 이

---

132) MM 188/307~8(『물질과 기억』 284).
133) "순수 기억은 내 신체의 어떠한 부분에도 관련되지 않는다. 물론 그것(순수 기억)은 스스로 물질화하면서 감각들을 낳을 것이다. 그러나 바로 그 순간 그것은 현실적으로 체험되는 현재 사물의 상태로 지나가기 위해서 기억이기를 멈출 것이다. 내가 기억 자신의 특성을 회복시킬 수 있는 것은, 오로지 잠재적인 내 과거의 바닥으로부터 내가 그것을 상기했었던 그 작용에 비추어 볼 때 뿐이다"(MM 154~5/282, 『물질과 기억』 240). 인용자가 강조한 부분들은 순수 기억의 자발성과 의식의 작용이 동시에 현실화 과정에 들어감을 단적으로 보여 준다.

루어진다. 여기서 주의해야 할 것은, 들뢰즈가 지적하고 있듯이 '수축' contraction의 존재론적 의미와 심리학적 의미를 혼동하지 말아야 한다는 것이다.[134] **병진**並進 **운동**이란, 과거 전체가 나누어지지 않고 통째로 현재의 경험 앞으로 이동하여 현재의 행위를 겨냥하여 수축하는 운동이다. 이때 현실화되기 위해서 "통째로 경험의 앞으로 나아가는" 기억은 나름의 지배적 기억들을 중심으로 '이미 존재론적으로 수축되어 있는' 어떤 수준에서의 과거 전체이다. 원뿔 도식이 보여 주었듯이 '수축의 정도'에 따라 상이한 과거 일반의 각 수준들은 모두 과거 전체를 품고 있지만 각기 나름의 지배적 기억들을 중심으로 체계화되어 있다.

이렇게 이미 존재론적으로 수축되어 있는 과거의 한 수준을 "행위를 겨냥하여 더나 덜 수축"하는 것은 또한 심리학적인 의식의 노력이다. 자기 고유의 과거 수준을 지니고 있는 개별 기억을 현재의 지각과 결합시키려는 노력 속에서 의식의 '수축 작용'이 일어난다. 즉 본성 차이를 지닌 '기억-이미지'와 '지각-이미지'를 '수축'함으로써 구체적인 표상을 형성하는 것이다.

따라서 잠재적으로 공존하는 과거 일반의 수준들 사이에 내포적(강도적)인 차이를 보여 주는 존재론적 수축과, 개별 기억이 표상화되면서 현재의 지각과 "융합"coalescence하기 때문에 일어나는 심리학적 수축은 서로 다른 차원의 것이다. 전자의 수축은 "뒤따르는 순간은 항상, 앞선 순간 위에다가, 그 앞선 순간이 남겨 놓은 기억을 포함하고 있기 때문"[135]에 유지되는 순수 과거의 누적적이고 중층적인 연속성 안에서의 내적 수준들 간의 차이를 나타내는 것이라면, 후자의 수축은 "하나가 나타났을 때 다른 하

---

134) Deleuze, *Le Bergsonisme*, 60~61(『베르그송주의』 87).
135) PM 183~4/1398.

나가 아직 사라지지 않았기 때문에"[136] 하나가 다른 하나 속으로 응축되면서 일어나는 것으로 오히려 심리학적 의식의 수준들 간의 차이를 가늠하게 해준다.

따라서 존재론적으로 수축되어 있는 과거의 한 수준이 경험 앞으로 통째로 나아가는 순수 기억의 병진 운동에는 이 과거의 수준을 현재의 지각과 결합시키려고 수축하는 심리학적 의식의 긴장된 노력이 동시에 진행된다.

그런데 병진 운동을 통해 현실화하는 이 과거의 수준은 "응축된 안개구름"처럼 현실화될 특수한 기억들이 상호 침투하고 있어 아직 구체적으로 분별되지 않은 표상 덩어리의 상태를 취하고 있다. 이것은 이미 현실화의 길에 들어섰기 때문에 더 이상 잠재적인 순수 기억 그 자체라고 할 수도 없고, 그렇다고 아직 선명하게 현실화된 의식적인 기억 표상이라고도 할 수 없는, 분별되지 않은 어떤 상태라고 할 수 있다. 이 "응축된 안개구름"같이 무분별한 상태로 상호 침투하고 있는 과거의 수준으로부터 어떻게 분명하게 구분되는 개별적인 기억 표상들을 끌어낼 수 있을까?

회전 운동은 이러한 과거의 수준으로부터 주어진 현재 상황에 가장 유용한 측면을 끌어내는 운동, 즉 현재의 감각-운동 체계가 수용하고자 하는 기억만을 기억 표상으로 현실화할 수 있도록 하는 운동으로서 병진 운동과 동시에 진행된다. 그리고 순수 기억의 회전 운동 역시 의식의 팽창 운동과 더불어 완성된다. "가장 유용한 측면을 현재 순간의 상황으로 향"하게 한다는 것은 무엇인가? 그것은 경험 앞으로 '통째로' 나온 과거의 수준으로부터 유용한 기억 표상을 분별해 내는 것을 말한다.

---

136) Deleuze, *Le Bergsonisme*, 46(『베르그송주의』 68).

우리의 전 인격이, 우리 기억의 총체와 함께, 나눠지지 않은 채로, 우리의 현재 지각에 들어온다. 따라서 만일 이 지각이 차례차례로 상이한 기억들을 환기시킨다면, 그것은 지각이 그 주위에 부동한 채로 있는 점점 더 많은 수의 요소들을 기계적으로 덧붙임으로써 이루어지는 것이 아니다. 그것은 가장 넓은 표면 위에 펼쳐져 있어서 그 풍부한 세부 목록들을 더 멀리까지 떠밀 수 있는 우리 의식 전체의 팽창에 의해서이다. 이것은 점점 더 강력한 망원경 안에서, 성운 덩어리가 증가하는 별들로 분해되는 것과 같다.[137)]

의식의 팽창이란 주의력의 증가를 의미한다.[138)] 여기서도 물론 '팽창' expansion의 존재론적 의미와 심리학적 의미를 혼동해선 안 된다. 순수 과거의 존재론적 구조를 보여 주는 원뿔 도식에서 가장 넓은 면을 차지하는 바닥은 가장 수축되지 않은, 그래서 가장 팽창-확장된 수준에서의 과거 일반을 보여 준다. 그러나 여기서 말하는 의식의 팽창은 의식적 주의력이 가장 강화된 상태, 가장 긴장된 의식 상태를 나타낸다. 그래서 가장 많은 과거의 기억들을 그 세부에 이르기까지 개별적으로 포착할 수 있는 의식의 상태를 나타낸다. 따라서 과거 일반의 존재론적 팽창 수준과 의식의 심리학적 팽창 수준을 동일시해선 안 된다.

---

137) MM 184/305(『물질과 기억』 279~280).
138) "그것은 바로 우리 의식 전체의 팽창을 통해서다. 이런 팽창 때문에 의식은 점점 더 넓은 표면 위로 펼쳐지면서 자신의 풍부한 세부 목록들을 점점 더 멀리까지 밀어낼 수 있는 것이다. 이렇게 해서 점점 더 강력한 망원경으로 보는 것처럼, 희미한 안개덩어리는 그 수가 점점 더 늘어나는 별들로 분해되는 것이다"(MM 184/305, 『물질과 기억』 280). "과거 속에서 어떤 기억을 국지화(localisation)하는 과정은 (……) 실제로 점증하는 **팽창**의 노력 속에 있다. 이 노력에 의해서, 항상 그 전체가 자기 자신에게 현전하고 있는 기억은 점점 더 넓어지는 표면 위로 자신의 기억들을 펼쳐 놓고 이렇게 해서 결국 그때까지 혼동되어 있던 덩어리 속에서 자기 자리를 발견하지 못했던 기억을 구분하게 된다"(MM 191/310, 『물질과 기억』 288).

의식의 팽창 작용은 "나눠지지 않은 채로" 불가분하게 얽혀 있는 (어떤 수준에서의) 과거 전체에다가 마치 줌 렌즈를 통해 초점을 맞추는 사진기의 작업처럼, 또는 점점 더 강력한 성능의 망원경으로 들여다보는 것처럼, '주의'attention를 점차 증가시킴으로써 상호 침투되어 있던 개별적 기억들을 분별해 내는 작용이다. 이를 통해 분별되는 것은 물론 아직 현실화되지 않고 잠재적인 상태로 이미 존재하고 있던 과거의 기억들이다.

눈과 이 눈이 바라보는 것 사이에 현미경을 놓아 보자. 수많은 새로운 세부사항들이 나타날 것이다. 그러나 그 모든 세부사항들은 이미 현존하고 있었고, 원초적인 총체적 지각 속에 주어져 있었다. 현미경은 단지 그 내용을 펼쳐지게 했을 뿐이다. 마찬가지로, 나는 주의라고 불리는 이 확대 도구가 개입할 때 의식적 상태 속에 나타날 수 있는 모든 것을 무의식이라고 부를 것이다.[139]

현실화될 무의식의 내용은 어느 수준에서 수축된 채로 이미 주어져 있다. 의식의 작용은 이 주어진 것에 새로운 내용을 덧붙이는 것이 아니라, 의식 자신의 관심에 따라 그 일부를 다만 좀더 분명하고 개별화된 형태로 변별해 내는 것에 지나지 않는다. 의식은 아무리 팽창된 주의력을 쏟아붓는다 해도 무의식의 무한한 잠재성을 다 현실화시킬 수 없다. 과거란 지속이 존재하는 한 무한히 부풀어 갈 것이기 때문에 그 바닥은 결코 도달할 수 없는 바닥이기 때문이다.

의식적 주의의 팽창 작업은 베르그손에 의해 "역동적 도식"schéma dynamique[140]의 전개라고 표현되기도 한다. '역동적 도식'이란 더 이상 순

---

139) Mél 808~9.
140) ES 161/936~7, 167/941.

수 기억의 상태도 아니고 그렇다고 아직 기억-이미지의 상태도 아닌 채로 응축되어 있는 '불가분한 표상'의 상태를 말한다. 이 역동적 도식의 전개는 원뿔 도식과는 정반대 방향으로 순수 기억의 현실화를 표현한다. 즉 원뿔 바닥의 순수 과거로부터 꼭짓점의 현재로 내려오는 것이 아니라, 피라미드의 꼭대기로부터 가장 넓은 바닥 면으로 내려오는 것으로 현실화 과정을 나타낸다. 모든 것이 단 하나의 잠재적 표상 속에 모아져 있는 최고의 수준으로부터, 점점 더 낮은 수준들로, 감각에 점점 더 가까운 수준들로 내려가면서, 단일했던 표상은 현실적인 이미지들로 분산되고, 또 그 이미지들은 더욱 분명하게 분절된 문장들과 단어들로 전개된다.[141] 마치 예술가의 머릿속에 있던 관념을 구체적인 예술작품으로 표현할 때처럼, '창조적'이고 그만큼 힘겨운 정신의 노력이 있어야 하듯, 잠재적인 과거의 기억을 구체적인 이미지로 현실화하는 과정은 의식의 긴장된 '주의 집중'을 요한다.

　이상에서 살펴본 대로, 잠재적인 상태에서 현실적인 상태로 이행하는 순수 기억의 병진-회전 운동에는 의식의 수축-팽창 운동이 복합적으로 중첩되어 있다. 무의식적인 과거가 의식적인 기억-이미지로 현실화하는 과정은 '잠재적 다양체'로부터 '현실적 다양체'로, '무차별적 단일성'으로부터 '구별된 다수성'으로 펼쳐지는 과정이다.

　과거의 표상들은 결코 의식 자신의 구성물이 아니다. 의식의 작용은 어디까지나 의식 바깥에 이미 존재하고 있던 무의식적 과거의 총체로부터 자신에게 유용한 일부를 선별적으로 분별해 내는 데 그칠 뿐이다. 의식의 표면으로 현실화될 수 있는 모든 내용은 이미 잠재적인 상태의 무의식 안에 존재한다. 그렇다면, 잠재적인 순수 기억과 현실화된 기억-이미지 사이에는 어떤 차이가 있는가? 기억-이미지는 왜 순수 기억의 단순한 '재현물'

---

141) ES 160/936.

이 아닌가?

　잠재적인 것에서 현실적인 것으로의 이행은 거꾸로 현실적인 것으로부터 잠재적인 것으로의 이행으로 치환 불가능하다는 데 그 해답이 있다. 이것은 추상적인 논리적 관계로서의 인과 관계가 아니다. 실재 세계에서 잠재적인 것은 언제나 현실화된 것을 초과한다. 잠재적인 것은 일단 현실화되어 봐야 그 내용을 알 수 있다. 그것도 현실화된 만큼만. 그러나 현실화된 것들의 총합이 잠재적인 것 전체라고 할 수는 없다. 무의식적인 과거의 상태는 상호 침투되어 있어 연속적인 무차별적 덩어리이고, 이 총체적인 연관으로부터 선별적으로 재단되어 현실화된 기억-이미지는 언제나 그 일부에 지나지 않는다. 전체와 부분의 관계는 연속적이지만 부분들의 총합은 전체가 아니다.

　또한 잠재적인 것은 현실화하면서 자기 변화할 수 있지만, 현실적인 것은 잠재적인 것으로 자기 변화할 수 없다. "이미지로 현실화한 기억은 순수 기억과는 근본적으로 다르다." 왜냐하면 기억-이미지는 이미 현재의 상태에 있고 감각-운동적 행위에 참여할 수 있도록 "막 생겨나기 시작하는 감각"sensation naissante의 형태를 띠고 있지만, 순수 기억은 감각-운동적 현재와는 전혀 섞일 수 없는 비연장적이고 비활동적이고 무용한 과거 일반이기 때문이다. 기억-이미지가 현실적인 감각으로 연장될 수 있다고 해서 기억-이미지의 발생적 근원인 순수 기억조차 감각적인 것으로 다루어선 안 된다. 예컨대 순수 기억으로부터 고통의 감각에 참여하는 기억-이미지를 끌어낼 수는 있어도, 고통의 감각을 약화시킨다고 해서 이 감각이 그 자체로 순수 기억이 되는 것은 아니기 때문이다. 순수 기억은 기억-이미지로 물질화되면서, "현실화하면서 스스로 변형된다." 그러나 잠재적인 것에서 현실적인 것으로의 이행에는 어떠한 매개적 단계도 없다. '병진-수축'과 '회전-팽창'의 이중 운동은 '매개 없는' 생성으로서 자기 스스로 변질되는 무의식의 현실화 운동이 가능하다는 것을 단적으로 보여 준다.

4.2 기억-이미지로부터 감각-운동적 행위로

순수 기억으로부터 현실화된 기억-이미지는 어떻게 본성상 다른 지각-이미지와 융합하며, 나아가 실제적 행위로까지 연장될 수 있는가? 베르그손은 '언어 이해 과정'을 예로 들어 이를 설명하고 있다. 베르그손은 우리가 언어로 대화를 나누는 과정, 즉 상대방의 말을 듣고 이해하고 그에 상응하는 적절한 말을 되던지는 방식을 순수 기억의 현실화 과정과 동일한 것으로 다룬다.

> 나는 알 수 없는 언어로 대화하는 두 사람의 말을 듣는다. 이것으로 내가 그것들(들린 말들)을 이해한다고 하기에 충분한 것일까? 나에게 도달한 진동들은 그들의 귀에 울린 것과 동일한 것들이다. 그럼에도 불구하고 나는 모든 소리들이 서로 비슷한 혼동된 소음만을 지각할 뿐이다. 나는 아무 것도 구분하지 못하고 전혀 반복할 수도 없다. 이와 달리, 이 동일한 소리 덩어리 안에서, 두 대화자는 전혀 닮지 않은 자음들과 모음들, 음절들, 종국엔 구분된 단어들을 식별해 낸다. 그들과 나 사이에, 차이는 어디에 있는가?[142]

베르그손에 의하면, 우리가 타인의 말을 이해하기 위해서는 두 가지 작용을 전제해야 한다. 하나는 감각-운동적인 자동화 과정(운동 도식의 형성)이고 다른 하나는 기억-이미지들의 능동적인 투사 과정(주의 작용)이 그것이다.

---

142) MM 120/254(『물질과 기억』189~190).

위의 '나'와 같은 경우는 전자의 과정, 즉 운동 도식scheme moteur[143]이 일단 결여되어 있다. 운동 도식이란 반복에 의해 신체 안에 형성된 일종의 행위 습관인데, 지각과 운동(자극과 반응)을 유기적으로 조직하는 자동화된 운동 체계를 말한다. 이 운동 도식이 형성되어 있어야, 지각(자극)과 운동(반응) 사이에 순수 기억으로부터 현실화한 기억-이미지가 끼어들어가 지각-이미지와 결합하여 실제적인 행위로 연장될 수 있다. '나'는 지각된 소리들을 분절하고 조직화하는 체계, 즉 들린 말(지각)과 성대 근육(운동) 사이에 운동 도식이 형성되지 않아서, 들린 말을 구분하거나 따라할 수가 없는 것이다.

위의 '대화자들'처럼 일단 운동 도식이 형성되어 있는 경우라면, 후자의 과정, 즉 주의 작용에 의한 기억-이미지의 능동적 투사가 가능하다. 언어의 이해는 연상주의나 관념연합론적 방식처럼 물리적인 소리가 청각 기억을 깨우고 이 청각 기억이 다시 관념을 떠오르게 하는 선형적인 방식으로 이루어지는 것도 아니고 또 이렇게 해서 일깨워진 관념들 간의 병렬적인 재구성에 의해서 이루어지는 것도 아니다. 베르그손에 의하면, 위의 '대화자들'은 상대방의 말을 듣고 일단 들린 말에 주의하면서 그 말의 의미를 해석할 수 있는 관념들이 존재하는 순수 기억 속의 어떤 수준 속으로 '단번에' 들어갔다가, 거기서부터 다시 아직 모호한 그 관념들을 구분된 청각 표상들로 현실화시키고 이것들을 다시 '운동 도식'에 끼워 넣어 분절된 단어들로 발화하는 것이다. 이 과정은 '원초적인 관념의 연속성' → '구분된 청각 표상들' → '분명하게 분절된 말'로 이어지는 수직적 운동을 통해 이루어지며, 불가분한 잠재적 전체로부터 분리된 현실적 개체들로 나아간다. 이것은 현재1(부분) → 과거(전체) → 현재2(부분)로 나아가는 해석학적 순

---

143) MM 121/255(『물질과 기억』 192).

환 과정이며 현재1과 현재2는 당연히 질적으로 다른 것이다.

여기서 한 가지 알 수 있는 것은 무의식과 언어의 관계에 대한 베르그손의 생각이다. 언어의 의미(또는 관념)는 물리적인 소리나 청각 기억 표상과는 본성상 다른 차원에 속하는 것으로서 순수 기억 안에 존재한다. 이것은 순수 기억이 언어의 실재적 조건으로서 선-존재하는 앎 또는 의미라는 것이다. 따라서 베르그손의 경우에는 라캉이 말하는 것처럼 '언어 없이는 무의식이 존재하지 않는다'거나 '언어가 무의식의 전제 조건이다'가 아니라 '무의식이 언어의 실재적 조건이며, 언어 없이도 무의식은 존재한다'고 볼 수 있다.

어쨌든 여기서 중요한 것은 들린 말의 의미를 이해하여 분절된 말로 표현하는 마지막 과정, 즉 순수 기억을 기억-이미지로 현실화하여 '감각-운동적 체계로 연장하는 과정'이다. 이 과정에서 결정적인 역할을 하는 것은 바로 '운동 도식'이다. 이 운동 도식이야말로 순수하게 비-물질적인 관념덩어리가 어떻게 물질적인 신체적 운동으로 이어질 수 있느냐를 해명해 주는, 즉 데카르트가 '송과선'으로밖에 설명하지 못했던 심신 관계의 연결을 결정적으로 설명해 주는 개념이다. 이 운동 도식이란 앞에서 정의했듯이 신체 안에 형성된 자동화된 운동 체계, 즉 과거의 반복에 의해서 신체 안에 형성된 습관이다.

베르그손이 심리학적 재인^{reconnaissance}의 병리적인 현상들을 통해서 보여 주고자 한 것은 순수 기억의 최종적인 현실화 국면이 바로 이 '운동 도식'과 관련된 신체의 감각-운동성에 있다는 것이다. '자동적 재인' reconnaissance automatique이 기억-이미지의 적극적인 개입 없이도 지각을 바로 운동으로 연장하는 습관적인 앎이라면, '주의하는 재인'^{reconnaissance} ^{attentive}은 '기억-이미지'를 '지각-이미지'와 융합시키는 주의 작용을 통해서 대상에 대한 판명한 앎을 얻는 것이다. 이러한 재인 작용의 질병들은 모두 현상적으로는 '기억상실'과 유사하나 실제로 손상된 것은 기억 그 자체가 아니라 기억이 현실화될 감각-운동성이다.[144]

자동적 재인에 이상이 있을 때, 기억-이미지 자체는 상기될 수 있지만, 지각과 운동 사이의 운동 도식이 부서져서 기억을 행위로까지 연장시키지는 못한다. 예컨대 정신맹cécité psychique이나 심리적 난청surdité psychique은 '운동 도식'의 장애로 인한 식별 불능증이자 행위 불능증apraxie을 말한다. 어떤 정신맹환자는 시각기관 자체에는 아무런 이상이 없는데, 자기가 살던 마을에 데려가니 아무것도 알아보지 못했고 방향감각도 찾지 못했다. 겉보기엔 마치 기억만을 잃어버린 것처럼 보인다. 그러나 그 환자는 자기 마을을 눈 감고 자세히 묘사할 수는 있었다. 즉 기억-이미지를 떠올릴 수 있었다는 것이다. 따라서 기억 자체가 사라진 것은 당연히 아니다. 이 경우의 문제는 현실화의 첫번째 국면인 '병진-회전' 작용은 가능한데, 그럼에도 불구하고 지각 대상을 식별하지 못하고 행위불능으로 이어진다는 데 있다. 이는 기억-이미지가 끼어들어 가야 할, 지각과 운동 사이의 연결 습관인 '운동 도식'이 끊어졌기 때문이다. 그래서 기억-이미지도 순수 기억처럼 행위로 연장되지 못하고 무용한 채로 남아 있게 된 것이다.[145]

주의하는 재인에 문제가 있을 때, 자동적 재인은 가능하지만 기억 자체는 사라진 듯 보인다. 예컨대 독서불능cécité verbale과 어농surdité verbale의 경우, 순수 기억을 기억-이미지로 현실화하는 것 자체가 불가능한 듯

---

144) "재인의 병은 두 가지 원인에서 야기된다. 하나는 우리의 신체가 밖에서 오는 자극 앞에서 정확한 태도를——우리 기억들 사이에서 선택을 작동시키는 매개가 바로 이 정확한 태도인데——자동적으로 취할 수 없다는 데서 오는 것이고, 다른 하나는 기억들이 더 이상 신체 안에서 행위로 연장될 수단인 적용지점을 발견하지 못한다는 것에서 오는 것이다"(MM 118/252~3, 『물질과 기억』187).

145) MM 99~107/237~244, 118~119/252~3(『물질과 기억』160~172, 187~189).

보인다.[146) 여기서는 "정신적 균형의 진정한 손상"[147)이 있다. 즉 더 이상 주체가 대상에 주의를 고정시킬 수 없기 때문이다. 그런데 뇌의 손상과 함께 정작 손상된 것은 "신체가 이미지 상기에 적합한 태도를 취하는 것"[148) 이지, 순수 기억 그 자체가 아니다. 그러니까 현실화의 첫번째 국면인 '병진-회전'의 두 정신적 양상이 끼어들어 가서 결합될 신체적 태도가 마련되지 않아서, 즉 "신체 안에서 행위로 연장될 수단인 적용지점을 발견하지 못했기" 때문에, 두 양상이 결합되어 작용하지 못하고 분리되어 정신적 현실화 국면 자체가 불가능했던 것이다. 따라서 병진-수축 운동이 일어나도 회전-팽창 운동이 보완되지 않아서 구분된 기억-이미지가 현실화되지 못했을 수도 있고, 반대로 회전-팽창 운동이 일어나서 구분된 표상들이 형성되었어도 이것이 기억으로부터 떨어져 나와 다른 기억들과의 연대성을 잃어버렸을 수도 있다. 이것은 오히려 균형잡힌 신체적 태도가 역시 균형잡힌 정신적 태도의 조건이라는 것을 보여 준다. 감각-운동적 기제의 손상이 정신적 현실화에도 영향을 미친다는 것이다.

따라서 재인의 질병들에서 손상된 것은, 순수 기억이나 기억-이미지 자체가 아니라, 순수 기억의 최종적 현실화 국면인 감각-운동적 기제이거나, 바로 이 때문에 제대로 작동되지 않은 첫번째 현실화 국면('병진-수축'과 '회전-팽창')이다. 바꿔 말하자면, 순수 기억은 "행위가 완수되는 정확한 지점에까지 내려와" 현실화되는 것이고, 이 마지막 현실화 과정에 이상이 생겼을 때 정신적 삶의 병리적 현상들도 나타난다는 것이다. 이것은 정신

---

146) 독서불능증은 알파벳 문자들을 시각적으로 식별할 수 없는 증상인데, 이때 환자는 자발적으로 글을 쓰거나 듣고 받아쓰기는 할 수 있지만, 즉 과거의 기억은 그대로 간직하고 있지만 문자를 보고 그대로 쓰지는 못한다. 언어농은 청각 기관에는 이상이 없는데 청각 기억을 보존하지 못하고 말도 이해하지 못한다.

147) MM 196/314(『물질과 기억』295).

148) MM 108/245(『물질과 기억』174).

을 신체적 상태로 환원시키지 않으면서도 정신과 신체의 상관관계를 해명하는 베르그손의 탁월한 통찰을 단적으로 보여 준다.[149]

4.3 꿈의 의미

> 기억의 법칙들을 결정했던 것은 행위의 필연성이다. (……) 우리 기억들의 총체가 매 순간 무의식의 바다로부터 밀기를 수행한다면, 삶에 주의하는 의식은 오로지 현재 행위에 협력할 수 있는 것들만을 합법적으로 지나가게 허락한다.[150]

지금까지 살펴본 순수 기억의 현실화는 삶에 주의하는 의식의 '합법적'이고 '정상적'인 경우에 관한 것이었다. 그러나 순수 기억의 '비합법적인' 현실화도 있다. 삶에 주의하지 않는 의식의 상태에서 현실화되는 것, 바로 꿈이다.

순수 기억은 심리학적 의식 바깥에 잠재적으로 존재하는 무의식이다. 이 잠재적인 무의식 전체는 항상 의식의 좁은 문 뒤에서 온 몸으로 밀고 있지만 신체의 감각-운동적 평형이라는 잣대는 완강하게 전체의 통과를 막고 있다. 무의식의 고유한 풍부함과 역동성은 삶에 대한 주의로부터 나온 '억압'에 의해 억제되어 있고 이 삶에 대한 주의의 기관인 뇌-신경체계의

---

149) 이상에서 살펴본 대로, 순수 기억이 심리학적 영역 안으로 현실화하는 과정은 그 자체로 우리가 의식할 수 있는 과정이 아니다. 그런데 이 과정은 잠재적인 순수 기억의 상태 자체도 아니다. 이미 잠재적인 상태에서 의식적인 상태로 '이행 중에 있는 과정'이다. 그러나 이 모든 과정이 어쨌든 심리학적 영역 안에서 진행되는 것은 맞다. 그래서 들뢰즈는 이렇게 '현실화하고 있는 기억의 운동'이야말로 심리학적 무의식이고, 순수 기억은 어디까지나 '잠재적이고 비활동적이고 즉자적인' 존재론적 무의식이라고 구분한다. 그러나 이러한 의미에서의 심리학적 무의식도 궁극적으로는 순수 기억의 운동이고, 순수 기억이 아니라면 불가능하다는 것을 잊지 말아야 한다.

150) ES 145~146/925.

긴장에 의해서 오로지 현재 행위에 유용한 것들만을 부분적으로 현실화할 수 있을 뿐이다.

그러나 꿈은 신경 체계의 이완과 더불어 유용한 행위에의 무관심, 실천적 관심의 결여, 필연적 욕구의 지연 상태 속에서 이루어지기 때문에 순수 기억의 자율적인 활동을 개방할 수 있다. 그래서 꿈 속에서는 망각했었던 순수한 기억들을 자유롭게 떠올려 볼 수 있고, 지나간 역사 속의 사소한 사건들을 비롯하여 무한히 다양한 과거의 모습들을 만나 볼 수 있다. 꿈은 프로이트의 경우와 마찬가지로 무의식 세계로의 입구인 것이다.

그런데 베르그손에게 꿈은 텍스트마다 조금씩 다른 의미들을 갖는다. 꿈의 기본적인 특성이 삶과 행위에 대한 무관심이나 방심에 있다는 것, 따라서 의식의 긴장이 이완되어 있다는 것은 공통적인데, 꿈에 대한 가치 평가는 텍스트마다 상이하다.

① 『시론』(1889)의 경우
의식적 삶의 두 측면을 구분한다. 일상적이고 사회적인 삶에 적응하기 위해서 동질적인 공간 표상에 물들어 있는 비인격적인 표층 자아와, 그 아래에 이질적인 요소들이 유기적으로 결합하며 상호 침투하고 있는 연속적인 흐름으로 지속하고 있는 인격적 자아가 있다. 꿈은 표층 자아로부터 벗어나 심층 자아로 안내한다.

그러나 자아와 외부 사물들 사이의 접촉면 아래를 파고 유기적이며 살아 있는 **지성의 심층으로 뚫고** 들어가면, 일단 분해된 뒤에는 논리적으로 모순되는 항들의 형태로 서로를 배제할 것으로 보이는 **수많은 관념들의 포개 짐 또는 내적인 융합**을 보게 될 것이다. **두 개의 상이 서로 겹쳐서 사실은 한 인물임에도 불구하고 우리에게는 동시에 다른 두 인물로 나타나는 매우 기**

괴한 꿈은 미약하나마 깨어 있는 상태에서의 우리 개념들의 상호 침투에 대한 관념을 제공할 것이다. 외부세계와 단절되어 있는 꿈꾸는 자의 상상력은 지적인 삶의 가장 깊은 영역에서 관념들에 대해 끊임없이 이어지는 작업을, 단순한 상들을 이용해 재생산하고, 나름의 방식으로 풍자한다.[151]

이 텍스트는 마치 프로이트의 압축과 치환이라는 꿈의 논리를 보여주는 듯하다. 그러나 베르그손은 여기서 꿈을 논리적인 지성적 의식의 심층에서 일어나는 모순적인 현상을 대변하는 정도로만 생각하고 있다. 공간성과 사회성에 의해 굴절되어 있는 의식의 표층은 개별화되고 분명하게 분리된 관념들과 언어들의 세계이지만, 그 심층에서는 이질적인 요소들이 상호 침투되어 분리불가능하게 연속되어 있는 상태라는 것을 강조하고 있는 것이다.

꿈이 우리를 바로 그런 조건하에 놓는다. 왜냐하면 잠은 유기적 기능들의 작동을 늦춤으로써 자아와 외부 사물들 사이의 교통의 표면을 완전히 변형시키기 때문이다. 우리는 그때 지속을 더 이상 측정하는 것이 아니라, 느낀다. 지속은 양으로부터 질의 상태로 되돌아온다.[152]

일상적 삶에 매여 있는 의식은 우리 자아의 내면에 흐르고 있는 순수 지속을 느끼지 못하고, 지속을 공간 표상에 의해 분리된 요소들의 병렬로 생각하는 공간화된 시간 속에서 산다. 그러나 꿈은 공간 표상에서 벗어나 상호 침투하고 있는 질적 연속체로서의 순수 지속을 느낄 수 있게 해준다.

---

151) ESSAI 101~102/90(『의식에 직접 주어진 것들에 관한 시론』 173), 강조는 인용자.
152) ESSAI 94/84(『의식에 직접 주어진 것들에 관한 시론』 162).

그것은 표면으로 올라오는 하부의 자아이다. 그것은 외부의 껍질이, 감당 못할 충동력poussée에 떠밀려 터져 버리는 것이다. 따라서 자아의 심층부에서는 그리고 매우 논리정연하게 병치된 그 논거의 하부에서는, **아마도 무의식적은 아니겠지만** 우리가 누르고 싶어하지 않았던 감정과 관념들의 들끓음이, 그리고 바로 그 때문에 그것들(감정과 관념들)의 증가하는 긴장이 진행되고 있었던 것이다. 그것을 잘 반성해 보면, 즉 **우리의 기억을 조심스레 모아 보면,** 우리 스스로 그 관념들을 형성했고 우리 스스로 그 감정들을 살았으나, **그런 관념과 감정을 원하는 것에 대한 어떤 설명할 수 없는 혐오에 의해서,** 그것들이 표면에 떠오를 때마다 우리가 그것들을 **우리 존재의 어두운 심층으로 밀어냈음**을 알 수 있다.[153]

이 텍스트는 특히 프로이트의 억압된 무의식을 떠올리게 한다. 일상적이고 사회적인 생활에 적응해야 하는 표층 자아와 달리 억압될 수밖에 없었던 "어두운 심층"의 자아 속에는 그러나 본능, 욕망, 충동들이 아니라 "가장 내밀한 우리의 감정과 사유, 열망 전체, 우리의 모든 과거 경험의 등가물"[154]이 들어 있다. 즉 참된 자아로서의 인격 전체가 표층 자아 아래에 존재한다는 것이다. 이 억제되어 있던 심층 자아로부터 솟아난 격동적인 어떤 행동이야말로 논리적으로는 설명할 수 없는 진정한 자유 행위가 된다. 꿈은 바로 이러한 심층 자아에게로 안내하는 길이요, 의식의 순수 지속을 발견하게 하는 곳이다.

---

153) ESSAI 127~8/112(『의식에 직접 주어진 것들에 관한 시론』 214), 강조는 인용자.
154) ESSAI 128/112(『의식에 직접 주어진 것들에 관한 시론』 215).

② 『물질과 기억』(1896)의 경우

> 설사 우리의 과거가 현재 행위에의 필요성에 억제되어서 거의 모두 감추
> 어져 있다 해도, 그것은 우리가 일종의 꿈꾸는 삶 속에 있기 위해서 유용
> 한 행위에 무관심해질 모든 경우에는 의식의 문턱을 넘어올 힘을 되찾을
> 것이다.[155]

> 우리가 꿈의 삶을 살기 위해 감각 운동적인 현재의 상태에서 빠져나올수
> 록 우리는 원뿔 바닥에 흩어지게 된다.[156]

> 이때 우리가 없어졌다고 믿었던 기억들이 놀라울 정도의 정확성을 가지
> 고 다시 나타난다. 우리는 완전히 망각했던 어린 시절의 모든 세부사항들
> 을 다시 산다. 그리고 우리는 그 말을 배웠다고는 이미 생각하지 않는 언
> 어로 말한다. (……) 자신의 현실을 사는 대신에 꿈꾸는 인간은 자신의 지
> 나간 역사의 무한히 다양한 사건들을 자신의 시선 속에 붙든다.[157]

여기서 꿈은 『시론』에서와 마찬가지로 현실적 의식의 심층에 억압되
어 있던 무의식의 세계로 안내한다. 원뿔 바닥은 꼭짓점의 신체적 종적 과
거가 아니라 가장 인격적인 과거 전체가 들어 있다. 따라서 『시론』에서와
마찬가지로 개인의 가장 인격적인 내면을 꿈은 보여 줄 수 있다.
　그런데 꿈이 안내하는 원뿔 바닥의 무의식 세계는 '흩어진' 상태이다.
『시론』에서 꿈이 보여 준 의식의 심층은 모든 이질적인 요소들이 불가분
하게 상호 침투하는 것이었는데, 여기선 그와 정반대로 마치 물질적 대상

---

155) MM 171/295(『물질과 기억』 263).
156) MM 181/302(『물질과 기억』 275).
157) MM 172/295(『물질과 기억』 263~264).

들이 흩어져 있는 것처럼 개별적인 기억들로 분산되어 있다. 이것은 꿈이 '이미지' 형태로 과거를 현실화하는 상태이기 때문이다. 꿈은 결코 순수 기억 그 자체가 아니다. 완전히 의식화된 '기억-이미지'는 아니지만 '꿈-이미지' 역시 순수 기억을 심리학적 상태로 현실화한 것이기 때문이다. 꿈을 꿀 수 있다는 것은 오히려 삶에 주의하는 자연스런 흐름을 거슬러야 한다는 점에서 창조적인 노력에 속한다.

여기서는 『시론』과 달리 꿈과 물질, 공간의 친화성을 엿볼 수 있다. 물질적 대상들이 서로 중첩되거나 수축되지 않고 무차별적인 개별성을 지닌 것처럼 꿈 속의 이미지들도 하나하나 분리될 수 있는 개별성을 지닌다. 베르그손은 이 둘의 공통된 원리를 '긴장의 이완'에서 보고 있는데, 이것은 곧 공간의 원리이기도 하다. 공간에서야 각각의 요소들이 외재적으로 병렬되고 분리된 상태를 지닐 수 있기 때문이다. 수축은 오로지 시간-지속의 원리이다.

그러니까 『시론』에서는 꿈이 공간을 벗어나 순수 지속의 세계로 가는 길이었다면, 『물질과 기억』에서는 수축된 과거가 아니라 오히려 공간처럼 이완된 과거로서의 순수 기억의 세계로 가는 길이다. 이 순수 기억의 세계는 '이완된 과거'라는 점에서 물질세계와 거울쌍을 이룬다. 물질세계가 현실적인 이미지들의 세계라면 순수 기억은 잠재적인 이미지들의 세계이다. 이 둘은 모두 이완된 과거의 상태로 펼쳐져 있다. 이 두 극단 사이에 수축된 과거로서의 의식적인 삶이 있다. 따라서 꿈의 세계는 현실적 의식에 의해 제한되었던 전체로서의 풍요로운 무의식으로 인도한다. 꿈은 의식적인 경험의 한계를 넘어서 경험의 확장을 가능하게 하는 긍정적인 의미를 지닌다. 꿈을 꿀 줄 알아야 자동인형 같은 삶에서 벗어나 새로운 차이들을 현실 속에 도입할 수 있는 창조성이 증가한다.

꿈이 우리의 자유와 창조를 실현하는 길이 된다는 점에서 『시론』과

『물질과 기억』의 관점은 동일하지만, 공간성을 꿈 바깥에 둘 것이냐, 꿈과 같은 쪽에 둘 것이냐에서 결정적인 차이가 있다고 할 수 있다.

③『창조적 진화』(1907)의 경우

> 행동하는 대신 꿈을 꾸어 보자. 그러면 그와 동시에 우리의 자아는 분산한 다. 이제까지 불가분적 추진력 속에서 우리 자신에게 응축되었던 과거가 수천의 기억으로 해체되어 그 각자는 서로서로 외재적인 것이 되어 버린 다. 그들은 점점 더 응고되며, 그럴수록 상호 침투되기를 포기한다. 그리 고 우리의 인격은 다시 공간의 방향으로 하강한다.[158]

여기서 꿈은 명시적으로 공간의 방향에 속한다. 과거를 수축하는 정 신적 긴장에 의해서 이루어지는 삶이 긴장의 이완과 더불어 물질화의 길 로 들어선다는 것이다. 그런데 꿈이 공간과 물질의 방향에 속한다는 것은 『물질과 기억』에서 이미 언급되었다. 차이가 있다면 『물질과 기억』에서 꿈 은 의식의 경험을 확장할 수 있는 풍부한 경험의 원천으로서의 무의식 세 계로 안내한다는 긍정적 의미가 강했다면, 『창조적 진화』에서는 생명적 창 조성의 약화라는 부정적 의미가 강하다는 것이다. 『물질과 기억』에서 꿈은 삶을 풍요롭게 하는 것인 반면, 여기서 꿈은 삶의 포기에 가깝다.

『물질과 기억』에서는 꿈과 행동 사이를 왕복 운동하는 의식의 역동적 운동성이 바로 삶에 주의하는 의식의 본성이기 때문에, 삶을 풍요롭게 하 고 차이를 생성하기 위해선 당연히 꿈의 세계로부터 더 많은 것을 현재 속 으로 수축해 들여와야 한다. 그러나 『창조적 진화』에서는 물질의 하강운동 을 거슬러 올라가야 하는 것이 생명의 상승운동이기 때문에, 생명의 긴장

---

158) EC 202/666(『창조적 진화』 304~305).

된 노력을 늦추는 것은 곧 물질의 방향으로 하강하는 것이 된다. 따라서 꿈을 꾸는 정신의 이완은 곧 생명력의 약화를 의미할 수밖에 없다.

5. 수축 기억과 의식의 수준

이상에서 살펴본 대로 존재론적 무의식인 순수 기억이 심리학적 상태(기억-이미지든 분절된 말이든 행동이든)로 현실화하는 과정은 '불가분하며 연속적인 잠재적 전체'로부터 '분리되고 개별화된 현실적 부분들'로 이행하는 과정이다. 그리고 이 이행 과정은 현재의 출발점과 다시 돌아온 현재의 도착점 사이에 질적 차이를 산출하는 역동적인 과정이다. 이제 앞에서(이 장의 2.4절과 3절) 언급했었던 문제를 해결해야 할 차례다. 지나간 과거가 어떻게 현재를 새롭게 하는가? 현재 속에 다시 등장한 과거가 어떻게 과거 자신의 단순 반복에 그치지 않고 새로운 무언가를 산출할 수 있는가?

여기서 우리는 '수축 기억'의 등장과 '의식수준론'에 주목해야 한다. 순수 기억의 현실화과정에서도 드러났듯이, 의식은 과거의 기억을 현실화하여 현재의 지각과 결합하는 능동적인 종합 작용을 수행한다. 또 앞서 (1절) 기억의 분류에서 언급했듯이, 이 역동적인 의식은 심리학적 기억, 즉 이미지-기억과 동연적이다. 우리의 의식은 삶에 주의하는 생명체의 의식으로서 표상적 기능을 가진 심리학적 의식이고, 행위의 유용성과 필요에 따라 과거와 현재를 종합하는 정도가 다르며 이에 따라 의식의 수준들이 나뉘어질 수 있다. 심리학적 의식의 수준들은 과거와 현재를 왕복하는 수직적 운동에 따라 나뉘어지는데, 이 수준들은 '인간적 의식'의 차원, 즉 우리의 표상적 차원을 넘어서, 표상 이하의 순수 지각의 가장 낮은 수준에서부터 표상 이상의 초의식의 가장 높은 수준에 이르기까지 펼쳐질 수 있다. 이것은 '의식수준론'이 단지 인간적 차원에서의 심리학적 의식에 국한되는 것이 아니라, 생명체 일반과 동연적인 존재론적 의식의 차원까지 함축한다는 것을 의미한다. 특히 표상적 의식 이하의 차원에서 일어나는 과거와 현재의 종합 작용, 즉 물질의 순간들을 '수축'하여 이용하는 생물학적 종으로서의 신체적 기억의 작용은 순수 기억과 다른 차원에서의 무의식을 예고한다. 이 수축 기억을 통해서 우리는 『창조적 진화』의 생명적 무의식으로 이행할 수 있다.

5.1 모든 지각은 이미 기억이다 : 수축 기억의 등장

> 직접적인 지각의 바닥을 기억들의 천으로 뒤덮는 기억과 다수의 순간들을 수축하는 기억, 이 두 형태의 기억은 개별 의식이 지각에 기여하는 주된 측면, 즉 사물들에 대한 우리 인식의 주관적 측면을 형성한다.[159]

> 구체적 지각에는 기억이 개입한다. 그리고 감각적 성질들의 주관성은 바로 처음에는 단지 기억에 불과했던 의식이, 무수한 순간들을 유일한 직관 속에 응축시키기 위해, 그것들을 서로의 안으로 연장한다는 사실에 기인한다.[160]

앞서 2장에서 다루었던 순수 지각은 사물들에 대한 우리 인식의 근저에 있는 비개인적인 토대를 보여 주었다. 순수 지각은 사물 그 자체의 일부로서 객관적 실재성을 지니는 것이었다. 문제는 이 순수 지각이 어떻게 주관성을 얻게 되느냐하는 것이었다. 그런데 순수 지각은 순수 기억과 본성

---

159) MM 31/184(『물질과 기억』 65).
160) MM 246/352(『물질과 기억』 365).

상 차이를 지닌 것으로서 오로지 '이론상'으로만 가능한 순간적인 지각일 뿐이었다. 순수 지각은 '사실상' 불가능한 것이며, 따라서 구체적이고 현실적인 모든 지각은 아무리 신속하게 이루어지는 것이라 하더라도 순간들을 연결하는 기억의 노력을 이미 포함한다. 즉 우리가 처음에 논의의 출발점으로 놓았던 대로, 사물에 대한 우리의 지각은 혼합물이라는 것이다. 이제 본성상 차이에 따라 나누어진 지각과 기억이 어떻게 다시 결합하여 혼합물로서의 구체적 지각을 형성하게 되는 것인지를 살펴볼 차례다. 베르그손은 소위 사물에 대한 우리 지각의 주관성을 특징짓는 '감각적 성질'의 예를 통해서 이를 설명하고 있다. 바로 여기서 우리의 표상적 차원 이하에서 이루어지는 수축 기억의 작용이 등장한다. 경험론적 전통에서 감각적 성질들은 그 자체로 단순한 것(나눠지지 않는 것)으로서 의식에 주어지는 일차적인 자료이면서 또한 의식의 주관성을 특징짓는 것으로 간주되어 왔다. 그런데 베르그손에 의하면 이 감각적 성질들은 그 자체로 단순한 것도 아니고 일차적인 자료도 아니다. 지각된 감각적 성질이란 "요소적인 진동들의 매우 긴 연속을 번역하는 것"으로서 이미 "직접적인 과거"를 함축하고 있다.[161] 다시 말해서 "지각한다는 것은 무한히 이완된 존재의 광대한 기간들을 더 긴장된 삶의 더 분화된 몇몇 순간들로 압축하는 것, 이렇게 해서 아주 긴 역사를 짧게 요약하는 것이다."[162] 우리가 물질적 대상으로부터 지각하는 질들이란 물질 그 자체의 무수한 진동들-떨림들의 계속을 우리 신체의 수용면 위에서 우리의 한 순간으로 '수축'하기 때문에 얻어진다. 이것은 "하나가 나타났을 때 다른 하나가 아직 사라지지 않았기 때문에"[163] **수축하는 것**, 즉 과거가 그 자체로 스스로를 보존하면서 현재 안으로 스스

---

161) MM 153/280(『물질과 기억』 238).
162) MM 233/342(『물질과 기억』 347).
163) Deleuze, *Le Bergsonisme*, 46(『베르그송주의』 68).

로를 연장한다는 것을 의미한다. 예컨대 우리가 1초 동안에 지각하는 붉은 빛은 가장 파장이 긴 것임에도 불구하고 4백조의 연속적인 진동들을 수행하고 있다. 만일 우리가 그 진동들을 하나하나 셀 수 있다면 아마 2만 5천년 이상의 세월이 소요될 것이다.[164] 이 사실은 아무리 순간적인 지각이라할지라도 제일 처음의 진동과 마지막 진동 사이의 무수히 많은 간격을 우리의 기억에 의해 응축a solidification하여 지각하는 것이기 때문에 "모든 지각은 이미 기억"[165]일 수밖에 없음을 말해 주는 것이다.

그런데 어떻게 현재의 지각이 이미 과거의 기억일 수 있는가? 베르그손은 물론 지각과 기억의 본성 차이를 강조했었다. 이것은 표상적 차원에서 보았을 때, 지각의 내용과 기억의 내용이 서로 다른 발생적 원천을 갖는다는 점에서 원리상en droit 그런 것이다. 사실상en fait 실제적인 감각적 성질의 경우에서 보듯이 지각과 기억의 결합 양상은 필연적인 것이다. 왜냐하면 이것은 '지각하고 기억하는' 우리의 의식 자체를 근원적으로 조건짓는 생명적 의지의 경향에서 비롯되는 것이기 때문이다. 우리 의식의 인식적 기능으로 간주되는 '지각'과 '기억'은 사실 의식 자체를 사로잡고 있는 생명적 의지의 경향들에 지나지 않는다.

발생적 관점에서 보면, 지각은 연속적인 실재 전체 안에서 생명체의 필요에 상응하는 부분들을 절단해 내는 데서 성립한다. 물질적 우주 안에서 최초의 생명체는 이미 자신의 신체와 다른 신체들(또는 물체들)을 구분함으로써 출발했다. 물질의 본성이 무엇이든지 간에 생명은 여기서 이미 '욕구'와 '이를 만족시키는 것'이라는 두 항을 구분하면서 최초의 불연속성을 도입했던 것이다. 지각된 대상들의 윤곽이란 생명체의 욕구와 필요에

---

164) MM 230~231/340~341(『물질과 기억』 343).
165) MM 167/291(『물질과 기억』 257).

관련된 부분에서 멈춘 생명체의 행동에 의해 재단되는 것이다. 그리고 이렇게 해서 재단한 부분들corps 사이에 나름의 특별한 관계들을 세우는 것, 그것이 바로 '산다'vivre는 것의 근원적인 의미였던 것이다.[166] 이렇게 생명의 근원적인 욕구에 상응하여 연속적인 물질적 실재에 가하는 원초적인 나눔, "이것이 지각하는 정신의 일차적이고도 가장 명백한 작용이다."[167]

그러나 '순수한' 지각은 존재하지 않는다. 생명체의 작용은 실재를 단순히 '나누는 데'에만 그치지 않는다. 지각은 이미 기억에 의해 물들어 있다. 기억은 이렇게 나누어진 지각 내용을 '수축'함으로써 생명체에 고유한 질들을 만들어 낸다. 결국 사물에 대한 우리 지각의 주관성이란 "기억으로 이중화된 지각"[168]에 의해 실재를 수축함으로써 획득되는 것이다. 기억이 왜 지각 내용을 '수축'하겠는가? "기억에 의해 부푼 우리의 지각이 과거를 수축하는 것"[169]과 정확히 같은 정도로 우리의 행동이 미래를 처리할 수 있기 때문이다. 이것이 바로 기억을 "미래를 겨냥하여 행해지는 과거와 현재의 원초적인 종합"[170]으로 정의하게 되는 이유이다.

그러니까 물질적 실재의 진동하는 연속성에다가 생명체로서의 우리가 실행하는 "나눔과 응축의 이중 작용"[171], 즉 지각과 기억은 우리 의식의 능동적인 인식 작용이기 이전에, 우리 의식의 **표상적 차원 이하에서** 일어나는 생명적 활동인 것이다. 그리고 이 이중 작용은 우리 의식을 사로잡고 있는 원초적인 **생명적 무의식의 두 경향**이다.[172]

---

166) MM 222/333~4(『물질과 기억』332).
167) MM 235/344(『물질과 기억』350).
168) MM 236/345(『물질과 기억』351).
169) MM 236/344~5(『물질과 기억』350).
170) MM 248/354(『물질과 기억』367).
171) MM 237/345(『물질과 기억』352).
172) 두 경향을 추상적인 형태로 표현한 것이 바로 동질적인 공간과 동질적인 시간이다. 이들은 실재의 움직이는 연속성에다가 행위의 고정점을 놓기 위하여 무의식적으로 실행시킨 우리

따라서 우리 의식에 일차적인 자료인 양 주어지는 감각적 성질들은 그 자체로 이미 무의식적인 나눔과 수축 작용에 의해 파생된 결과물이다. 우리 의식에 지각된 내용으로 주어진 것들이 이미 과거의 수축에 의해 '우리의 것으로' 주관화되어 질화된 상태로 주어진다는 것이다.[173] 바로 여기서 "지각은 이미 기억"이라는 말이 성립한다. 즉 현실적인 지각은 이미 잠재적인 과거의 수축물이라는 것! 여기서 과거의 수축은 생명적 무의식의 작용과 다른 것이 아니다. **물질의 진동들을 직접 수축하는 이 기억은 심리학적 기억이 아니다.** 신체적 감각 차원에서 일어나는 과거의 수축은 기억-이미지들을 현실화하여 일반 관념을 형성하는 심리학적 기억의 능동적인 작용 이전에 이미 **표상 이하의 차원에서 일어나는 생물학적 기억**의 작용임을 분명히 해야 한다. 따라서 신체적 현재의 지각은 이미 과거의 기억이다. 이때 과거를 수축하는 기억은 신체적 기억, 생명체적 기억의 작용이다. 심리학적 의식의 노력에 의한 과거의 수축이 아니라 생명체적 본능에 의한 수축이라는 것이다. '수축 기억'은 심리학적 의식의 표상적 차원 '너머에서' 발견한 순수 기억의 잠재적 무의식이 아니라, 심리학적 의식의 표상적 차원 '이하에서' 발견한 순수 생명의 잠재적 무의식과 연결된다. 우리는 이 '수축 기억'을 통해서, 순수 기억으로부터 순수 생명으로 이행할 수 있다. 순수 기억이 과거를 향하여 팽창한다면, 순수 생명의 잠재성과 이어지는 수축 기억은 현재-미래를 향하여 수축한다. 이 두 상반된 방향과 관련하여

의 행위 도식이다. 이들을 우리 지성의 선천적인 형식으로 여기는 것은 오랜 세월을 걸쳐 경험적으로 형성된 무의식적 경향의 표현들을 선천적인 실재 자체로 간주하는 가상에 지나지 않는다. 그러나 이 가상은 지성 자신이 자신의 발생적 근원을 돌아볼 수 없다는 점에서 지성 자신의 불가피한 가상이라고 할 수 있다. 그러나 그렇다고 해서 이 가상을 인식할 수 없는 것은 아니다. 직관이 바로 그 가능성이다.

173) 물질에 대한 우리의 감각적 성질은 이렇게 수축된 양에 지나지 않는 것이다. 여기서 물질의 운동을 수축하는 이 '수축 작용'은 양(homogénéité)과 질(hétérogénéité) 사이의 본질적인 차이를 뛰어넘는다.

순수 기억과 수축 기억의 관계, 순수 기억과 순수 생명의 관계 문제는 다음 4장과 5장에서 본격적으로 해명될 것이다.

5.2 일반 관념과 심리학적 의식의 수준

이제 가장 낮은 차원에서 해당하는 생물학적 종적 수준의 감각 지각으로 부터 '인간적 경험'의 대부분을 차지하는 표상적 의식의 수준들이 어떻게 형성되는지 살펴볼 차례다. 베르그손은 '일반 관념의 형성 과정'을 통해서, 수축 기억과 순수 기억이 동시적으로 작동하는 복잡한 과정을 설명해 내고 있다. 우리 의식의 표상화 작용은 표상적 차원을 벗어나는 두 무의식적 차원과의 상호작용 속에서 이루어진다. 우리의 의식은 한편으로는 표상적 차원 이하의 생물학적 기억에 해당하는 수축 기억을 토대로 하면서, 다른 한편으로는 표상적 차원 너머의 순수 기억을 심리학적으로 현실화하는 것이다. 의식은 물질적 실재와 단선적-이원적으로 만나는 것이 아니라, 다층적-나선형적으로 만난다. 여기서 의식에 현전하는 모든 내용이 거의 과거이며, 과거의 수축물이며, 따라서 무의식의 산물이라는 것이 드러난다.

우리 의식 내용의 대부분을 차지하는 것은 엄밀히 말하자면, 지각 표상이 아니라 추상적인 일반 관념들이다. 외부 세계에 대한 표상이 개별적인 지각과 개별적인 기억의 결합에 의해 이뤄지는 것이라면, 개별적인 지각 대상들로부터 공통된 일반적 속성을 끌어내야 하는 추상관념이나 일반 관념은 어떻게 설명해야 할 것인가? 버클리처럼 개별자들만 실재하며 일반 관념이란 명목상의 언어적 실재에 불과하다고 할 것인가, 아니면 플라톤처럼 사물들 사이의 객관적 유사성이 이데아로 실재한다고 할 것인가?

베르그손에 의하면, 개별자가 먼저냐 보편자가 먼저냐를 둘러싼 보편 논쟁이나 유명론과 개념론의 대립은 "일반화하기 위해서는 우선 추상해야 한다. 그런데 유용하게 추상하기 위해서는 이미 일반화할 줄 알아야 한다"는 순환성에 사로잡혀 있다. 유명론자^{nominaliste}는 일반 관념의 외연에서 출발하여 관념 속에서 개별적 대상들의 무한한 계열을 본다. 따라서 관념의 통일성은 유사한 대상들을 가리키는 언어적 동일성에 의해 이루어질 수밖에 없다. 그런데 이렇게 해서 형성된 관념-언어를 다시 구체적인 대상들에 적용시키기 위해서는 그 대상들의 공통된 성질을 또 추상적으로 생각할 수 있어야 한다. 따라서 결국엔 외연에서 시작하여 처음에 부정했던 내포로 다시 돌아가 일반 관념을 설명할 수밖에 없게 된다. 개념론자^{conceptualiste}는 내포에서 출발하여 개별적인 대상들의 성질들을 분류한다. 이렇게 분리된 성질들은 하나의 유類를 형성하게 된다. 그런데 백합의 흰색과 눈송이의 흰색이 서로 다르다고 하면서, '흰색'이라는 이름 아래 또 다시 백합의 것, 눈송이의 것, 분필의 것 등으로 무수한 개별 대상들을 집합시켜야 한다. 이것은 다시 외연의 관점으로 돌아가서 일반 관념을 보는 것이나 마찬가지다.

이들의 공통된 전제는 항상 개별적인 지각 대상들로부터 공통의 성질을 추상시켜 내는 것이 일반화 작업이라는 생각이다. 그러나 베르그손은 바로 여기서도 우리 사유의 나선형적 역동성을 주장한다. 우리는 결코 분명한 개별 지각으로부터 출발하지 않으며, 또 분명한 유類개념에서 출발하는 것도 아니다. 따라서 유명론과 개념론 사이의 악순환은 더 이상 없다.

순환은 없다. 왜냐하면 처음에 추상화할 때 정신이 출발하는 유사성은 의식적으로 일반화할 때 정신이 도달하는 유사성이 아니기 때문이다. 정신이 출발하는 것은 느껴지고, 체험되고, 자동적으로 행해진 유사성이다. 정신이 되돌아가는 것은 지성적으로 인식되고 사유된 유사성이다.[174]

---

174) MM 178~179/300(『물질과 기억』 272).

베르그손에 의하면, 차이들 속에서 유사한 것을 묶어 내는 일반화 작용은 오로지 의식적인 차원에서만 일어나는 것이 아니다. 의식의 능동적인 종합 작용이 가능하기 위해서는 먼저 의식 이하의 차원에서 이루어지는 무의식적인 종합 작용이 전제되어야만 한다. '사유하는' 의식의 주체이기 이전에 생명의 필연성에 의해 '살아야' 하는 주체로서 먼저 **무의식적으로 수행하는 일반화 작용**이 있다는 것이다.

생명체의 지각 경향은 욕구의 만족에 필요한 대상들을 나머지로부터 '분리하여 묶는 것'이다. 여기서 '유사성'에 입각한 분류는 자동적으로 이루어지는 것이다. 예컨대 초식동물들의 주의를 끄는 것은 이미 분리되어 묶여진 "풀 일반"이다. 이 풀들의 색과 향은 초식동물들이 어쩔 수 없이 끌려가게 되는, 그들을 끌어당기는 "힘처럼" 느껴지고 체험된다. 일단 이렇게 느껴지고 체험된 일반성과 유사성의 토대 위에서야 비로소 초식동물들의 기억은 이 들판과 다른 들판을 구별할 수 있게 된다. 즉 차이들 속에서 유사한 것들을 묶어 내는 일반화 작용은 그 이전에 먼저 무의식적으로(자동적으로) 체험된 일반화를 전제해야만 한다는 것이다. 의식에 의한 능동적인 작용이기 이전에 무의식적으로(자동적-수동적으로) 이루어지는 이러한 일반화 작용은 염산과 탄산석회의 화학반응이나, 식물의 영양 섭취, 극미동물의 유기물질 동화에서부터 점점 더 복잡해지는 의식적 존재에 이르기까지 모두 동일하게 실행되는 과정이다.[175] 이것은 한마디로 동일한 자

---

175) MM 176~178/299~300(『물질과 기억』 269~271). 그러나 『사유와 운동』에서는 빛깔, 맛, 냄새 같은 성질들, 산소, 수소 같은 화학적 원소들, 중력, 열전기 같은 물리적 에너지들에 이르기까지 물질적 요소들 사이의 유사성들은 실증과학의 진보에 따라 재분류될 수 있는 것들이라고 유보하면서 이것들에 대해서는 유사성이라기보다 차라리 '동일성'(identité)이라고 하는 것이 더 정확하다고 지적한다. 왜냐하면 '동일성'은 기하학적인 것이고 측정과 관련된 것이지만 '유사성'은 생명적인 것이고 예술적 창조성과 관련된 것이기 때문이다(PM

극에 대해 동일한 반응을 유도하고 동일한 운동을 하도록 이끄는 반복의 과정 속에서 형성된 "반응의 동일성에 대한 습관"일 뿐이다.

처음에 이 일반성의 관념은 상황의 다양함 속에서 느끼는 태도의 동일성에 대한 우리의 의식일 뿐이었다. 그것은 습관 그 자체였다. 그것이 운동의 영역으로부터 사유의 영역으로 거슬러 올라가는 것이다.[176]

의식에 고유한 것으로 간주되었던 일반 관념들은 무의식적인 행동의 지평에서 발생하여 사유의 지평에로 상승한 습관과 다른 것이 아니다. "일반 관념이란 이렇게 표상되기 이전에 느껴지고, 체험되는 것"[177]이고, 의식의 능동적인 작업 이전에, 의식 이하의 차원에서 먼저 수동적으로 종합되는 것이다. **의식의 종합은 이러한 습관적 무의식의 종합 이후에야 비로소 가능하다.** 즉 일반 관념의 형성은 습관의 형성에 기초한다는 것이다.

의식은 이 원초적인 일반성으로부터 출발하여 이를 과거의 기억으로 보존해 두었다가 새로이 접하게 된 현재의 지각들과 이를 비교하면서 다시 새로운 일반화를 이끌어 내게 된다. 의식의 능동적인 종합은 현재의 지각과 과거의 기억을 왕복운동하면서 "차이들의 기억"과 "유사성들의 지각"이라는 두 흐름의 교차 지점에서 일반 관념들을 형성한다.[178]

일반 관념의 본질은 행동의 영역과 순수 기억의 영역 사이를 끊임없이 왕복 운동하는 데 있다.[179]

58~64/1298~1303).

176) MM 179/301(『물질과 기억』 273).
177) MM 178/300(『물질과 기억』 272).
178) MM 173/296(『물질과 기억』 265).
179) MM 180/301(『물질과 기억』 274).

일반 관념은 원뿔의 바닥(순수 기억)에서 개별자들의 차이를 가져오고, 또 꼭짓점(습관-행동)에서 신체적 태도나 언어, 행위에서의 유사성들을 가져오면서 그 중간에서 형성된다. 차이로서의 개별자와 유사성으로서의 지각 사이에서 일반 관념을 형성하는 이 왕복 운동은 그러나 결코 완결되지 않는다. 개별자들의 차이들은 순수 기억 안에서 "우리 경험의 처음부터 완성"되어 있지만, 이 차이들을 현재의 지각 속으로 연장함으로써 형성되는 일반 관념들은 항상 불안정하고 사라지는 표상들로서 무한히 계속 생성되어야 하기 때문이다.

현재가 새로워진다는 것, 끊임없는 질적 변화라는 것은 무엇인가? 바로 과거의 차이들을 현재의 행위로 가져오는 것, 기억을 지각으로 변형시키는 것, 감각-운동 체계의 일환이 되는 데 유용한 기억들을 점점 더 많이 가져오는 것, 이것이 아니겠는가? 그런데 이것이 바로 또한 일반 관념을 형성하는 방식이다. 일반 관념을 형성한다는 것이 바로 개별적인 차이들을 유사성을 추구하는 행위 안에 놓음으로써 '새로운 것'을 산출하는 방식인 것이다. 따라서 일반 관념은 완성된 사물처럼 고정된 것이 아니라 '차이'와 '유사성' 사이의 무수한 왕복 운동 그 자체로 항상 형성 도중에 있는 과정 progrès이다.[180]

습관과 행위의 관계는 일반성과 사유의 관계와 같다.[181]

---

180) 베르그손은 이러한 일반 관념의 유동적인 본성 자체를 간과하고 이를 완성된 것으로 부동화한다거나, 일반 관념의 발생적 근거인 생물학적 관심이나 사회적 관심을 무시하고 절대적인 것으로 간주함으로써 만들어지는 철학적 거짓 문제들을 비판한다. 또 이런 맥락에서 유동하는 실재에 정확히 부합하지 않는 추상적인 개념을 비판하고, 실재에 대한 개념의 부단한 조정을 강조한다(PM 51~64/1298~1303).
181) MM 173/296(『물질과 기억』 265).

행위가 습관들을 가지고 이루어지는 것이라면, 사유는 일반 관념들을 가지고 이루어지는 것이다. 그런데 습관을 형성하는 것과 일반 관념을 형성하는 것은 모두 우리 심리적 삶을 구성하는 작용이다. 일반성의 정도들, 수축된 과거의 수준들, 실현된 자유의 정도들에서 습관은 가장 낮은 정도(꼭짓점)에 해당되며, 일반 관념은 원뿔의 중간 단면들에 해당된다. 일반 관념들은 항상 습관의 현재, 물질적-신체적 현재의 상태 위에서 구축된다. 우리의 정신적 삶이란 바로 꼭짓점을 중심추로 놓고 돌돌 말려 있는 원뿔의 형태가 아닌가! 만일 꼭짓점이 없다면, 원뿔은 둥글게 말리면서 점점 부풀어가는 내면의 잠재적인 평면들을 만들 필요 없이 펼쳐져서 물질 그 자체와 동일한 평면이 될 것이다. 그러나 원뿔의 잠재적 내면이 있기에 우리 정신이 물질과 구분되는 질적 차이를 갖추게 되는 것이다. 결국 베르그손의 주장은 이것이다. **우리의 사유를 구성하는 일반 관념들은 습관의 일반성을 토대로 하며, 우리의 정상적인 의식은 신체의 감각-운동적 균형을 그 조건으로 갖는다.**[182]

우리의 정신적 삶이란 무엇인가? 한마디로 신체의 감각-운동 체계를 토대로 의식의 표상-관념 체계가 형성되고 있는 과정이라고 할 수 있을 것이다. 감각-운동 체계는 수용된 자극에 대해 자동화된 반응을 형성함으로써 행위의 습관을 들인 것이다. 이것은 자극과 반응이라는 외재적인 두 순간의 물질적 반복으로부터 '자연스럽게 형성된' 또는 무의식적인 수축에 의해서 형성된다. 신체는 이러한 수축의 산물이라는 점에서 물질 그 자체와는 다르다. 물질이 외재적인 두 순간을 단순 반복한다면, 신체는 두 순간 사이에 내적 관계를 형성함으로써 이미 '새로운 것'을 산출하고 있기 때문이다. 신체는 의식적인 노력이 개입하기 이전에 이미 이러한 습관의 산물

---

182) "그 감각들과 그 운동들이 우리가 '삶에 대한 주의'라고 부를 수 있는 것을 조건짓는다. 그 때문에 모든 것이 정신의 정상적인 작업 안에서 그것들의 결합에 의존한다"(MM 193/312, 『물질과 기억』 291).

이었고, 무의식적인 수축의 결과물이었다.[183] "꼭짓점의 감각-운동적 상태는 근본적으로 기억의 현실적이고 행동적인 극단일 뿐이다."[184]

의식의 표상-관념 체계는 감각(자극)과 운동(반응) 사이에 과거로부터 끌어 온 차이들을 더 많이 개입시킴으로써 습관을 갱신한다. 정형화된 신체의 도식 안에 개별적 차이들을 끼워 넣어 새로운 일반성을 만드는 일반 관념의 형성 자체가 '삶에 주의'하는 의식의 무의식적 경향이다.[185] "삶에의 주의"l'attention à la vie[186]는 신체와 정신의 균형 잡힌 상호작용에서 가능한 의식의 정상성을 보장하는 것이다. 주의를 기울인다는 것은 현재의 상황에 가장 잘 개입될 수 있는 기억들을 현재로 인도하기 위하여 순수 과거 속으로 찾으러 가는 정신적 노력에 다름 아니다. 현재의 지각과 과거

---

183) "과거의 행위들의 축적된 노력을 상징하는 자신의 메커니즘들을 지니고 있는 신체"(MM 168/292, 『물질과 기억』 259), "우리가 자연이라고 부르는 것은 획득된 습관, 우리에 의해서 또는 우리 선조들에 의해서 수행된 노력의 결과물에 지나지 않을 때가 많다"(Cours I, 173).
184) MM 187/307(『물질과 기억』 283).
185) 일반 관념은 '공작인'(Homo Faber)인 인간 지성이 사회생활의 편의를 위해 제작한 것들이다(PM 63~4/1302~3).
186) 베르그손의 철학에서 **주의**(attention)라는 개념은 이런 의미의 것만 있는 게 아니다. 주의 대상에 따라 '삶에 대한 주의'와 '반성적 주의'로 구분할 수 있다. 그리고 이 '삶에 대한 주의'는 '무관심이나 방심'과 '반성적 주의' 사이에 위치한다. '주의'란 기본적으로 방심한 상태에서 분산되어 있는 의식의 모든 요소를 유기적으로 종합하여 하나로 집중시키는 정신 작용이다. 이 주의 작용 때문에 우리의 의식 상태들이 다(多)로 분산되지 않고 하나로 통일적으로 집중되고, 망각되지 않고 기억되며, 무의식으로 빠지지 않고 의식화되는 것이다. 그래서 이 주의가 결국 의식상태들의 상호 침투성인 지속의 원리이기도 하고 과거와 현재의 종합인 기억의 원리이기도 한 셈이다. 반대로 무관심이나 방심은 주의가 결여된 것이기 때문에 상호 외재화되고 분산되는 공간화의 원리가 된다. 따라서 '주의'라는 말은 지속, 기억, 삶의 원리이기 때문에 그 자체로 '삶에 대한 주의'와 혼용해서 사용할 수도 있는데, '반성적 주의'와는 구분할 필요가 있다. 삶에 대한 주의가 그 대상을 바깥에서 찾는 것이라면, **반성적 주의**는 삶과 행위에 대한 주의의 방향을 자기 안으로 돌려 정신 자신을 주의 대상으로 삼는다는 점에서 차이가 있다. 반성적 주의는 한마디로 자기 자신에 대한 주의인데, 이것은 삶에 무관심해야 하고 행위에 대한 집중을 이완시켜야 한다는 점에서는 '방심'과 같으면서도 그럼에도 불구하고 자신의 주의 대상에 대한 주의는 집중시켜야 하기 때문에 고도의 정신적 긴장이 요구되는 것이다. 이 반성적 주의를 바꿔 말하면 '직관적 사유'라고 할 수 있을 것이다.

의 기억 사이를 반복적으로 왕복하며 점점 더 분명하고 구체화된 표상을 형성하는 의식적인 '주의'attention의 역동적 운동은 또한 수직적인 이동과 회전 운동, 즉 '병진-회전' 운동에 의해 일반 관념을 형성하는 의식의 운동이기도 하다. 따라서 표상-관념 체계의 형성은 더 이상 현재 순간들의 수축에 의해서 이루어지지 않는다. 이것은 과거와 현재의 수축이고, 더 정확히 말해서 어떤 수준에서의 과거 전체를 현재 안으로 수축하는 것이다.

바로 여기서 **원뿔 도식의 심리학적 의미**가 드러난다. 원뿔은 과거의 존재론적 수축의 정도뿐만 아니라, 과거의 수축 정도에 따라 나뉘어지는 심리학적 의식의 수준들 또한 나타낸다. 원뿔 바닥으로 갈수록 우리의 의식은 행동의 필요에서 이완되면서 과거의 개별적인 이미지들을 각각의 차이 속에서 바라볼 수 있는 꿈꾸는 정신(몽상가un rêveur의 삶)이 된다. 꼭짓점으로 갈수록 현재의 감각-운동적 상황에 매몰되어 유사한 지각들만을 포착하면서 습관적인 행동으로 살아가는 정신(충동가un impulsif의 삶)이 된다.[187] 그러나 과거의 기억과 현재의 행위 사이에 "균형 잡힌 정신"le bon sens을 지닌 대부분의 정상적인 의식 상태의 사람들은 이 두 극단 사이를 오가며 이 둘 사이의 매개적 단면들의 지점에서 살아간다. 의식의 주의력이란 삶에 유용한 과거를 현재 속에 더 많이 현실화하려는 노력이다. 이 의식적인 노력의 정도에 따라 '꿈'과 '습관적 행동'이라는 양극단 사이에 무수히 많은 의식 수준들이 가능하게 된다. 의식의 수준들이란 결국 무의식

---

187) MM 170/294(『물질과 기억』 261). 『사유와 운동』에서는 이와 거꾸로 피라미드 형태로 제시되고 있다. "심리학적 분석만 했을 때 밝혀진 사실은 기억에는 연속적인 의식의 수준들이 있다는 것이다. 우선 제일 밑에는 '꿈의 단계'가 있는데, 이것은 모든 단계 중에서 가장 넓으며, 이것은 마치 피라미드의 토대와 같은 것으로 이 위에서 사람의 전 과거가 펼쳐진다. 점점 위로 올라갈수록 피라미드의 꼭대기에 비유될 수 있을 한 점에 이르게 되는데, 여기에서 기억은 현실적인 지각과 이를 연장하여 막 나타나기 시작하는(naissante) 행동들에 지나지 않는다"(PM 81/1316~7).

적으로 존재하는 순수 과거의 잠재력을 얼마나 현실화하느냐, 즉 미래의 행동을 겨냥하여 과거와 현재를 종합하는 정도에 따라서 결정된다.

순수 기억은 '상이한 체계화'를 통해서 수축되어 있는 과거의 수준들의 잠재적 공존체였다. 감각-운동 체계가 가장 수축된 수준의 꼭짓점에 해당된다면, 표상-관념 체계는 끊임없이 바닥과 꼭짓점을 왕복 운동하는 원뿔의 중간 단면들에 해당된다. 원뿔의 꼭짓점과 단면들이 연속적이듯이 신체와 의식은 과거의 수축물이라는 점에서 연속적이다. 단지 그 수축의 정도에서, 일반화의 정도에서 차이가 있을 뿐이다.

원뿔의 단면들은 이제 과거 그 자체의 존재론적 수축의 수준들을 표현할 뿐만 아니라 심리학적 의식의 수준들, 일반 관념의 정도들, 경험적 현재의 수준들도 함축한다. "요컨대 우리가 능동적 종합의 관점에서 서로 다른 현재들의 계속을 경험한다면, 그 계속의 사태는 또한 **수동적 종합 안에서 일어나는 과거의 수준들의 공존이기도 하며, 그 공존은 언제나 증대해 간다.**"[188] 현재는 언제나 가장 수축된 과거이다. 그런데 이 과거는 잠재적인 차원에서 그 자체로 이미 어떤 수준으로 수축되어 있는 과거 전체이다. 어떤 수준의 과거 전체를 수축하느냐에 따라 각각의 현재는 또한 상이한 수준을 띠게 된다. 현재가 새로움으로서의 차이인 이유는 잠재적인 과거의 수축물이기 때문이며, 각각의 계속되는 현재가 제각각 다른 이유는 수축된 과거의 수준들이 다르기 때문이다. 따라서 현재의 삶은 언제나 생성이다. 동시적인 여러 과거의 삶들이 각기 다른 수준들에서 공존할 수도 있다. 잠재적인 과거는 이렇게 미래를 향하여 열려 있는 삶의 현재들로 수축하면서 스스로를 표현한다.

---

188) Deleuze, *Différence et Répétition*, 113(『차이와 반복』, 198). 들뢰즈는 『차이와 반복』 2장 '시간의 세 종합'에서, 베르그손의 '습관의 무의식'을 '시간의 첫번째 수동적 종합'으로, 베르그손의 '순수 기억의 무의식'을 '시간의 두번째 수동적 종합'으로 차용하여 자신의 시간론을 전개하고 있다.

4

순수 과거와
존재론적 지속 :
무의식과 시간

4장_순수 과거와 존재론적 지속 : 무의식과 시간

지속은 경험이다. 그리고 지속은 또한 확장된 경험, 넘어선 경험이다. 이
지속을 사유한다는 것은 곧 인간의 조건을 넘어서, 즉 시간을 공간의 관점
에서 생각하는 표상의 지배적인 습관을 넘어서 사유한다는 것이다.[1]

베르그손에 의하면, 시간의 흐름에 대한 일반적인 이해는 역동적인 생
성과 창조라는 시간 그 자체의 양상에서 직접적으로 이루어진 것이 아니
라 부동적인 공간 표상을 매개로 간접적으로 이루어진 것에 지나지 않는
다. 베르그손은 지속 개념을 통해서 시간에 대한 직접적 이해를 보여 주는
데, 이것은 무엇보다 기존의 시간과 운동의 관계, 그리고 시간과 의식의 관
계를 전복시킨다.

시간에 대한 간접적 이해의 첫번째 양상은 '운동에 종속된 시간'이라
할 수 있다. 이 시간은 항상 그 자체로는 불가분한 부동체인 '현재-지금'을
중심으로 이 '현재-지금'들의 계기적 운동을 통해서 측정되고 헤아려진다.
예컨대, 시간을 "영원의 움직이는 모상"[2]이라고 정의 내렸던 플라톤에 의

---

1) Ansell-Pearson, *Philosophy and the adventure of the virtual: Bergson and the time of life*, 9.
2) Platon, *Timaios*, 37 d, 27d 5, 6.

하면, 시간이란 영원불변의 자기동일적 일자인 이데아를 전범典範으로 하여 형성된 것으로 '있었다', '있다', '있을 것이다'로 자기분열하면서 움직인다. 그러나 '있었다'와 '있을 것이다'가 '과거로 지나감'과 '미래의 도래함'이라는 시간의 생성 양상에 속하는 반면, '있다'는 불변하는 존재의 양상이기에 현재는 특권적 지위를 부여받게 된다. 아리스토텔레스는 이 영원불변의 자기동일적 존재인 현재를 '지금'이라는 순간으로 재정의하고 시간을 이러한 '지금들의 연속'으로 확정짓는다. 시간은 "움직이는 물체의 운동에서 앞과 뒤를 고려하여 수로 헤아려진 것"[3]이며, 이때 '이전'과 '이후'를 조건짓는 특권적 기준이 바로 '지금'이라는 현재적 순간이다. 시간은 시간을 겪는 운동하는 존재자에게 그 자체로 아무런 영향력도 행사할 수 없는 것이면서 단지 운동의 수를 헤아리는 수단에 지나지 않는다. 시간은 시계바늘의 운동으로만 헤아려지는 1년 12달 365일처럼 "어디에서나 누구에게나 동일하다."[4]

시간에 대한 간접적 이해의 또 다른 양상은 '의식에 종속된 시간'이다. 예컨대 객관적인 자연 운동에서 고려된 시간을 처음으로 인간 정신의 내재적 활동 속에서 파악한 아우구스티누스에 의하면, 우리가 지각하는 시간은 항상 '현재' 지나가고 있는 시간이며, 이 '현재 지나가고 있는 시간'은 그 자체 객관적으로 존재하는 것이 아니라, 그런 현재를 지각하고 측정하며 이해하는 '의식'의 반성적 태도 속에 존재한다.[5] 따라서 의식의 현전성에 의해 규정되는 '현재'만이 유일하게 존재하는 시간 양상이며, 과거와 미래는 그 자체로 존재하는 것이 아니라 현재의 의식에 현존하는 한에서만 존재하는 것이 된다. 미래라는 것은 '지금' 예견하며 바라보고 있는 것으로

---

3) Aristoteles, *Physika*, IV, 11, 219 b 1.
4) Ibid., IV 10, 218 b.

서 '현재 존재하는 것'이고, 과거라는 것도 지나간 일들을 마음속에 간직해 두었다가 그것에 대해 '지금' 이야기하는 방식으로 '현재 존재하는 것'이 다.[6] 따라서 시간은 오로지 의식의 종합 안에서만 현전할 수 있고, 또한 의식은 현전하는 현재들의 연속만을 사유할 수 있기 때문에 여전히 시간 양상 중에는 현재만이 존재한다는 통념이 계속된다. 칸트는 시간을 아예 "모든 현상 일반의 선험적인 형식적 조건"[7]으로서 인식 주관인 의식의 형식으로 만들었고, 후설 역시 유동하는 감각 질료를 하나의 대상으로 동일화하는 종합의 근본 형식을 의식의 내적 시간성에 두었다.[8] 대상의 인식 근거이자 존재 근거를 초월적 의식에서 찾는 칸트-후설의 의식철학에서 시간이란 초월적 의식의 내적 형식으로서 단지 의식의 주관성을 보조하는

---

5) 시간과 의식의 밀접한 관계에 대한 생각은 사실, 시간을 객관 세계에서 움직이는 물체의 '운동을 헤아리는 수'로 정의했던 아리스토텔레스에서조차 싹트고 있었던 것이다. 아리스토텔레스는 자신의 주장에 대해 완전한 확신을 갖지는 못했다. 왜냐하면, 만일 시간이 '운동의 수'라면 시간은 그 수를 헤아리는 영혼 없이는 존재하지 않을 것이기 때문이었다. "만일 어떠한 영혼도 없다고 한다면, 시간은 과연 존재하는가 존재하지 않는가? (……) 만일 어떠한 영혼도 없다고 한다면 —— 다시 말해 헤아리는 자가 없다고 한다면 —— 어떤 헤아림이나 헤아리는 것도 없을 것이요, 그렇다면 헤아려질 수 있는 어떤 것도 존재할 수 없을 것이다. 따라서 수로서의 시간도 존재할 수 없을 것이다. 시간은 그 본질상 헤아려지는 것이기에 그것은 오직 헤아리는 자로서의 영혼이 있는 곳에서만 존재할 수 있을 뿐이다"(Aristoteles, *Physika*, IV, 14, 223 a 21~25). 따라서 아리스토텔레스 자신도 운동체의 공간이동 자체가 곧 시간이라고는 보지 않았고 운동체의 "운동에서 발견하게 되는 어떤 것"(Ibid., IV, 11, 219 a 1)이라고 말했던 것이다. 아리스토텔레스는 이미 시간은 시간을 헤아리고 느끼고 체험하는 의식과 무관하게 고려될 수 없다는 것을 인정하고 있었다.

6) "시간은 과거·현재·미래 이 세 가지로 존재하는 것이 아니라, 지나간 것의 현재, 현재적인 것의 현재, 다가올 것의 현재 이 세 가지로 존재합니다. 이런 세 가지 존재방식으로서의 시간은 영혼 속에 존재하며, 그 이외 어디에서도 나는 그것을 보지 못합니다. 즉 지나간 것의 현재는 기억 속에 존재하며, 현재적인 것의 현재는 직관 속에 존재하고, 다가올 것의 현재는 기대 속에 존재합니다"(Augustinus, *Confessiones*, XI, 20).

7) Kant, *Kritik der reinen Vernunft*, A 34 / B 50.

8) "대상의 종합은 그 현상들만의 계속적 결합일 뿐만 아니라 하나의 의식으로서의 결합이다." "이 하나의 의식 안에서 지향적 대상성의 통일성이 다양한 현상 방식의 통일성으로 구성된다" (Husserl, *Cartesianische Meditationen und Pariser Vorträge*).

역할을 수행할 뿐이다.

베르그손의 관점에서 보자면, 이렇게 운동과 의식에 종속된 시간들은 모두 공간화된 시간에 지나지 않으며 시간의 직접적인 양상이 아니다. '현재-의식'을 중심으로 과거와 미래가 등질적인 연속선 상에서 앞과 뒤로 놓이는 선형적이고 연대기적인 시간은 오늘날 우리가 시계의 시간으로 표현하고 있는 일상적인 시간이요, 또한 정확한 측정을 목표로 하는 과학적 시간이다. 그러나 이것이 시간 그 자체의 진상은 아니다. 그 시간은 실재로 흘러가는 시간이 아니라, 인간적 삶의 유용성과 필요에 따라 재단된, 오로지 '인간적 경험으로 주어진 시간'에 지나지 않는다. 그 자체로 불가분하며 자기동일적인 현재가 어떻게 이전과 이후를 가르면서 또한 연결시키는 모순적 역할을 수행할 수 있는가? 현재가 현재로 머무는 한 시간은 연속적일 수없고, 시간이 연속적인 한 현재는 더 이상 현재가 아니다. 존재(현재)와 비존재(과거와 미래) 사이의 이행은 공간적 차원에서의 사유로는 이해할 수도 설명할 수도 없다.

그러면, 운동과 의식에서 벗어난 시간, 시간의 직접적 양상은 무엇인가? 그것은 아마 더 이상 수적으로 헤아려질 수 없는 시간, 인간적 삶의 필요에 의해 연대기적으로 구분되었던 과거-현재-미래가 더 이상 식별불가능하게 뒤얽힌 시간, 끊임없는 생성과 창조와 질적 변화의 불가분한 연속체인 존재 세계와 분리불가능한 시간, 바로 지속일 것이다. 이 시간은 오히려 물체들의 운동과 현전적 의식의 배후에서 이러한 운동과 의식의 존재론적 근거로서 작동하는 힘이다. 뿐만 아니라 이 시간은 현실적 차원에서 주어지는 시간의 간접적 양상을 가능하게 하는 실재적 조건이자 초월론적 근거로서 작동하는 잠재적 실재이다. 잠재적 실재로서의 시간은 현실적인 차원과 잠재적인 차원으로 끊임없이 자기 분열하고 자기-차이화하면서 연속적인 생성과 창조를 일구어 낸다. 베르그손의 지속은 이러한 시간의 직접적 양상으로서 생성의 존재론적 구조가 무엇인지를 보여 준다. 이 지속을 사유하는 것이야말로 인간의 조건을 넘어서 실재에 대한 축소되었던 경험을 확장하는 길이다.[9]

베르그손의 존재론적 무의식 개념을 이해하기 위해서는 무엇보다도 지속으로서 실재하는 이 시간의 근원적인 작동을 이해해야만 한다. 특히 시간에 관한 사유의 편향된 역사 속에서 잃어버렸던 시간, 즉 순수 과거의 역동성을 회복해야만 한다. 현재-의식 중심의 관점에서 시간을 보면, 순수 기억의 무의식은 존재하지 않는다. 과거는 의식의 바깥에서 그 자체로 존재할 수 없다. 따라서 의식은 자신에게 주어진 것 이상을 가져올 수 있는 풍부한 잠재적인 토대를 잃어버린다. 과거의 사후적인 재구성을 말하고 무의식의 무시간성을 주장하는 정신분석학적인 관점 역시 실재적 시간의 힘을 믿지 않는 것은 마찬가지이다. 프로이트-라캉의 무의식은 시간을 모르며, 시간의 실재적 차원 바깥에서, 순수하게 상징적이고 형식주의적인 차원에서만 작동할 뿐이다.[10] 그러나 베르그손의 존재론적 무의식은 실재 지

---

9) 인간의 조건을 넘어서는 것이 영원불변의 초월적 세계로 상승하는 것이 아니라 지속인 구체적 생성의 실재 안으로 경험의 장을 확장하는 것임은 칼렌(H. M. Kallen)에게 보낸 베르그손의 편지(1915년 10월 28일) 한 단락에서도 알 수 있다. "나는 지속을 고대 철학의 '영원성'에 결부시키지 않는다. 오히려 그 반대다. 나는 고대 철학의 '영원성'을 지속, 즉 스스로 성장하는 어떤 것, 스스로 풍부해지는 어떤 것, 자기 자신을 무한히 창조하는 어떤 것과 결부시키기 위해서, 그것이 자리 잡고 있었던 높은 곳으로부터 내려오게 하려고 애썼다. 다른 한편, 내가 전통적인 형이상학의 방식으로 현상과 독립적인 절대적인 실재의 존재를 인정한다는 것도 맞지 않다. 오히려 그 반대다. 나에게는 우리가 지각하는 것 전부가 절대적인 실재이다. 단, 그 실재는 전적으로 **좁힘**(rétrécissement)이라는 실천적인 어떤 습관들을 거부하면서 점점 더 **완성**(compléter)해 가야만 하는 실재이다. 그리고 철학이 겨냥해야만 하는 것은 일상적인 실재보다 더 완성된(complète) 이 실재(그렇다고 이것이 다른 본성을 갖는 것은 아니다, 왜냐하면 이 완성된 실재는 전체가 부분을 포함하듯이 일상적인 실재를 포함하고 있기 때문이다)를 인식하는 것이다"(Mél 1192).

10) "무의식 조직에서 이루어지는 과정들은 '무시간적'이다. 바꿔 말하면, 그 과정들은 시간적인 순서에 따라 일어나는 것도 아니며, 시간의 경과에 따라 변화되지도 않는다는 뜻이다. 즉 무의식 조직의 과정들은 시간과는 아무런 관계가 없다. 다시 한번 언급하지만, 시간의 문제는

속의 잠재성이다. 순수 과거는 과거의 모든 수준들이 공존하는 잠재적 다양체로서, 단지 현재-의식에 의해서 부정된 과거, 밑 빠진 독의 구멍이나 함량 부족의 결여태가 아니다. 순수 과거는 잠재적 다양체로서 끊임없이 차오르고 새로운 것이 솟아나오는 시간의 근원이요, 마르지 않는 우물이다. 순수 과거로서의 베르그손적 무의식은 세계 안에 진정한 창조를 실현한다.

이 장에서는 순수 기억과 순수 생명이 궁극적으로 한 자리에 모이게 되는 순수 과거의 존재론적 의미와 초월론적 위상을 밝혀내고자 한다. 우선 1절에서는 『시론』을 중심으로 하여 베르그손의 지속이론에 대한 정확한 규명을 목표로 한다. 지속을 단지 심리학적 지속에 국한시키고 불가분한 연속체로서만 간주하는 오해를 불식시키고, 지속의 질적 다양체로서의 본성을 해명하여 지속이야말로 생성의 존재론적 형식으로 작동하는 진정한 존재론적 시간임을 밝힌다. 2절에서는 존재론적 지속의 잠재성으로서 시간 이행의 초월론적 근거로 작동하는 순수 과거의 본성을 해명할 것이다. 기억의 원뿔이 함축하고 있는 시간의 역설적인 사태를 통해서 순수 과거의 존재를 복구시키고, 현재를 특권화된 시간양상으로 여기는 연대기적 시간을 초월론적으로 근거 짓는 비-연대기적 시간의 근원적 양상을 드러낼 것이다. 3절에서는 순수 기억, 순수 생명이 어떻게 순수 과거 안에서 초월론적으로 종합되는지를 밝히고, 베르그손의 존재론적 무의식이 함축하는 새로운 일원론의 가능성을 보여 줄 것이다.

의식 조직에서 이루어지는 작업과 관련이 있는 것이다"(프로이트, 「무의식에 관하여」, 『정신분석학의 근본 개념』, 190). "우리는 무의식적 정신 과정이 그 자체로 '무시간적'이라는 것을 알았다. (……) 반면에 시간에 관한 우리의 추상적 개념은 모두 조직 '지각-의식'의 작업 방법에서 나오고 (……)"(「쾌락원칙을 넘어서」, 같은 책, 297).

1. 질적 다양체로서의 지속

내가 그로부터 출발했고, 끊임없이 그리로 되돌아 간 지점은 바로 수적 다양체multiplicité numérique 와는 전혀 다른 상호 침투의 다양체multiplicité de pénétration réciproque 라는 관념, 즉 질적이고 창조적인 지속의 관념이다.[11]

구별되는 다양체multiplicité distinctes 와 통일성unité 은 오로지 전자도 후자도 아니면서 둘 다에 참여하고 있는 어떤 것, 내가 '질적 다양체' 또는 '상호 침투의 다양체' 또는 '지속'이라고 부르는 어떤 것에 대해 취해진 **외관들**vues 일 뿐이다. 철학을 시작하면서부터 나의 모든 노력은 실재 그 자체인, 이 **독특한**sui generis 다양체(지속, 즉 질적 다양체)에 대한 고찰을 향하고 있었다. 그것은 철학자들이 항상 옆으로 제쳐놓았던 것인데, 왜냐하면 그들은 지속에 대해 오로지 그것의 공간적 상징만을 보았기 때문이다.[12]

『시론』에서 처음 등장한 지속 개념의 독창성은 무엇보다 시간을 비-공간적인 질적 다양체로 정의했다는 데 있다. 흔히들 지속을 무구별적이고 불가분한 연속으로만 간주하는데 사실 지속의 핵심은 질적 차이에 의해 나뉘어진다는 것, 나뉘어지면서 스스로 달라진다는 것에 있다. 시간이 이러한 질적 다양체로서의 지속이라는 것은 무엇을 의미하는가? 그것은 바로 시간은 공간과 같은 것이 아니며, 존재의 연속적인 질적 변화와 분리 불가능한 것으로서, 창조적 생성이라는 실재 자체의 초월론적 근거라는 것이다.

---

11) Mél 1148, 회프딩(H. Höffding)에게 보낸 베르그손의 편지 중에서(1915년 3월 15일).
12) Mél 1192, 칼렌(H. M. Kallen)에게 보낸 베르그손의 편지 중에서(1915년 10월 28일).

1.1 두 유형의 다양체

① 질적 다양체와 양적 다양체

베르그손은 『시론』에서 두 유형의 다양체를 구별하고 있다. "**같은 것**^{le} $^{m\hat{e}me}$과 **다른 것**$^{l'autre}$ 사이의 차이에 대한, 하나는 질적이고 다른 하나는 양적인 두 개념, 즉 구별한다^{distinguer}는 말이 지닐 수 있는 두 가지의 의미, 두 종류의 다양체를 인정해야 한다."[13]

베르그손에 따르면, 다양체는 양적 차이에 의해 나눠지는 다양체와 질적 차이에 의해 나눠지는 다양체로 구분될 수 있다. 양적 다양체^{multiplicité} ^{quantitative}는 그 요소들이 수로 세어지고, 구별되며^{distincte}, 병렬할 수 있는 것으로서 기하학적 공간을 그 조건으로 함축한다. 질적 다양체^{multiplicité} ^{qualitative}는 전자와 대립되는 것, 즉 그 요소들이 수로 세어질 수 없고, 구별되지 않으며^{indistincte}, 상호 침투하는 것으로서 비-공간적인 지속을 함축한다.[14] 수와 의식 상태는 이러한 두 다양체의 대표적인 사례들이다.

---

13) ESSAI 90/81(『의식에 직접 주어진 것들에 관한 시론』 155).

14) multiplicité를 어떻게 번역할 것인지는 중요한 문제이다. 왜냐하면 통상 이 단어는 '여럿의, 다수의, 많은' 등을 나타내는 형용사 multiple의 명사형으로 쓰이고 있고, multiple은 '하나'를 나타내는 un과 상관적이기 때문이다. 다시 말해 multiplicité의 일상적 용법에는 이미 '수적으로 세어질 수 있는 것'의 뉘앙스가 들어 있다는 것인데, 문제는 이런 의미의 multiplicité는 베르그손이 구분하고자 하는 두 유형의 multiplicité 중 하나에 지나지 않는다는 데 있다. 베르그손에 의하면, 하나와 여럿의 표현을 적용할 수 있는 것은 오로지 수적 다양체일 뿐이고, 비-수적 다양체는 단적으로 하나라거나 여럿이라고 할 수 없는 어떤 것이다. 따라서 multiplicité를 '다수성'이나 '다양성'으로 번역하는 것은 적절하지 못하다고 나는 생각한다. 우선 '다수성'이라는 번역은 이미 '수적으로 여럿'이라는 뉘앙스를 지니고 있기 때문에, 이러한 번역은 오로지 수적 다양체의 경우에만 적용가능할 뿐이고, 비-수적인 질적 다양체의 경우에는 적용될 수 없다는 한계를 지닌다. 또 '다양성'이라는 번역 역시 여전히 하나와 여럿의 수적 맥락을 벗어나지 못하고 있다는 점에서 마찬가지로 부적절하다. 예컨대, '의식 상태들의 다양성', '수들의 다양성'(une multiplicité de nombres)이라는 표현은 물론 가능한 것들이고 또 베르그손이 종종 그렇게 쓰기도 한 표현인데, 문제는 이 표현들이 '여러(많은) 의식 상태들', '여러(많은) 수들'과 같이 환원되어 읽힐 수 있다는 데 있다. 이렇게 일면적으로 읽히는 표현들은 '의식 상태가 하나의 질적 다양체'이고, '수가 하나의 양적 다양체다'(le nombre est une multiplicité quantitative)라는 사실은 드러내지 못한다. 의식 상태의 경우나 수의

베르그손에 의하면, '수'는 일반적으로 "단위들^{unités}의 집합, 더 정확히 말하면, 하나$^{\text{l'un}}$와 여럿$^{\text{le multiple}}$의 종합"으로 정의된다.[15] 모든 수는 자신을 구성하는 단위들의 종합인 한에서는 그 자신이 '하나'(합계의 단일성)이면서, 또한 개별적으로 고려될 수 있는 다수의 단위들로 다시 분할될 수 있다는 점에서는 '여럿'(단위들의 복수성)이기도 하다. (예컨대 3은 1+1+1이다) 따라서 수는 하나의 양적 다양체이다. 그런데 이런 양적 다양체가 성립하기 위해서는 기하학적 공간을 전제로 해야 한다. 예컨대 한 무리의 양을 세는 경우, 개별적인 질적 차이가 무시된 채 동질적인 요소들로 전환된 양들은 오로지 공간적 위치에 의해서만 서로 구별된다. 따라서 수를 형성하는 단위들은 빈 간격에 의해 상호 외재적으로 병렬될 수 있는 동질적인 공간을 전제한다. 뿐만 아니라, 1부터 50까지 세는 경우처럼 단지 시간의 계기 속에서만 합계가 이루어지는 것처럼 보이는 더하기의 경우에도 세는 순간 각각을 공간의 한 점에 고정시키는 공간 표상을 전제하지 않고서는 이루어질 수 없다. 그리고 수를 형성하는 단위들이 잠정적인 단위들이고, 무한히 분할될 수 있다는 점을 주목해 본다면, 수를 구성하는 단위는 이미 어떤 연장$^{\text{延長, étendue}}$을 가진 대상으로 간주된다는 것 또한 알 수 있다. 따라서 "수에 대한 분명한 관념은 모두 공간 속에서 본다는 것을 내포한다."[16] "공간이란 정신이 수를 구성하는 질료이며, 정신이 그것을 위치시키는 장소이다."[17] 수적 다양체는 가분성, 동질성, 병렬성, 불연속성,

---

경우를 통해서 정작 베르그손이 보여 주고자 하는 것은 이것들이 하나이거나 여럿일 수 있다는 것이 아니라, '그 자체로 하나이면서 여럿인 어떤 존재론적 양상'이라는 것이다. 그리고 무엇보다 의식 상태나 수는 서로 다른 유형의 다양체에 속한다는 것이다. 나는 하나와 여럿의 대립을 넘어서 그 자체로 하나도 여럿도 아닌 것을 표현할 수 있다는 점과 또한 두 유형 모두에 사용할 수 있다는 점에서 multiplicité를 '다양체'로 번역하는 것이 적절하다고 생각한다.

15) ESSAI 56/51(『의식에 직접 주어진 것들에 관한 시론』 97~98).
16) ESSAI 59/54(『의식에 직접 주어진 것들에 관한 시론』 102).
17) ESSAI 63/57(『의식에 직접 주어진 것들에 관한 시론』 109).

상호 외재성으로 특징지어지는 공간 표상을 내포하고 있다.

반면 '의식 상태'는 "수를 오로지 가능적으로만en puissance 포함"하는 "양이 없는 다양체"[18]이다. 의식 상태는 마치 서로 구별되는 부분들이 유기적 조직화를 통해 전체를 이루고 있는 하나의 생명체처럼, 마치 각각의 음들이 이전 것을 보존하면서도 이후 것을 예고하며 연속적으로 흘러가는 음악의 선율처럼, 이질적인 요소들이 상호 침투하며 계기하는 질적 연속체이다. 우리는 이러한 의식 상태의 존재를 통해 "구별 없는 계기succession를 생각할 수 있으며, 그것을 또 요소들의 상호 침투, 연대, 내적인 유기적 결합으로서 생각할 수 있다. 그 요소들 각각은 전체를 나타내며, 추상할 수 있는 사유에게가 아니라면 전체로부터 구별되고 고립되지 않는다."[19] 따라서 "의식 상태들의 다양체는 그 가장 원천적인 순수성에서 생각되었을 때, 수를 형성하는 구별되는 다양체와는 아무런 유사성도 나타내지 않는다. 우리가 이미 말한 것처럼 거기에는 질적 다양체가 있을 것이다."[20]

수가 기하학적 공간을 상정하기 때문에 가능한 양적 다양체라면, 의식 상태는 그 자체로 지속이기 때문에 가능한 질적 다양체다. 이 두 다양체는 또한 객관적인 것과 주관적인 것, 즉 "직접적으로 수를 형성하는 물질적 대상들의 다양체와, 필연적으로 공간이 개입하는 어떤 상징적 표상의 매개 없이는 수의 모습을 띨 수 없을 의식적 사실들의 다양체"[21]를 특징짓는다.

'두 물체는 동시에 동일한 장소를 차지할 수 없다'는 불가침투성impénétrabilité을 상정하며 공간을 차지하고 있는 물질적 대상들의 경우, 가분성은 수의 경우와 마찬가지로 기하학적 공간의 가분성에서 비롯한다.[22]

---

18) ESSAI 90/81(『의식에 직접 주어진 것들에 관한 시론』 156).
19) ESSAI 75/68(『의식에 직접 주어진 것들에 관한 시론』 131).
20) ESSAI 90/80~81(『의식에 직접 주어진 것들에 관한 시론』 155).
21) ESSAI 65/59(『의식에 직접 주어진 것들에 관한 시론』 113).

수와 물체는 여럿으로 나뉘어질 수 있으며, 나뉘어도 정도상의 차이만을 낳는다. 수의 단위들 사이의 차이, 물체를 이루는 입자들 사이의 차이는 공간 안에서 전개되는 동질적인 요소들 간의 양적 차이이다. 이것이 바로 객관적인 것의 양상이다. 객관적인 것은 나뉘어도 본질적인 변화 없이 정도상 차이만 산출한다.

반면 의식 상태는 유기적인 전체를 이룬다는 점에서 단일하지만, 그렇다고 전적으로 나눠질 수 없는 것은 아니다. 끊임없이 나누어지면서 나누어질 때마다 질적으로 변화하는 것, 본성상의 차이를 산출하지 않고서는 나뉠 수 없는 것, 이것이 바로 주관적인 것의 존재 양상이다. (객관적인 것과 주관적인 것의 이러한 구분에 대해서는 이미 3장 3절 '순수 기억의 구조' 편에서 상론하였다.)

② 공간화된 시간과 순수 지속

베르그손이 이렇게 다양체의 두 유형을 구분하는 것은 결국 시간에 관한 잘못된 인식을 벗겨내고 실재 지속의 본성을 밝혀 내기 위해서이다. "지속에는 가능한 두 견해, 즉 모든 혼합으로부터 [벗어난] 순수한 지속과 공간의 관념이 몰래 개입한 지속이 있다."[23] 실재 지속이 순수하게 질적인 다양체라는 것은 수나 수적으로 세어질 수 있는 물체들이 보여 주는 양적 다양

---

22) 베르그손은 물질의 불가침투성을 물질의 본질적 필연성이 아니라 논리적 필연성에 불과하다고 밝히고 있다(ESSAI 66/60, 『의식에 직접 주어진 것들에 관한 시론』 115). 이는 이후 『물질과 기억』에 가서야 본격적으로 해명될 내용, 즉 물질의 본질이 독립된 윤곽을 가진 '물체'가 아니라(물체로서의 물질은 오로지 우리의 의식에 의해 객관화된 상대적인 것일 뿐이다) 질적 연속체로서 유동적인 것임을 이미 암시하고 있다고 할 수 있다. 그런데 이것은 또한 수적 다양체가 단지 질적 다양체와 본성상 다르다는 것만을 의미하는 것이 아니라, (아래에서 곧 밝혀지겠지만) 수적 다양체가 그 자체로 질적 다양체의 현상적 표면일 수 있음을 또한 의미한다고 할 수 있다.

23) ESSAI 74/67(『의식에 직접 주어진 것들에 관한 시론』 130).

체와 달리 공간이 개입하지 않는다는 점에서다. 베르그손은 두 다양체의 구분을 통해서 질적인 지속durée-qualité과 이것이 공간에 투사되면서 객관화되고 양화된, 즉 물질화된 시간temps matérialisé을 구분하고, 전자야말로 근원적 시간 실재이며 후자는 그로부터 파생된 것에 지나지 않음을 강조한다.

그런데, 『시론』의 논의에서 주의해야 할 것이 두 가지 있다. 우선 '공간'의 정확한 의미이다. 베르그손이 실재적 지속을 물들이는 불순물로 간주한 공간이란 기하학적인 공간, 데카르트적 의미의 연장적 공간, 칸트적 의미의 텅 빈 형식으로서의 공간이다. 예컨대 칸트는 '초월론적 감성론'에서 공간은 그 내용으로부터 독립적인 존재로서 인간 존재에 보편적인 텅 빈 형식으로 작동한다고 주장하고 있다.[24] 베르그손에 의하면, 이러한 동질적 매체로서의 칸트적 공간은 일상적 경험의 현상적 측면을 기술한 것이나 다를 바 없으며, 이는 공간의 실재적 본성에 대한 설명도 아닐 뿐더러 그러한 현상적 공간의 발생적 근거조차 해명되지 않은 것이다. 더군다나 이러한 칸트적 공간이 문제가 되는 것은 실재적인 시간 그 자체에까지 공간을 확장시켜 적용하고 있다는 점에서다.

베르그손에 의하면, 수적 다양체가 상정하는 공간, 즉 지속과 대립되며, 지속을 제거하는 공간은, 단지 우리 의식에 고유한, 추상적이고 관념적인 기하학적 공간일 뿐이다. 베르그손은 사실 질적 연속체로서의 물질적 연장과 인간적 인식 형식으로서의 추상적 공간을 구분한다. 이러한 공간

---

24) "칸트가 '초월론적 감성론'에서 발전시킨 이론은, 공간에 그 내용과는 독립적인 존재를 제공하고, 우리 각각이 사실상 분리하고 있는 것을 권리상 고립될 수 있는 것으로 선언하며, 연장성에서 다른 것들과 마찬가지의 추상을 보지 않는 것에서 성립한다. 그런 의미에서 공간에 대한 칸트적인 견해는 생각하는 것만큼 일반인들의 믿음과 다르지 않다. 공간의 실재성에 대한 우리의 믿음을 흔들기는커녕, 칸트는 그것의 정확한 의미를 결정했으며, 그것에 대해 정당성을 부여하기까지 했다"(ESSAI 69/62, 『의식에 직접 주어진 것들에 관한 시론』 119).

개념의 이중성은 공간 개념의 발생적 계보를 추적하는 『창조적 진화』에 이르러서야 더욱 분명해지지만, 『시론』에서도 이미 이를 구별하고 있다는 것이 간과되어선 안 된다. 왜냐하면 이를 간과할 때, 마치 공간과 지속의 절대적인 대립 속에서 지속은 오로지 심리적 실재로서만 존재한다고 베르그손이 주장하는 것처럼 오해할 수 있기 때문이다. 베르그손은 『시론』에서 이미, "연장성의 지각과 공간의 개념화를 구별해야 할 것이다. (……) 지성적 존재자들의 계열로 올라갈수록, 동질적 공간이라는 독립적 관념이 더욱더 명료하게 드러날 것이다."[25] "우리는 다른 질서의 두 실재를 안다. 하나는 이질적인 것으로서 감각적 질들의 실재이며, 다른 하나는 동질적인 것으로서 공간이다. 후자는 인간의 지성에 의해 명료하게 개념화된 것으로서 확연히 나누는 구별을 행하고, 세며, 추상하고 그리고 아마도 또한 말할 수 있게도 해준다"[26]고 주장하고 있다. 베르그손에 의하면, 대부분의 동물들은 구체적인 질로서의 연장성에 대한 지각만을 갖는다. 공간은 그들에게 동질적인 형식이 아니다. 질 없이 공간을 파악하는 능력은 오로지 인간 지성의 추상화 능력에서 기인한다. 인간 지성에 보편적인 형식으로서 추상화된 공간은 진화론적 산물로서 인간의 행위 도식으로 발전된 것이다. 그것은 실재 그 자체를 나타내는 것이 아니다.

　따라서 『시론』의 핵심적인 논증은 세계에 대한 '인간적 표상화'를 위한 공간 도식에 물들지 않은 순수 지속^{durée pure}의 실재성을 증명하는 것이다. 즉 우리가 통상 경험하며 과학이 상정하는 '시계의 시간', 즉 시계 바늘의 운동에 의해서 측정되는 시간은 양적 다양체와 마찬가지로 공간 표상에 물든 시간이며 실재 시간이 아니라는 것이다. 공간화된 지속이란 "실

---

25) ESSAI 71/64~65(『의식에 직접 주어진 것들에 관한 시론』125).
26) ESSAI 73/66(『의식에 직접 주어진 것들에 관한 시론』127).

재 지속의 상징적 이미지"[27]에 불과하다. 불연속적인 분리나 구별을 허용하지 않는 실재 지속 안에서 계기의 순서나 그 순서의 가역성을 이야기할 때 우리는 이미 시간을 공간화시키고 있다.[28] 그러나 "순수한 지속은 분명, 명확한 윤곽도 없고, 서로의 밖에 있으려는 어떠한 경향도 없으며, 수와는 어떠한 유사성도 없이 서로에 녹아들고 서로 침투하는 질적 변화의 연속에 불과할지도 모른다. 그것은 [아마도] 순수한 이질성héterogénéité pure일 것이다."[29]

한 가지 더, 『시론』에서의 지속 개념에 유의해야 할 것이 있다. 베르그

---

27) ESSAI 93/83(『의식에 직접 주어진 것들에 관한 시론』 160).

28) "지속 속에서의 가역적 연쇄라는 관념, 또는 단순히 시간 속에서의 어떤 계기적 순서라는 관념조차도 그 자체 공간의 표상을 내포하며, 그것은 시간을 정의하는 데에 사용될 수 없을 것이다"(ESSAI 76/69, 『의식에 직접 주어진 것들에 관한 시론』 133).

29) ESSAI 77/70(『의식에 직접 주어진 것들에 관한 시론』 135). 이러한 순수 지속은 측정 불가능한 것일 뿐만 아니라 표상될 수도 언표될 수도 없는 것이다. 왜냐하면 표상과 언어는 유동적 실재를 부동화하는 것이기 때문이다. "수나 공간과 관계없는 다양체의 표상은, 스스로에게로 되돌아와서 몰두하는 사유에서는 분명할지언정, 상식의 언어로는 번역될 수 없을 것이다"(ESSAI 91/81, 『의식에 직접 주어진 것들에 관한 시론』 157). 그래서 베르그손은 『형이상학 입문』에서 질적 다양체인 지속에 대해 가능한 3가지 '이미지'를 제공한다. ① 풀리면서 감기는 실패의 이미지. 우리가 성장할수록, 미래는 더 작아지고 과거는 더 커진다. 이 이미지는 병렬 없이 경험의 연속성을 보여 준다는 점에서 이점이 있다. 그러나 의식의 두 계기(과거와 현재)를 동질적인 것으로 보게 하고 대칭적인 관계로 놓는다는 점에서 단점이 있다. 지속은 분명 '이질적인 것'의 연속이지만 과거와 현재는 비대칭적 관계이기 때문이다. 그러나 지속이 과거의 보존을 함축한다는 것을 보여 준다는 점에서는 의미가 있고, 바로 이 때문에 우리의 경험이 동일자가 아니라 차이인 것이 보장된다는 것을 설명할 수 있게 한다. 이 첫번째 이미지는 지속이 기억이라는 것, 과거의 현재 속으로의 연장이라는 것을 보여 준다. ② 색깔 스펙트럼의 이미지. 이것은 색의 다양한 뉘앙스들, 차이나는 음영들의 다양성을 보여 줌으로써 지속의 이질성과 차이를 설명해 준다는 이점이 있다. 그러나 색을 공간에서처럼 동시적으로 병렬시키기 때문에 연속성의 특성을 잃어버린다는 단점이 있다. ③ 늘어나는 탄성이 있는 고무줄. 이것은 수학적 점으로 간주되는 '지금'에 해당하는 점의 '수축과 이완'을 보여 줌으로써 지속이 연속적이고 이질적일 뿐만 아니라 어떠한 순간에서도 불가분한 것임을 설명하게 해 준다. 그러나 불가분한 연속성에서 어떻게 질적 차이가 생성되는지를 보여 주지는 못한다(이 점에서는 오히려 들뢰즈의 '주름'이미지가 유효하다). 그러나 궁극적으로는 어떠한 이미지도 지속을 표상할 수 없다. 이미지는 본질적으로 부동적인 것이고 지속은 순수 운동성이기 때문이다. 또한 이미지는 현실적인 것이지만, 지속은 잠재적인 것이기 때문이다.

손이 "구별되지 않는 다양체, 또는 질적 다양체"[30]라 부르는 순수 지속은 **적어도『시론』에서는** 분명 심층적인 의식 상태의 흐름과 동일시되고 있다는 점이다. "완전히 순수한 지속은 우리의 자아를 그냥 살아가도록 내버려두었을 때, 현재 상태와 이전 상태 사이를 구별하는 것을 삼갈 때, 우리 의식 상태들의 계기가 취하는 형태이다."[31] "의식에 의해 지각된 내적 지속은 의식적 사실들의 상호 내포, 자아의 점진적 풍요화와 구별되지 않는다. (……) 내 속에서는 의식적 사실들의 유기적 조직화와 상호 침투의 과정이 계속되며 그것이 진정한 지속을 이룬다."[32] "그 자체로 생각했을 때, 깊은 의식의 상태들은 양과는 아무런 관계가 없다. 그것들은 순수한 질이다. 그것들이 하나인지 여럿인지도 말할 수 없고, 심지어 그것들을 곧바로 변질시키지 않고서는 그런 관점에서 고찰할 수조차 없는 방식으로 서로 섞여 있다. 그것들에 의해 만들어지는 지속은 이처럼 그 순간들이 수적인 다수를 이루지 않는 지속이다."[33]

따라서 의식 상태는 분명 질적 다양체로서 지속한다. 그러나 지속이 곧 의식 상태로 환원되지는 않는다. 『시론』의 목표는 어디까지나 질적 다양체로서의 지속이 무엇인지를 해명하는 데 있는 것이었고, 『시론』이후의 전개에 따르면, 지속은 심리적 영역에서뿐만 아니라 생명적 영역에서, 또한 물질적 우주 전체에서도 발견되는 궁극적 실재이다. 곧 밝혀지겠지만, 여기선 일단 지속이 내적 의식의 시간성에 국한되지 않는다는 점만을 염두에 두도록 하자.

---

30) ESSAI 78/70(『의식에 직접 주어진 것들에 관한 시론』136).
31) ESSAI 74~75/67(『의식에 직접 주어진 것들에 관한 시론』130).
32) ESSAI 80/72(『의식에 직접 주어진 것들에 관한 시론』139~140).
33) ESSAI 102/91(『의식에 직접 주어진 것들에 관한 시론』174).

1.2 두 다양체의 비대칭적 관계

이상에서 살펴본 대로, 양적 다양체와 질적 다양체는 구별된다. 그러면 이 양자간의 구별 자체는 양적 차이에 의한 구별인가, 질적 차이에 의한 구별인가? 양적 다양체는 공간적 차원에서 성립하며, 질적 다양체는 실재적 지속 그 자체이다. 여기서 놓치지 말아야 할 것은, 구별되는 두 다양체 사이의 대립이 비대칭적이라는 점, 즉 대립하는 요인이 공간의 관념성과 지속의 실재성에 있다는 점이다. 베르그손의 이원론적 경향은 절대적으로 성립하지 않는다. 베르그손의 이원론은 하나의 근원성과 다른 하나의 파생성으로 재조정된다.

① 두 다양체의 상호 침투

우선, 베르그손의 철학에서 제1의 이원성인 '공간과 지속'의 관계를 보자. "고유한 의미에서의 지속은 본질적으로 스스로에 대해 이질적이며, 구별되지 않으며, 수와는 아무런 유사점이 없으므로 서로에 대해 동일한 순간들도 외적인 순간들도 갖지 않는다. (……) 공간만이 동질적이고, 공간에 위치한 사물들은 구별되는 다양체를 형성하며 모든 구별되는 다양체는 공간에서의 전개를 통해 얻어진다. (……) 공간에는 지속도 계기도 없다."[34] 따라서 지속과 공간 사이의 본성상 차이는 분명하다. 공간이 외재성, 동시성, 병치, 불연속성, 양, 정도상 차이의 다양체라면, 지속은 계기, 상호 침투, 이질성, 연속성, 질, 본성상 차이의 다양체다.

　　그러면 본성상 다른 이 둘은 도대체 어떻게 '공간화된 시간'이라는 사생아를 낳을 수 있는가?[35] 요컨대 우리의 현실적 경험에 주어지는 혼합물

---

34) ESSAI 89/80(『의식에 직접 주어진 것들에 관한 시론』 154).
35) "동질적 장소라는 형태로 생각된 시간은 순수 의식의 영역에 공간의 관념이 침입한 데 기인한 사생아적 개념"(ESSAI 73/66, 『의식에 직접 주어진 것들에 관한 시론』 128~129).

은 어떻게 형성되는가? 베르그손에 의하면, 지속과 공간 사이에, "외재성 없는 계기와 계기 없는 외재성 사이에는 물리학자들이 삼투압 현상이라 부르는 것과 상당히 닮은 일종의 교환이 일어난다."[36]

우선 공간이 지속에 미치는 영향을 보면, "우리의 의식적 삶의 계기적이지만 상호 침투하는 국면들 각각이 그와 동시적인 시계추의 진동에 대응하는 반면에 그 진동들은 하나가 나타날 때 다른 것은 더 이상 없기 때문에 [서로] 분명하게 구별되므로, 우리는 우리의 의식적 삶의 계기적 순간들 사이에도 동일한 구별을 하는 **습관**을 가지게 된다. 즉, 추의 진동들은 의식적 삶을 서로에 대해 외재적인 부분들로 분해한다. 거기서부터 공간과 유사한 동질적인 내적 지속이라는 관념 그리고 그 순간들이 서로 침투되지 않고 이어진다는 잘못된 관념이 나온다."[37]

그 다음 지속이 공간에 미치는 영향을 보면, "하나가 나올 때 다른 것은 사라진다는 이유에 의해서만 구별되는 추의 진동들은 (……) 우리의 의식이 그들 전체를 조직화하는 **기억 덕분에**, 그들은 보존되고 다음에는 [일렬로] 정렬된다. (……) 우리는 그 진동들을 위해 우리가 동질적 시간이라고 부르는 **공간의 제4차원을 창조**하며, 그것은 추의 운동을 비록 제자리에 서일지언정 무한히 스스로에 병치될 수 있게 한다."[38]

여기서 주의 깊게 읽어내야 하는 것은, 상호 침투하는 지속을 '서로에 대해 외재적인 부분들로 분해'하고, 이로부터 '공간과 유사한 동질적인 내적 지속이라는 관념', 지속의 각 순간들이 '서로 침투되지 않고 이어진다'는 관념을 도출하는 것이 바로 '습관'이라는 점이다. 또 상호 외재적인 운동을 하나의 동일한 운동체의 운동으로 보존하여 추라고 하는 하나의 운

---

36) ESSAI 81/73(『의식에 직접 주어진 것들에 관한 시론』 141).
37) ESSAI 81/73(『의식에 직접 주어진 것들에 관한 시론』 141), 강조는 인용자.
38) ESSAI 81~2/73(『의식에 직접 주어진 것들에 관한 시론』 142), 강조는 인용자.

동체의 반복적 운동을 만들어 내는 것은 바로 '동질적 시간이라는 공간의 제4차원을 창조하는 우리의 의식'이라는 점이다. 다시 말해, 상호 외재적인 요소들의 반복, 물질적 요소들의 단순 반복으로부터 혼합물을 창출하는 것은 습관을 형성할 줄 아는 우리의 의식이라는 것이다. 우리의 의식은 무엇보다 기억이기에, 이전 것과 이후 것을 종합하고 수축하여 새로운 무언가를 창출한다. 따라서 차이의 생성은 주관적인 것의 특성에 속하는 것임을 알 수 있다.

그 다음, 『시론』 2장에서 두 유형의 다양체를 구별하기 위해 이루어졌던 '수 개념 분석'을 다시 들여다보자.[39] 베르그손은 "형성 중인 수와 일단 형성된 수"를 구별해야 한다고 주장하며, "수는 그것을 구성하는 동안에는 불연속적이다. 그러나 수는 완성된 상태에서 생각하자마자 객관화되며, 바로 그렇기 때문에 그때 그것이 무한히 분할 가능한 것으로 보인다"[40]는 점을 지적한다. 베르그손의 궁극적인 주장은, 수가 '하나'의 단위로서 불가분한 것으로 여겨지는 것은 오로지 수를 형성하는 정신의 불가분한 작용에서 기인하는 것이며, 일단 정신의 종합 작용에 의해 형성된 수가 객관화되면서 무한히 분할 가능한 '여럿'으로 간주되는 것은 연장적인 공간을 전제하기에 가능하다는 것이다. 다시 말해 낱낱이 흩어진 단위들을 통합하여 하나의 단일한 수를 형성하기 위해서는 '상호 침투'와 '질적인 종합'을 전제할 수밖에 없다는 것이다. 결국 베르그손의 수 분석은 단지 두 유형의 다양체가 구별되는 것임을 보여 주는 데 그치는 것이 아니라, 궁극적으로 그

---

39) 『시론』 2장에서 베르그손의 수 분석은 수적이고 측정가능한 다양체는 공간의 질서와 동일하다는 것을 보여 주고자 하는 것이다. 왜냐하면 만일 모든 수 또는 모든 측정가능한 양이 공간적이라면, 양화될 수 없는 것, 즉 질은 필연적으로 지속의 질서에 속할 것이기 때문이다. 여기서 베르그손의 추론이 전제하고 있는 것은 양적이지 않은 모든 것은 질적이라는 것, 즉 질이 아닌 것은 양이라는 것뿐이다(Baron, *Bergson*, 37).

40) ESSAI 62/57(『의식에 직접 주어진 것들에 관한 시론』 107).

러한 두 다양체 사이의 어떤 연속적인 관계가 성립하는 것임을 보여 준다.

"우리는 우리가 질적 다양체라 부르던 것을 병행하여 고려하지 않고는 구별되는 다양체라는 관념 자체를 형성할 수 없다."[41] "우리가 질 없는 양의 관념을 형성하는 것은 양의 질 덕분이다."[42] 한마디로, 양적 다양체는 질적 다양체에 의존하지만, 그 역은 아니다. 따라서 처음에 강조되었던 양과 질의 이원적 구분은 결국 질의 우위에 의해 재조정되고 있다.

② 강도의 두 차원

따라서 두 다양체의 구별 원리였던 양과 질의 이원성에 대해서 다시 고려해야 한다. 우선 베르그손이 『시론』 1장에서 했던 강도 비판은 양적이거나 공간적인 모든 요소들을 제거시킨 순수한 상태에서 봐야 비로소 볼 수 있는 순수 지속의 실재성을 설명하기 위한 전초작업이었다. 그 장의 주된 목적은 심리학에서의 강도 개념이, 비교불가능하고 측정불가능한 심리적 상태의 질들을 양화시켜 마치 측정가능한 것처럼 착각하게 만든다는 것을 보여 주는 데에 초점이 맞춰져 있다. 그러나 이제 "양의 질"을 언급하는 이 부분에 와서는 오히려 양이 질의 한 수준이 되고, 또한 질을 양화하는 강도 개념이 재도입되는 것처럼 여겨진다.

들뢰즈는 『베르그손주의』에서 "『시론』에서 보였던 강도 비판은 아주 애매하다. 그것은 강도량이라는 개념 자체에 대한 것인가 아니면 심리적 상태들의 강도라는 관념에 대해서만 이루어진 것인가? 만일 강도가 순수한 경험 안에서는 결코 주어지지 않는다는 것이 참이라면, 우리가 경험하는 모든 질들을 주는 것은 강도가 아닐까?"[43] 하고 의문을 제기한다. 그리

---

41) ESSAI 91/81(『의식에 직접 주어진 것들에 관한 시론』 157).
42) ESSAI 92/82(『의식에 직접 주어진 것들에 관한 시론』 158).
43) Deleuze, *Le Bergsonisme*, 93(『베르그송주의』 127).

고 『차이와 반복』에서는 심지어 베르그손의 강도 비판이 설득력이 없다고 주장한다. "요컨대 양적 차이나 정도상의 차이들이 있고 마찬가지로 질적 차이나 본성상의 차이들이 있다면, 이를 위해서는 먼저 그것들을 구성할 수 있는 강도가 있어야 한다. (……) 질 안에서는 질적 차이들을, 연장 안에서는 양적 차이들을 구성할 수 있는 강도가 없다면 질적 차이들이든 양적 차이들이든 있을 수 없는 것이다. (……) (베르그손의) 비판은 전적으로 생산된 질들과 이미 구성된 연장들에서 출발한다. 이 비판에서 차이는 질 안의 본성상 차이들과 연장 안의 정도상 차이들로 할당된다. 이런 관점에서 보면 강도는 어쩔 수 없이 어떤 불순한 혼합물로 나타날 수밖에 없고, 더 이상 감각하거나 지각할 수 없는 것이 된다."[44]

다시 말해서 들뢰즈는 베르그손이 양과 질을 경험적 차원에 놓고, 강도 역시 오로지 이 경험적 차원에서의 불순한 혼합물로서만 취급하면서 비판하였다는 것이다. 그러나 정작 강도의 핵심은 그것이 아니라, 질(본성상 차이)과 양(정도상 차이) 모두를 가능하게 하는 초월론적 조건이라는 점에 있다는 것이 들뢰즈의 주장이다. 특히 경험에 주어지는 질들은 단지 양화할 수 없는 것이라는 점에서 양과 대립되는 것이 아니라, 그러한 질들을 산출하는 실제적 조건으로서의 강도를 상정해야 질적 경험 자체가 가능하다는 점에서 오히려 '질이 양(강도)의 산물이 될 수 있다'는 것이다. 한마디로 들뢰즈는 베르그손이 강도의 경험적 차원과 초월론적 차원을 구분하지 않고 무조건 강도를 불순한 혼합물로 비판했다고 비판하는 것이다.

그러나 내가 보기에는, 『시론』에서조차 이미 베르그손은 '양이 산출하는 어떤 질적 변화'를 인정하고 있다. 우선 '양의 질적 특성'에 대해 『시론』에서 베르그손이 직접 제시한 예들을 살펴보면, 다음의 두 가지를 들 수 있

---

44) Deleuze, *Différence et Répétition*, 308(『차이와 반복』510).

다. 만일 모루가 감각을 가졌다고 가정한다면, 그 위에 가해지는 망치의 두 드림에 대해 모루가 가질 모종의 느낌은 단순한 두드림의 횟수와는 전적 으로 다를 것이라는 것, 즉 첫번째 두드림과 그 이후의 두드림이 더해지면 서 전체적으로 모루가 겪게 되는 어떤 질적 변화가 있을 것임을 상정한다 는 것이 하나이다. 그리고 상인들이 1000원보다는 999원이라 표기하는 것이 훨씬 더 싼 가격으로 소비자들에게 다가간다는 것을 잘 알고 장사하 듯이, 999와 1000 사이에는 단순한 양적 차이만이 아니라 질적 차이도 동 반한다는 것이 다른 하나의 예이다.[45]

이러한 예들은 강도에 대한 베르그손의 생각이 일면적이지 않음을 말 해 준다. 다시 말해 베르그손은 '질을 양화한다'는 점에서 심리학에서의 강 도 개념을 비판했을 뿐이며, '양이 질을 산출한다'는 점에서의 심리적 강도 는 인정하고 있다는 것이다. 베르그손은 "『시론』에서 나는 심리학에서의 강도 개념을 오류로서가 아니라 해석되기를 요구하는 것으로서 비판했다. 아무도 심리적 상태가 강도를 갖는다는 것을 거부할 수 없다"[46]고 직접 말 하고 있다. 뿐만 아니라 『시론』에서의 이런 맹아적 상태의 강도 개념은 『물 질과 기억』에 오면 기억으로서의 지속이 갖는 상이한 수축의 정도들로 번 역되는 잠재적 차원에서의 강도 개념으로 전환된다.

사실상 『차이와 반복』에서 들뢰즈가 드러내고자 한 강도의 의미는 "질과 양의 이항대립에 선행하는 초월론적transcendantal 사태이자 자신이 낳은 질과 양들 밑으로 숨어들어가는 초월적transcendant 사태이다. 강도는 현실적 대상의 경험에 선행할 뿐 아니라 그 경험과 대상의 생성 자체를 가 능하게 해주는 조건이라는 의미에서 초월론적이고, 재현적 사유와 개념적

---

45) ESSAI 91~92/82(『의식에 직접 주어진 것들에 관한 시론』 158).
46) Mél 491.

매개를 깨뜨리는 힘을 지닌다는 의미에서 초월적이다."[47] 그러나 이러한 의미에서의 강도를 베르그손이 전혀 몰랐다고는 할 수 없다. 들뢰즈 역시 이 점을 알고 있었고, 따라서 '베르그손의 강도 비판'에 대한 그의 비판 자체를 절대적인 비판으로 받아들이는 것은 무리가 있다고 본다. 왜냐하면 들뢰즈는 곧 "베르그손은 정도들을 비판했지만, 베르그손주의는 곧 정도들의 철학이다. (……) 베르그손은 강도를 비판했지만 이완과 수축이 설명의 근본 원리로 세워지고 있다"[48]고 말하고 있기 때문이다. 또한 들뢰즈는 무엇보다 베르그손의 기억 이론 안에서 수축-이완의 정도들로 표현되는 '지속의 강도'를 재발견한다. "베르그손이 질과 연장의 이중적 발생에 대해 질문하는 순간이 출현한다. 또 이런 근본적인 분화(질-연장)는 오로지 기억의 거대한 종합 안에서만 자신의 이유를 발견할 수 있다."[49] (우리는 3장에서 이미 기억의 수축과 정도에 대해서 상론했고, 특히 3장의 5.1절에서 '질은 수축된 양'임을 이미 보았다.)

  그러니까 궁극적으로는 베르그손에게 있어서도 경험적 차원에서의 질과 연장을 산출하는 것은 잠재적 차원에서의 기억의 수축과 이완의 정도, 즉 지속의 긴장과 강도이다.[50] 다시 말해 베르그손은 경험적-현실적 차원에서 질과 양의 혼합물로 등장하는 강도만이 아니라 초월론적-잠재

---

47) 들뢰즈, 『차이와 반복』(김상환 옮김, 「옮긴이 해제」), 672.

48) Deleuze, "La conception de la différence chez Bergson", 109.

49) Deleuze, *Différence et Répétition*, 308(『차이와 반복』511)

50) 바운다스(Constantin Boundas)가 잘 지적하고 있듯이, 오히려 들뢰즈야말로 베르그손의 구별되는 양을 '연장된' 양으로 대체하고 질적 연속체를 '강도적' 양으로 대체함으로써 베르그손의 비판을 자신의 존재론으로 확장시키고 있다고 할 수 있다. 연장된 양은 오로지 정도 상으로만 서로 구분되는 부분들로 분해된다. 그러나 강도들 사이에는 본성상의 차이만이 있으며, 강도의 나눔은 본성상 서로 다른 '파편들'로 귀결된다. 결국 들뢰즈의 연장된 양은 베르그손의 구별되는 양이자 정도상 차이에 해당하며, 강도적 양은 양적으로 구별될 수 없는 이 질적인 질들이자 본성상 차이에 해당한다(Boundas, "Deleuze-Bergson: an Ontology of the Virtual", 86).

적 차원에서 질과 양의 실제적 조건으로 존재하는 강도를 알고 있었다! 그래서 잠재적 지속의 관점에서 보면, (5장 2절 '정신의 반복' 편에서 보다 분명하게 상론되겠지만), 정도상 차이는 본성상 차이의 가장 낮은 정도에 해당한다. 이를 들뢰즈의 차이 그 자체의 관점에서 보자면, 베르그손의 "정도상의 차이들은 다만 가장 낮은 정도의 차이에 불과하고, 본성상의 차이는 다만 가장 높은 본성의 차이일 뿐이다."[51] 여기서 우리는 베르그손의 모든 이원론적 경향, 즉 지속과 공간, 기억과 물질, 생명과 물질 사이의 관계가 궁극적으로 어떤 지점에서 일원화되고 있는지를 알 수 있다(아래 3절 '순수 과거의 초월론적 종합'에서 곧 밝혀지겠지만, 그 지점이 바로 잠재적인 차원에서 수축의 정도[강도]들이 공존하고 있는 순수 과거이다).

베르그손은 우리의 현실적 경험에 주어지는 혼합물들(예컨대 공간화된 시간, 사물에 대한 표상, 물체와 생명체 등)을 우선 본성상 차이 나는 두 항으로 나눈다. 그러나 본성상의 차이에 따라 나누어진 두 항은——즉 공간과 지속, 물질과 기억, 물질과 생명——'실체적'으로 구분되는 것이 아니라 '경향적'으로 구분된다. 다시 말해 분리된 윤곽과 독립적 영역을 지닌 실체처럼 수적으로 세어질 수 있고 양적으로 구별될 수 있는 방식으로 나누어지는 것이 아니라, 질적 차이에 의해 연속적이면서도 다른 것으로 나누어진다. 실체적 차이로 나누어진다면 양자간의 상호작용 자체가 불가능할 것이지만, 양자는 이미 질적 다양체인 지속의 차원 안에서 경향성의 차이로 나누어진다. 바로 여기에 베르그손적 사유의 독창성이 들어 있다. **본성상 다른 것으로 구별되는 두 경향은 바로 본성상 다른 것으로 나누어지는 경향 안에서 이루어지는 구별이라는 것!** 즉 "지속과 공간 사이에 본성상 차이가 있다. 그러나 더 중요한 것은, 지속이 그 자체로 본성상 차이를 낳는 경

---

51) Deleuze, *Différence et Répétition*, 309(『차이와 반복』 512).

향이고 공간은 정도상 차이를 낳는 경향이라는 것이다."[52]

　　따라서 베르그손의 다양체론에서는 양적 현실적 다양체와 질적 잠재적 다양체 사이의 비대칭적 관계를 놓치지 않고 보는 것이 관건이다. 두 다양체는 본성상 다른 것으로서 이원화되지만 궁극적으로는 하나의 다양체의 심층과 표면으로 일원화된다. 그러나 두 다양체의 이원성과 일원성은 서로 다른 차원에서 논의된다는 점을 간과해선 안 된다. 즉 현실적 차원에서의 이원성과 잠재적 차원에서의 일원성, 다시 말해 경험적 차원에서 본성상 다른 것으로 구분되었던 것들은 초월론적 차원에서 정도상(강도상) 다른 것으로 연속성을 지닌다. 그러니까 질적 다양체인 지속은 현실적 차원에서 이원화되며 자기-차이화하지만 잠재적 차원에서는 자기 자신과 하나인 셈이다. 양적 다양체와 구별되는 질적 다양체로서의 지속은 따라서 양적 다양체를 현실적 표면으로 삼는 잠재적 다양체로서의 지속이다. 현실적인 것과 잠재적인 것은 동일한 실재의 표면과 심층이고, 근원적 실재인 잠재적 다양체가 본성상 자기 자신과 달라지려 한다는 그 자신의 경향성에 의해서 현실적 다양체로 이원화된다.

③ 질적 다양체에서 잠재적 다양체로

질적 다양체에서 잠재적 다양체로의 전환은 『물질과 기억』에서의 기억 이론을 경유함에 따라 이루어지며, 이러한 전환은 시간론의 차원에서 볼 때에도 중요한 의미를 지닌다.

　　사실 『시론』에서 강조되었던 지속의 특성은 이질적인 요소들의 상호 침투와 양(=수)적으로 구별되지 않는 질적 속성이었다. 이는 무엇보다 실재적 지속을 확증하기 위해 공간과의 본성상 차이를 두드러지게 했기 때

---

52) Hayden, *Multiplicity and Becoming; the pluralist empiricism of Gilles Deleuze*, 42.

문이었다. 그러나 『시론』 이후의 베르그손 철학 전체와 관련해서 지속 그 자체의 본성을 살펴보면, 『시론』에서의 정의만으로는 시간을 설명하기에 불충분함을 알 수 있다. 물론 지속은 이질적인 요소들이 공간 위에서처럼 '동시에'(=한꺼번에) 주어질 수 없다는 점에서 '계기성'succession을 지닌다. 또한 이 계기적인 순간들은 하나하나 구별하여 세어질 수 없도록, 이후 것 안에 이전 것이 녹아 들어가 있는 상태로 '연속성'continuité을 지닌다. 그러 나 이러한 지속의 계기적 연속성은 왜 시간이 생성의 존재론적 형식으로 작동하는지를 설명하지 못한다. 즉 시간의 흐름은 왜 끊임없는 질적 변화 를 야기하는가, 새로운 질들의 출현은 어떻게 가능한 것인가. 다시 말해 현 재가 끊임없이 달라지고 상이한 질들로 변화하면서 지나가게 되는 근거와 이유를 『시론』에서는 구체적으로 해명하고 있지 못하다는 것이다.

따라서 『물질과 기억』의 등장은 필연적이다. 베르그손의 기억이론은 공간과 지속의 양항 대립을 현실적-수평적 차원과 잠재적-수직적 차원의 교차 관계로 전환시킨다. 이에 따라 시간 이행의 문제는 경험적 차원에서 의 이행과 이를 근거짓는 초월론적 차원에서의 종합으로 설명될 수 있게 된다.

지속이 질적 변화의 연속체인 것은 지속이 바로 기억이기 때문에, 즉 "현재 속에 과거를 연장하는 기억의 연속적인 삶"[53]이기 때문에 가능한 것이다. 『시론』에서 질적 다양체로서의 지속이 추상적인 공간화된 시간과 달리 현실적으로 체험되는 구체적 시간의 실재임을 보여 주었다면, 『물질과 기억』에서는 이러한 지속의 잠재적 차원과 현실적 차원을 구분함으로써 시간의 존재론적 구조를 해명하고 있다. 기억이론은 현재와 과거 사이에 **본성상 다른 차원을 할당함으로써** 현재와 과거의 계기적 연속성에 차이

---

53) PM 201/1411.

와 이질성이 도입되는 이유와 근거를 마련했다. **현재와 과거의 본성상 차이는 이질적인 요소들 간의 질적 차이라기보다는 현실적 차원과 잠재적 차원 사이의 존재론적 양상에서의 차이이다.** 3장에서 이미 논증되었고, 또한 아래 2절에서 다시 상론될 것이지만, 순수 기억은 잠재적인 차원에서 과거의 상이한 수준들이 공존하고 있는 다양체이다. 잠재적 차원에서 상이한 수준들로 공존하며 존속하는 과거의 총체야말로, 또한 그 과거의 수준들이 갖는 차이야말로 현재의 질적 변화와 현재들의 계기적 이행을 가능하게 한다. "과거는 현재와 병렬적으로 있는 것이 아니라 하나로 합체되면서도 예측불가능한 새로움을 창조하기 위해서 현재로 연장된다."[54] 따라서 **질적 다양체로서의 지속은, 지속이 또한 기억인 한에서, 잠재적 다양체로서의 지속으로 정의되어야 존재론적 생성 그 자체인 시간 실재로서의 본성을 분명히 표현할 수 있다.**

이폴리트는 「베르그손에서 기억의 다양한 측면들」(1949)에서 베르그손의 기억을 심리학적 기억이 아닌 창조적 지속 그 자체로 해석하였고, 이 존재론적 의미의 기억이 질적 다양체이면서 또한 잠재적인 다양체임을 이미 간파하였다. 그는 "베르그손의 기억실재론은 물질적 세계의 대상들에 속하는 불연속성과 다양성을 정확히 무의식적인 대상들에게 부여했다"[55]고 베르그손을 비판하는 사르트르의 오류를 지적하면서, 사르트르야말로 "『시론』에서 이미 대립시켰던 **두 다양체들** 사이의, 즉 **잠재적인 것과 현실적인 것** 사이의 구분을 무시하고 있다"고 사르트르를 재비판하고 있다.[56]

---

54) Hyppolite, "Aspects divers de la mémoire chez Bergson", 374.
55) Sartre, *L'imgination*, 1936.
56) Hyppolite, "Aspects divers de la mémoire chez Bergson", 384. 예컨대 "베르그손이 기억에 부여한 특수한 의미에서의 기억, 즉 창조적 지속으로서의 의미"(Ibid., 376), "잠재적 다양체(multiplicité virtuelle)로부터 이미지의 것인 실제적 다양체(multiplicité effective)로 이행"(Ibid., 382)과 같은 표현들 참조.

들뢰즈는 한걸음 더 나아가, 베르그손의 질적 다양체로서의 지속이 함축하는 핵심적인 의미는 단순히 '양적으로 구별되지 않는다'는 것에 있는 것이 아니라 '질적 차이에 의해 나누어진다, 나누어지면 질이 변한다'는 것에 있음을 강조하였다.[57] 들뢰즈는 이러한 해석의 근거로, 베르그손의 두 다양체 개념이 수학자 리만B. Riemann의 다양체 개념으로부터 영향을 받았을 것이라는 데 두고 있다(물론 베르그손이 명시적으로 언급하고 있는 부분은 없다). 리만은 「기하학에 기초를 제공하는 가정들에 대하여」(1854)에서 '불연속적인 다양체'와 '연속적인 다양체'를 구분하고 있는데, 양자의 차이는 나눔의 측정 원리에 있다. 들뢰즈는 수학에 조예가 깊은 베르그손이 이러한 리만의 구분을 모를 리 없고, 이는 『지속과 동시성』에서 상대성 문제를 다룰 때, 특히 상대성 이론은 리만적 사유에 의존하고 있다는 점에서, 간접적으로 드러나고 있다고 주장한다.[58] 따라서 들뢰즈는 베르그손이 질적

---

57) 들뢰즈는 특히 베르그손의 질적 다양체 개념을 잠재적 다양체로 재정의하면서 자신의 '차이의 철학'을 전개하는 데 핵심적인 개념으로 발전시켰다. 들뢰즈의 다양체 개념에 대한 언급은 Le Bergsonisme, 31~42(『베르그손주의』 49~63);Différence et Répétition, 236~238(『차이와 반복』 397~401);Mille plateaux, 602~609(『천개의 고원』 921~930)에서 반복적으로 제시되고 있다.

58) Deleuze, Le Bergsonisme, 32(『베르그손주의』 50);Différence et Répétition 236(『차이와 반복』 397). 들뢰즈에 의하면, 베르그손(『시론』 1889)과 후설(『산술의 철학』 1891)은 비슷한 시기에, 모두 리만으로부터 영향을 받아 다양성 관념을 발전시켰다. 후설도 수의 기수적 특성, 단위의 가분성, 종합으로서의 단위의 결합을 인정한다. 베르그손과 차이가 있다면, 후설은 베르그손과 달리 수가 공간 직관으로부터 독립적이라고 생각한다는 데 있다(물론 베르그손의 경우에도, 수가 상정하는 공간은 사물의 속성이 아니라 행위 도식으로서의 관념적 공간이기 때문에, 수는 질적 특성을 갖고 있는 실재적 공간 개념으로부터는 독립적이라고 할 수 있을 것이다. 이런 점에서는 후설과의 이런 차이도 약화될 수 있을 것이다). 그리고 후설도 수적 다양성을 다른 유형의 다양성, 즉 질적 다양성에 대립시킨다. 그런데, 후설이 말하는 질적 다양성은 '유사-질적 특성'을 가진 '형상적 요인들'의 다양성일 뿐이다. 예컨대, 내가 어떤 방에 들어가서 '많은 것들이 있다'는 것을 볼 때, 또 내가 하늘을 쳐다보면서 '많은 별들이 있다'는 것을 볼 때, 거기엔 수적 다양성이 아닌 비-수적 다양성이 있다. 그것은 본질 직관된 다양성, 범주적 다양성이다. 그것은 베르그손이 말하는 상호 침투의 다양체, 질적 이질성의 연속체로서의 잠재적 다양체가 아니다. 후설은 『내적 시간의식의 현상학』(24)에서 지속을 연속적 다양성으로 생각한다. 그러나 베르그손의 지속은 내적 시간 의식의 현상학에서 드러나는 어떤 속성이

다양체로서 지속을 정의할 때, 그것은 리만의 연속적 다양체를 변형시킨 것으로 무엇보다 나눔의 원리와 관련된 것이며, 순수 이질성인 지속은 단순히 나눌 수 없는 것이 아니라 오히려 나누어지면서 질을 바꾸는 것, 질적 변화 없이는 나누어지지 않는 것, 끊임없이 본성을 바꾸면서 나누어지는 것이라고 보아야 한다고 주장한다.

요약하자면, 공간적 차원에서 경험되는 다양체, 현실적 의식에 표상되는 다양체는 불연속적이고 상호 외재적인 요소들의 다양체이며, 객관적인 것을 특징짓는다. 수나 물체들은 측정될 수 있고 양화될 수 있는 요소들의 다양체, 따라서 잠재성을 갖지 않는 현실적 다양체들이다. 반면 지속의 차원에서 경험되는 다양체, 표상적 차원을 벗어나서 직관되어야 하는 다양체는 이질적인 부분들(요소들 또는 차원들) 간의 유기적인 조직화, 상호 침투, 수축, 종합으로서 주관적인 것을 특징지으며, 잠재적이고 연속적인 다양체이다. 그러나 "본성상 다른 두 항의 대립은 이 두 항 모두를 포함하는 잠재성의 적극적인 실현에 불과하다."[59] 지속은 잠재적인 것으로서 자기 자신과 달라지면서 현실화한다. 시간은 이러한 의미에서의 지속이기에 생성의 존재론적 근거로 작동할 수 있다.

1.3 심리학적 지속에서 존재론적 지속으로

베르그손의 지속 이론에 대한 가장 흔한 오해 중 하나가 지속을 오로지 심리학적 의식의 시간적 흐름으로만 간주한다는 데 있다.[60] 그러나 이런 오해는 베르그손의 지속 개념의 핵심과 드라마틱한 변천을 제대로 파악하지 못한 데서 비롯한다.

아니라 의식 자체, 사물 자체의 존재론적 본성이다(Deleuze, *théorie des multiplicités chez Bergson* 참조).

59) Deleuze, "La conception de la différence chez Bergson", 97.

우선 『시론』에서의 지속 개념을 오로지 공간에 대한 순수 지속의 대립 관계 속에서 파악하면서 특히 순수 지속이 비-공간적인 의식 내적 현상으로 체험되는 것임을 강조할 때 오해의 소지가 싹튼다고 할 수 있다. 순수 지속은 물론 공간화된 시간과 구분된다. 공간화된 시간이란 서로 구별되는 (세어질 수 있는) 동질적 요소들의 동시적인 병치와 공존을 나타내는 공간 표상에 의해 물든 시간, 그래서 누구에게나 동질적으로 주어지고 또 등질적으로 나눠질 수 있는 텅 빈 형식으로서의 시간, 소위 시계의 시간으로 대표되는 시간이다. 순수 지속은 의식 바깥에 객관화되어 있는 이러한 추상적이고 공간화된 시간이 아니라, 의식 자신의 구체적인 삶의 흐름에서 발견되는 실재 시간이다. 이 시간은 외부 세계와 접하고 있고 따라서 외부 세

60) "하이데거의 전통 시간 해석에 따르면 적어도 베르그손과 그를 넘어서 있는 철학자들의 시간 개념은 항상 내재적인 '의식'을 통해 나타난다. 그러므로 그들에게서 시간은 항상 '시간-의식' 즉 '시간의 의식'에서만 가능하다"(피터 하, 「하이데거와 베르그손에 있어서 시간성 문제」, 87). "비록 베르그손이 '선-이론적'인 의식을 정립함으로써 데카르트적인 추상적 사유를 극복하려고 시도했다 할지라도, 시간에 관한 그의 철학적 사유는 아직도 의식 차원에 남아 있다. 그렇기 때문에 그에 의해 제기된 내면적인 의식의 직관에서 감지되는 '지속'에 근거하는 인간 정신은 한편에서는 구체적인 현실세계, 즉 타자와의 관계가 유리된 채 자신의 내면 세계 안에 갇힌 정신으로 규정될 수밖에 없다"(같은 논문, 91). 내가 보기에는, '의식의 차원을 넘어서 근원적인 시간을 사유한다'는 점에서는 베르그손과 하이데거가 유사한 목표를 갖는다. 그러나 그 '너머'를 하이데거는 실존론적 존재 의미에서 찾고, 베르그손은 인간적 경험의 한계 바깥의 실재에서 찾는다는 점에서 결정적인 차이가 있다. 비록 하이데거적 의미의 실존론적 분석에 의해 밝혀진 시간성은 아니지만, 그렇다고 해서 베르그손의 지속이 '시간-의식'에 한정되지는 않으며, 지속 역시 지향적 의식의 매개 없이 직관되는 실재 그 자체로 드러난다. 적어도 기초존재론에서 현존재의 존재 의미로 드러난 시간성은 오히려 베르그손적 관점에서 볼 때는 여전히 인간적 경험의 한계 안에서의 시간이라고 볼 수 있다는 점에서 보다 근원적 시간이 아니라고 할 수도 있을 것이다. 베르그손의 지속은 현존재가 속해 있는 상호주관적인 역사 세계 자체를 넘어서 그러한 실존론적 공간 자체의 발생적 근원으로서의 비인격적 시간 자체를 직관하고자 하는 것이기 때문이다. 그러나 하이데거가 존재적 차원과 존재론적 차원을 구분하고 존재자와 존재의 존재론적 차이를 사유한 개념틀만큼은 베르그손의 경우에 현실적인 것과 잠재적인 것 사이의 관계를 해명하는 데 유용하게 적용시켜 볼 수 있을 것 같다. 베르그손의 경우, 잠재적인 순수 과거의 존재는 현실적인 존재자들의 존재 근거로서 작동하기 때문이다.

계의 공간성이 침투해 있는 의식의 표층에서 경험되는 시간이 아니다. 순수 지속은 평소에는 '의식하지 못하는' 의식의 심층에서 부단히 살아 움직이며 흐르고 있었던 개별 의식 고유의 내적 시간이며, 공간화된 시간과 달리 이질적인 요소들의 상호 침투와 유기적인 조직화에 의한 질적 변화의 불가분한 연속성을 지닌다. 따라서 『시론』에서의 순수 지속만 본다면, 시간은 분명 의식의 내면성으로서 또한 개별적인 의식 각자의 삶에 내재하는 것으로서 의식 '안에' 존재하며 의식의 주관성에 봉사하는 것이라고 볼 수 있을 것이다.

그러나 내가 보기에, 『시론』에서 지속 개념의 혁신은 비-공간적인 불가분한 연속체보다는 질적 다양체로 시간을 정의했다는 데 있다(왜냐하면 앞에서 살펴보았듯이, 실재적 공간은 결국 지속에 포섭되기 때문이다). 이 질적 다양체에 초점을 맞추어 지속을 해석할 때, 『물질과 기억』에서의 '기억'과 『창조적 진화』에서의 '생명' 사이의 개념적 연속성도 자연스럽게 설명될 수 있다는 것이 나의 생각이다. 궁극적으로 말해서, **질적 다양체인 지속은 잠재적 다양체로서의 기억이며 자기-차이화하는 생명의 경향이기 때문이다.** 앞에서 언급했듯이, 『시론』에서조차도 공간과 지속 사이에, 양적 다양체와 질적 다양체 사이에 절대적인 단절은 없다. 이들의 이원성은 현실적 차원에서나 그런 것이고 잠재적 차원에서는 일원화된다. 다만 『시론』의 수준에서는 그 둘 사이의 관계에 대한 적극적인 해명보다는 지속의 특성과 실재성을 증명하는 것이 우선적인 과제였을 뿐이다.

따라서 『시론』에서는 순수 지속을 물들이는 공간 표상의 발생과 의식 바깥의 지속을 해명해야 할 문제로 남겨놓게 된다(전자는 『창조적 진화』에서 해명되고 있으며, 이에 대해서는 이 책 5장에서 상론될 것이다). 요컨대, "외부 사물이 지속한다고 말하기보다는, 오히려 우리가 우리 지속의 계기하는 매 순간 그 사물들을 생각할 때, 그것들이 변했다고 인정하지 않을 수 없는 **어떤 표현할 수 없는 이유**가 그 사물들 속에 있다고 해야 한다."[61] "사물이 우리처럼 지속하지 않는다 하더라도, 그럼에도 불구하고 그 속에는 현상들이 모두 한꺼번에 전개되지 않고 계기하는 것처럼 보이게 하는 **어떤 이해할 수 없는 이유**가 존재한다."[62] 과거가 보존되지 않기에 오로지 현재의 동시성만이 존재하는데도 불구하고 외부 사물들의 변화를 인정할 수밖에 없게 하는 그 불가해한 '이유'란 무엇인가? 의식 바깥의 변화하는 사물들에게까지 지속을 확장하는 것은 불가능한 것인가?

이 문제에 대한 해답을 제공하는 『물질과 기억』을 거쳐 『창조적 진화』로 발전하면서 지속은 점점 더 심리학적 영역을 벗어나 존재론적 실재로서의 면모를 드러내게 된다. 『물질과 기억』에서는 심리학적 의식 바깥에 존재하는 물질의 지속이 받아들여지면서 지속들의 상이한 리듬에 따른 근본적인 복수성이 주장된다. 『창조적 진화』에서는 마침내 지속이 우주 전체에 내재하는 존재론적 실재임이 적극적으로 주장되면서, 비-기계론적이고 비-목적론적인 방식으로 전개되는 생명의 창조적 진화를 통해서 그 실재성이 입증된다.

우선 『물질과 기억』에 오면 지속은 더 이상 의식의 내적 현상에 국한되지 않는다. 공간 표상에 의해 왜곡되지 않은 순수 의식의 삶으로서의 순수 지속은 이제 기억의 활동이기 때문에 가능한 지속으로 재정의된다. 여기서 의식의 시간이란 의식 자신의 자연적 조건을 추상시키지 않고 신체를 매개로 외부 세계의 물질적 사물들과 상호작용하면서 살아갈 수밖에 없는 유기체적 의식의 시간으로 전환된다. 따라서 의식의 삶은 기억의 활동과 동연적인 것으로 정의되는데, 이것은 과거에 대한 경험을 보존하여

---

61) ESSAI 171/148(『의식에 직접 주어진 것들에 관한 시론』 278). 강조는 인용자.
62) ESSAI 157/137(『의식에 직접 주어진 것들에 관한 시론』 259). 강조는 인용자.

현재의 상황에 적절한 행동으로 이용함으로써 미래를 준비해 나가야 할 생명체의 자연적 필연성에서 요구되는 것이기 때문이다. 그래서 심리학적 의식의 시간성은 순수 기억(과거)과 기억-이미지(현재)를 왕복운동하면서 "동일하면서도 동시에 변화하는 존재"[63]로서의 생명체적 삶을 유지하는 시간성이며, "과거를 현재로 연장시켜 주는 기억의 연속적인 삶"으로서의 시간성이다.[64] 따라서 『시론』에서의 순수 지속을 특징지었던 '이질적인 요소들의 상호 침투와 유기적 조직화'는 『물질과 기억』에서는 '현재 속에 연장된 과거의 존속', '현재의 지각과 과거의 기억 사이의 수축과 공존'이라는 형태로 재정의된다.

이러한 변화는 『시론』에서 공간과의 대결 때문에 불가분한 연속성만이 강조되었던 순수 지속 개념에 대해 제기되었던 시간 양상들의 탈자적 분리와 결합의 문제를 해명할 수 있게 했다는 점에서 의미가 있다. 뿐만 아니라 『시론』에서는 객관화되고 사회화된 시간이 아니라 각자에게 고유한 내적 지속이 있음을 강조하는 데 그쳤다면, 『물질과 기억』에서는 이 각자에게 고유한 지속들이 어떻게 그 각자성을 지닐 수 있는지 그 구체적인 메커니즘을 기억의 운동을 통해서 해명했다는 점에서도 한 걸음 더 발전된 사유를 보이고 있다고 할 수 있을 것이다. 3장에서 이미 해명했듯이, 순수 기억의 무의식과 표상적 의식의 관계는 잠재적인 것을 현실화하는 의식의 긴장과 노력의 강도에 따라 지속의 리듬이 다양한 수준에서 전개될 수 있다는 점, 과거의 팽창과 수축의 정도에 따라 개별 의식들의 수준과 자유의 정도들이 결정된다는 점을 보여 준다.

그러나 『시론』으로부터 『물질과 기억』으로의 변화에서 결정적으로 중

---

63) ESSAI 75/68(『의식에 직접 주어진 것들에 관한 시론』 131).
64) PM 201/1411.

요한 점은 순수 지속이 그 자체로 심리학적 의식의 것으로만 국한되지 않는다는 것을 보여 주었다는 데 있다. 다시 말해서, 시간적인 의식을 넘어서, 의식의 시간성을 넘어서, 의식 바깥에 실재하는 시간을 발견했다는 것이다. '우리의' 지속만이 아니라 '우리 바깥의' 지속들까지도 실재한다는 것이다. "우리의 내적 상태들의 속도보다 훨씬 더 빠른 연속들"[65], 진동들, 떨림들, 에너지의 흐름들이 물질 안에 존재한다. 3장 5.1절에서 이미 밝혀졌듯이, 구체적인 지각의 사실은 물질의 지속 리듬을 우리의 지속 리듬으로 수축함으로써 성립한다. 이 지각의 사실은 3중 리듬의 지속들을 단적으로 보여 준다. '기억-이미지'와 '지각-이미지'를 종합하여 관념체계를 형성하는 의식의 지속 리듬, 이 표상적 의식의 작용 이하에서 감각질을 수축해 내는 무의식적 신체의 지속 리듬, 이 신체적 리듬에 의해 '우리의 것'으로 전환된 물질 고유의 지속 리듬. 다시 말해서 지속은 심리학적 의식의 지속, 우리와 같거나 다른 생명체들의 지속, 심지어 물질 그 자체의 지속에 이르기까지 다양한 수준의 리듬을 가진 지속으로 확장된다. 순수 지속은 이제 심리학적 지속인 것만이 아니라 존재론적 지속이 된 것이다.

『창조적 진화』에서는 우주가 지속한다는 사실, 그리고 이 지속은 무엇보다 발명이고 형상의 창조이며 새로움의 연속적인 출현이라는 사실을 확증한다. 우주 전체에 내재하는 지속은 물리화학적 요소들의 닫힌 계로는 환원불가능한 유기체의 열린 계를 통해서 드러난다. 실재 전체가 불가분한 연속체이고 창조적인 지속이다. 베르그손의 지속 이론은 내적 시간 의식에 대한 초월론적 현상학이 아니라, 창조적 생성의 존재론이다.

따라서 『물질과 기억』 이후 베르그손에게 실재하는 시간이란 현실적으로 상이한 리듬의 지속들이 동시적으로 공존하며 흘러가는 양상을 띠게

---

65) MM 232/342(『물질과 기억』 345).

된다. 심리학적 지속, 생명체들의 지속[66], 우주 전체의 지속[67]. 그러나 이 상이한 차원의 지속들은 모두 잠재성의 현실화라는 공통된 운동의 구조를 공유한다. 의식의 지속이든 생명체의 지속이든 우주 전체의 지속이든, 지속은 "미래를 잠식해 들어가고, 앞으로 나아가면서 부풀어 가는, 과거의 연속적인 전진"[68]이기 때문에 가능한 것이기 때문이다. 따라서 순수 과거는 모든 현재들(의식의 현재, 생명체의 현재, 우주의 현재)의 가능 조건으로서, 현실적 지속들의 이행 근거로서 선-존재하는 잠재적인 것이 된다. 현재들은 항상 수축된 과거이기 때문에, 또한 과거의 한 수준이 현실화된 정도이기 때문에, 순수 과거는 현실화될 현재들의 잠재적 공존체가 된다. 순수 기억의 원뿔 도식은 이러한 잠재적 공존체로서의 존재론적 시간을 형상화하여 보여 준다.

바운다스에 의하면, "내적 시간 의식의 현상학으로부터 지속의 존재론으로의 이행은 지속과 공간의 초기 이원론에 대한 극복을 나타내는 것이고, 이 극복은 세계 전체의 정신주의화spiritualization를 통해서 얻어진다. 지속의 팽창들과 수축들은 최종 분석에서 정신의 수축들과 팽창들이다. 팽창의 극단적 상태에서 정신은 무차별적인 물질의 한계-조건에 근접한다. 결코 거기에 도달하지는 않으면서."[69] 그러나 나는 '세계 전체의 정신

---

66) "변화의 연속성, 현재 속에 과거의 보존, 진정한 지속, 생명체는 이런 속성들을 의식과 공유하는 것처럼 보이며 (······) 삶은 의식의 활동처럼 발명이고, 끊임없는 창조다"(EC 22~3/513, 『창조적 진화』 52). 생명체의 지속에 대해서는 5장 3절에서 상론되고 있다.

67) 물질의 지속은 사물들 각각의 지속이 아니라 우주 전체로서의 지속이라는 데 주의해야 한다. 사물들, 물체들은 인위적으로 형성된 체계들이기 때문에 그 인위적인 형상들이 풀어졌을 때, 우주 전체로서의 물질로 회복되었을 때, 비로소 물질 고유의 지속을 말할 수 있다. 예컨대, 설탕이 물에 녹기를 기다려야 하는 이유는 설탕 덩어리가 비록 우리에 의해 '전체'로부터 재단된 것이긴 하지만 설탕을 이루고 있는 물질 그 자체는 물질적 우주 전체에 속하는 것이기 때문이다. 물질의 지속, 즉 우주의 지속에 대해서는 5장 1절에서 자세히 다루고 있다.

68) EC 4/498(『창조적 진화』 24).

주의화'가 함축하는 의미에 주의할 필요가 있다고 본다. 이것은 세계를 주관적 또는 초월론적 관념론으로 만든다는 것이 아니다. '정신'이라는 말이 갖는 이러한 위험성에도 불구하고 지속의 존재론을 굳이 '세계 전체의 정신주의화'로 말해야 한다면, 그것은 지속의 본성이 정신에 고유한 기억의 역량에 있기 때문이다. "시간 그 자체에 주의를 고정시킨다면, 필연적으로 계기를 그리게 될 것이고, 그러므로 이전과 이후, 따라서 그 둘 사이의 다리를 그리게 될 것이다. (……) 그러나, 다시 한번 말하자면, 기억의 요소 그러니까 의식의 요소가 없이는 이전과 이후 사이에 연결을 상상하거나 생각하는 것이 불가능하다."[70] 다시 말해서, '세계 전체의 정신주의화'란 세계에 내재하는 실재적 시간이 '기억으로서의 지속'이라는 바로 그 점에서 이해되어야 한다는 것이다. 즉 우주는 기억과 같은 방식으로 작동한다. 이때 기억은 물론 심리학적 기억이 아니라 존재론적 기억이고, 기억이란 말은 과거의 순간을 현재의 순간 속에 연장하는 불가분한 질적 변화의 연속 그 자체를 일컫는 것과 다른 것이 아니다. 그러니까 심리학적 지속을 존재론화한다는 것은 유심론이나 관념론의 의미에서 세계를 정신화한다거나 주관화한다는 것이 아니라, 잠재적인 것을 현실화하는 기억의 작동 방식, 즉 수축과 팽창의 이중 운동에 의해서 차이를 산출하는 역동적 구조를 세계의 내재적 본질로 삼는다는 것이다. 바꿔 말하자면, 존재론적 지속인 잠재적 다양체는 탈주관적이고 비인격적인 시간 그 자체의 양상이라 할 수 있다. 존재론적 지속은 그 자체로 정신도 아니고 물질도 아니다. 정신과 물질은 오히려 잠재적 지속의 두 현실화 경향이다. 정신은 지속의 수축과 긴장의 경향이고, 물질은 지속의 팽창과 이완의 경향이다.

---

69) Boundas, "Deleuze-Bergson: an Ontology of the Virtual", 96.
70) Mél 101, DS 61.

2. 순수 과거의 선재성(先在性)과 시간의 역설들

시간이 잠재적 다양체로서의 지속으로 실재한다는 것은 무엇을 의미하는가? 아마 시간 속에서 지속하는 모든 존재자들은 끊임없이 자기 자신과 달라지는 방식으로 질적 변화를 겪어야 할 것이다. 그러면, 이러한 생성 변화의 내용과 분리불가능한 형식으로서 시간 그 자체는 어떻게 흘러가야 하는가? 도대체 지속한다는 것은 과거, 현재, 미래의 시간 양상들이 어떤 관계 속에서 전개되는 것인가?

하이데거는 『존재와 시간』에서 베르그손의 지속 개념이 여전히 아리스토텔레스 전통의 통속적 시간 이해에서 벗어나지 못했다고 비판한다.[71] 베르그손은 비록 공간과 지속의 본성상 차이를 드러내고 공간화된 시간으로부터 시간의 본질적 양상인 순수 지속을 분별해 내고 있지만, 정작 베르그손이 근원적 시간이라 주장하는 지속은 그럼에도 불구하고 여전히 통속적 시간 이해를 넘어서지 못한다는 것이다. 여기서 하이데거가 말하는 통속적 시간이란 '지금들의 연속'으로서의 시간이다. 운동의 척도로서 세어지는 이 시간은 '지금, 지금, 지금……'이라는 점성Punktualität에 의해 계기적으로 흘러가는 시간이다. 그런데 이러한 "지금-시간"Jetzt-zeit[72]은 사실상 (우리가 앞서 설명했듯이) 베르그손이 '공간화된 시간'이라고 비판했던

---

71) "베르그손의 시간 견해 역시 아리스토텔레스의 시간 논구에 대한 해석에서 자라나온 것이다. 시간과 지속의 문제가 개진되고 있는 베르그손의 『의식의 직접적 소여에 대한 시론』과 동시에, 「아리스토텔레스는 장소에 대해서 무엇을 생각하고 있는가」라는 제목의 논문이 발표된 것은 단순히 외적인 문헌상의 연관이 아니다. 시간을 '운동의 수'라고 보는 아리스토텔레스의 시간 규정을 고려하여 베르그손은 시간의 분석에 앞서 수의 분석을 선행시키고 있다. 공간으로서의 시간(『시론』 69 참조)은 양적인 연속이다. 지속은 이러한 시간 개념에 거꾸로 방향을 잡아 질적인 연속이라고 기술된다." M. Heidegger, *Sein und Zeit*, 432, 각주 1, (『존재와 시간』, 이기상 옮김, 561 ; 『존재와 시간』, 소광희 옮김, 609)

72) Heidegger, *Sein und Zeit*, 421.

바로 그 시간과 다르지 않다. 그렇다면 하이데거는 왜 베르그손이 여전히 '지금-시간'의 통속적 시간 이해에 갇혀 있다고 비판하는 것인가? 다시 말해, 하이데거는 어떤 점에서 베르그손의 지속이 본래적이고 근원적인 시간이 아니라고 주장하는가?

하이데거에 의하면, 베르그손의 "지속은 그에게 체험된 시간 이외의 다른 것이 아니며, 이러한 체험된 시간은 다시, 의식에서 알려지는 방식으로 취급되는 한, 객관적 시간 또는 세계 시간에 불과하다. (……) 그는 다만 체험된 시간의 계기succession는 개개의 점적인 지금Jetztpunkten 으로 나뉘는 양적 계기가 아니라 시간의 개별적 순간들Momente인 과거, 현재, 미래가 스며드는 질적인 계기라고 말한다. (……) 본질적인 것은 베르그손이 지속의 현상 속에서 본래적 시간에 더 가까이 가려고 시도하지만, 그러한 **지속을 다시 계기라는 동일한 의미에서 파악했다**는 것이다."[73]

하이데거는 분명 베르그손의 지속이 통속적 시간(베르그손적 의미로는 공간화된 시간)을 이루는 원자적인 '지금-시간'들의 모임이 아니라 질적 계기들의 상호 침투임을 알고 있었다. 그럼에도 불구하고 하이데거의 논점은 베르그손이 여전히 '계기성'으로 시간을 파악한다는 점에서 전통적인 관점을 벗어나지 못했다는 데 있다. 이는 베르그손이 지속하는 '존재자의 운동'에 종속되어 있는 시간의 존재적 차원에 머물러 있을 뿐이며, 이러한 시간의 근거로서 작동하는 보다 더 근원적인 시간의 존재론적 차원은 보지 못하고 있다는 것을 말한다. 하이데거가 주장하는 근원적이고 본래적인 시간은 "현존재의 존재로서의 시간성"[74]과 같이 존재자적 삶의 운동성에 종속되어 있지 않은, 실존론적이고 선험적인 존재론적 차원의 시간

---

73) Heidegger, *Logik : Die Frage nach der Wahrheit*, 249 (최정식, 「하이데거와 베르크손」, 소광희 외 지음, 『하이데거와 철학자들』, 344에서 재인용), 강조는 인용자.

74) Heidegger, *Sein und Zeit*, 17.

인데, 베르그손의 지속은 아직도 의식의 내적 흐름으로 체험되는 실재적이고 존재적인 차원의 계기적 연속성에 연루되어 있다는 것이다.

이러한 하이데거의 비판으로부터 문제를 재구성해 보자. 과연 베르그손의 시간 개념은 연속적인 이행으로서의 운동에 종속적인 전통적 시간관을 벗어나지 못했는가? 다시 말해 베르그손은 운동자를 근거짓는 보다 근원적인 시간, 즉 시간 그 자체에 대한 존재론적이고 초월론적인 이해는 보여 주지 못했는가? 물론, 하이데거와는 다른 맥락에서이긴 하지만, 베르그손의 지속 개념에는 운동에 종속된 전통적인 실재론적 시간 개념과는 달리 시간 그 자체에 대한 존재론적이고 초월론적인 이해 역시 들어 있다는 것이 나의 주장이다.

앞에서 이미 논증했던, 『시론』으로부터 『물질과 기억』으로의 이행을 상기해 보자. 『시론』에서 시간은 '추상적 관념적 시간으로서의 공간화된 시간'과 구별되는 '구체적 실재적 시간으로서의 지속'이었다. 그러나 『물질과 기억』에 오면 시간은 '현실적-경험적-존재적 차원에서의 시간'과 구별되며 이를 근거 짓는 '잠재적-초월론적-존재론적 차원에서의 기억의 운동'으로 실재하게 된다. 현실적 차원에서는 감각-운동적 삶에 몰두하는 현재 중심의 연대기적 시간으로 펼쳐지지만, 잠재적 차원에서는 비연대기적이고 비선형적인 방식으로 작동하며 현재의 이행을 근거짓는 순수 과거의 시간이 존재한다. 전자가 존재자의 운동에 종속된 시간이라면, 후자는 그러한 운동으로부터 벗어난 시간, 오히려 전자의 시간을 가능하게 하는 초월론적 조건으로서 작동하는 시간이라고 할 수 있을 것이다.[75]

따라서 베르그손은 결코 지금-시간과 같은 운동의 시간에만 머물러

---

75) 물론 베르그손의 초월론적 조건으로서 작동하는 시간은 칸트적 의미에서의 '가능한 조건'이 아니라 '실재적 조건'임은 앞에서 이미 밝힌 바 있다. 말하자면, 칸트의 '초월론적인 것'과 하이데거의 '존재론적인 것'에 상응하는 것이 베르그손의 '잠재적인 것'이다.

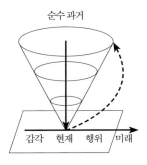

순수 과거

감각　현재　행위　미래

있지 않았다. 그럼에도 불구하고 베르그손의 시간이 여전히 운동의 실재성에 연루되어 있다고 말하고자 한다면, 그것은 베르그손이 시간 그 자체를 '창조적 생성이라는 시간의 운동'에서 찾는다는 점에서 언급해야 할 것이다. 그러나 엄밀히 말해서, 베르그손적 '시간의 운동'은 잠재적인 차원에서 전개되며, 그렇기 때문에 이 시간의 운동이야말로 현실적인 차원에서 전개되는 '운동의 시간'을 존재론적으로 근거 짓는다.

2.1 현재의 분열 : 시간의 근본적 작동

베르그손에 의하면, 현재는 과거와 현재를 가르는 불가분한 경계로서 기하학적인 점과 같은 추상적인 순간도 아니고, 자기동일적 일자의 방식으로 존재하지도 않는다. 구체적인 삶과 분리되지 않는 현재는 항상 잠재적인 차원과 현실적인 차원의 상호 침투 상태로 지속한다. 현재는 단순한 점이 아니라 이질적인 요소들의 혼합물로서 두께를 지닌다. 현재를 중심으로 베르그손적 시간의 양상을 도식화하면 위의 도식과 같이 표현될 수 있을 것이다.

　나의 도식에 따르면, 현재는 두 차원의 시간이 교차하는 지점이다. 즉 수평적-신체적-현실적-공간적 차원의 연대기적 시간과 수직적-정신적-잠재적-지속적 차원의 비연대기적 시간. 전자의 차원에서 보면, 현재는 직전의 감각을 즉각적인 행위로 연결하는 인과적이고 선형적인 연속의 이행지점으로 표현된다. 예컨대, '날이 덥다 → 목이 마르다 → 식탁 위의 물컵을 본다 → 물컵을 들어 물을 마신다'와 같이 작용-반작용의 감각-운동적 도식에 따라 공간적 차원에서 전개되는 행위와 운동의 연속이 있다. 여기서 시간은 '지금-현재'들의 수로서 시계의 공간화된 시간으로 재어질 수 있다. 현재는 차례차례 꿰어지는 구슬처럼 일차원적인 선 위에서 움직이며 연대기적인 시간을 형성한다.

그러나 이 현재를 지속의 차원에서 다시 보면, 감각과 운동 사이에, 직전의 과거와 임박한 미래 사이에, 순수 과거로부터 온 기억이 또한 개입하고 있음을 알 수 있다. 이때 무의식(순수 과거)으로부터 온 사자使者는 행위의 연속에 단절과 균열을 만들며 이전 것(직전의 감각지각)으로부터 직접 도출되지 않는 새로운 무언가를 창출하는 생성의 힘으로 작동한다. 순수 과거는 비연대기적인 방식으로 현재와 관계 맺으며, 행위와 운동의 연속성을 탈구시킨다. 예컨대 '물컵을 본다'와 '물을 마신다' 사이에 상이한 차원의 과거들, 즉 '유년 시절의 친구', 또는 '어제 밤에 있었던 일', 또는 '재작년에 보았던 영화' 등등의 기억들이 비연대기적으로 삽입되면서 '물컵을 본다'는 습관화된 '물을 마신다'로 이행하는 대신 '전화를 건다'거나 '사진첩을 뒤진다'와 같은 예측불허의 행위로 연결될 수 있다. 현재들의 익숙한 연속에 탈구를 일으키고, 현재와 현재 사이의 균열지점에서 새로운 무언가를 분출시키는 것이 바로 순수 과거의 차원으로부터 현재 속으로 현실화하는 근원적 시간의 운동이다. 따라서 이전 것과 이후 것 사이에 본성상 차이를 산출하는 것은 현실적 수평적 차원에서가 아니라 잠재적 수직적 차원에서 현재로 현실화하는 순수 과거의 운동이다. "과거를 현재로 연장시켜 주는 기억의 연속적인 삶"[76]이 창조적 생성의 시간인 것은 바로 이런 까닭이다. 여기서 현재는 삶에 몰두하는 행위가 멈추었을 때, 비로소 분출하는 창조적 사유의 순간이고, 또한 비결정적이고 비목적적인 방향으로 예측불가능한 미래의 행위가 전개될 수 있는 지점이다.[77]

이제 '운동의 수'로서 측정되는 공간화된 시간이 아니라 '창조적 생성'으로서 작동하는 시간의 근본적인 양상을 살펴보도록 하자. 우선 베르그손이 지각과 기억의 본성상 차이를 그토록 강조했던 이유를 상기해 볼 필요가 있다. 요컨대, 만일 관념연합론자들이 생각하는 것처럼 '지각-이미지'와 '기억-이미지' 사이에 단지 강도상의 정도 차이만 있는 것이라면(즉 양자를 공간적 차원에서만, 현실적으로 주어진 것으로서만 사유한다면), 의식의 흐름은 지각으로부터 기억으로 한 번에 하나씩 나아가는 선형적인 전개가 될 것이고, 따라서 현재는 구슬처럼 연속적으로 꿰어질 '순간'이 될 것이다. 그런데 만일 강한 상태의 지각이 약화되어 기억이 된다고 한다면, 도대체 이 지각은 언제 기억이 되는 것인지 설명할 수가 없다. 즉 현재라는 순간들의 지나감, 시간의 이행 자체가 불가해한 것이 된다는 것이다. "지각은 강한 상태이고 기억은 약한 상태라고 정의하면서, 어떤 지각에 대한 기억은 이 지각이 약화되었을 때에만 있을 수 있다고 보는 견해는, 지각을 무의식 속에 기록하기 위해서 이 지각이 기억으로 잠들 때까지 기다려야만 하는 것처럼 보인다. 그런 견해 때문에 우리는 어떤 지각에 대한 기억이 이 지각과 더불어 창조되지도 못하고 이 지각과 동시에 전개되지도 못한다고 판단하게 된다."[78]

3장에서 이미 밝혀졌듯이, 기억은 결코 약화된 지각도 아니고 막 나타나기 시작하는 감각도 아니다. 지각과 감각은 모두 신체의 행동 체계와 관

---

76) PM 201/1411.
77) 들뢰즈는『차이와 반복』 2장에서 바로 이러한 베르그손적 시간의 두 양상을 습관의 수동적 종합이 이루어지는 '살아 있는 현재'와 기억의 수동적 종합이 이루어지는 '순수 과거'로 표현하고 있다.
78) ES 132/914.

련된 것으로서 외재적인 사물들이나 신체 한 부분의 공간을 차지하는 것이지만, 기억은 무능력한 것으로서 신체의 어떠한 부분에도 관련되지 않는다. 현재의 지각과 과거의 기억은 본성상 다른 근원에서 비롯되는 것으로서 지각이 객관적인 물질세계로부터 재단되어 오는 것이라면 기억은 잠재적인 과거의 세계로부터 선별되어 현실화되는 것이다. 그래서 지각과 기억은 결코 계기적으로 연속적인 것이 아니며, 본성상 차이를 지닌 채로 의식 안에서 수축되어 있는 것이다. 연속적인 것은 오히려 지각과 행위이며, 기억은 순수 과거로부터 현실화되어 지각과 행위 사이에 삽입되어 미결정성의 영역을 확장시키는 것이다. 따라서 베르그손적 시간의 독특성을 단적으로 보여 줄 수 있는 핵심 명제는 바로 이것이다.

기억의 형성은 결코 지각의 형성 뒤에 오지 않는다. 그것은 동시간적이다.[79]

과거의 기억이 현재의 지각 이후에 형성되는 것이 아니라 이 지각과 동시간적으로 형성된다는 것을 보여 주는 예로 "현재의 기억"[80]이 있다. 이것은 우리가 처음 접하는 어떤 상황에서 마치 예전에 이미 겪었던 어떤 경험을 현실적으로 겪고 있는 듯한 "기시감"paramnésie[81]의 착각을 일으킬 때 드러난다. 이런 착각은 주의력의 부족에서 일어나는 현상으로서 '정상적인 방식'으로 상황을 인식하지 않았을 때 일어난다. 정상적인 의식의 작용이 무엇인지는 '주의'attention 가 작동되는 방식에서 보여진다.

순수 과거의 무의식이 현재의 의식 속에 개입하는 방식을 단적으로 보여 주는 것이 바로 다음의 8자형 주의도식이다.[82] 즉 주의도식은 운동

---

79) ES 130/913.
80) ES 137/919.
81) ES 146~150/925~928.

에 종속되지 않는 시간의 직접적인 양상을
보여 준다. 주의란 한마디로 앞에서(3장 4
절) 설명된 심리학적 의식의 수축-팽창 작
용인데, 이를 보여 주는 8자형 도식은 현
재와 과거의 동시적 공존 사태를 잘 드러
내 준다. 현재의 지각과 과거의 기억이 8자
형으로 반복되는 회로를 그리면서 상호작
용하고 있는 이 도식에서 가장 주목해야
할 부분은 '중심 핵'을 이루고 있는 '가장
좁은 회로'이다. 다른 회로들이 모두 BB′,

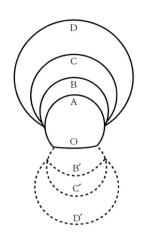

CC′……의 형태를 띠는 것과 달리, '가장 좁은 회로'는 AA′의 형태가 아니
라 AO의 형태를 띠고 있다. 이 회로는 다른 회로들처럼 대상에 대한 '현실
적인 지각'과 '이에 대응하여 현실화된 잠재적인 기억'의 상응형태를 취하
지 않는다. 이 회로의 독특성은 "오직 대상 O 그 자체와 그것을 즉각적으
로 바로 뒤덮는 이미지만을 포함한다"는 데 있다.[83] 이 가장 좁은 회로에서
현실적인 대상과 그 대상의 즉각적인 이미지는 우리에게 동시에 주어진

---

82) MM 115/250(『물질과 기억』 183). 이 그림은 과거의 기억을 통해 현재의 대상을 알아보
는 의식의 식별작용 즉 주의하는 재인(reconnaissance attentive)을 설명하기 위한 것
이다. 이것은 습관과 같이 자동화된 재인이 아니라, 현재의 지각 대상과 과거의 기억을
왕복하면서 점점 더 분명해지고 판명해지는 지각을 얻게 되는 과정을 보여 준다. 이 그
림에 따르면 AO회로는 대상과 그것을 바로 뒤잇는 이미지만을 포함하며, B, C, D는 지
적 팽창의 증가하는 노력을, B′, C′, D′는 기억의 확장에 따라 깊어지는 실재의 층을 나
타낸다. 이 그림은 주의의 노력을 통해서 드러나는 의식의 역동적인 운동성을 보여 준
다. 의식은 선형적이고 정적인 방식이 아니라 수직적으로 이동하며 회전하는 역동적
인 식으로 작동한다. 그런데 과거로의 팽창과 현재로의 수축이라는 심리학적 의식의 운
동은, 과거 전체를 담고 있는 어떤 수준으로서 자기 자신을 반복하면서 현재 속에 차
이를 산출하는 무의식의 운동과 동시적으로 진행된다. 이러한 운동의 결과물인 심리
적 의식의 표상-관념 체계는 또한 존재론적 무의식의 잠재적인 한 수준과 상응한다.
83) MM 115/250(『물질과 기억』 182).

다. 그러나 전자는 지각에 속하는 것이고 후자는 이미 기억에 속하는 것이다.[84] 이때의 기억이란, 현재의 지각이 잠재적인 과거 일반으로부터 소환하여 현실화시킨 '이전 현재의' 기억이 아니라, 어떠한 현실화과정을 거치지 않고서 현재의 지각 대상과 '동시에 형성되는 기억'이다. 그러니까 AO 회로는 현실적인 지각과 기억의 거울쌍이다. 이 '현재의 기억'이란 단지 지각 이미지를 거울처럼 복사한 것에 지나지 않기 때문에 그 자체로는 동일한 내용의 반복에 지나지 않는 것이고 따라서 실천적으로는 무용한 것이다.[85] 정상적으로 의식의 주의가 작동된다면, 이 무용한 현재의 기억은 과거로 지나가게 내버려 두고 과거로부터 현재로 진행해 나오는 기억들을 지각과 결합시켜야 할 것이다. 다시 말해서, 순수 기억의 현실화가 요구되는 것은 현재를 새롭게 하기 위한 실천적 요청이 있기 때문이므로, 새로운 현재의 창출과 더불어 이전 현재를 지나가게 하는 것이 아니라면 현실화는 아무런 의미가 없을 것이다. 그러니까 기시감이라는 착각은 자연스런 이중 분열 속에서 현재가 흘러가도록 하지 못하고 현재의 직접적인 거울이미지인 기억을 마치 과거의 어느 수준에서 현실화된 기억으로 착각할 때 일어나는 것이다.

  지각과 기억의 동시간적 관계는 거울 속에서 반영된 이미지와 거울 앞의 현실적 대상 사이의 동시간적인 관계와 같다. 현실적인 대상은 만져질 수 있고 우리가 그것에 대해 작용할 수도 있으며 그것이 우리에게 반작용할 수도 있다. 그래서 현실적인 대상에 대한 지각은 '가능한 행동'으로 설명될 수 있는 것이다. 그러나 거울 속에 반영된 이미지는 분명 '잠재적인 것'일 수밖에 없다. 현실적 대상과 분명히 닮았지만 그 대상이 우리와 하

---

84) ES 136~137/918.
85) ES 146/925.

는 것처럼 상호작용할 수는 없기 때문에 근본적으로 무능력한 것이기 때문이다. 그러나 거울 속의 이미지는 결코 환상적이거나 착각적인 것 또는 재구성된 것이 아니라 잠재적인 것으로서 전적으로 실재적인 것이다.

질적으로 다른 지각과 기억 사이의, 즉 현실적인 대상과 잠재적인 이미지 사이의 동시적 공존사태는 또한 우리의 현실적인 삶 자체가 매 순간 이런 두 측면으로 분열한다는 것을 의미한다. "우리의 현실적 존재는 시간이 흐름에 따라 잠재적인 존재로 거울 속의 이미지처럼 복사된다. 따라서 우리 삶의 모든 순간은 두 측면을 갖는다. 그것은 현실적인 것이면서 또한 잠재적인 것이다. 한편으론 지각이고 다른 한편으론 기억이다. 그것은 주어짐과 동시에 양분된다. 아니 차라리 그것은 이런 분열 자체 속에 존재한다."[86] 즉 잠재적 차원에서 무의식적인 우리 자신은 끊임없이 이질적인 두 차원으로 분열하고, 현실적 차원에서 의식적인 우리 자신은 이질적인 두 요소를 수축하고 종합하며 삶에 몰두한다.

이러한 삶의 양상은 현재라는 것이 항상 과거를 향한 방향과 미래를 향한 방향으로 동시에 분열되는 것임을 보여 준다.

현재는 매 순간 분출하면서 한편으로는 과거를 향하여 되떨어지는 방향으로 다른 한편으로는 미래를 향해 돌진하는 방향으로 동시에 둘로 갈라지면서 흐른다.[87]

현재란 마치 "지각을 기억으로 반사하는 움직이는 거울"[88]인 양 현실적인 것과 잠재적인 것의 양면으로 동시에 이중화되는 것이다. 수학적인

---

86) ES 136/917.
87) ES 131~2/914.
88) ES 136/918.

점과 같은 단일한 순간으로서의 현재란 존재하지 않는다. 과거와 현재 사이의 추상적인 경계로서의 현재, 지금으로서의 현재란 차라리 공간상의 한 지점일 뿐 시간 그 자체에 속하는 것은 아니다. 구체적인 현실의 실재하는 삶의 흐름 안에서 현재란 항상 '지속의 두께'를 지닌다. 우리가 흔히 '바로 이 순간'이라고 부르는 **현재의 단일성은 사실상 과거와 현재의 동시간적인 공존체이자 이질적 혼합물이며, 따라서 현재는 이중분열체로 존재하는 것**이다. 과거는 보존되어 잠재적인 존재를 이루고, 현재는 자기동일적으로 '있는 것'이 아니라 오히려 자기분열적으로 '생성'한다.

　　이것이 바로 생성의 존재론적 구조이자 존재의 생성적 구조를 보여 주는 베르그손적 시간의 근본적 작동이다. 지각과 기억, 현재와 과거, 현실적인 것과 잠재적인 것의 상호 침투와 수축과 동시적 공존은 바꿔 말하자면 결국 '시간이란 전개됨과 동시에 분열되어야 하는 것'임을 보여 주는 것이다. 과거와 현재의 이질적인 요소들이 상호 침투하고 있는 질적 다양체로서의 시간은 또한 한편으론 잠재적 차원에서 존속하며 증가하는 과거로, 다른 한편으론 미결정적 미래를 향해 지나가는 현재로 자기 분열하는 시간이다. 이렇게 해서 시간은 자기 자신과 달라지고, 자기-차이화하며, 자기 분열한다. "시간은 **이중 창조**double création 의 형태로 자기 분열한다. 시간은 창조적인 분열이다."[89] 미래를 향해 나아가는 현실적 현재의 변화는 또한 과거로 회귀하는 현재에 의한 과거 그 자신의 내재적인 변화와 동시적이다. 현재의 분열은 과거 전체의 영속적인 질적 변화와 일치한다. 스스로 존속하는 과거와 이행하는 현재가 동시적으로 공존하는 자기 분열적 시간은 결국 존재와 생성의 일치를 보여 준다. 잠재화하면서 현실화하는 베르그손적 지속은 부동의 존재로서의 영원이 아니라 영원한 생성으로서

---

89) Alain Badiou, *Deleuze : La clameur de l'Etre*, 93(『들뢰즈-존재의 함성』, 143).

의 존재이다.

들뢰즈는 8자형 주의도식의 핵인 AO에서 이러한 베르그손적 시간의 근본적 작동을 보여 주는 크리스탈-이미지를 발견한다.[90] "크리스탈-이미지를 형성하는 것, 그것은 시간의 가장 근본적인 작용이다. 왜냐하면 과거는 그 자신이었던 현재 이후에 형성되는 것이 아니라, 시간이 매 순간 본성상 서로 다른 현재와 과거로 동시에 양분되어야만 하거나 아니면 현재가 이질적인 두 방향, 즉 하나는 미래를 향해 돌진하고 다른 하나는 과거 속으로 떨어지는 그 두 방향으로 양분되어야만 하기 때문이다. (……) 시간은 이런 분열 안에 있다. 시간이 곧 이 분열이다. 우리가 크리스탈 안에서 보는 것은 바로 이것이다."[91]

들뢰즈가 분열하는 베르그손적 시간의 근본적 양상을 '크리스탈'로 표현한 것은, 크리스탈이 지니고 있는 서로 반사하는 다면체적 특성 때문이다. 이는 잠재적인 것과 현실적인 것이 8자형으로 서로를 반복·반사하면서 상호 침투하고 있는 AO 지점의 '식별불가능성'을 단적으로 드러내 준다. 크리스탈은 질적 다양체로서 잠재성을 현실화하며 차이를 생성하는 비연대기적 시간의 굴절과 분열적 특성을 보여 준다. 시간은 과거, 현재, 미래가 동질적인 연속선 상에서 지금들의 계기로 이어지는 것이 아니다. 과

---

90) 들뢰즈는 보기보다 훨씬 더 베르그손적이다. "『시간-이미지』는 특히 베르그손에 대한 주석으로 점재되어 있는데, 이것이 결국 들뢰즈 시간 개념의 잡다한 요소들을 내적으로 연결시킨다. 결국 베르그손의 사유가 점진적으로 시간 관념의 무한한 모든 변양들을 다 포함할 수 있는 틀이 되는 것으로 귀결된다"(Manola Antonioli, *Deleuze et l'histoire de la philosophie*, 74). "사실, 들뢰즈가 『차이와 반복』에서 구분한 시간의 세 종합들은 『물질과 기억』의 주석이라고 해도 과언이 아니며, 이 모두가 원뿔 도식 아래 결집된다고 할 수 있다. 물론 들뢰즈는 시간의 두번째 종합에서 과거를 특권화시켰지만, 이는 첫번째 종합에 현재를, 그리고 세번째 종합에 미래를 할당시키기 위한 것에 지나지 않는다. 그것은 마치 들뢰즈가 베르그손의 '현재'를 뒤얽힌 세 조각들로 분해한 것처럼 보인다"(François, "Entre Deleuze et Bergson: a propos de la deuxième synthèse du temps", 84~85).

91) Deleuze, *Cinéma 2: L'image-temps*, 109(『시네마 II : 시간-이미지』164~165).

거가 되는 현재, 미래가 되는 현재, 현재의 현재가 식별불가능하게 상호 침
투하면서, 또한 끊임없이 지나가는 현재와 보존되는 과거와 미결정적인
미래의 다차원적인 양상으로 공존하며 분열한다. "크리스탈이 드러내거
나 보게 하는 것, 그것은 바로 시간의 감춰진 근거fondement, 즉 지나가는
현재들과 스스로 보존되는 과거들의 두 방향으로 던져지는 시간의 분화
différenciation, 바로 그것이다."[92]

　　베르그손은 운동의 계기성에 종속적인 연대기적 시간 양상의 배후에
서, 그러한 시간의 이행을 근거짓는 보다 더 근원적인 시간의 양상을 본다.
운동의 시간보다 더 근본적인 시간의 운동. 베르그손적 지속으로서의 시
간은 본성상 다른 두 방향으로 분열하는 작동인opérateur이면서 동시에 그
결과물résultante로서의 이질적인 합성물이다.[93] 이러한 근원적인 시간의
운동이 어떻게 운동의 시간을 가능하게 하고 조건짓는지에 대해서는 아래
에서 과거와 현재의 역설적 관계를 규명하는 가운데 드러나게 될 것이다.

---

92) Deleuze, *Cinéma 2: L'image-temps*, 129(『시네마 II : 시간-이미지』201~202).

93) 그런데 알랭 프랑수아(Alain François)에 따르면, 이러한 시간의 운동을 바라보는 데 있어
　서, 베르그손과 들뢰즈 사이에 미묘한 관점의 차이가 있다. 베르그손의 경우에, 시간은 작동
　인의 측면보다 그 결과물의 측면이 더 강조되는 경향이 있다. 본성상 다른 두 부분이 이질적
　인 합성물로서의 시간의 존재 자체를 위한 **선험적** 조건으로 제시되고 있기 때문이다. 반면 들
　뢰즈의 경우에, 특히 『차이와 반복』의 두번째 시간의 종합에만 국한시켜 본다면, 시간은 기억
　의 수동적 종합이 현재를 지나가게 하고 현재와 과거를 서로 관계 맺게 하는 시간의 근거들
　을 제시한다는 점에서 본성상 다른 두 부분들의 작동인 역할이 더 강조되고 있다. 이질적인
　복합체로서의 시간을 고찰할 때에도, 베르그손에게 더 중요하게 다루어지는 것은 '현재'다.
　감각-운동적 현재가 '삶에 대한 주의'를 통해서 전체적인 지적 작업의 방향을 결정하기 때문
　이다. 따라서 특히 현재가 미래와 구별되지는 않는데, 왜냐하면 미래에 대해 끊임없이 예견하
　려는 것이 바로 현재의 존재 이유이기 때문이다. 반면, 들뢰즈에게 중요한 것은 '과거'다. 현재
　를 지나가게 하는 것이 바로 과거이기 때문이다. 적어도 시간의 두번째 종합에서는, 순수 과
　거로서의 과거가 이행의 최종 근거로서 시간의 즉자를 구성하면서 과거와 현재라는 본성상
　이질적인 두 구성요소들의 분절을 자기 안에서 조직하기 때문이다. 베르그손의 경우, 현재는
　과거와 미래를 잠식하는 불가분한 총체성의 측면이 강조되고, 들뢰즈의 경우, 현재는 세 양
　상들로 분열하는 측면이 강조된다(François, "Entre Deleuze et Bergson : a propos de la
　deuxième synthèse du temps" 참조).

이것은 결국 순수 과거의 현실화 운동, 즉 수축-팽창하며 자기 분열하는 존재론적 무의식의 작동이다.

2.2 과거의 역설들

현재를 한편으로는 과거로 지나가게 하고, 다른 한편으로는 미래로 나아가게 하는 동인動因은 무엇인가? 우리의 현실적 삶을 연속적인 질적 변화로 추동하는 힘, 우리의 현재를 끊임없이 달라지게 만드는 힘은 어디서 비롯하는가? 그것은 바로 과거로부터, 과거의 잠재성으로부터 온다. 그러나 우리는 흔히 과거에 대해 갖는 편견들에 사로잡혀 이를 생각하지 못한다. 즉 과거는 사라지는 것이다, 과거는 현재에 의해 구성되는 것이다, 과거를 반복하는 것은 결코 새로움을 산출하지 못한다는 편견들.

그러나 베르그손의 기억이론에 의하면, 과거는 결코 사라지지 않으며 고스란히 보존된다. 또 과거는 현재들에 의해서 재구성될 수 없다. 과거는 일단 현재였다가 그 다음에 형성되는 것도 아니고, 새로운 현재에 의해 대체되는 것도 아니다. 뿐만 아니라 과거의 현실화는 단순한 재현으로서의 반복이 아니라 현재를 새롭게 만들고 이전 것과의 차이를 산출하는 창조적 반복이다. 현실적 행위에 몰두하는 의식의 관점에서 보면 대부분의 과거는 무능한 것에 지나지 않지만, 과거의 총체는 그러한 의식적 존재자의 존재 자체를 조건짓는다.

3장에서 이미 지적했듯이, 순수 기억과 기억-이미지 사이의 본성상 차이는 순수 과거와 심리학적인 과거 사이의 본성상 차이를 말해 준다. 순수 과거는 심리학적인 의식 바깥에 그 자체로 존재하는 잠재적인 것으로서 존재론적 과거 일반이라면, 심리학적인 과거는 의식에 현실적으로 주어지는 개별적인 과거들, 표상된 과거들이다. 순수 과거는 의식적인 표상으로 현실화된 과거들을 통해서 현재 속으로 스스로를 연장하지만, 심리학적인 것으로 현실화된 과거들의 총체는 그 자체로 순수 과거와 일치할 수 없다. 잠재적인 것과 현실적인 것 사이에는 단순 번역translation이 아닌 존재론적 변형transformation이 발생하기 때문이다. 잠재적인 순수 과거와 현실적인 개별 과거 사이에는 존재와 존재자 사이에서와 같은 존재론적 차이가 있다. 이러한 차이를 간과했을 때, 우리는 순수 과거의 시간을 잃어 버리게 된다.

앞서 살펴본 근원적 시간의 자기 분열 작동은 과거와 현재 사이에 비선형적이고 비연대기적인 역설적 관계를 낳는다. 들뢰즈는 베르그손적 지속의 자기-차이화 양상으로부터 순수 과거가 함축하는 네 가지 역설들을 이끌어 내었다.[94]

① 과거와 현재의 동시간성의 역설 paradoxe de la contemporanéité

시간은 지나간다. 문제는 시간이 어떻게 지나가게 되느냐에 있다. 도대체 과거는 언제 과거가 되며 새로운 현재는 언제 도래하는가? 들뢰즈에 의하면 "만일 과거가 과거로서 구성되기 위해 새로운 현재를 기다려야 한다면, 사라진 현재는 결코 이행할 수 없으며 새로운 현재 또한 도착할 수 없을 것이다. 현재는 현재인 '동시에' 과거가 아니고서는 결코 지나갈 수 없을 것이다. 과거는 먼저 한때 현재였던 '동시에' [과거로서] 미리 구성되어 있지 않다면 결코 구성될 수 없을 것이다."[95] 즉 현재가 항상 지나갈 수 있고 새

---

94) 이 과거의 역설들은 들뢰즈의 베르그손 독해와 이를 토대로 한 들뢰즈 자신의 시간론에서 핵심적인 것이다. 들뢰즈는 이 과거의 역설들을 『베르그손주의』에서는 기억의 시간이 함축하는 네 역설들로 분석해 내고, 『차이와 반복』에서는 시간의 두번째 종합이 함축하는 역설들로 재정리하고 있다. 알랭 바디우(Alain Badiou)는 흥미롭게도, 들뢰즈를 통한 베르그손의 이해와 또한 베르그손을 통한 들뢰즈의 이해를 만들어 내는 들뢰즈와 베르그손 사이의 이러한 밀접한 상호이해와 설명 관계를, 이들의 시간관이 보여 주는 "현재와 함께 공-현존하는 과거의 현실적인 실존"에 딱 들어맞는 사례라고 얘기하고 있다(Badiou, *Deleuze ; La clameur de l'Etre*, 94 [『들뢰즈-존재의 함성』, 145]).

로운 현재로 이행할 수 있는 것은 과거가 현재로서의 자기 자신과 동시간적이기 때문인 것이다.

이러한 역설은 위에서 분석한 기억과 지각의 동시간성, '현재의 분열'이라는 베르그손적 지속의 근본적 양상으로부터 직접적으로 도출된다. 기억은 지각이 사라진 이후에야 비로소 형성되는 것이 아니라, 지각과 '동시에' 성립한다. 마찬가지로 과거는 그 자신이었던 현재와 '동시간적으로' 형성되는 것이다. 따라서 각각의 현재는 현재이면서 동시에 과거이다. 현재의 지나감은 바로 이러한 자기 분열적 본질로 인해 가능한 것이다.

② 과거와 현재의 공존의 역설 paradoxe de la coexistence

첫번째 역설로부터 두번째 역설이 도출된다. "만일 각각의 과거가 자신이 한때 구가했던 현재와 동시간적이라면, 사실 모든 과거는 그것이 과거이기 위해 지금 거리를 둔 새로운 현재와 공존하는 셈이다."[96]

베르그손에 의하면, 과거는 항상 그 자체로 자기 보존되는 것이다. 따라서 각각의 과거가 그 자신이었던 현재와 동시간적으로 형성되는 것이라면, 새로운 현재와 공존하는 것은 항상 모든 과거, 즉 과거 전체이다. 전체로서의 과거는 이전 현재 '이후에' 비로소 형성되는 것도 아니고 새로운 현재 '안에' 있는 것도 아니다. 각각의 현실적 현재는 단지 지극한 수축 상태의 과거 전체에 지나지 않는다.

원뿔 도식은 과거와 현재의 '동시간적인 형성'뿐만 아니라 이렇게 각각의 새로운 현재가 항상 '과거 전체'와 공존하고 있음을 단적으로 보여 준다. 원뿔의 AB, A′B′, A″B″…… 등의 단면들은 그 자체로 잠재적인 것이면

---

95) Deleuze, *Différence et Répétition*, 111(『차이와 반복』, 193).
96) Ibid., 111(같은 책, 193).

서, 또한 그 각각이 과거의 전체를 담고 있다. 그 단면들은 수축과 팽창의 정도에 따라 상대적인 크기를 갖지만 어떤 크기에서든지, 그 크기에 따라 각기 상이한 수준에서, 과거 전체는 현재와 공존하고 있다.

따라서 현재는 지나가지만 과거는 스스로 보존되기 때문에, 각각의 새로운 현재와 공존하는 것은 항상 과거 전체이다.

③ 순수 과거의 선재성 préexistence

이상의 두 역설들은 결국 개별적인 과거로서 기억-이미지의 형태로 현실화된 과거가 아닌 순수 과거의 선재성^{先在性}을 최종적인 결론으로 도출하게 한다. 과거가 그 자신이었던 현재와 동시간적으로 형성되고, 또 새로운 현재와 공존한다면, 이전 현재를 지나가게 하고 새로운 현재를 도래하게 하기 위한 과거 일반이 선험적으로^{a priori} 존재해야 하기 때문이다.

"여기서 과거가 현재로서의 자기 자신과 동시간적으로 존재하는 방식을 생각해 보자. 그 방식은 현재를 지나가게 하면서 자신을 그 지나가는 현재에 의해 전제된 것으로 이미 거기에 자리하는 데 있다. 과거가 새로운 현재와 공존하는 방식은 어디에 있는가? 그것은 자신을 즉자적으로 자신 안에 보존하면서, 그리고 자신의 수축을 통해서만 생겨나는 새로운 현재에 의해 전제된 것으로 자신의 즉자적 위상을 정립하는 데 있다. 따라서 선재^{先在}의 역설이 앞의 두 역설을 완성한다."[97]

순수 과거는 지나간 현재와는 동시간적이고 새로운 현재와는 공존한다. 이전 현재든 새로운 현재든 현재는 항상 자신의 가능 조건으로서 순수 과거를 먼저 전제하지 않으면 안 된다. 따라서 이 순수 과거는 결코 현재로 드러나거나 현실화된 적이 없는 선험적인 과거로서 현재 이전에 선재^{先在}

---

97) Deleuze, *Différence et Répétition*, 111(『차이와 반복』, 194~195).

하는 것이어야 한다.[98] 요컨대 기존의 모든 습관을 전복시킬 정도로 낯선 상황에 처해 있을 때, 즉 현재의 지각을 해석할 만한 어떠한 기억도 떠올릴 수 없는 상황이라 할 때조차도, 여전히 "질료 없는 형상"처럼, 그러나 현재의 지각과 더불어 "같은 보조로" 나아가는 기억이, "특수한 어떤 과거가 아닌 과거 **일반**"[99]이 거기에 존재한다. 이 순수 과거야말로 '과거와 미래로 양분되는 현재'를, 현재의 이행 자체를 가능하게 할 수 있다. 그러나 순수 과거 그 자체는 지나가지도 새로 생겨나지도 않는다. 지나가거나 새로 생겨나는 것은 오로지 현재뿐이다. 바로 이것이 3장에서 이미 언급했던 것처럼, 과거는 '있는 것'ce qui est이고 현재는 '생성되는 것'ce qui se fait인 이유이다.

따라서 순수 과거는 새로운 현재를 생성함으로써 동시에 이전 현재를 지나가게 만들고, 현실적인 현재의 끊임없는 질적 변화를 야기한다. 그리고 순수 과거는 현실적인 현재 이전에 선재先在하면서 그 자체로는 결코 현재였던 적이 없으나 이러한 현재의 가능 조건으로서 작동한다는 점에서, 일종의 '초월론적' 기능을 갖는다고 할 수 있을 것이다. 그러나 이것은 순

---

98) 사르트르는 바로 이러한 순수 과거의 선재성을 이해하지 못한다. 사르트르에 의하면, "먼저 과거 그 자체가 있고 그 다음에 그것이 구체적인 과거들로 개별화되는 것이 아니다. 오히려 그와 반대로 우리가 우선 발견하는 것은 과거들(des passés)이다. 오히려 진정한 문제는 어떤 과정을 통해서 그 개별적인 과거들이 과거 **자체**(le passé)를 형성하기 위해 결합할 수 있는지 아는 것일 것이다"(Sartre, L'être et le néant, 147). 물론 사르트르의 말대로 현실적으로 존재하는 것은 경험적이고 구체적인 과거들이다. 우리가 의식할 수 있는 과거들, 회상된 기억들이 바로 그것들이다. 그러나 그 개별적인 과거들은 어디서 비롯하는가? 그 과거들의 가능 조건으로서 과거 일반이 먼저 존재해야 하지 않겠는가? 개별적인 과거들을 결합해서 만드는 과거 자체란 단지 추상일 뿐이다. 그것은 의식의 종합에 의해서 얼마든지 구성될 수 있을 것이다. 그러나 체험된 경험의 모든 내용, 살아 있는 신체로 또 의식적인 존재자로 존재하는 한 겪을 수밖에 없는 시간적 흐름의 전 과정은 추상시킬 수도 없고 지울 수도 없고 재구성하거나 다시 살 수도 없으며, 그 자체로 고스란히 남아 있을 수밖에 없다. 이것이 바로 과거 일반이 잠재적인 상태로 존재한다는 것의 의미이다. 사르트르는 의식이 구성하는 시간이 있기 이전에 먼저 의식이 살아야 하는 시간이 있다는 것을 간과하고 있다.

99) ES 137~138/918~919.

수 과거가 시간의 바깥에 있으며, 또한 오로지 의식의 초월론적인 형식으로만 존재한다는 것이 아니다. 순수 과거는 어디까지나 시간에 내재적인 것이며, 현실적인 시간의 잠재적인 조건으로 존재하는 것이다. 이 순수 과거야말로 현실적인 현재들의 이행을 가능하게 하는 조건, 즉 생성의 동인이다.

④ 현재란 과거의 가장 수축된 수준이다.

앞에서 우리는 결코 현재였던 적이 없는, 그러나 현재의 이행을 가능하게 하는 순수 과거의 선재성을 말하면서 이 순수 과거 "자신의 수축을 통해서만 생겨나는 새로운 현재"[100]에 대해서 충분히 설명하지 않았다. 어떻게 과거의 수축이 새로운 현재를 낳을 수 있는가? 이미 있던 것에 무언가를 더하거나 빼지 않으면서 그대로를 수축하는 것이 어떻게 질적인 변화를 산출할 수 있는가?

우선, 원뿔 도식은 바다의 순수 기억이 스스로를 보존하는 과거 전체로서 꼭짓점의 현재와 동시간적으로 공존할 뿐만 아니라, 무한하게 상이한 이완과 수축의 정도들에 따라 무한하게 많은 수준들에서 자기 자신을 반복할 수 있음을 보여 주었다. 따라서 "만일 과거가 자신의 고유한 현재와 공존한다면, 그리고 만일 과거가 다양한 수축의 수준들에서 자기 자신과 공존한다면, 우리는 현재 그 자체가 과거의 가장 수축된 수준일 뿐이라는 것을 인정해야만 한다."[101]

그런데 들뢰즈의 이 추론은 정당한 것일까? 전제에서 말하고 있는 '과거와 동시간적으로 공존하는 현재'가 어떻게 결론에서 말하고 있는 '과거

---

100) Deleuze, *Différence et Répétition*, 111(『차이와 반복』, 195).
101) Deleuze, *Le Bergsonisme*, 72(『베르그송주의』, 100).

의 가장 수축된 수준인 현재'와 동일하다고 주장할 수 있는가? 우선 과거가 공존하고 있는 자기 고유의 현재는 거울의 양면처럼 잠재적인 것(과거)과 현실적인 것(현재) 사이의 본성상 차이 속에서 과거와 동시간적으로 공존하는 현재를 의미한다. 반면, 과거의 가장 수축된 수준으로서의 현재는 과거 전체가 수축되어 있는 과거의 한 상태임을 의미한다. 어떻게 과거와 본성상 다른 것으로 대립되었던 현재가 이번엔 과거의 한 수준으로서 과거 안에 포함될 수 있는가?

과거와 현재의 본성상 차이는 현실적 차원에서 (현재의 관점에서) 나타나는 것이고, 과거와 현재의 정도상 차이, 즉 수축의 강도상 차이는 잠재적 차원에서 (과거 그 자체의 관점에서) 보여지는 것이다. 전자의 관점에서 볼 때, 과거와 현재의 관계는 8자 도식에서 가장 작은 회로에 해당하는 혼합물의 두 요소, 과거의 두께를 지닌 현실적 현재에 해당한다. 후자의 관점에서 볼 때, 과거와 현재의 관계는 무한히 팽창된 과거와 무한히 수축된 과거의 관계, 잠재적인 순수 과거와 현실화된 과거의 관계이다.

따라서 순수 과거 자신의 수축을 통해서만 생겨나는 '새로운 현재'의 의미는 이중적이다. 하나는 잠재적인 차원의 어떤 수준에서 수축되어 있는 과거 전체가 현재로 현실화되었음을 의미하는 존재론적인 수준으로서의 현재이고, 다른 하나는 현실적인 차원에서 이질적인 두 요소의 수축을 통해서 형성된 혼합물로서의 현재이다. 혼합물로서의 현실적인 현재(후자)는 순수한 것으로서의 잠재적인 과거의 존재론적 한 수준(전자)을 표현한다.

요컨대, 우리의 현재가 매 순간 지각과 기억으로 양분된다면, "우리 현재의 완전한 모습은 지각이면서 동시에 기억"[102]일 것이다. 지각이 어떻게

---

102) ES 137/918.

이미 기억인지는 3장 5.1절에서 이미 해명되었다. 아무리 순간적인 지각이라 할지라도 지각은 이미 "직접적인 지각의 바닥을 기억들의 천으로 뒤덮는 기억과 다수의 순간들을 수축하는 기억"[103]에 의해 물들어 있다. 지각한다는 것은 "무한히 이완된 존재의 광대한 기간들을 더 긴장된 삶의 더 분화된 몇몇 순간들로 압축하는 것"[104]이고, 물질 그 자체의 무수한 진동들을 신체의 수용면 위에서 우리의 한 순간으로 '수축'하는 것이었다. 그리고 이 수축이란 "하나가 나타났을 때 다른 하나가 아직 사라지지 않았기 때문에"[105] 일어나는 것이었고, 이것은 과거가 그 자체로 스스로를 보존하면서 현재 안으로 연장하기 때문에 가능한 것이었다. 따라서 지각이 이미 기억인 방식으로, 현재는 이미 과거의 수축물이라고 할 수 있다. 즉 현실적이고 구체적인 지각은 혼합물이다.

그런데 지각과 기억 사이에, 또 현재와 과거 사이에 이런 수축을 작동시키는 것, 이런 혼합물을 형성하는 것은 무엇인가? 바로 생명이고 삶이다. 우리의 현재는 추상적인 순간이 아니라 항상 구체적이고 살아 있는 현재이고, 따라서 이 현재는 "기억에 의해 부푼 지각이 과거를 수축하는 것"[106]과 정확히 같은 정도로 미래를 향해 움직이는 것이다. 따라서 생명적 의지가 우리 삶의 현재를 지각이면서 기억인 것으로, 또한 현재이면서 과거인 것으로 만드는 것이다. 다시 말해서 생명적 의지의 정도, 긴장의 강도에 따라 혼합물로서의 지각의 수준이 달라지고, 지각의 수준은 필연을 극복하는 자유의 정도에 따른 존재론적 수준과 결부된다. 그런데 이 생명적 의지는 팽창하면서 수축하는 순수 과거의 운동에 의해 표현되는 것이고, 이 운

---

103) MM 31/184(『물질과 기억』, 65).

104) MM 233/342(『물질과 기억』, 347).

105) Deleuze, *Le Bergsonisme*, 46(『베르그송주의』, 68).

106) MM 236/344~5(『물질과 기억』 350).

동성이야말로 삶의 시간성 그 자체를 말해 준다. 잠재적인 것을 현실화하면서 차이를 산출하는 운동, 자기 자신을 보존하면서도 동시에 자기 자신을 넘어서는 운동, 이것이 바로 삶의 흐름이고, 삶의 시간으로서의 지속이다. 팽창하면서 수축하는 순수 과거의 운동은 바로 이러한 의미에서 존재론적 지속 그 자체이다. 따라서 혼합물로서의 현재는 존재론적 과거의 한 수준으로서 지속한다.

　　이를 시간의 근본적 양상인 분열하는 현재의 관점에서 보면, 과거와 동시간적으로 공존하는 현재는 과거를 향하여 회귀하는 현재이고, 과거의 가장 수축된 수준으로서의 현재는 미래를 향하여 돌진하는 현재이다. 그러면, 과거 그 자신의 관점에서, 현재와 동시간적으로 공존하는 과거와, 현재 안으로 스스로를 연장하는 과거, 즉 잠재적인 과거와 수축하는 과거의 관계는 무엇인가? 바로 팽창하면서 동시에 수축하는 과거 자신의 이중운동이다. 순수 과거는 그 자체로 스스로를 보존하면서 무한히 팽창한다. 이와 동시에 또한 순수 과거는 스스로를 수축하면서 현재 안으로 연장한다. 결국, 팽창하면서 수축하는 이중 운동을 통해서 순수 과거는 이전 현재를 자기 안으로 지나가게 하고 새로운 현재를 자기 자신으로부터 창조하는 것이다.[107] 무의식은 무시간적이긴커녕 창조적 생성의 시간 그 자체이다.

---

107) 사르트르는 잠재적 차원에서 작동하는 과거의 수축력을 이해하지 못한다. "우리는 과거가 어떻게 우리에게 붙어다니고, 즉 **우리에 대해서**(pour nous) '다시 태어날 수 있다'는 것인지를 설명하지 않았다. 만일 과거가 베르그손이 말한 대로 무의식이라면, 그리고 만일 무의식이 행위하지 않는 것이라면, 어떻게 그것이 우리의 현재 의식의 맥락 안에 끼어들 수 있단 말인가? 그것이 그 자신의 고유한 힘을 가지고 있다는 것일까? 그렇다면 이 힘은 현재가 아니겠는가, 왜냐하면 그것은 현재에 행위하는 것이기 때문에. 어떻게 그것이(그런 능동적 행위의 힘이) 과거 그 자체로부터 나올 수 있단 말인가?"(*L'être et le néant*, 144) 사르트르는 과거의 현재화가 오로지 대자적(pour-soi) 의식의 종합에 의해서만 가능하다고 본다. 따라서 그는 베르그손의 지속하는 의식이 무엇보다 "대자로서 인식된 의식이 아니라 심적인 것(le psychique)"에 지나지 않으며, 따라서 심리 상태를 이루는 이질적인 요소들의 상호 침투가 "마술적이고 완전히 불가해한 응집에 의해서"(Ibid., 201) 일어날 뿐이라고 비판한다.

이상에서 살펴본 과거의 역설들은 결국 현재 중심의 선형적 시간 개념을 전복시킨다. 현재는 있는 것이 아니라 생성하는 것이며, 과거는 소멸하는 것이 아니라 있는 것이다. 현재야말로 과거 안에서 타자화된 과거 자신이다. 그러니까 존재하는 것은 오로지 과거뿐이다. 과거만이 존재한다고 해야 한다. 이것이 또한 현재가 존재하지 않는 이유이기도 하다. 왜냐하면 현재는 팽창하는 과거와 수축하는 과거 사이에서 끊임없이 분열하는 이행 지점이기 때문이다. 팽창하는 과거가 잠재적인 차원에서의 자기 자신으로 회귀하는 경향이라면, 수축하는 과거는 현재-미래의 방향으로 현실화하면서 자기 변화하는 경향이라고 할 수 있다. 동일한 존재론적 과거가 상반된 방향으로 움직이는 두 경향 사이에서 현재 그 자체는 매 순간 분열할 수밖에 없다.

베르그손은 "다양성의 조직화는 조직화하는 작용을 상정한다는 것"(ibid., 171)을 보지 못했다는 것이다. 그러나 내가 보기에, 사르트르는 한 쪽만 보고 다른 한 쪽은 보지 못했다. 지속이란 과거가 미래를 잠식하고 점점 불어나면서 전진하는 연속적인 진전이다. 과거는 한없이 부풀어 가면서 동시에 미래를 향하여 수축한다. 지금까지 밝혀 놓은 것처럼 과거의 무의식은 결코 무능력하지 않다. 과거는 단지 잠재적인 상태로 머물러 있는 것이 아니라 팽창과 수축의 연속적인 과정을 통해서 현재화한다. 사르트르는 과거와 현재 사이의 존재론적 연속성과 심리학적 불연속성의 차이를 이해하지 못하고 있다. 과거의 무의식은 항상 존재한다. 단지 의식에 의해서 망각될 뿐이다. 과거 그 자체는 현재와 동시적으로 공-존한다. 결코 사라지지 않는다. 망각은 무가 아니다. 사르트르는 베르그손의 기억 이론에서 무엇보다 현재와 과거를 분리하고 수축하는 의식의 운동을 보지 못하고 있으며, 이 의식의 운동 원리가 또한 생명의 원리라는 것을 보지 못하고 있다. 의식은 왜 과거와 현재를 분리시키는가, 왜 과거를 현재 속으로 연장하는가. 이질적인 요소들의 상호 침투인 과거와 현재의 수축은 그저 "마술적이고 불가해한" 작용이 아니라 생명적 의지의 표현이다. 의식의 작용은 삶이 없이 일어날 수 없다. 의식은 추상화하고 객관화하고 능동적으로 종합하는 대자적 의식이기 이전에 먼저 살아야 하는 의식이다. 대자적 의식은 당연히 그 의식 이하의 차원에서 일어나는 무의식적 종합을 이해하지 못할 것이다. 현재가 항상 이미 수축된 과거라는 것을, 의식은 이미 무의식의 산물이라는 것을. 사르트르는 의식의 경험적 영역을 넘어서, 초월적 바깥이 아닌 내재적 바깥으로, 의식의 가능 조건으로, 잠재적인 전체 안으로 들어가고자 하는 베르그손적 기획을 이해하지 못한다. 그는 오로지 현재하는 의식과 현실적인 것만을 특권화된 중심에 놓고 보기 때문에 그 바깥의 과거와 잠재적인 것은 무능력하거나 비-존재로밖에 여겨지지 않기 때문이다.

2.3 시간과 주관성의 역설

심리학적 지속으로부터 존재론적 지속으로의 변천은 전통적인 시간과 주관성의 관계를 역전시킨다. 순수 기억 또는 순수 과거인 무의식의 존재를 부정하는 것, 나아가 이러한 존재론적 무의식의 창조적 생산력을 간과하는 것은 주관성을 '우리의 것'으로, 오로지 심리학적 의식의 것으로만 간주하는 데서 비롯한다. 주관성을 의식의 내면성으로만 설정하고, 주관과 객관을 안과 밖의 공간적 관계로 놓았을 때, 의식과 세계 사이에, 정신과 물질 사이에 건널 수 없는 간격은 불가피한 것이다. 그러나 주관과 객관을 잠재적인 것과 현실적인 것 사이의 시간적 관계로 놓으면 이러한 근대적 이원론의 난점은 극복될 수 있을 뿐만 아니라 아예 거짓 문제가 되어 버린다.

베르그손에 의하면, 의식은 주관적인 것이 아니라 오히려 주관과 객관의 접촉지점이자 교차혼합지점이다. 진정한 주관성은 잠재적인 무의식에 있으며, 이 무의식의 주관성과 대립하는 것이 객관적이고 현실적인 물질적 세계이다. 그러니까 잠재적인 것(무의식)과 현실적인 것(물질) 사이에 양자의 연결지점으로 의식이 존재하는 셈이다. 순수 잠재성과 순수 현실성은 각각 의식 바깥에 존재하는 무의식과 물질이다. 무의식은 순수 정신, 순수 영혼, 순수 과거로서 잠재적인 것이며, 의식은 현실적인 물질과 혼합되어 육화된 정신, 신체와 결합한 영혼, 현재 속에 연장된 과거로서 혼합물이자 접촉면이며, 잠재적인 것이 현실화하는 생성의 지점인 것이다.

근대적 사유가 의식을 주관성의 토대로 보았던 것은 대상들, 존재자들, 삶을 구성하는 것이 바로 의식의 시간적 종합 작용에 있다고 생각했기 때문이다. 그러나 베르그손의 무의식 개념은 의식의 특권을 무효화하고 의식을 일종의 표면적 효과로 보는 새로운 주관성을 설정하게 한다. 순수 과거의 존재는 주관성을 심리학적 의식의 내면성이 아니라 존재론적 무의식의 내면성으로 재정의한다. 왜냐하면 대상들, 존재자들, 삶을 구성하는 것은 의식의 시간적 종합 작용이 아니라 무의식의 시간적 종합 작용이기 때문이다. 순수 과거의 시간은 시간이 우리 '안에' 있는 것이 아니라 오히려 우리가 시간 '안에' 있다는 것을 보여 주기 때문이다.

> 베르그손주의는 종종 다음과 같은 생각으로 환원되어 왔다. 즉 지속은 주관적인 것이고, 우리의 내적 삶을 구성하는 것이다. 베르그손이 이런 식으로 주장했다는 것은 사실이다. 적어도 처음에는. 그러나 점차 그는 전혀 다른 것을 말하기 시작했다. 즉 유일한 주관성은 시간, 그 자신의 토대 안에서 파악된 비-연대기적 시간이다. 그리고 시간에 내재적인 것이 바로 우리이지, 그 반대가 아니다. 우리가 시간 안에 있다는 것은 진부한 생각처럼 보인다. 그러나 그것은 가장 고도의 역설이다. 시간은 우리 안에 있는 내면성이 아니고, 정확히 그 반대다. 우리가 그 안에서 존재하고 있고 그 안에서 움직이며 살고 변화하는 그 내면성이 바로 시간이다. (……) 주관성은 결코 우리 자신의 것이 아니다. 그것은 시간이다. 즉 영혼이나 정신인, 잠재적인 것이다. 현실적인 것은 항상 객관적인 것이지만, 잠재적인 것은 주관적인 것이다.[108]

들뢰즈가 주목한 대로, 베르그손에게 있어서 주관성은 의식 주체로서의 우리 자신에 속하는 것이 아니라 비-연대기적인 시간의 것이다. 즉 시간이 우리 안의 내면성이 아니라 우리가 시간의 내면성 안에서 살고 있다는 점에서 말이다(우리는 3장에서 이미 지각적 의식을 물들이는 주관성의 요소가 과거를 현재 속으로 연장하는 기억의 작동에 있음을 보았다). 심리학적 지속으로부터 존재론적 지속으로 이행한 베르그손의 시간 개념에 따르자

---

108) Deleuze, *Cinéma 2: L'image-temps*, 110~111(『시네마Ⅱ : 시간-이미지』, 167~168).

면, 시간은 더 이상 의식 안에만 있는 것이 아니다. 의식의 시간은 오히려 의식 바깥의 여러 시간들 중 하나에 지나지 않는다. 바로 여기서 시간과 주관성의 관계는 역전된다. 우리의 내면성 안에 시간이 있는 것이 아니라, 시간의 내면성 안에 우리가 있다. 시간이 의식 안에서 구성되거나 의식의 선험적 형식으로 존재하는 것이 아니라, 오히려 우리의 의식이 시간 안에서 구성되거나 경험의 형식을 만들어 가는 것이다. 우리의 현재, 우리의 의식은 이미 순수 과거의 수축물이고 결과물이다. 우리는 순수 과거의 시간 안에서 존재하고 있고, 그 안에서 움직이며, 살고, 변화한다. 시간이 우리 안에 있는 것이 아니라 우리가 시간 안에 있는 것이다.

여기서 한 가지 분명히 해야 할 것은, 바로 주관성의 의미이다. 우리 '안에', 의식 '안에', 또는 시간 '안에' 있음이 그 자체로 주관성의 본성인가? 즉 '안'이라는 내면성 자체가 곧 주관성을 의미하는가?

우선 우리가 시간 '안에' 있다는 것은 단순히 칸트 이전으로의 회귀를 의미하는 것은 아니다. 아리스토텔레스처럼 "시간은 어디에서나 누구에게나 동일하다"[109]는 것을 말하는 것이 아니다. 즉 시간을 헤아리고 느끼고 체험하는 의식과 '무관하게' 흘러가는, 물체의 운동과 더불어 측정되는 자연적인 시간을 말하는 것이 아니다. 우리가 시간 '안에' 있다는 것은 시간이 우리 자신을 초과하는 것임에도 불구하고, 그 초과적인 시간은 그 시간 안에서 시간을 체험하며 사는 의식과 밀접하게 관련되어 흘러가는 시간이라는 것을 의미한다. 그러니까 우리가 그 안에서 살고 있는, 따라서 우리가 사는 만큼 시간 그 자신도 변화하는, 바로 그런 의미에서 시간의 주관성을 생각해야 한다.

3장 3절에서 이미 언급했듯이, 베르그손에게 주관적인 것이란 나누면

---

109) Aristoteles, *Physika*, IV, 10, 218 b.

나누어지는 만큼 그 전체가 질적으로 변화하는 것을 의미한다. 따라서 주관적인 것은 질적 다양체에 속한다. 순수 과거가 현실화될 과거의 수준들의 잠재적 공존체라는 것은 바로 이러한 의미에서의 질적 다양체임을 말한다. 순수 과거는 현실화하면서 본성상 다른 현실적 현재들로 나누어지고 나누어지는 그만큼 잠재적인 순수 과거 전체 또한 변화한다.

따라서 주관성이란 단지 바깥과 대립되는 안으로서의 내면성을 의미하는 것이 아니다. 주관성이란 잠재적인 것, 그것도 현실화하는 잠재적인 것이고, 무엇보다 현실화하면서 자기 자신과 달라지는 잠재적인 것을 말한다. 하이데거 식으로 말하자면 이러한 주관성이란 곧 자기-변용auto-affection 으로서의 시간이다.[110] 팽창-수축의 이중 운동에 의해서 과거 전체는 무수히 다양한 현재들의 모습으로 현실화하면서 스스로 변질된다. 잠재적인 순수 과거 또는 순수 기억의 현실화 운동은 자기와의 관계이고 자기에 의한 자기의 변용이다. 우리 의식의 현재, 우리 존재의 현재는 자기-차이화한 과거 그 자신이다. 우리 자신이 그 안에 잠겨 있는 시간의 내면성, 시간의 주관성이란 바로 이러한 의미에서의 주관성이다.

그런데, 우리가 시간 안에 존재하며, 그리고 시간이 주관성이라는 주장은 결국 그 시간과 분리불가능한 우리 자신이 시간의 형식에 의해서 영

---

110) 하이데거는 『칸트와 형이상학의 문제』에서 시간에 대한 칸트의 사유를 유한한 주체가 자기로서 변용될 수 있는 자기-변용에 대한 사유의 방향으로 해석한다. 칸트에게 공간은 정신이 다른 것에 의해 영향 받는 형식이지만 시간은 정신이 자기에게 영향을 받는 형식이라는 점으로부터, 하이데거는 시간을 순수한 자기-변용으로서 정의하고 이것이 '주관성의 본질적인 구조'를 형성한다고 주장한다. 모든 변용은 이미 눈앞에 있는 존재자가 자신을 알리는 활동이다. 하지만 시간은 전재(前在)하지도, 의식의 '바깥에' 있지도 않다. 따라서 시간은 본질상 자기 자신에 의한 순수 변용인 것이다. "순수한 자기 변용으로서의 시간은 눈앞에 있는 자기에 맞부딪쳐 그것에 작용을 미치는 변용이 아니라, 오히려 자기에게-스스로-관계함과 같은 그러한 어떤 것의 본질을 형성한다. 예컨대 자기에게 관계될 수 있음이 유한한 주관의 본질에 속하는 한, 순수한 자기 변용으로서의 시간은 주관성의 본질구조를 형성한다"(하이데거, 『칸트와 형이상학의 문제』, 267).

향을 받는다는 것이다. 시간은 우리에게 흔적을 남긴다. 아니 우리 자신이 시간의 기록 장부이다. 시간이 인간적 의식의 주관적 형식이 아니라 우리의 존재 자체의 형식인 이상, 자기 분열하는 시간의 방식으로 우리의 시간적 자아 역시 자기 분열적 자아가 된다. 앞서 논증했듯이, 우리의 현실적 존재는 매 순간 현실적인 차원과 잠재적인 차원으로 분열되며 지속한다. 현실적 차원의 의식은 이질적인 두 요소를 능동적으로 종합하고 수축하며 삶에 주의하는 반면, 잠재적 차원의 무의식에서는 끊임없이 이질적인 두 차원으로, 즉 보존되는 과거와 지나가는 현재로 양분되며 자기-차이화 한다. 따라서 우리 자신은 언제나 완전한 자기 자신으로 현실화될 수 없으며, 항상 우리 안에는 잠재적으로 남아 있는 타자를 함축하게 된다. 나는 온전한 내가 아니며 항상 내가 아닌 나와 공존한다. 따라서 자아는 결코 자기동일적일 수 없다. 내 속엔 항상 내가 너무나 많다. 나는 그 자체로 끊임없이 자기-차이화하는 잠재적 다양체가 된다.

데카르트의 코기토는 '사유하는 나'와 '존재하는 나'의 행복한 일치를 확신했다. 그러나 그것은 단지 시간을 배제했기에 가능한 것일 뿐이었다. 데카르트에게 시간이란 상호 외재적이고 독립적인 순간들의 계기이다. 존재하는 것은 오로지 순간뿐이고, 이 순간들의 계기적 연속을 신의 연속창조에 의해 근거 짓는다. 따라서 데카르트의 코기토는 자기동일성을 신의 단일성에 의해 부여받는다.

그러나 베르그손의 발견에 의하면, 시간은 더 이상 코기토와 무관한 것이 아니다. 과거와 미래를 향해 끊임없이 분열하며 분출하는 시간은 코기토를 자기동일적으로 남겨 두지 않는다. 사유하는 나와 사유되는 나(즉 존재하는 나) 사이에는 항상 이미 시간차가 벌어져 있다. 사유하는 나는 시간 속에서 끊임없이 달아나는 나를 붙들고자 애써야 한다. 사유하는 나는 시간을 겪으며 과거와 미래를 향해 분열하는 수동적 자아를 능동적으로 수축하고 종합하여 자기동일성을 구축하고자 한다. 그러나 나의 자기동일성은 순간에서조차 확보되기 어려우며 매 순간 나는 타자가 된다. 존재하는 나와 그 나를 사유하는 나, 존재적인 나와 존재론적인 나 사이에는 이미 존재론적 차이가 있다. 시간이 바로 그 차이를 생성하는 형식이다.

시간이 주관의 형식이라고 했을 때, 칸트와 베르그손의 차이는 경험적 주체가 초월론적 주체에 의해 정당화되는 것에 그치느냐, 아니면 확장된 경험을 생성하게 되느냐에 있다. 칸트의 경우, 주체는 시간 속에서 끊임없이 변화를 겪는 수동적 자아와 능동적인 종합을 수행하는 나로 분열되지만, 초월적 나는 시간의 초월론적 형식을 통해서 수동적 자아의 경험을 능동적으로 종합함으로써 자기동일적 주체로 만든다. 반면, 베르그손의 경우, 협소한 경험을 사는 현실적 차원의 내가 오히려 잠재적 차원의 자아에 의해 확장된 경험을 획득하게 된다. 자기동일적이고자 능동적 종합을 수행하는 현실적 나는 잠재적인 자아에 의해 항상 타자화하고 끊임없이 타자화하는 방식으로 주체가 된다. 의식의 능동적 종합은 항상 무의식의 수동적 종합에 의해 자기-차이화한다.

따라서 '시간의 운동'이 '운동의 시간'을 근거 짓는다는 것은, 연대기적 시간을 사는 습관의 주체가 비-연대기적 시간을 사는 기억의 주체에 의해 변용된다는 것을 의미한다. 즉 현실적 의식이 잠재적 무의식에 의해 질적 변화를 겪는다는 것이다.

운동에 종속된 시간의 주체는 감각-운동 도식에 따라 사는 습관의 주체이다. '지각으로서의 주체'는 보이지 않고 들리지 않고 만져지지 않고 냄새 맡을 수 없는 유동하는 물질 전체를 지각장 밖에 버려 두고 오로지 보고 듣고 만져지고 냄새 맡을 수 있는 견고하고 분명한 사물들, 대상들, 부동의 물체들만을 지각한다. '행동으로서의 주체'는 지각장과 더불어 주어진 행동 반경 안에서 오로지 주어진 자극에 대한 반응으로서만 자신의 행동을 고려하며 결과적으로 행동이 도착하게 될 부동의 결과물만을 생각한다. '감정으로서의 주체'는 오로지 자신의 신체 표면 전체, 자신의 독립된 윤곽 전체를 유지하기에만 급급하여, 혼란스런 지각과 주저하는 행동 사이에서 차라리 외부로부터 온 자극을 흡수하여 견디는, 그래서 운동을 하나의 질적 상태로 보유해 버린다.

지각-행동-감정의 통합체인 이 주체는 생물학적 필요와 욕구에 의해 제한된 '의식'일 수밖에 없다. "나에게 관심을 불러일으키는 것, 내가 살도록 하는 것, 행동하도록 나를 부추기는 것"[111]에 몰두하는 이 의식은 직전에 지각한 감각(과거)과 막 실행할 행동(미래)으로 수축된 '현재'를 산다.[112] 이 시간을 구성하는 작용과 반작용 사이의 간격, 과거와 미래 사이의 간격이란 너무나 협소해서 현재는 언제나 순간적일 뿐이다. 한번에 하나씩, 과거, 현재, 미래가 차례대로 연대기순으로 실에 꿰어진다. 현재를 기점으로 지나간 현재들이 과거요, 다가올 현재들이 미래다. 그래서 시간은 지금-지금-지금……들로, 현재 순간들의 연속적인 계기로 흘러간다. 시계 바늘의 운동에 따라 세어지는 시간. 부동화되고 공간화된 시간. 이것이 현실적 차원에서 보여지는 시간의 모습이다.

그러나 사유의 주체, 협소한 경험의 장을 확장하고자 하는 주체는 더이상 운동에 종속된 시간을 살지 않는다. 창조적인 사유는 비-연대기적으로 작동하는 시간 그 자체의 운동을 따른다. 순수 과거의 잠재성은 무한히 팽창하는 심연의 깊은 바닥이면서 또한 가없이 높아가는 수직적 고도의 이념이다. 예술적 창조와 생성은 운동에 종속된 시간을 탈구시키고 순

---

111) MM 152/280(『물질과 기억』 236).
112) 감각-운동성에 종속되어 있는 베르그손의 이 '연대기적 시간'을 들뢰즈는 『차이와 반복』 2장에서 '살아 있는 현재', 우리 자신을 물질적 세계 속에 정박시키는 '습관의 수동적 종합'으로 변형시켜 응용하고 있다.

수 과거의 시간을 회복하며 잠재적 이념을 현실화할 때 이루어질 수 있다. 근원적인 시간의 운동을 발견하는 것, 그것이 곧 인간의 조건을 넘어서 지각-행동-감정의 협소한 경험적 장을 확장하는 것이다.

이상에서 살펴본 대로, 베르그손에서 시간은 의식이 아니라 무의식과 본질적인 관계를 지닌다. 시간은 의식 안에만 존재하는 것이 아니며, 또한 무의식은 결코 무시간적인 것이 아니다. 의식의 시간이 추상적인 현재를 중심으로 선형적으로 흘러가는 연대기적 시간이라면, 무의식의 시간은 잠재적인 과거를 현실화하는 창조적 생성의 시간이다. 무의식의 시간 안에서, 현재는 더 이상 단순하고 불가분한 '순간'으로서의 존재가 아니라, 과거에 의해 물들어 있는 혼합물이고 이중분열체이며 생성이고 지나감이다. 무의식의 시간 안에서, 과거는 더 이상 무無가 아니며, 또한 현재에 의해 사후적으로 재구성되는 것이 아니라 오히려 현재의 이행을 가능하게 하는 조건으로서 존재하며, 현실화하면서 자기-차이화 하는 시간의 잠재성 그 자체이다.

순수 기억이자 순수 과거인 무의식은 시간 바깥에 무시간적인 것으로 존재하는 것이 아니라, 오히려 현재의 분열과 생성을 야기하는 존재론적 시간에 내재하는 잠재성이다. 의식에는 오로지 이 발생적 운동의 결과물만이 주어질 뿐이다. 모든 현실적 현재들은 순수 과거의 수축물이며, 이것은 현재가 과거의 단순 재현이나 왜곡된 표현, 해석되어야 할 번역물이 아니라 순수 과거의 진정한 창조적 생성물임을 의미한다. 팽창-수축하는 무의식의 운동은 미래를 향한 운동이고, 환상이 아니라 실제 무언가를 창조하는 운동이다. 주관성의 진정한 토대는 표면의 의식이 아니라, 잠재적 다양체로서 '자기-변용'과 '자기-차이화'의 창조적 운동을 전개하는 심층의 무의식에 있다.

심리학적 의식의 시간은 존재론적 무의식의 시간 안에서 흘러간다. 심리학적 의식의 바깥에서 심리학적 의식의 삶 자체를 근거 짓는 존재론적 무의식의 시간을 회복하는 것, 이것이 바로 의식이 자신의 허구적인 특권을 포기하면서 자신의 한계와 조건을 인식하고 그 너머를 사유할 수 있는 길이다.

그런데, 순수 지속과 순수 기억을 그 자체로 동일시할 수 있는가? 물론 그럴 수 없다. 순수 기억은 순수 지속을 가능하게 하는 내재적 조건이다. **순수 지속이 잠재성의 현실화 과정 그 자체라면, 순수 기억은 현실화할 수 있는 잠재성 그 자체이다.** 한마디로 순수 기억은 순수 과거로서 순수 지속의 잠재성인 것이다. 따라서 질적 변화의 연속성으로 전개되는 순수 지속의 시간이 심리학적 의식의 시간에 국한된 것이 아닌 존재론적 시간이라고 한다면, 순수 기억은 순수 과거로서 현실적인 표상뿐만 아니라 현실적인 존재 자체를 생성할 수 있는 존재론적 잠재성이라고 할 수 있다. 이렇게 해서 순수 기억은 모든 생명체들의 존재론적 기원인 순수 생명의 잠재성과 일치하게 된다. 순수 기억은 순수 과거로서 또한 순수 생명이다.

3. 순수 과거의 초월론적 종합

3.1 과거의 사후성Nachträglichkeit에 대한 재해석

과거의 존재와 관련하여 자네P.Janet 와 프로이트S.Freud 의 기억이론을 언급하지 않을 수 없다. 이들은 완전한 과거의 보존을 인정하지 않으며, 기억이란 과거를 현재 속에서 반복하는 것이 아니라 사후적으로 재구성하는 것이라고 주장한다. 우선, 자네는 기억을 이야기하기narration , 문학적 구성, 작품의 의미로 받아들인다. "기억의 점진적인 완성은 조금씩 이루어진다. 그렇기 때문에 기억은 처음보다 며칠 후가 더 나아지며, 더 잘 만들어지고,

더 잘 손질된다. 그것은 천천히 만들어지면서 점진적으로 완성되는 문학적 구성이다."[113] 과거는 그 자체로 완성되는 것이 아니라 현재에 의해 재구성되고 항상 다시 쓰여진다는 것이다. 그러나 베르그손의 관점에서 볼 때 이는 부분적인 진리에 지나지 않는다. 물론 베르그손의 경우에도 표상적 기억은 현재의 상황에 맞춰 매번 다른 과거를 떠올린다. 의식적인 노력과 주의력을 수반하며 과거와 현재를 반복 운동하는 표상적 기억은 언제나 다른 기억으로 대체될 수 있다. 이런 과거는 결코 완성되지 않으며 여러 번 반복되고 수정되고 교정되며 재해석된다.

　　문제는 순수 기억의 과거다. 순수 기억은 사후적으로 재구성되지 않는다. 순수 기억은 차라리 심리학적 기억이 가능하기 위한 조건이다. 순수 기억의 과거는 현재에 의해 재구성되는 것이 아니라 오히려 현재의 재구성작용 자체를 가능하게 하는 것이다. 이 과거는 부분적으로 의식된 기억, 현재에 의해 사후적으로 해석됨으로써 비로소 유의미하게 되는 그런 과거가 아니다. 이 순수 기억의 존재를 부정하고서는 정신의 시간성을 온전히 이야기할 수 없다. 그러니까 현재로부터 과거로 가는 사후적 해석의 시간이 있기 이전에 먼저 과거 일반으로부터 현재로 나아가는 순수 기억의 존재론적 시간이 존재하는 것이다! 더욱이 잠재적으로 존재하는 이 순수 과거는 자동적 반복이나 강박으로서의 반복이 아니라 자기-차이화하는 반복을 통해 현실화하면서 자신의 가장 수축된 정도의 하나로 현재들을 창조한다. 이 존재론적 과거의 한 수준으로 심리학적 의식도 존재하며, 이 심리학적 의식의 개별화된 심리학적 과거도 가능한 것이다. 앞서 살펴보았듯이, 시간의 이행과 관련된 과거의 역설들에 따르면, 특수한 현재보다 과거

---

113) Janet, *L'évolution de la mémoire et de la notion de temps*, 261 (최정식,「지속과 순간 : 베르크손과 바슐라르」, 414 재인용).

일반이 먼저 존재해야 한다는 점에서도 '과거의 사후성'보다는 '과거의 선재성'이 우선한다고 할 수 있다. 또한 과거 전체가 자기-분열하는 현재와 공존하면서 자기-변용의 질적 변화를 겪는다는 점에서 보더라도, 과거 전체의 변질은 현재 일어난 사태와 동시간적인 것은 될지언정 사후적인 것에 해당한다고는 할 수 없다. 베르그손의 과거는 자네의 심리학적 과거보다 더 근본적인 존재론적 사태인 것이다.

프로이트의 경우를 보면, 과거는 외부로부터 지각된 자극의 영구적인 흔적으로서 무의식의 바탕에 놓여 있는 '기억 흔적'Erinnerungsspur으로 보존된다.[114] 그런데 이것은 마치 썼다가 다시 지우고 그 위에 또 다시 써도 되는 '만년 노트'와 같아서, "기억-흔적의 형태로 잔존하는 내용은 때때로 새로운 환경에 맞추어 재조직을 겪고, 말하자면 재기록을 거친다."[115] 또한 이 기억 흔적은 여러 가지 분류 방법에 따라 배열될 수 있는 '복잡한 고문서 보관소'와도 같아서 서로 다른 체계 속에 등록되어 존속한다.[116] 따라서 기억 흔적의 원래 형태나 고정된 등록 장부라는 것은 애초부터 없다. 우리는 기억 흔적의 '원본'이라는 것에 도달불가능하다. 물론 기억 흔적은 의식에 다시 현상할 수 있으나 항상 상징적 기호를 매개로 언어적 구성을 거쳐서 드러날 수 있을 뿐이다. 마치 칸트의 물자체가 의식의 초월론적 형식에 의해 구성된 현상계로서만 인식될 수 있듯이.

정신분석학적 과거는 그 자체로 고정된 실체성을 가진 고고학적 유물처럼 발굴될 수 있는 것이 아니다. 비록 정신분석가의 작업이 억압되어 있던(따라서 망각되어 있던) 무의식적 내용들을 의식화하는 것이라는 점에

---

114) "접수된 자극의 영원한 흔적은 지각 조직의 뒤에 놓여 있는 '기억 조직' 속에 보존된다"(프로이트, 「신비스런 글쓰기 판에 대한 소고」, 『정신분석학의 근본 개념』, 437).
115) Freud, *Extracts from the Fliess Papers(1892-1899)*, 영어 표준판 전집 제1권(London: The Hogarth, 1966), letter 52, 233.
116) 프로이트, 「히스테리의 심리치료」, 『히스테리 연구』, 374~377.

서 땅 속에 파묻힌 과거의 건축 잔해들을 발굴하여 조립하는 고고학자의 작업과 유사하게 보이긴 하지만, 정신분석가가 다루는 재료들은 어디까지나 "살아 있는 것"이라는 점에서, 즉 이미 구성된 것이면서 또한 다시 구성될 수 있는 것으로서 주어지는 것이라는 점에서 분석가의 작업은 고고학적 작업과 결정적인 차이를 지닌다.[117] 환자가 제공하는 "어린 시절의 기억은, 흔히 말하듯이, 떠오르는 것aufgetaucht이 아니라, 떠오를 때 만들어지는gebildet 것"[118]이기 때문이다. 따라서 정신분석가의 임무는 환자와 함께, 병인으로 작용했다고 여겨지는 환자의 과거를 끊임없이 재구성하는 데 있다. 그것도 환자 자신이 그 "구성의 진실에 대한 확신"[119]을 가질 때까지, 즉 바로 그렇게 구성된 과거가 병인으로 작용했다고, 마치 그러한 과거가 실재했던 것인 양, 마치 억압되고 잊혀졌던 과거의 바로 그 사건이 비로소 제대로 의식에 밝혀지게 된 것처럼, 믿게 될 때까지. 라플랑슈가 지적한 대로, "무의식은 기억이 아니다."[120] 다시 말해 정신분석을 통해서 재구성되는 것, 그것은 엄밀히 말해 억압된 원본으로서의 망각된 기억이 아니라는

---

117) "피분석자는 그가 경험했지만 억압한 것을 회상하게 된다. (…) 분석가의 임무는 망각을 빠져 나온 징후들에 의거하여, 잊혀진 것을 알아맞히는 것, 정확히 말해서, 그것을 구성하는 것이다. (…) 그의 구성작업──차라리 재구성작업이라고 하는 것이 더 좋겠다──은 파괴되고 파묻힌 주거나 과거의 건축물을 발굴하는 고고학자의 작업과 아주 닮았다. 단 한 가지 차이를 제외한다면, 내용에서 두 과정은 동일하다. 즉 분석가는 [고고학자보다] 좀더 좋은 조건에서 좀더 많은 재료를 가지고 작업을 한다. 왜냐하면 그가 다루고 있는 것은 파괴된 것이 아니라, 아직 살아 있는 것이기 때문이다"(프로이트, 「분석에 있어서 구성의 문제」, 『끝이 있는 분석과 끝이 없는 분석』, 287).

118) 프로이트, 「덮개-기억에 대하여」, 『끝이 있는 분석과 끝이 없는 분석』, 79.

119) "흔히 우리는 환자에게 억압된 것을 기억하게 하는 데 성공하지 못한다. 그 대신, 분석이 정확하게만 실행된다면, 우리는 구성의 진실에 대한 확신을 그에게 심어 줄 수 있다. 치료의 관점에서 볼 때, 그것은 되찾은 기억과 똑같은 치료효과를 갖고 있다"(프로이트, 「분석에 있어서 구성의 문제」, 『끝이 있는 분석과 끝이 없는 분석』, 296).

120) Laplanche, "Interpretation between determinism and hermeneutics: A restatement of the problem", 201.

것이다. 재구성되는 것은 "본질적으로 방어 혹은 억압의 재구성이다."[121] 정신분석의 목표는 묻혀 있던 과거를 더 많이 복원하는 데 있는 것이 아니라, 이전의 불충분했던 구성을 해체하고 환자가 만족스러워 하는 새로운 구성을 성취하게 하는 데 있다.

따라서 정신분석학적 과거는 요컨대 물자체로서의 과거가 아니라 우리에게 현상한 것으로서의 과거다. 과거는 그 자체로 완성되거나 드러나는 것이 아니라 항상 재구성되고 다시 쓰여지는 것으로서만 존재한다. 이러한 과거의 현상적 존재 방식을 조건짓는 초월론적 형식이 바로 무의식의 사후 작용Nachträglichkeit이다. 사후 작용이란 "경험, 인상, 기억 흔적은 사후에 새로운 경험과 관련을 맺으면서 수정되어 다른 차원으로 발달한다. 그리하여 그것은 새로운 의미와 동시에 심리적 효과를 부여받는다"[122]는 것을 의미한다. 이것은 현재의 증상이 단지 과거의 외상에 의해서 비롯되었다는 피상적인 인과론이 아니라, 원인으로 간주되는 과거의 외상적 사건 자체가 이미 현재의 해석과 재구성에 의한 결과로서 등장하는 것이라는 역인과론을 함축한다. 예컨대, 가게 공포증 환자인 엠마의 사례를 보면[123], 8세 때 겪었던 성추행 사건은 당시에 아무런 의미도 갖지 않은 채 기

---

121) "분석에서 재구성될 수 있는 것은 무엇인가? 억압된 원본(the original repressed)은 망각된 기억이 아니라는 우리의 생각에 비추어 볼 때, 본질적으로 재구성은 기억상실증에 걸렸다고 간주되는 과거의 역사적 사건들에 대한 것이 아니다. (…) 재구성은 순수한 사건들의 역사와는 다른 어떤 것에 관련된다. (…) 재구성되는 것은 메시지를 포함하고 있는 어떤 과정, 메시지를 전달하려는 시도, 그리고 이 번역(옮기는 과정) 안에서 잃어버렸던 것을 전달하려는 것이다. 그것은 본질적으로 방어 혹은 억압의 재구성이다. 여기서의 목표는 닿을 수 없었던 과거를 더 많이 복원하는 것이 아니라 예전의, 불충분했던, 부분적이고 잘못되었던 구성을 해체하게 하고, 환자가, 종합하고 싶은 자신의 강박 속에서, 틀림없이 생산할 새로운 번역에로 길을 열어 주는 것이다"(같은 책, 210).
122) 장 라플랑슈/장 베르트랑 퐁탈리스 공저, 『정신분석 사전』, 185.
123) 프로이트, 「과학적 심리학 초고」, 『정신분석의 탄생』, 287~292. 엠마는 혼자 가게에 들어가기를 두려워하는 가게 공포증 환자이다. 그녀는 12세 때 어떤 가게에서 점원이 자신의 '옷을 보고 웃자' 그 가게를 뛰쳐나가 버렸던 일이 있었는데, 이 사건 이후로 공포증이 생겼다

억 흔적으로 남아, 성적 의미를 깨닫게 되는 사춘기가 될 때까지 '지연'되어 있다가, 12세 때 그와 유사한 경험을 겪게 되자 '사후에' 비로소 그 8세 때 사건의 의미가 재해석되면서 그 사건의 외상적 충격이 현재의 증상을 산출하게 된다. 말하자면, 병인으로 작동했던 과거(8세 때 사건)는 과거 그 자체에 의해서가 아니라, 사후에 외상으로 해석되었기에 억압된 과거이다. 즉 "사후에야 비로소 외상이 되는 기억이 억압되는 것이다."[124] 이렇게 과거의 의미와 가치는 그 과거를 해석하고 구성하는 현재의 상황과 관점에 의해 사후적으로 주어진다.

그런데, 현재의 증상을 야기한 과거의 외상적 사건은, 그 해석적 의미와 가치를 떠나서, 과연 실제로 존재했는가? 알 수 없다. 적어도 현재의 의식이 그렇게 해석하기 전까지는 실재하지 않았다고 해야 한다. 현재의 의식이 그렇게 해석함으로써 비로소 과거의 어떤 사건은 외상적 사건으로 솟아나는 것이기 때문이다. 그러니까 과거의 사건이 원인이 되어 현재의 질병을 산출한 것이 아니라, 거꾸로 현재의 의식이 원인이 되어 과거를 그렇게 해석함으로써 과거를 현재의 결과로서 산출하는 것이다. 따라서 과거는 현재의 효과다. 과거는 현재에 의해 회고적으로 해석된 가상이다. 『늑대인간』(1918)의 분석에 따르면, 사후에 해석되어 병인으로 작동했던 '원초적 장면'으로서의 과거조차도 분석가와 환자의 관계 속에서 재구성된 허구적 가설에 불과하다.[125] 과거는 오로지 끊임없이 현재에 의해 해석되고 재구성되면서, 부단히 지워지고 다시 쓰여지는 흔적으로서만 존재

고 이야기한다. 그런데 그녀 자신은 그때 왜 도망갔는지, 그리고 왜 그 사건을 이유로 가게에 혼자 들어가기를 두려워하는지에 대해서 아무런 설명도 하지 못한다. 프로이트는 분석 과정에서 그녀가 기억하지 못했던 또 다른 사건을 찾아냈는데, 그것은 그녀가 8세 때 어떤 가게 안에서 주인에게 성추행을 당한 일이었다. 그 사건은 가게 주인이 '웃으면서' 옷 위로 그녀의 성기를 만졌던 일이었다.

124) 프로이트, 「과학적 심리학 초고」, 『정신분석의 탄생』, 292.

할 뿐이다. 결국, 정신분석학적 과거는 그 자체로서의 실재성과 진리의 차원에서가 아니라 오로지 질병의 발생과 치유에 작동하는 해석적 재구성과 개인적 진실의 차원에서나 존재하는 것이다.

라캉에 의하면, "프로이트에게 문제가 되는 것은 생물학적 기억이나 그에 대한 [베르그손 유의] 직관주의적 신비가 아니며 기억착오 또한 아니다. (…) 단호하게 말해서, 정신분석적 회상에서 중요한 것은 실제적 현실 réalité이 아니라 진실vérité이다. 왜냐하면 과거의 우연한 사건에 대해 앞으로 있어야 할 필연성의 의미를 부여하면서 재조직하는 것은 언어의 효과이기 때문이다."[126] 다시 말해서, 라캉은 '심리적 과거는 언어적 재구성의 사후적 효과'라고 해석하면서 프로이트의 사후성 논의가 베르그손적 존

---

125) 사실 프로이트는 원초적 기억의 실재성과 사후에 재해석된 기억의 환상성 사이에서 동요했다고 볼 수 있다. 『늑대인간』에서 프로이트의 분석 작업은 트라우마의 원인이 유아기 때 목격했던 원초적 장면의 실재성에 있다고 보면서도, 그 원인을 발견한 것은 그러한 장면을 반복적으로 회상하면서 그 의미를 교정해 가는 현재의 의식에 있기 때문에 결국에는 원초적 장면의 실재성 자체도 의문시할 수 있음을 보여 준다. 달리 말하자면, 프로이트는 '원초적 장면'이란 어른이 된 주체가 소급적으로 구축한 환상에 지나지 않는다(소급적 환상론)는 융의 주장에 한편으론 동의하면서도 다른 한편으론 여전히 실재적 근거에 대한 미련을 버리지 못했다고 할 수 있다. 그래서 최소한의 실재적인 지각이 환상의 징후를 제공한다고 고집하거나, 나아가 개인적 체험과 상상을 넘어서는 집단적 체험에서 기인하는 원초적 환상이라는 개념을 제공하기도 한다. 즉 비록 개인이 직접 체험하진 않았지만, 인류가 원시시대에 겪었던 공통의 어떤 체험(예컨대 부모의 성관계 관찰, 성적 유혹, 거세 등)이 계통발생적 유산으로 전해져 신경증의 최종적인 실재적 토대로 작동했을 거라는 것이다. "나는 유년기의 환상과 몇가지 다른 환상들을 '원초적 환상'(Urphantasie)이라고 부를 생각입니다. 원초적 환상은 계통 발생적인 역사의 유산입니다. 개인의 체험이 지나치게 성숙하지 못한 상태에 놓여 있을 때, 개인은 원초적 환상들을 통해서 자신만의 체험을 넘어 태고 시대의 체험에 도달합니다. 우리는 분석하는 과정에서 오늘날 상상에 지나지 않는 것으로 환자가 설명하는 다음과 같은 내용들에 접하게 됩니다. 그 중에는 아이들이 유혹을 받았다는 체험, 부모의 성교를 관찰함으로써 성적 자극이 촉발되는 체험, 거세해 버리겠다는 위협이나 거세당했다는 체험 등이 포함되는데, 이런 내용들은 사람들이 가족을 구성해서 살았던 태고 시대에는 한때 현실 그 자체였습니다. 그리고 상상을 하는 아이는 단지 개인적으로 모르고 있는 진실을 역사 이전의 사실로 채워 넣을 뿐입니다"(프로이트, 「증상형성의 길」, 『정신분석강의』, 500~501).

126) Lacan, Écrits, 255.

재론이나 실재론적 차원이 아니라 의미론적 차원에서 또는 라캉적 의미의 상징계적 차원에서 작동되는 것임을 강조한다. 이러한 관점에서 과거를 이해하자면, 베르그손의 잠재적 실재로서의 순수 과거와는 아예 논의의 차원을 달리하는 것으로서 양자 간의 접점을 찾는 것이 무의미할지도 모르겠다. 오로지 언어적 차원에서만 삶의 의미를 이야기할 수 있다는 정신분석학자의 입장과 그러한 인간적 한계를 넘어서 실재 그 자체에 도달하고자 하는 형이상학자의 입장 사이의 간극!

라캉에게 "실재는 불가능한 것"l'impossible[127]이다. 존재론적 의미에서 사물이나 대상이 실재한다는 것은 맞는데, 이 실재는 그 자체로 파악되거나 표현되는 것이 아니라 항상 '모순적인 기표들'에 의해서, 논리적으로 부정합적인 언어를 통해서 드러날 수밖에 없다는 점에서 그렇다. 베르그손의 순수 과거 역시 존재론적 의미의 실재이나 그 자체로 파악되거나 표현될 수 없으며, 항상 '변형된 채로' 표상되거나 언표된다는 점에서는 라캉과 동일하다. 라캉과 베르그손 모두, 실재를 언어적 표현(상징계)으로 환원될 수 없고, 그것으로 제한되거나 고정될 수 없는, 항상 그 그물 밖으로 새어나가는 무언가가 초과적으로 남아 있는 것으로 본다는 점에서는 일치한다고 볼 수 있다. 그럼에도 불구하고, 라캉과 베르그손 사이에 결정적인 차이가 있다면, 그것은 그러한 실재의 인식이나 표현과 관련된 '인간의 조건과 한계'를 어떻게 받아들이느냐에 달려 있다고 할 수 있다. 라캉은 왜곡될지언정 그렇게밖에는 달리 실재를 언표할 수 없는 것이 바로 '말하는 인간'의 근본 조건이라는 것을 강조한다. 반면, 베르그손은 그럼에도 불구하고 그러한 인간의 조건을 넘어서 실재 그 자체를 직관할 수 있고 그 실재의 풍

---

127) "우리는 실재를 불가능한 것(l'impossible)이라고 정의할 것이다"(Lacan, *le séminaire XI: les quatre concepts fondamentaux de la psychanalyse*, 152).

부한 잠재력을 창조적으로 현실화하여 인간적 경험의 장을 확장할 수 있다고 낙관한다. 그래서 라캉의 현실적 주체는 항상 결핍된 욕망에 사로잡혀 있는 반면, 베르그손의 현실적 주체는 충만한 잠재성에 의해 창조적 생성을 일구어 낸다고 할 수 있다.

따라서 라캉적 프로이트의 과거 개념이 갖는 의미론적이고 형식주의적인 성격은 베르그손적 과거의 존재론적이고 질료주의적인 성격과는 분명히 구별된다고 할 수 있다. 그러나 베르그손의 관점을 좀더 밀고나가 보자면, 과거에 대한 라캉적 프로이트의 인간학적 해석은 그보다 더 근원적인 형이상학적 존재론적 차원에서 다시 해석될 수 있다. 사실, 베르그손의 관점에서 보자면, 현재에 의해 해석된 과거를 갖고자 하는 경향 자체는 상징계에 살고 있는 '지성적 의식의 회고적 논리'logique de rétrospection에 충실한 것일 뿐이다. 요컨대 라캉이 프로이트의 사후성 개념을 받아들여 "각 단계의 주체는 소급의 효과에 의해 그것의 과거 모습ce qu'il était이 되고 오로지 전미래futur antérieur 시제에서만 자신을 알린다. 그는 미래에 있었던 il aura été 것이 될 것이다"[128]라고 주장할 때, 이러한 주체의 역설적 존재방식은 '인간적 운명'에서 비롯한다. 마치 현존재가 세계-내-존재로 살 수밖에 없듯이! 베르그손은 이러한 인간적 운명을 발생적 관점에서 '지성적 존재자의 존재방식'으로 달리 설명할 뿐이다.

베르그손에 의하면, "회고적 가상은 현실적인 연대순을 전도할 것을 명령한다. 존재해야 하고 존재한다고 추정되는 원인이 현실적으로 존재하는 원인을 대체한다."[129] 현재의 결과물을 가능하게 한 원인을 과거로 소급해서 찾고 그 원인이 실재했던 것인 양 간주하고자 하는 것, 과거와 현재

---

128) Lacan, *Écrits*, 808.
129) Jankélévitch, *Henri Bergson*, 61.

의 관계를 결정론적 인과 관계로 설정하는 것은 삶(또는 삶의 행동적 측면)에 주의하는 심리학적 의식의 자연스러운 경향이다. 그러나 이러한 경향은 '인간적 조건'을 극복하고자 하는 형이상학자 베르그손의 관점에서 볼 때는, 참된 사태를 가리는 자연적 가상에 불과하다. 베르그손의 관점을 따르자면, 라캉적 프로이트의 사후성과 전미래적 사유는 정확히 베르그손이 비판하는 **회고적 가상에 빠진 전미래적 사유**에 해당한다고 할 수 있다. 현재의 증상을 결정지은 원인으로 해석된 과거의 사건은 "일단 나타난 실재와 그 실재를 시간을 거슬러서 투사시키는 장치가 결합하여 나타난 효과"로서 "과거 속에서 보는 현재의 신기루"에 지나지 않기 때문이다.[130] 전미래 futur antérieur란 미래의 어떤 시점에 어떤 일이 완료될 것을 말하는 미래완료의 시제다. "전미래적 신기루는 모든 의식이 언제나 현재진행형임에도 불구하고 그 현재진행형을 관념적으로 중단시켜 과거의 한 시점에 임의적으로 서서 지금 위치해 있는 현재가 과거의 이런 요소 때문에 현재의 위치가 이럴 수밖에 없었다고 추정한다."[131] 베르그손의 비판적 논점은 회고적 논리의 전미래적 사유가 생성하는 실재 그 자체에 접근하는 것이 아니라 언어-논리적 차원에서 실재를 부동화하는 결정론적 사유라는 점에 있다. 사후 작용은 어디까지나 의식에 의해 구성된 시간의 형식적 차원에서나 가능한 것이며, 그와 같이 역전된 인과 관계는 실재적 사태가 아니라는 것

---

130) PM 111~112/1341. 베르그손은 "우리의 일상적인 논리가 회고적 논리"(PM 19/1267)라며 이것이 철학적 진리를 가리는 자연적 가상을 형성한다고 비판한다. 이는 우리의 지성이 물질적 세계에 적응하는 삶의 행동에 주의하다 보니 예측불가능하고 창조적이고 비결정적인 실재의 생성을 되도록이면 예측가능하고 결정되어 있으며 정지해 있는 방식으로 사유하려는 자연스런 경향을 갖게 되는데, 이런 경향 자체가 잘못되었다는 것이 아니라, 삶에서 비롯된 이런 논리를 실재 자체의 인식에 적용할 때 오류와 가상이 발생한다는 점을 지적하는 것이다. 베르그손의 '무, 무질서, 가능성' 개념에 대한 비판은 실재 자체를 제대로 인식할 수 있도록 자연적 가상을 일소하는 작업이라고 할 수 있다.

131) 김형효, 『베르그송의 철학』, 117.

이다. 그런 차원에서는 **과거와 현재 사이의 고유한 '실재적 지속'을 보지 못하기 때문**이다. 따라서 베르그손의 관점에서 볼 때, 프로이트의 사후성 개념은 회고적 가상에 빠져 있는 전미래적 사유의 하나이다. 오히려 매번 재해석되고 교정된다는 프로이트의 사후적 과거는 현재의 트라우마를 산출했다고 가정되는 원초적 장면의 사실성, 원인으로서의 과거의 실재성을 의문시하게 만든다는 점에서, 차라리 인과관계에 기초한 회고적 논리의 허구성을 드러낸다는 점에서 의미 있게 수용될 수 있을지도 모른다. 즉 과거와 현재의 관계는 인과적 결정의 관계가 아니라는 것, 과거는 결코 현재에 의해 구성될 수 없다는 것, 또는 현재는 과거의 단순 반복이나 재현이 아니라는 것을 단적으로 보여 준다는 점에서 말이다.

프로이트의 기억 흔적이 '만년 노트'나 '고문서 보관소'라면, 베르그손의 순수 기억은 '원뿔'이다. 원뿔이 상징하는 바에 의하면, 순수 과거는 수축과 팽창의 정도에 따라 상이한 과거의 수준들이 공존하고 있고, 이 과거의 각 수준들에서 과거 전체가 반복되고 있는 '잠재적 다양체'이다. 순수과거가 '잠재적'이라는 것은, 사후적으로 추정되거나 사후적인 것에 의해 부정이나 말소의 방식으로, 즉 흔적으로 존재한다는 것도 아니고, 또한 실재하지 않는 '가능적인 것'에 불과하다는 것도 아니다. '잠재적인 것'은 현실적이지 않은 실재의 양상을 말하며, 스스로 변질되면서 자기-차이화하는 방식으로만 현실화하는 실재를 뜻한다. 순수 과거가 '다양체'라는 것은, 즉자적 차이들인 기억들이 지배적인 몇몇 요소들을 중심으로 수축되어 있는 그 정도에 따라 상이한 체계화를 이루고 있는 과거의 수준들, 즉 질적으로 다른 여러 차이의 평면들이 하나로 공존하고 있다는 의미에서다.

원뿔이 보여 주듯이, 순수 과거는 현재 이후에 구성되는 것이 아니라 현재와 동시간적으로 공존한다. 현재는 항상 어떤 수준에서의 것이든 과거 전체와 공존한다. 지나가는 현재든 새로 형성되는 현재든 현재는 항상 과거 전체로서의 순수 과거를 전제해야 한다. 심지어 현재는 가장 수축된 수준에서의 과거 전체다. 아니 현재는 팽창하는 과거와 수축하는 과거 사이에서 끊임없이 분열하는 이행 그 자체다. 팽창하는 과거가 잠재적인 차원에서의 자기 자신으로 회귀하는 경향이라면, 수축하는 과거는 미래의 방향으로 현실화하면서 자기 변화하는 경향이다. 동일한 존재론적 과거가 상반된 방향으로 움직이는 두 경향 사이에서, 현재 그 자체는 끊임없이 부풀어 가는 과거로 보존됨과 동시에 미래를 향해 전진하는 이중 분열의 지점이다. 과거와 현재의 이와 같은 공존은 현재의 변화와 동시에 과거도 변화함을 의미한다. 미래를 향해 나아가는 현실적 현재의 변화는 또한 과거로 회귀하는 현재에 의한 과거 그 자신의 내재적인 변화와 동시적이다. 현재의 분열적 생성은 잠재적 다양체인 순수 과거의 질적 변화와 일치한다. 스스로 존속하는 과거와 이행하는 현재가 동시적으로 공존하는 자기 분열적 시간은 결국 존재와 생성의 일치를 보여 주는 사태다.

물론, 현재를 통해서만 등장하는 과거라는 점에서, 또 현재의 변화가 곧 과거의 변화라는 점에서, 사후성의 논리도 과거와 현재의 동시간적 공존을 함축한다고 할 수 있지 않을까? 그러면, 어떤 차이가 있는가? 프로이트의 사후성이 함축하는 과거와 현재의 관계는 의미론적 해석의 논리적 차원에 속하고, 베르그손의 순수 과거와 현재의 관계는 실재적 생성의 존재론적 차원에 속한다. 전자의 경우, 과거는 현재의 투사 효과지만, 후자의 경우, 현재는 과거의 창조적 생산물이다.

순수 과거의 존재론적 무의식은 사후에 재구성되는 과거로 환원될 수 없다. 순수 과거는 모든 현행적 현재들의 이행 근거로 선존재하며, 선존재하는 순수 과거는 (5장에서 상론될 것이지만) 이로부터 현실화하는 상이한 현실적 계열들의 공통된 근원으로서 작동한다. 순수 생명의 잠재성이 상이한 생명종들의 계열로 진화하며 발산하듯이, 순수 과거는 각기 다른 현실적 계열들로 현실화할 과거의 모든 수준들이 잠재적으로 공존하는 다양체다. 이 순수 과거는 어떻게 현재 속에 현실화하는가? 베르그손은 '재인, 언어의 이해, 일반 관념의 형성' 등을 8자 도식에 따르는 기억의 작동방식을 통해 해명하고 있는데, 여기서 주목해야 할 것은 베르그손이 관념연합론의 원자론적 사유 방식(현실적 경험의 차원에 존재하는 불연속적인 요소들 간의 인접성이나 유사성을 찾는)이 아니라, 잠재적인 차원과 현실적인 차원 간의 수직적 왕복 운동 속에서 형성되는 계열적 사유 방식을 보여 주고 있다는 점이다. 베르그손에게 순수 과거는 현실적 차원에 주어져 있는 완성된 실체의 어떤 과거로서 투사되어 존재하는 것이 아니다. 과거는 단지 현재의 반복이 아니다. 오히려 현재가 과거의 반복이다. 그러나 과거가 현재 속에 반복된다고 할 때, 이 "반복은 한 현재와 다른 한 현재 사이에서 구성되는 것이 아니다. 반복은 이 현재들이 잠재적 대상(대상=x)을 중심으로 형성하는, 공존하는 두 계열 사이에서 구성된다"[132]는 들뢰즈의 통찰은 바로 이러한 베르그손의 8자 도식과 순수 과거론을 변용한 것이다.

예컨대, 프로이트는 엠마의 사례를 해석할 때, '12세 사건→8세 사건→가게 공포증'의 인과적 관계를 모두 '상점, 옷, 웃음' 등 원자적 요소들 간의 직접적인 유사성을 통해 연결시켰다. 이를 베르그손의 관점에서 다시 해석해 보자면, 현실적 차원에서 서로 이질적인 계열에 속하는 두 사건들(12세 사건과 가게 공포증)이 유사한 것으로 묶이면서 경험적 일반화를 얻게 된 것은, 그 계열들이 '잠재적 차원'에서 마주쳤기 때문에, 즉 순수 과거의 영역에서 공통의 근원(8세 사건)을 발견했기 때문에 서로 공명한 것이라고 할 수 있다. 이는 이질적인 두 사건들 사이에서 요소들의 유사성을 통해 직접적인 인과관계를 찾는 것이 아니라, 잠재적 차원에 존재하는 제

---

132) Deleuze, *Différence et Répétition*, 138(『차이와 반복』 239).

3항의 사건과 양자의 마주침을 통해서 두 계열에서의 사건들이 갖는 모종의 관계를 설명하는 방식이다. 말하자면, 순수 과거가 일종의 '선언적 종합' synthése disjonctive 을 수행하는 것이다. 두 항들 사이에는 직접적인 관계가 없고 서로 구별될 수 있는 것들이지만, 순수 과거가 '이 계열로 갈 수도 있고 아니면 저 계열로 갈 수도 있는' 방식으로 현실화함으로써 양자 사이에 유사성을 형성한다는 것이다. 마치 이질적인 진화의 계열들 사이에서 공통의 잠재적 근원을 상정하는 상보적 관계를 찾아볼 수 있는 것처럼! 순수 과거 속에 잠재적으로 존속하던 '8세 사건'이 현실적 차원에서 '12세 사건'과도 하나의 계열을 이루고 '가게 공포증'과도 다른 하나의 계열을 이루며 상이한 두 계열로 반복되면서 아무런 의미연관도 없던 두 사건들이 서로 공명할 수 있도록 경험적 유사성을 산출하는 것이다. 현실적 차원의 두 이질적인 항들을 소통시키고 공명할 수 있게 한 것은 따라서 실재하는 순수 과거의 잠재적 대상이다. 순수 과거가 상이한 두 사건의 유사성을 가능하게 하는 초월론적 조건으로 작동한 것이다. 순수 과거는 현재 이후에 비로소 구성되는 것이 아니라, 오히려 모든 현재들의 이행 근거로서 선재한다. 이 순수 과거의 잠재적 차원은 현실적인 차원에서 직접적인 관계가 없는 이질적인 사건들 사이에 상호 소통과 공명의 비-관계적 관계를 근거짓는, 그러한 비-관계적인 사건들로 발산되는 공통의 토대로 작동한다.

　어쨌든 사후에 해석된 과거가 현실적 경험에 미치는 영향력에 초점을 맞추고 있는 것이 프로이트의 정신분석학적 무의식이라면, 베르그손의 존재론적 무의식은 현실적 경험을 가능하게 하는 초월론적 조건으로의 과거를 강조한다는 점에서 양자의 시각 차이는 분명하다고 할 수 있다. 베르그손적 순수 과거가 프로이트적 기억 흔적과 본성상 다르다고 한다면, 또 순수 과거로부터 현재화된 과거가 사후에 해석된 과거와 다르다고 한다면, 그것은 바로 과거가 단지 흔적에 그치는 것이 아니라 진정으로 새로운 무언가를 생성하는 실재적인 힘이라는 점에서 그렇다. 예컨대, 프로이트적 과거가 채워도 채워지지 않는 '밑빠진 독'이라면, 베르그손적 과거는 끊임없이 솟아나는 '충만한 우물'이다. 과거와 현재의 관계는 결정론적 인과관계가 아니라 잠재성을 현실화하는 과정이고 새로운 것을 창조하는 과정이기 때문이다.

베르그손의 존재론적 무의식 개념에 의하면, 우리는 논리적 정합성을 갖춘 의식적 주체, 언어·사회적 제도·도덕적 규칙 등의 상징계에 포섭된 사회화된 주체이기 이전에, 먼저 다양한 실험과 분열적 생성이 기록되는 시간의 장부다. 상징계에 포섭된 의식적 주체의 삶에 대한 해석이 있기 이전에 이미 삶은 풍부한 존재론적 잠재성이 현실화된 산물이다. 현실의 변화는 자기만족적 해석의 구성에서가 아니라, 실재하는 우연의 힘을 발견하고 다르게 될 수 있음을 긍정하는 것으로부터 가능하다. 우연을 긍정한다는 것은 삶에 대한 사후적 승인이 아니라 삶의 예측불가능한 변화와 생성을 긍정하는 것이다. 전미래적 사유는 비실재적인 가능성의 논리에 충실한 것이고, 가능성의 사유는 결코 미래를 창조하지 못한다.[133] 현재를 투사하여 해석된 과거로부터 현재를 재규정하는 것은 결국 현재의 자기 반

---

133) 베르그손이 전미래적 사유를 비판하는 것은 전미래적 사유가 가능성의 논리에 사로잡혀 있다고 보기 때문이다. '무, 결여, 가능성'으로부터 '존재, 충만, 실재성'으로 진행하는 사유는 거짓이며, 전자는 오히려 후자를 투사하여 만들어 낸 허상이라는 것이 베르그손의 주장이다. 철학사를 지배해 온 이런 사유 방식이 '잠재성을 현실화하는 실재적 생성'을 보지 못하게 했다고 베르그손은 비판한다(이 책 5장 5절 '잠재적인 것과 가능한 것' 참조). 그러나 전미래적 사유가 반드시 비생성적인 가능성의 형식 논리에 사로잡혀 있는 것은 아니다. 예컨대 데리다의 경우, 전미래적 사유는 현재의 의미가 확정불가능하다는 것, 현재의 의미는 차연되며 장차 도래할 장래(예측가능한 미래가 아니다!)에 의해 사후적으로 승인될 수 있을 뿐이라는 것을 보여 준다는 점에서 의미를 부여받는다. 이런 데리다의 사후성은 현재의 의미결정을 장래의 역량으로 열어 놓는다는 점에서, 현재를 결정지은 원인을 과거에서 찾는(과거의 원인으로부터 현재를 결정짓고자 하는) 프로이트와는 차이가 있다. 현재의 비결정성, 불확정성, 장래로의 열려 있음 등을 강조한다는 점에서 보면 데리다의 전미래성은 오히려 베르그손의 시간적 생성과 통한다고 볼 수 있다.

복이자 자기 정당화에 지나지 않는다. 삶에 대한 긍정은 환상적 믿음에 의한 정당화를 통해서가 아니라 실재적 근거에 의해서 확보될 때 실천적 힘을 갖는다.

3.2 순수 과거의 존재론적 일원론

베르그손의 시간 실재론에 의하면, 시간은 모든 존재자에게 동질적인 하나의 텅 빈 형식으로서 존재하는 것이 아니다. 시간은 심리학적 의식의 지속, 생명체의 지속, 물질의 지속이라는 상이한 수준들에서 상이한 리듬에 따라 흘러간다. 시간은 하나가 아니라 여럿인 것이다. 그런데 『지속과 동시성』에서 베르그손은 상대성 이론에서 말하는 시간의 복수성과 대결하면서 오로지 '단 하나의 시간만이 존재한다'고 주장하고 있다.[134] 그렇다면 상이한 리듬에 따라 질적 차이를 지니는 여러 지속들과 하나의 유일한 시간 사이의 관계는 무엇인가? 하나의 시간만이 존재한다는 것은, 모든 시간들에 공통된 지속, 즉 모든 존재자들이 동일한 리듬에 따라 동일한 긴장의 정도에서 흘러간다는 것을 말하는 것인가, 아니면 상이한 지속들을 묶고 있는 텅 빈 형식으로서의 시간을 다시 도입한다는 것인가? 따라서 베르그손은 어떤 의미에서 여러 지속들이 있다고 말하는 것이고, 또 어떤 의미에서 하나의 시간이 있다고 말하는 것인가?

만일 단 하나의 시간이 모든 시간들에 공통된 지속을 의미하는 것이라면, 모든 의식과 모든 존재 양상들이 지속의 동일한 리듬과 긴장을 경험하게 될 것이다. 그러나 진상은 결코 그렇지 않다. 예컨대 나의 지속이 존재한다는 것은 다른 지속들의 존재와 더불어서만 발견될 수 있다. 나의 지속은 나의 것과 본성상 다르고 나의 것보다 열등하거나 우월한 여러 지속

---

134) DS 58~59.

들을 드러내고 포괄하는 힘을 갖는다. 한 잔의 설탕물을 얻기 위해선 설탕이 물에 녹기를 기다려야만 한다는 것, 또는 한 그루의 해나무나 한 마리의 거북이 지속하는 것은 여러 대에 걸친 인간의 한 가계家系와 맞먹는다는 것 등은 다른 지속들이 나의 지속과 결코 일치하지 않는다는 것을 단적으로 보여 준다. 따라서 '현재'는 동일한 지속을 차지하는 순간들의 동시성이 아니라 항상 상이한 흐름들의 동시성, 즉 상이한 리듬에 따라 각기 다른 수준에서 흘러가는 여러 지속들이 동시적으로 공존하는 것이다. 그렇다면 현실적인 지속들의 이러한 공존의 통일성은 어디서 찾아야 하는가? 바로 이 각각의 현재들과 공존하는 잠재적인 과거 전체에서 찾아야 한다.

앞에서 이미 살펴보았듯이, 지속은 질적 다양체이다. 질적 다양체는 불가분한 연속체가 아니라 나누어지면서 스스로 달라지는 자기 변용과 자기 차이화의 질적 변화 그 자체이다. 그리고 질적 다양체의 이러한 자기 변질은 잠재적인 것을 현실화하는 운동에 의해 이루어진다. 베르그손에게 시간은 존재와 일치한다. 존재론적 지속의 과거와 현재는 질적 다양체의 잠재성과 현실성이다. 잠재적인 것은 수축의 상이한 수준들(물질적, 생명적, 심리적)에서 공존하는 과거 전체이다. 순수 과거는 과거의 모든 수준들의 공존체이다. 이 잠재적 공존체는 현실화하면서 본성상 다른 계열들로 나뉘어진다. 잠재적 다양체와 현실적 다양체는 지속으로서의 존재론적 실재가 지니는 심층과 표면이다. 따라서 현실적으로 여럿으로 분화된 지속들은 잠재적으로 하나의 공통된 근원에서 공존한다.

『물질과 기억』의 순수 기억과 『창조적 진화』의 순수 생명을 연결하는 베르그손의 도식은 거대한 기억의 원뿔이며, 이 원뿔은 과거의 모든 수준들의 잠재적 공존에 의해서 형성된 다양체이다. 순수 과거는 모든 수준의 과거들이 존속하는 잠재적 공존체로서 각각의 수준들은 또한 존재의 모든 정도들과 수준들에 상응한다. 팽창과 수축의 모든 수준들이 이 유일한 시간 안에서 공존하며 전체로서의 일자를 형성한다. 동시적으로 공존하는 현실화된 계열들은 물리적, 생명적, 심리적 삶의 진정으로 창조적인 형상들이며, 이 계열들 각각은 또한 잠재적인 총체성 안에서 공존하는 상이한 존재론적 수준들의 구현체들에 해당한다.

따라서 잠재적 공존체로서의 순수 과거와 현실화된 계열들 사이의 관계는 존재론적 일자와 다자의 관계를 띤다. 그러나 이 일자와 다자의 관계는 독특하다. 일자는 다자의 존재론적 근거이지만 비–초월적이고 비–결정적인 방식으로 근거지으며, 또한 다자는 일자로부터 현실화되지만 일자의 모방이나 재현이 아닌 창조적 발명으로 생성한다.

① 순수 과거는 초월적 일자인가? : 바디우에 대한 비판

바디우는 들뢰즈의 베르그손주의를 전도된 플라톤주의로 분석하면서 잠재적인 것을 플라톤적 의미의 초월적 일자로 해석한다. 바디우는 "잠재적인 것이라는 범주는 세계의 시뮬라크르들 '아래로' 이동된, 또는 '~을 넘어선'이라는 고전적인 초월성과 대칭을 이루는 일종의 초월성을 유지하는 것처럼 보인다"[135]고 주장한다. 그래서 바디우는 잠재적인 것과 현실적인 것을 존재론적 실재로서의 일자와 이로부터 파생된 시뮬라크르로서의 다자로 놓고서 전자가 후자의 근거로 작동하는 것이라고 본다. "다자와 일자 사이에, 형식적인 것과 실재적인 것의 구분이 있다. 존재의 수용체들인 다자는 형식적인 것이고, 오로지 일자만이 실재적인 것이다. 그리고 실재적인 것만이 (유일한) 의미의 분배를 실현할 수 있다."[136]

바디우에 의하면, 존재는 자신의 모든 형식들에서 하나의 동일한 의미

---

135) Badiou, *Deleuze-La clameur de l'Etre*, 70(『들뢰즈-존재의 함성』 112).
136) Ibid., 40 (같은 책, 76).

로 말해진다는 점에서 일의성을 띤다. 존재론적 일자는 단지 존재가 수적으로 하나임을 뜻하는 것이 아니라, 존재의 다양한 '형식들'인 존재자들의 실존과 정합적이라는 점에서 하나라는 것이다. 그런데 바디우에 따르면, 전통적으로 존재론적 일자는 두 개의 이름으로 지시되면서 정작 둘 중 하나의 경우에서만 존재론적 일의성이 유지되곤 했다. 즉 존재에 대해 "하나의 유일한 의미만이 있다고 말하기 위해서는 두 개의 이름이 필요하다"[137]는 것이다. 예컨대 플라톤의 경우, 감각적인 것과 가지적인 것 사이의 이원적인 구분이 있으나 이것은 어디까지나 궁극적인 일자에로 이르기 위한 예비적 구분일 뿐이고, 또 하이데거의 경우에도 존재와 존재자 사이의 차이가 있으나 이는 결국 운명적인 것 또는 존재 사건에 이르는 과정으로서의 구분에 지나지 않는다. 이와 마찬가지로 베르그손의 경우에도 물질과 기억, 지속과 공간 등의 이원론적 경향들은 결국 일원론을 예비하기 위한 구분에 지나지 않으며, 잠재적인 것과 현실적인 것의 본성상 차이는 결국 잠재적인 것 안에서의 정도상 차이로 재조정된다. 따라서 베르그손-들뢰즈의 존재론에서 잠재적인 것과 현실적인 것이라는 두 개의 이름은 결국 "현실적 존재자는 오로지 자신의 잠재성에 따라서만 자신의 존재를 일의적으로 유지한다는 것을 증명하기 위해서 필요한 것일 뿐이다. 이러한 의미에서 잠재적인 것은 현실적인 것의 근거fondement이다."[138] 그러니까 바디우는 베르그손-들뢰즈가 말하는 현실적인 것이란 시뮬라크르들에 지나지 않으며 잠재적인 것은 이것들의 원본이 되는 근원적 일자이므로 결국 베르그손-들뢰즈는 플라톤주의를 벗어나지 못한다고 주장하는 것이다.

그러나 잠재적인 것이 현실적인 것의 근거가 된다고 할 때, 그 근거

---

137) Badiou, *Deleuze-La clameur de l'Etre*, 45(『들뢰즈-존재의 함성』, 83).
138) Ibid., 65 (같은 책, 106).

의 의미가 과연 플라톤적 의미에서의 초월적 일자에 대한 다자의 관여 participation와 같은 맥락에서 이해되는 것인가? 전혀 그렇지 않다. 지금까지 살펴보았듯이, 잠재적인 것은 플라톤적 의미에서의 '초월적인 것'이 아니라, 칸트적인 의미에서의 '초론적인 것'으로서 현실적인 것을 근거짓는다. 잠재적인 것은 경험의 장에 내재적인 것이며 결코 초월적인 것이 아니다. 그리고 잠재적인 것은 현실적인 것에 선험적으로 선행하는 발생적 근원으로서 현실적인 것을 실재적으로 조건짓는다는 점에서 초월론적인 것이다. 잠재적인 것과 현실적인 것의 관계는 바디우가 생각하듯 플라톤적 일자와 다자의 관계가 아니라, 잠재적 다양체와 현실적 다양체의 내재적 관계, 존재와 생성이 일치하는 존재 자신의 자기 변용적 관계이다.

바디우의 결정적인 오류는 무엇보다 잠재적인 것과 현실적인 것 사이의 시간적 관계를 간과했다는 점에 있다. "바디우는 잠재적인 것을 일자로서의 영원으로 간주하고, 운동자를 부동자에 의해 근거지으며, 시간의 진리를 부동적인 것으로 이해한다."[139] 그래서 바디우는 "현재의 현실적 차원에서 보게 되는 덧없는 운동성과 현재의 잠재적인 차원을 '과거 전체'tout le passé에 합체시킴에서 보게 되는 감춰진 영원성"[140]사이의 플라톤적 이분법이 여전히 베르그손주의를 관통하고 있다고 주장한다. 그러나 베르그손의 사유에서 현실적인 것은 잠재적인 것의 단순한 시뮬라크르가 아니다. 양자의 관계는 결코 모방과 유사성의 관계가 아니다. 왜냐하면 양자 사이에는 발명의 시간이 있기 때문이다. 잠재적인 것의 현실화는 이미 주어져 있는 어떤 계획이나 형상의 모방적 실현이 아니라 비결정적이고 예측 불가능한 방식의 창조적 생성이다.

---

139) Ansell-Pearson, *Philosophy and the adventure of the virtual*, 101.
140) Badiou, *Deleuze-La clameur de l'Etre*, 94(『들뢰즈-존재의 함성』, 144).

그런데 바디우는 베르그손-들뢰즈의 사유에서 "시간은 영원한 것을 표현하는 일을 자신의 본질로 삼고 있다. (……) 시간의 심층적인 존재, 즉 시간의 진리는 부동적인 것이다"[141]라고 이해하고 있을 뿐만 아니라, 특히 베르그손적 과거의 절대적인 존재와 영원을 동일시하고 있다. 그러면서 급기야는 "순수 지속, 그리고 잠재적인 것과 일체를 이루는 총체적인 거대 과거는 결코 시간적인 것들로 이야기될 수 없다. 왜냐하면 그것들은 시간의 존재이기 때문에, 즉 일자에 의거하여 일의적인 방식으로 그것(존재)을 가리킨 것이기 때문이다"[142]라고 바디우는 주장한다. 그러나 내가 보기에는 바디우야말로 시간을 영원의 모상으로 정의하는 플라톤적 사유 틀에서 벗어나지 못했다. 베르그손의 잠재적 다양체는 '영원의 상하에서'가 아니라 '지속의 상하에서' 실재를 바라보고자 하는 개념이다. 바디우는 시간과 존재를 분리시키고, '존재 = 영원한 일자 = 불변의 진리'라는 도식적 사유를 전제하고 있다. 그래서 잠재적인 것, 즉 순수 지속과 순수 과거는 시간의 '존재'이기 때문에 부동불변의 영원한 진리에 속하는 것이며 일시적인 것, 시뮬라크르적인 것, 시간적인 것에는 속하지 않는다는 것이 바디우의 생각이다.

그러나 혼동하지 말아야 하는 것은, '시간이 지속이다'라는 명제의 진리는 부동적인 것일지 몰라도, 시간의 본질 자체가 부동적인 영원을 표현하는 데 있는 것은 아니라는 것이다. 베르그손적 지속의 독창성은 무엇보다 시간이 곧 존재라는 것, 따라서 존재가 곧 생성이라는 것을 보여 주는 데 있다. 그리고 잠재적인 것의 존재가 영원을 의미한다면, 그 영원의 의미는 부동의 일자로서의 존재가 아니라 부단히 자기 변용하며 자기 차이화하는

141) Badiou, *Deleuze-La clameur de l'Etre*, 92(『들뢰즈-존재의 함성』, 142).
142) Ibid., 94 (같은 책, 144).

생성으로서의 존재에 부여되는 것이다.

바디우는 잠재적인 것이 이중 결정double détermination에 의해서 현실적인 것의 근거로 작동한다고 독해한다. 이중 결정이란 하나는 현실적인 것(분화된 시뮬라크르로서의 존재자)과 상관적인 것으로서 8자 도식의 '작은 회로'에서의 결정이고, 다른 하나는 잠재성들 그 자체의 분화와 팽창에 관련된 '심층 회로'에서의 결정을 말한다. 따라서 바디우는 잠재적인 것은 "현실적인 것의 잠재성으로서 그리고 일자의 다형상적multiforme 팽창으로서의 잠재성으로서 동시적으로 사유"[143] 되어야 한다는 것을 이해한다. 8자 도식의 작은 회로에서의 현실적인 것과 그것의 잠재적인 것(혼합물의 잠재성), 그리고 심층적 회로들에서의 팽창하는 잠재성으로서의 잠재적인 것(순수 잠재성).

그러나 바디우가 특히 이해하지 못하는 것은, 순수하게 잠재적인 것과 혼합물의 잠재적인 것 사이의 관계이다. 어떻게 순수하게 잠재적인 것이 현실적인 대상의 실재적인 부분이 될 수 있는가? 잠재적인 것과 현실적인 것의 혼합물로서의 현실적 존재자라는 것이 어떻게 가능한가? 바디우에 의하면, "잠재적인 것이 이미지로 등록될 수 있다는 것을 이해하기가 너무 어렵다. 왜냐하면 이것은 현실적인 것에 고유한 위상인 것처럼 보이기 때문이다. 일자의 고유한 역능으로서 잠재적인 것은 그 자체로 결코 하나의 시뮬라크르일 수가 없다. 그것은 물론 이미지화imageant하지만, 이미지화된 것imagé이거나 이미지는 아니다."[144] 예컨대 혼합물로서의 의식적 표상은 '지각-이미지' + '기억-이미지'이다. 이 혼합물은 그 구성요소가 모두 이미지들인 것으로서 현실적인 대상이다. 그런데 어떻게 잠재적인 것

---

143) Badiou, *Deleuze-La clameur de l'Etre*, 77 (『들뢰즈-존재의 함성』, 121).
144) Ibid., 78 (같은 책, 123).

이 이러한 현실적 대상의 실재적 부분이라고 할 수 있는가? 바디우의 이러한 문제제기는 현실적으로 주어진 혼합물 안에서 본성상 차이에 따라 경험의 전환점을 넘어가는 사유의 운동 자체를 부정하고 있다고 할 수 있다. 다시 말해서 바디우는 경험의 현상적 차원 '너머'를 사유할 수 없다는 것, 또는 사유한다면 그 '너머'는 '초월적인 영역'이 될 수밖에 없다는 것을 전제하고 있다. 그러나 베르그손에게 그 '너머'는 현상적인 것과 초월적인 것의 이분법을 벗어나서, 초월론적인 것으로서 경험에 내재적인 것을 향하고 있다. 잠재적인 것이 바로 현실적 경험의 그 '너머'이다.

따라서 바디우는 잠재적인 것이 현실적인 것의 초월론적 근거로 작동한다는 것을 이해하지 못한다. 그래서 어떻게 순수하게 잠재적인 일자가 현실적인 것으로 자기 자신과 다른 것으로 나누어지면서도 일자일 수 있는가를 묻는다. 만일 그것이 가능하다면 일자의 일의성은 깨진다는 것이 바디우의 생각이다. "사실 이 점은 전적으로 베르그손의 문제에 해당한다. 왜냐하면 베르그손에게 있어서는 일자의 이름인 생명의 창조적인 역능이 끊임없이 이중적인 것들을, 즉 물질과 기억, 지속에 따른 시간과 공간화된 시간, 직관과 개념, 진화와 종들, 벌들에게로 나아가는 계통과 인간에게로 나아가는 계통, 닫힌 도덕과 열린 도덕 등을 낳는 바, 그는 이 이중적인 것들이 절대로 범주들이 아니라는 점을, 다시 말해 일자의 다의적인 분할들이 아니라는 점을 끝내 확신할 수 없었기 때문이다. (……) 잠재적인 것과 현실적인 것이라는 대상의 두 부분들을 분리된 부분들로 사유하는 일은 사실상 불가능하다. 그들을 구분할 수 있는 그 어떤 특징도, 그 어떤 기준도 없다. 그것들은 구분되지만 식별불가능하다. (……) 결국 잠재적인 것이 근거라는 주장은 필히 다음과 같은 대가를 치러야만 한다. 즉 하나의 대상이란 '현실적인 것과 잠재적인 것이라는 구분되는 두 이미지들의 식별불가능성의 지점'이라는 것. 따라서 잠재적인 것으로서 근거의 완전한 결정은

근거지어지고 있는 것의 본질적인 비결정을 함축한다."[145] 바디우의 논점
은 결국 잠재적인 것이 잠재적인 것으로서 실재적인 것인 한, 잠재적인 것
은 현실적인 것을 결정적으로 근거짓는 근거로서의 역할을 다 할 수 없을
뿐만 아니라, 현실적인 것 역시 온전하게 현실적인 것일 수 없는 유령적 존
재자가 된다는 것이다. 그러나 바디우의 이런 주장은 베르그손적 잠재성
의 본질적인 특성들, 즉 일자도 다자도 아닌 다양체로서의 특성, 현실화작
용과의 분리불가능성, 자기 자신과 달라지는 질적 변용의 운동성 등을 모
두 간과한 채 이루어진 것이라고 할 수 있다.

　　안셀 피어슨은 베르그손의 잠재적인 것을 특징짓는 '전체로서의 일자
성'에 대해 주목할 만한 분석을 보여 주고 있다. 안셀 피어슨에 따르면, 『창
조적 진화』에서 '전체'라는 개념은 구별해야 될 두 가지 의미로 등장하고
있다. "창조적 진화에 대한 베르그손의 사유에는 단순한 잠재성으로서의
전체와 열린 전체라는 두 개념이 동시에 작동하고 있다."[146] "베르그손 안
에는 잠재적인 전체에 대한 두 설명이 있다. 하나는 생명적 충동의 단순한
잠재성simple virtual의 견지에서 이해되어야 하는 것이고, 다른 하나는 이
초기 충동이나 기원의 지점이 아니라 진화의 열린 전체의 차원에서 사유
되어야 하는 형상들의 부단한 발명을 지시하는 것이다."[147]

　　먼저, 단순한 잠재성simple virtual이란 현실적인 계열들에 공통된 '근원

---

145) Badiou, *Deleuze-La clameur de l'Etre*, 79~80(『들뢰즈-존재의 함성』, 125~126).

146) Ansell-Pearson, *Philosophy and the adventure of the virtual*, 95. 안셀 피어슨에
　　의하면, 들뢰즈의 경우에는 단순한 잠재성에 대한 관념으로부터 잠재적 전체에 대한 관념
　　으로 그 강조점이 이행하는 것처럼 보인다. 이는 엘랑 비탈의 잠재성으로부터 내재성의 평
　　면의 잠재성으로의 이행을 함축한다. 초기에(『차이와 반복』) 들뢰즈의 관심이 잠재적인 것
　　과 가능한 것의 구분에 있었다면, 후기에는(『시네마I: 운동-이미지』) 잠재적인 것을 '구조'의
　　견지에서 생각하고 현실화는 진화의 경향들이 아니라 다양한 체계들의 전-개체적 독특성
　　들과 관련됨을 보이는 데 있다. 그렇다고 해서 들뢰즈가 엘랑 비탈을 포기하는 것은 아니고,
　　기계론과 목적론을 넘어서는 '전-유기적 배아성'의 힘으로 이를 변형시켜 수용한다.

147) Ibid., 104.

적 동일성과 단순한 총체성'으로서 엘랑 비탈의 잠재성을 말한다. 생명의 초기 충동은 물질성과 접촉함으로써 나누어지고 분화하게 되는 제한된 힘으로서 **주어진다**. 그것은 무제한적으로 현실화하는 것이 아니라 물질성과 부딪치는 만큼 현실화한다는 점에서 제한된 힘의 단순성이다. 단순한 잠재성은 공간적 차원에서처럼 한꺼번에 주어진다는 의미에서 주어진다는 것이 아니라 제한된(나뉘고 분화하기 위해선 물질이 필요하다는 점에서) 힘으로서 주어진다는 의미에서 주어진다. 그것이 단순한 것인 이유는 구별되지 않고 혼융되어 있으며 상호 침투 속에서 미결정적인 것으로 존재한다는 점에서이다.

그 다음, 잠재적인 전체virtual whole 란 지속이 우주에 내재한다고 할 때의 열린 전체, 항상 변화하고 있지만 초기의 생명적 충동에 대한 관계는 변화하지 않은 채 미결정적으로 열려 있는 전체로서 들뢰즈가 『시네마 I : 운동–이미지』에서 '내재성의 평면'이라 부른 것과 같다. 이 전체는 현실화된 계열들의 총합과 같지 않으며 결코 한꺼번에 **주어지지 않는다**. 항상 어딘가에 열려 있는, 완전히 닫혀지지 않는 전체로서 창조와 차이화의 시간만이 실재한다. 진화 그 자체는 선–존재하는 이데아의 실현인 것처럼 주어진다고 결코 말할 수 없다. 현실적인 것은 잠재적인 것의 이미지가 아니다.

한마디로 요약하자면, "경향들의 총체인 단순한 잠재성은 주어져 있지만, 항상 현실화하고 있는 잠재적 전체는 주어지는 것이 아니다."[148]

이러한 안셀 피어슨의 분석에 따르자면, 바디우는 베르그손의 잠재적인 것이 지니는 본질적인 특성, 즉 결코 한꺼번에 주어질 수 없는 열린 전체로서의 일자성뿐만 아니라, 단순한 잠재성의 제한적 특성 또한 보지 못했다고 할 수 있다.

---

148) Ansell-Pearson, *Philosophy and the adventure of the virtual*, 96.

따라서 베르그손의 사유에서 순수 과거가 존재론적 지속의 잠재적 다양체로서 현실적인 여러 지속들을 통일하는 하나의 시간을 의미한다고 할 때, 이것의 의미는 이중적이다. 순수 생명의 단순한 잠재성으로서 현실화된 모든 계열들에 선재하는 순수 과거의 존재라는 의미, 그리고 이 잠재성을 현실화하는 창조적 발명의 과정으로서 현실적 존재자들을 비결정적이고 예측불가능한 미래로 개방하는 우주적 시간의 존재라는 의미. 하나의 시간으로서의 실재 전체는 결코 자기 동일적 일자로 존재하지 않는다. 실재는 마치 부채살의 주름이 그런 것처럼, 잠재적 다양체로서 공존하고 있다가 현실적 다양체로서 흩어지는 것이고, 수축되어 있다가 펼쳐지는 운동성이다. 그러나 그 전체는 결코 결정되어 있거나 주어지는 것이 아니다.

전체가 한꺼번에 주어지지 않는다는 것은, 순수 과거와 현실화된 계열들 사이의 관계가 **선언적 종합**synthèse disjonctive 의 관계임을 의미한다. 이것은 현실적 계열들이 공간 위에 펼쳐진 것처럼 동시에 나란히 놓여 있고, 순수 과거가 초월적 위치에서 이것들과 '이것 아니면 저것'의 방식으로 관계를 맺는다는 것이 아니다. 다시 말해서 순수 과거의 잠재적 다양체와 현실화된 계열들의 관계는 '시간의 계기적 연속성과 발명'의 관계를 갖는다는 것이다. 이는 순수 과거 속에서 공존하던 경향들 중 어떤 것이 현실화하면 그 외의 다른 것들은 억압되고(즉 여전히 잠재적인 상태로 남아 있게 되고), 그 현실화된 계열의 잠재성이 소진하여 삶을 다하게 되면 다시 다른 어떤 것이 현실화하고 그 밖의 나머지 것들은 억압되는 방식으로 시간 속에서 반복되면서, 잠재적인 차원에서는 모든 계열들이 공존하면서도 현실적인 차원에서는 그 중의 어떤 계열들이 현실화되어 연속성을 이루는 것을 말한다. 즉 현실적인 계열들이 연속적으로 존재하지만, 결코 모든 계열들이 동시에 현실화하지는 않는다는 것, 항상 잠재적인 것으로 남아 있는 부분들이 있어야 한다는 것이다. 바로 이것이 삶으로서의 시간, 생성으로

서의 시간이 갖는 의미이다. 시간이 걸려야 무언가가 생성된다! 이를 다음
과 같이 도식화해서 설명해 보자.

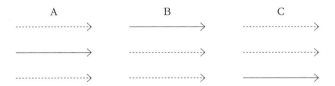

　　위 그림에서 검은 실선들은 현실화된 것이고 점선들은 잠재적으로 남
아 있는 것이다. 현실적인 차원에서는 실선들만이 가시적이며 이 실선들은
A, B, C의 각기 다른 차원들에서 현실화된 것들로서 연속적 계기성을 지닌
다. 그러나 점선들은 실선들과 함께 공존한다. 전체는 각기 다른 수준들에
서 반복하며, 잠재적인 차원에서는 모든 계열들이 공존하지만, 결코 한꺼
번에 현실화하지는 않는다. 따라서 전체는 주어지지 않는다. 그러나 위의
도식은 공간화된 표상이라는 점에서 어쩔 수 없는 한계가 있다. 이를 보완
하자면, 사실 A, B, C 세 차원이 선형적 연속의 계기로 놓여선 안 되고, 첫번
째—두번째—세번째처럼 서수적 관계 속에서 같은 자리에서 회귀하며 중
첩되는 것이어야 한다. 잠재적 공존체로서의 순수 과거는 자기 자신 전체
를 반복하면서 매번 다른 현재들로 현실화함과 동시에 자기 자신이 달라
져야 하기 때문이다. 그래야 존재론적 지속이 생성으로서의 존재 그 자체
로서 자기 동일적 반복이 아니라 자기 변용과 자기 차이화임이 드러날 수
있을 것이다.

　　따라서 순수 과거는 모든 현실적 계열들이 그로부터 분화되어 나온
공통의 존재론적 근원으로서, **시간 차** 속에서 이것이나 저것으로 분화되는
현실적 계열들을 잠재적 차원에서 선언적으로 종합하고 있는 것이다. 요
컨대 현실적 계열들은 서로 간에 수평적이고 선형적인 인과 관계를 갖는

것이 아니다. 현실적 계열들 사이에는 오히려 질적 차이에 따른 비-관계성이 있다. 그러나 각각의 계열들과 공존하는 잠재적인 과거 전체의 수직적이고 심층적인 반복으로부터 존재론적 근거를 부여받음으로써 현실적 계열들 사이엔 상호 보완적인 관계가 가능하다. (어떠한 현실적 계열도 완전한 현실화가 아니며 항상 잠재적인 것을 남겨 두는 것이기에 전체는 스스로의 질적 변화를 계속할 수밖에 없다.)

② 『차이와 반복』에서 들뢰즈가 제기한 순수 과거의 불충분성에 대해

들뢰즈는 『차이와 반복』에서 순수 과거가 미래를 개방하지 못하는 것처럼 주장하고 있다. 바디우가 간과했던 부분, 즉 열린 전체인 존재론적 지속의 창조적 개방성에 대해서 들뢰즈 역시 간과하고 있는 것인가?

들뢰즈는 『차이와 반복』 2장에서 시간의 근거로서 작동하는 시간의 두번째 종합으로 베르그손의 순수 과거를 제시한 후, 다시 이 '근거의 불충분성'을 이유로 세번째 시간의 종합으로 넘어가야 한다고 주장한다. 여기서 들뢰즈가 제시한 '근거의 불충분성'은 결국 순수 과거가 '완전한 새로움으로 등장하는 미래'의 차원을 개방하지 못한다는 데 있다. 들뢰즈가 주장하는 시간의 세번째 종합은 시간의 텅 빈 형식이다. "자신의 내용을 이루던 사건들에서 해방된 시간, 운동과 맺었던 관계를 전복하는 시간, 요컨대 자신이 텅 빈 순수한 형식임을 발견하는 시간이다."[149] 결국 순수 과거의 시간은 여전히 운동에 종속된 시간이고 따라서 무로부터의 창조와 같은 새로운 것의 출현을 불가능하게 한다는 것인데, 이것은 절대적인 시작을 위해서는 무나 공백이 필요하다는 바슐라르나 바디우의 비판과 상통하는 것이 아닌가? 지속으로서의 시간, 기억으로서의 시간이란 결국 모든 새로움

---

149) Deleuze, *Différence et Répétition*, 120(『차이와 반복』, 208).

은 이미 존속하고 있던 과거의 접힌 곳 안에서의 선별로 만드는 것이기에 절대적인 시작도 절대적인 창조도 불가능하다는 것, 오로지 존재의 접힘과 펼침, 일자의 자기 변용만이 있을 뿐이라는 것이 베르그손주의에 대한 그들의 비판이 아닌가? 그렇다면 베르그손주의자로서의 들뢰즈는 도대체 어떤 점에서 순수 과거가 생성의 미래를 개방하는 데 불충분하다고 지적하는 것인가?

우선 텍스트를 따라가 보면, 엄밀히 말해서 들뢰즈가 불충분성을 제기하는 시간의 두번째 종합은 베르그손적 기억의 종합이 아니라 플라톤적 기억의 종합이다. 들뢰즈는 앞에서 시간의 두번째 종합을 베르그손적 순수 과거의 종합으로 설명하고서 나중에 그 불충분성을 지적할 때는 은근슬쩍 베르그손적 기억이론을 플라톤적 상기론으로 대체하고 있다. 그러니까 근거로서의 불충분성은 플라톤적 기억에나 해당되는 것인 셈이다.[150] 어쨌든 일단 그 '불충분성'의 의미를 살펴보자.

플라톤의 상기론에 의하면, 시간은 진리를 망각하기 '이전'의 시간과 망각 '이후'의 시간으로 나누어진다. "배움의 실질적 운동은 영혼 안에서 '이전'과 '이후'의 구분을 함축한다. 그것이 함축하는 것은 우리가 알고 있었던 것을 잊기 위한 어떤 첫번째 시간의 도입이다. 왜냐하면 우리가 잊었던 것을 되찾는 것은 어떤 두번째 시간 안에서 일어나기 때문이다."[151] 따라서 상기의 시간은 이데아의 순수 과거 안에서 자신의 근거를 찾아야 할 것이다. 매 순간 계속 이어지는 현재들은 이 근거로서의 이데아를 출발점으로 시간의 원환 안으로 조직된다. 이데아 자체를 정의하는 순수 과거는 위장된 모습으로 현재에 나타나기는 하지만 여전히 이데아라는 동일성

---

150) 바로 이 점을 감안한다면, 바디우가 들뢰즈의 잠재적인 것을 플라톤적 근거로 해석하는 것도 이유가 전혀 없는 것은 아니었다고 할 수 있을 것이다.

151) Deleuze, *Différence et Répétition*, 118(『차이와 반복』, 206).

을 지니고 있고, 현재에 드러난 이데아의 복사본들은 여전히 이데아에 대한 유사성을 지닌다. 바로 여기에 두번째 시간의 종합이 갖는 불충분성이 있다. "므네모시네는 현재로 환원될 수 없고 재현보다 우월하지만 현재들의 재현을 순환적이거나 무한하게 만들 뿐이다. 근거의 불충분성은 바로 여기에 있다. 근거는 자신이 근거짓는 것에 상대적이고, 자신이 근거짓는 것에서 특성들을 빌려오며, 그 빌려온 특성들을 통해 자기 자신을 입증한다."[152] 따라서 "시간의 두번째 종합은 또한 재현의 상관항으로 머물러 있는 즉자 존재의 가상을 폭로하는 세번째 종합을 향해 자신을 넘어간다."[153]

들뢰즈는 말하자면 베르그손이든 플라톤이든 기억의 시간은 에로스-므네모시네의 종합으로 표현되며 이 시간은 결국 구체적인 삶의 내용에, 즉 실제적 내용으로서의 운동에 종속된 시간을 벗어나지 못한다는 것이다. 이는 베르그손의 시간이 여전히 운동에 종속된 시간이라는 하이데거의 비판과도 일맥상통하는 면이 있다. 그러나 운동에서 벗어난 근원적 시간이 과연 무엇인가에 대해서는 하이데거와 들뢰즈가 상이한 대안을 내놓고 있으며, 특히 그 차이는 죽음에 관한 이들의 해석에서 결정적으로 드러난다. 결국 죽음과 미래의 관계 문제가 관건이다. 그런데 내 생각으로는, 바로 이 문제에 대한 하이데거와 들뢰즈의 차이가 결국 하이데거의 비판에 대한 베르그손의 답변을 또한 마련해 줄 수 있다고 여겨진다. 그것은 결국 미래를 '누구의' 미래로 개방하느냐하는 문제, 즉 주관성의 인격적이고 자기 동일적인 요소를 버리고, 운동의 실존적 주체를 비결정적인 상태로, 또는 타자에게로 넘겨 줄 수 있는 가능성과 관련된 문제이다.

우선 하이데거의 경우, 미래는 가장 우선적인 시간 양상이다. 그러나

---

152) Ibid, 119 (같은 책, 207).
153) Ibid, 119 (같은 책, 208).

이 미래는 실존적 주체의 실존론적 죽음의 의미와 연결되어 있다. 하이데 거에 의하면, 죽음으로의 선구先驅는 현존재인 인간 실존의 존재 의미를 시 간성Zeitlichkeit으로 드러내는 데 결정적인 단서를 제공한다. 하이데거가 말하는 죽음은 무한한 과거에서 무한한 미래로 뻗어 있는 시간 속의 한 사 건이 아니라, 각자의 현존재가 경험하는 사건, '나'라는 현존재에게 주어진 유한한 시간의 종말이다. 사물들은 시간 안에서 존재하지만, 현존재는 각 자의 시간을 갖는다. 하이데거가 말하는 '죽음으로의 선구'란 바로 이런 의 미에서 어느 누구에 의해서도 대체될 수 없는 각자의 고유성을 자각하는 사건이다. "현존재의 존재가 결국은 탄생에서 죽음에 이르는 유한한 시간 이라면, 죽음으로의 선구는 현존재가 자신에게 주어진 유한한 시간을 자 기 자신만의 일회적인 시간으로 경험하게 되는 것을 의미한다."[154] 우리의 삶의 의미는 매 순간 죽음으로 선구하면서 자신의 삶이 죽음 앞에서도 의 미를 상실하지 않는 진중한 삶이 되도록 항상 깨어 있는 것을 통해서 충실 해진다. 따라서 "현존재는 죽음으로 선구하면서 자신의 본래적인 가능성, 즉 자신의 장래Zukunft로 나아가는 동시에 탄생에서 현재에 이르는 과거 Gewesenheit를 새롭게 경험하게 된다. 하이데거는 이를 현존재가 자신의 과 거를 근원적으로 반복하는 것wiederholen이라고 한다."[155] "현존재는 자신 의 장래의 진정한 가능성으로 선구하고 자신의 과거를 근원적으로 반복하 면서 현재Gegenwart를, 즉 현존재 자신을 비롯한 모든 존재자가 자신의 진 리를 드러내는 상황을 개시한다."[156] 바로 이 순간, 현존재는 자신이 살고 있는 세계 전체와 자신의 존재 전체를 긍정하면서 세계와 자신이 하나됨 을 느낀다. 여기서 "존재 자체는 오히려 각자의 가장 고유한 현존재, 즉 단

154) 박찬국, 『들길의 사상가, 하이데거』, 127.
155) 같은 책, 128~129.
156) 같은 책, 129.

독자로서의 현존재에게 자신을 고지한다."[157] 따라서 "하이데거에게 존재의 의미는 시간적인 것이다. 그것은 지속적으로 현존하는 것이 아니라 생기生起하는 것이다. 하이데거의 철학은 이런 의미에서 지속적인 현전의 철학이 아니라 사건의 철학Ereignisphilosophie이다. 그것은 존재의 궁극적인 의미를 에라이크니스Ereignis, 사건로 보는 철학이다."[158] 그러나 하이데거의 죽음은 어디까지나 각자성과 주관성, 자기 자신의 인격적 죽음이며, 죽음을 넘어선다는 것은 영혼불멸이 아니라 부동의 평정심과 자유를 갖게 되었다는 것을 의미할 뿐이다.

반면, 들뢰즈의 경우, 죽음과 미래는 시간의 세번째 종합으로서 영원회귀의 초과적 반복 속에서 등장한다. 습관의 시간과 기억의 시간을 넘어서 들뢰즈가 궁극적으로 도달하고자 하는 죽음 본능의 시간은 시간의 정초와 근거를 해체하는 무-바탕과 근거와해의 세번째 차원을 미래로서 도입한다. "시간은 므네모시네의 모든 가능한 내용들을 포기했고, 이를 통해 에로스가 그 내용을 끌어들이던 원환을 깨뜨려 버렸다. 시간은 펼쳐졌고 다시 세워졌으며 궁극의 형태를 취한다. 그 궁극의 형태는 직선으로 이루어진 미로, 보르헤스가 말하는 것처럼 '볼 수 없고 끝없이 이어지는' 미로이다. 빗장이 풀린 텅 빈 시간은 철저히 형식적이고 정태적인 순서, 압도적인 총체, 비가역적인 계열을 이루고 있다. 이런 시간은 정확히 죽음 본능이다. 죽음 본능은 에로스와 더불어 어떤 하나의 원환 안으로 들어가지 않는다. 죽음 본능과 에로스는 결코 상호 보충적이거나 적대적인 관계에 놓이는 법이 없다. 죽음 본능은 결코 어떤 방식으로도 에로스와 대칭을 이루지 않는다."[159] 결국 들뢰즈의 죽음 본능은 에로스-므네모시네의 자기동일적

---

157) 박찬국, 『들길의 사상가, 하이데거』, 133.
158) 같은 책, 135.
159) Deleuze, *Différence et Répétition*, 147(『차이와 반복』 252).

주체를 해체하여 '익명'의 타자에게 미래를 개방하게 하는, 그래서 운동과 삶의 정초와 근거를 와해시키는 텅 빈 형식으로서만 존재해야 하는 시간의 형식인 것이다.

그런데 바로 이러한 시간의 형식을 들뢰즈는 궁극적으로 베르그손적 시간의 근본적 형식에서 찾고 있다는 것이 나의 생각이다. 그리고 바로 이 점에서 또한 베르그손은 운동에 종속된 시간이라는 하이데거의 비판도 넘어설 수 있다.

우선 베르그손적 기억의 시간은 플라톤적 상기의 시간과 동일시할 수 없다. '근거의 불충분성'은 플라톤의 경우에는 해당될지 몰라도 베르그손의 경우에는 해당될 수 없다. 단적으로 말해서 순수 과거는 초월적인 자기 동일적 일자로서의 이데아가 아니기 때문이다. 들뢰즈는 결국 『시네마 I : 운동-이미지』와 『시네마 II : 시간-이미지』에서 명백하게 베르그손적 시간의 도식으로 되돌아온다. 들뢰즈가 죽음 본능의 시간으로 제시한 보르헤스의 미로는 끝없이 두 갈래로 갈라진다. 우리가 이미 살펴보았듯이, 베르그손은 시간의 근본적인 작동이 현재와 과거로, 또는 과거와 미래로 끊임없이 양분되는 것이라고 주장했다. 들뢰즈는 특히 『시네마 II : 시간-이미지』에서 두 갈래로 양분되며 자기 분열하는 베르그손적 시간의 직접적인 이미지인 크리스탈을 발견한다. 바로 이것이 죽음 본능의 텅 빈 시간, 탈인격적인 주체와 주관성으로서의 시간이다. 잠재적 다양체로서 자기-차이화의 운동으로 펼쳐지는 베르그손의 시간이야말로 미래를 비결정적이고 예측불가능한 우연성으로 개방하는, 타자의 도래를 긍정하는 시간일 수 있다.

따라서 베르그손-들뢰즈에게 죽음은 실존적 존재자인 현존재의 죽음이 아니라 '하나의 삶', '이것'으로서의 죽음이다. 자기 분열하는 시간의 텅 빈 형식 안에서 무한히 반복되는 생성의 한 국면으로서. 죽음은 현존재로서의 존재 의미를 밝혀 주는 한계 개념이 아니라, 삶의 무한한 생성 안에서, 내재성의 평면 안에서, 익명의, 아무개의, 이것으로서의 하나의 삶이었음을 드러내 주는 것이다. 죽음은 인격적 개인의 실존적 의미를 강화시켜 주는 극단이 아니라, 오히려 개인적이고 주관적이었던 삶을 탈인격적이고 탈개체화하면서 잠재적 전체에로 회귀하게 하는 것이다. 죽음은 하나의 사건으로서의 삶이 발생하기 이전의 무-바탕으로서의 잠재성의 장으로 돌려보내는 것이다.[160] 하나의 삶으로서의 주체는 무화됨으로써 타자가 되어 돌아온다. 영원히 돌아오는 것, 반복하는 것은 따라서 현존재로서의 개별화된 삶이 아니라 독특성으로서의 삶, 익명의 아무개의 삶, 단지 하나의 삶으로서의 이것, 즉 차이의 반복이다.

따라서 베르그손의 원뿔 도식은 결국 들뢰즈의 영원회귀를 설명해 준다. 앞에서 이미 논증했듯이, 현재는 순수 과거의 한 수준이다. 그리고 현재는 매번 다른 수준의 순수 과거로부터 현실화한다. 다시 말해서 현재는 매번 다른 수준의, 다른 차원의 과거이다. 현재는 매번 다른 수준에서 반복되는 과거다. 그리고 반복되는 그 과거의 수준들은 수축과 팽창의 정도에서 상이한, 그 자체로 차이들의 평면이다. 따라서 매번 차이-평면들이 돌아온다, 다른 것으로, 다른 수준으로, 다른 차원으로. 영원회귀는 이러한 의미에서 원뿔의 단면들의 현실화, 차이-평면들의 반복에 다름 아니다. 차이-평면들은 또한 차이들의 체계이고, 그 안에서 모든 차이들이 공존한다. 각각

---

160) 들뢰즈는 죽음의 이런 모티브를 블랑쇼에서 얻고 있다. 블랑쇼는 인격적인 죽음과 비인격적인 죽음을 구분한다. 전자는 구체적인 나, 자아와 관련된 죽음이고, 후자는 자아와 무관하며 "현재의 죽음도 과거의 죽음도 아닌, 다만 항상 도래하고 있는 죽음"(Deleuze, *Différence et Répétition*, 148 [『차이와 반복』 254~255])이다. 전자의 죽음은 인격적 자아가 표상했던 차이의 소멸이고 무기적 물질로의 회귀로 객관화될 수 있다. 후자의 죽음은 나와 자아가 부여하는 형식에 종속되어 있지 않는 자유로운 차이들의 상태를 의미한다. "타나토스는 하비투스의 정초와 에로스의 근거 저편에 있는 이 무-바탕으로서 발견된다"(Ibid., 151 [같은 책, 259]).

의 차이는, 각기 다른 차이의 체계들인 수준들에서, 반복되면서, 현실화하면서, 되돌아온다, 다른 것으로. 영원회귀의 서수적 순서는 결국 원뿔의 절단면들, 잠재적 차원들의 반복과 회귀와 같다. 현재는 새로움으로서의 차이이고, 이 차이는 잠재적인 과거의 어느 한 수준에 속하는 차이이며, 따라서 매번 다른 수준에서의 차이가 현재의 새로움으로 반복되는 것이다. 현재는 동일한 것의 반복이 아니라 다른 수준에서의 차이의 반복이다.

요컨대, 순수 과거란 무엇인가? 이것은 각각의 현재들과 공존하는 과거 전체이면서 모든 현재들에 선재하는 과거 일반이다. 과거가 상이한 계열의 현재 속에 반복되는 것은 플라톤적 이데아에 대한 존재론적 관여의 방식도 아니고, 하이데거적 현존재의 실존론적 존재 이해의 방식도 아니다. 순수 과거는 자기 동일적이고 초월적인 일자로서 현상계의 존재자들을 종합하지 않으며, 또한 순수 과거의 종합이 개별화된 삶의 각자성과 인격적 동일성을 구축하는 데 국한되지도 않는다. 순수 과거는 잠재적인 것으로서 모든 현실적인 것들의 초월론적 근거이자 실재적 조건이다. 순수 과거는 존재의 모든 수준들에서 자기 동일적인 것이 아니라 자기 차이화의 동력이다.

순수 과거는 현실적인 지속들의 배후에 현실적인 지속들과 분리불가능한 잠재적 실재로서 존속하면서 현실적인 지속들을 가능하게 하는 실재적 조건이자 발생적 근원이다. 서로 이질적인 현실적 계열들의 관점에서 보았을 때 순수 과거는 잠재적 다양체로서 현실적 계열들을 선언적으로 종합한다. 심리학적 지속의 계열에서 순수 과거는 순수 기억으로서 의식적 경험의 초월론적 근거로 작동하며, 생물학적 지속의 계열에서 순수 과거는 순수 생명으로서 의식적 존재자들의 존재론적 근거로서 작동한다.

순수 과거의 현실화는 우주 전체를 관통하는 존재론적 지속으로서 바로 생명의 진화를 통해서 증명되는 시간의 근원적 작동이다. 비가역적이고 창조적인 생성의 시간, 우주 전체의 역사는 생명의 진화와 더불어 전개된다. 따라서 생명과 의식이 출현하기 이전에 존재론적 지속의 순수 과거가 잠재성으로서 먼저 존속하여야 한다. 물질의 이면에 존속하던 잠재적 무의식이 물질의 표면을 뚫고 현실화할 때, 물질의 옷을 입고 비로소 현실화할 때, 생명체와 의식의 출현이 실현되는 것이다. 베르그손적 우주는 현실적 표면에 물질을, 잠재적 이면에 무의식을 갖는 실재이다. 생명과 의식의 소멸은 물질로의 회귀가 아니라 물질의 가시적인 표면 배후에 존속하고 있는 잠재적 이면으로의 회귀이다.

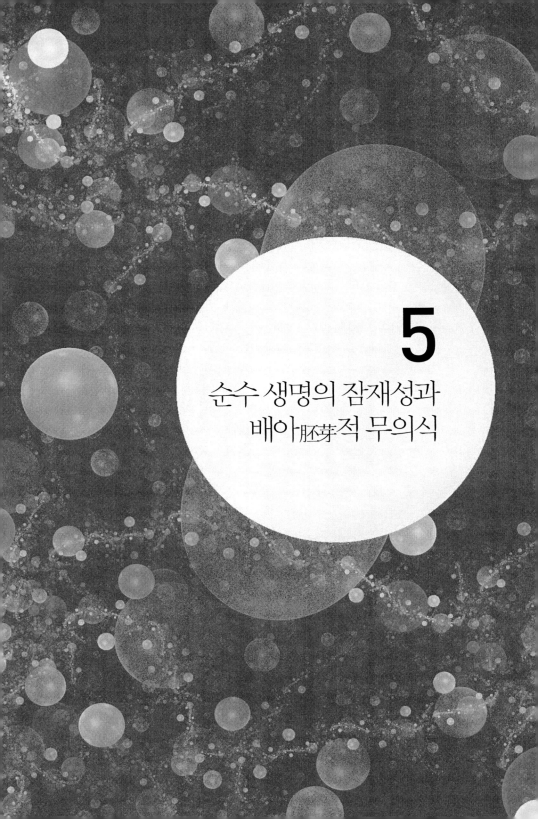

5

순수 생명의 잠재성과
배아胚芽적 무의식

5장_순수 생명의 잠재성과 배아(胚芽)적 무의식

베르그손의 심리철학과 자연철학은 동일한 원리에 의해 설명된다. 이것은 인간과 우주가 단순히 유비적인 관계를 갖는다는 것이 아니라, 심리학적 원리가 그대로 우주에도 적용된다는 것을 의미한다. "변화의 연속, 현재 안으로의 과거의 보존, 진정한 지속, 이러한 속성들을 생명체는 의식과 더불어 공유하는 것처럼 보인다."[1] 다시 말해서 심리학적 원리로 발견된 지속이 곧 존재론적 원리라는 것이다. 이것은 범심리학주의를 말하는 것이 아니다. 베르그손의 심리학은 오히려 존재론으로 넘어가는 통로일 뿐이다. 베르그손의 사유는 일종의 프랙탈 구조를 띤다. 프랙탈 구조란 전체의 구조를 그 전체를 구성하는 부분들에서도 반복하는 특징을 말한다.[2] 우주 안

---

1) EC 22~23/513(『창조적 진화』 52). 트로티뇽(Trotignon)은 "지속은 심리적 삶의 본질이지만, 지속 일반의 본질은 생명이다"(L'idée de vie chez Bergson, et la critique de la méta-physique, 174)라고 말하면서 생명을 지속보다 우위에 두고 있지만, 내가 보기에 베르그손에겐 존재론적 지속이 생명과 의식보다 더 근본적이다. 생명과 의식이 출현하기 이전에 존재론적 지속의 순수 과거가 잠재성으로 존속하여야 하기 때문이다.

2) 프랙탈(fractal)이란 프랑스의 수학자인 만델브로트(Benoit B. Mandelbrot)가 리아스식 영국 해안선의 길이 측정 문제를 해결하는 과정에서 도입한 기하학적 개념이다. 이것은 리아스식 해안선의 굴곡에는 전체와 동일한 모양의 굴곡이 계속해서 반복되고 있기 때문에 자의 크기에 따라서 전체 해안선의 길이가 달라지며 결국 아주 작은 자를 사용하면 해안선의 길이가 무한대로 늘어나게 된다는 점에서 착안된 것이다. 한마디로 프랙탈은 부분이 전체를 닮는 자기 유사성을 가지면서 반복되는 구조를 가리키는데, 규칙적인 것과 통계적인 것으로 나누어질

에 살고 있는 의식이 지속하는 것과 같은 방식으로 우주 전체도 지속한다. 인간적 기억의 원뿔은 우주적 기억의 원뿔로 반복된다. 따라서 인간 정신의 삶이 잠재적인 것의 현실화를 통해서 전개되었다면, 우주 전체도 잠재적인 것의 현실화를 통해서 전개된다.

『물질과 기억』에서 『창조적 진화』로의 이행은 순수 기억과 기억-이미지의 관계를 순수 생명과 개별 생명체들의 관계로 전환시킨다. 『창조적 진화』에서 의식은 더 이상 우리 자신의 의식, 표상적 의식에 국한되지 않는다. 의식은 생명과 동연적인 것으로서 우리 자신의 것뿐만 아니라 모든 생명체들의 의식을 포괄하는 의식 일반으로 확장된다. 다양한 종의 생명체들(=의식 일반)이 우주적 자연의 현실적 표면이라면, 이 모든 생명체들의 발생적 근원인 순수 생명은 우주적 자연의 잠재적 이면에서 존재론적 무의식으로 존재한다. 순수 생명이 현실화되기 이전의 모든 경향들의 잠재적 공존체라면, 배아적 무의식은 현실화된 개별 생명체들에 내재하는 생명의 약동으로서 탈개체적인 변이의 경향이다. 순수 생명의 잠재성은 배아적 무의식을 통해서 모든 종들과 개체들을 가로질러 나아가는 발생적 에너지이다.

베르그손적 우주는 물질과 생명의 상반된 두 경향 속에서 움직인다. 물질이 반복과 해체 경향이라면, 생명은 수축과 창조적 생성의 경향이다. 인간 정신 안에서 잠재적인 순수 기억이 현실화하면서 지각-이미지와 결

수 있다. 이 중 규칙적인 프랙탈은 부분과 전체 사이에 기하학적인 구조의 유사성이 엄격한 것으로, 코호곡선이나 시어핀스키삼각형 등의 기하학적 도형에서 가능한 것이며 자연에서는 찾아볼 수 없는 것이다. 통계적인 프랙탈은 부분과 전체의 구조적 유사성이 확률적인 것으로서 자연계의 현상들, 예를 들어 리아스식 해안선, 동물 혈관의 분포형태, 나뭇가지의 모양, 창문에 성에가 자라는 모습, 눈송이 등에서 그 모습을 볼 수 있다. 나는 과거 전체가 상이한 수준들에서 반복되는 베르그손적 실재가 일종의 (비결정적이고 통계적인) 프랙탈적 구조를 띤다고 이해한다.

합하는 기억-이미지들로 개별화하듯이, 우주적 자연 안에서 잠재적인 순수 생명은 현실화하면서 물질과 결합하는 생명종의 계열들로 분화한다. 생명의 진화는 잠재적인 무의식의 현실화 운동에 다름 아니다. 이것은 우주 안에 진정한 창조와 새로움을 생성한다.

이 장에서는 어떻게 과거의 존속과 반복이 창조적 생성의 원리가 될 수 있는지, 어떻게 과거가 인과적 결정성이 아닌 비결정적인 예측불가능성과 관련되며 진정한 발명의 특성을 지닐 수 있는지를 보여 주고자 한다. 존재론적 무의식은 어떻게 다양한 형상들을 창조하며 진정한 생성의 힘으로 작동하는가? 생명의 진화가 그 해답을 제공한다. 베르그손에 의하면, 생명의 진화는 가능성의 실현이 아니라 잠재성의 현실화 과정이다. 이것은 기계적인 반복의 과정이 아니라 비결정적이고 예측불가능한 차이를 실재적으로 산출하는 과정이다. 물질의 반복만으로는 생명으로의 도약이 이루어질 수 없다. 물질을 수축하여 새로운 질을 생성하는 힘, 이것은 물질적 반복만으로 가능한 것이 아니다. 오히려 정신적 반복에 의해서만 가능하다. 여기서는 물질의 운동과 정신의 운동 사이의 차이를 규명하고, 이를 통해 의식이나 물질로 환원될 수 없는 존재론적 무의식의 운동이야말로 창조적 생성을 가능하게 한다는 것을 밝히고자 한다.

1. 물질의 반복

이 절의 목표는 베르그손의 물질 개념을 정확히 밝히는 것이다.[3] 이는 의식과 생명의 진화 과정에서 과연 물질이 어떤 역할을 수행할 수 있는지를 보여 주고자 하는 것이고, 이를 통해서 의식과 생명의 발생적 원천으로 작

---

3) 이와 관련해서는 이 책의 '보론' 참조.

동하는 베르그손적 무의식에 대한 이해를 돕기 위해서이다.

　여기서 분명히 해명하고자 하는 것은 물질성의 세 차원이다. 내 견해로는, 베르그손에게 물질은 '보편적 생성의 우주', 생명의 흐름을 역행하는 '반복-해체 경향의 물질', 그리고 인간 지성에 의해 '인간적 경험으로 축소된 물체들의 세계', 이 셋으로 구별된다. 우리는 2장에서 물질을 심리학적 의식의 현실적 외부로서 이미지들의 총체로 정의하였다. 그런데 이제 밝혀지겠지만, 이미지들의 총체로서의 우주란 사실상 '보편적 생성의 우주'의 '현실적 표면'일 뿐이다. '보편적 생성의 우주'는 생명체들과 의식적 존재자들을 생성하는 구체적인 실재이며, 그 '잠재적 심층'에는 그러한 생성의 에너지로 작동하는 순수 생명이 내재하고 있다. 심층에서는 끊임없이 움직이며 변화하고 있는 유동적인 자연 전체가 인간 지성에게는 '인간적 경험으로 축소되어 부동화된 물체들의 세계'로, 즉 '지각된 이미지들의 세계'로 주어진다. 이것은 지성과 물질의 상호작용의 결과이다. 다시 말해 이것은 한편에서는 물질에 적응하려는 지성의 형식이 갖는 분절화-부동화 경향이 있고, 다른 한편에서는 자연의 현실적 표면을 이루는 물질이 잠재적 심층에서의 생명적 흐름을 역행하는 '반복-해체 경향'을 띠고 있기 때문에 비롯되는 것이다. 그러나 물질의 '반복-해체 경향'은 어디까지나 '경향'일 뿐이며 물질은 인간 지성이 간주하는 것처럼 추상적 공간으로 환원되지 않는다.

　이러한 구별을 분명히 할 때 우리는 결국 과학이 접근하는 물질은 우주의 현실적인 표면에 지나지 않으며, 생명체의 진화와 인간 지성에 이르기까지의 분화는 우주의 잠재적인 이면으로서의 존재론적 무의식을 전제하지 않고서는 설명될 수 없다고 하는 베르그손의 생각을 이해할 수 있을 것이다.

1.1 추상적 반복과 실재적 반복

물질은 반복이다. 외부 세계는 수학적인 법칙에 따른다. 주어진 순간에 물질적 우주의 모든 원자들과 전자들의 위치, 방향, 속도를 인식할 수 있는 초인적인 지성이라면 이 우주의 어떠한 미래 상태라도 계산할 수 있을 것이다. 마치 우리가 일식이나 월식을 측정하듯이. (……) 그러나 그 세계는 단지 추상일 뿐이다. 구체적인 실재는 비유기적인 물질 안에 삽입되어 있는 살아 있는 존재자들, 의식적인 존재자들을 포함하고 있다.[4]

베르그손에 의하면, 물질은 반복이다. 어떤 점에서 반복인가? 일차적으로는, 수학적인 법칙이 함축하듯이, 결과가 원인에 비례하여 결정적이라는 점에서, 따라서 현재로부터 미래에 대한 정확한 계산과 예측이 가능하다는 점에서, 결국 이후 것은 언제나 이전 것의 동일한 반복이라는 점에서 그렇다. 순수 지각의 차원에서 이미지들의 총체로 나타난 물질적 우주, 특히 '나의 신체'와 같이 특별한 방식으로 운동하는 이미지들을 제외한, 일반적인 이미지들의 상호 작용 세계가 바로 이런 반복의 세계였다. 이 세계는 또한 과학적 사유의 대상이기도 하다.

그러나 "그 세계는 단지 추상일 뿐이다". 그 반복은 오로지 **추상적인 반복**일 뿐이다. 무엇이 추상되었는가? 바로 시간이요, 구체적 지속이다. 순수 지각의 일반적 이미지들이 비-지속적 존재자들이었던 것과 마찬가지로 과학적 탐구 대상으로서의 물질적 세계 역시 구체적 지속이 빠진 수학적 반복의 세계이다. 지각적 차원에서나 과학적 사유의 차원에서나 우리의 지성적 의식이 마주하는 물질적 세계는 이런 추상적 반복의 세계이다.

---

4) PM 100/1332.

구체적인 실재로서의 물질적 우주, 즉 생명체들과 의식적 존재자들을 품고 있는 전체로서의 우주는 지속하는 세계이며, 지속한다는 것은 과거를 현재 안으로 수축하는 질적 변화의 연속성을 의미하기 때문에 우주의 운동은 비결정적이고 예측불가능하다는 것을 의미한다. 그렇다면 추상적 반복이 적용되지 않는 전체 우주의 비결정성과 예측불가능성은 어디서 비롯하는 것인가? 생명체들과 의식적 존재자들의 구체적 지속으로부터만 비롯하는 것인가? 베르그손은 생명체들과 의식적 존재자들이 아닌 비유기적 물질계 안에도 지속이 함축하는 비결정성과 예측불가능성이 존재한다고 주장한다.

비유기적인 세계는 가시적이고 예측 가능한 변화들로 요약되는 무한히 빠른 일련의 반복들 또는 유사-반복들이다.[5]

물질의 반복은 단지 추상적인 반복만을 의미하지 않는다. "가시적이고 예측 가능한 변화들"이란 분명 추상적인 반복의 세계에서나 가능한 것이다. 그러면 그러한 추상적인 반복으로 요약되는 "무한히 빠른 일련의 반복들 또는 유사-반복들"이란 무엇인가? 이것이 바로 자기 고유의 지속으로 존재하는 물질의 **실재적인 반복**이다. 물질은 우리에게 지각가능한 가시적인 이미지'들'의 형태로 윤곽지어지기 이전의, 어떠한 경계도 없고 고정되지도 않은 상태에서 무한히 빠른 진동들, 떨림들의 반복이다.

『물질과 기억』 4장에 제시된 네 종류의 명제들은 인간 지성의 형식(공간 표상) 바깥에서 바로 이러한 반복으로 실재하고 있는 물질적 지속을 확증하고 있다. 이 명제들에 의하면, 우선 '물질은 연장적이고 가분적이다'라

---

5) PM 101/1332.

는 데카르트적 전통의 정의는 "구체적이고 불가분적인 연장과 가분적인 공간의 혼동"[6]에서 비롯된 오류이다. 물질은 연장적으로 지각되지만 이 물질의 연장성은 기하학적 공간과 동일시될 수 있는 것이 아니라, 심리학적 지속과 마찬가지로 불가분적인 질적 연속성을 갖는 것이다. 물질의 가분성은 어디까지나 물질 그 자체에서 비롯하는 것이 아니라 물질 밑에다가 우리의 지성이 행위의 편의를 위해서 설정해 놓은 상징적 도식으로서의 공간으로부터 비롯한다. 그 다음, 물질이 비록 지속한다고 하나, 이 지속은 심리학적인 지속과 달리 과거와 현재의 수축 정도가 낮아서 '거의' 공간화될 수 있을 정도의 '진동들'로, '거의' 반복 상태로 지속할 뿐이다. 이제 『물질과 기억』 4장의 명제들을 따라 물질의 실재적 지속을 살펴보도록 하겠다.

① 모든 운동은 정지에서 정지로 가는 이행인 한에서 절대적으로 불가분하다

이 명제는 물질의 실재적 지속을 밝히기 전에, 먼저 실재 지속의 불가분한 연속성은 공간으로 환원될 수 없다는 일반적인 특성을 해명하고 있다. 예를 들어, 점 A에서 점 B로 나의 손을 움직였다고 할 때, 나의 근육적 감각이 파악한 운동 자체와 내 손의 운동이 행해진 A에서 B까지의 공간적인 거리는 본성상 구분된다. 내 손의 운동 그 자체는 A와 B '사이에서' 성립하는 '이행'le passage 으로서 단순하고 불가분한 것이지만, 내 손(운동체)이 지나간 흔적으로서의 공간은 무한하게 가분적이기 때문이다. 만일 내 손의 운동이 A에서 B 사이의 거리에 상정할 수 있는 무수한 정지점들을 차례대로 지나간다고 상정하고서 내 손을 A와 B 사이의 어느 지점(C)에서 멈춘다면, A에서 B로 가는 처음의 운동 그 자체는 사라지고 아마 A에서 C까지의 운

---

6) MM 247/353(『물질과 기억』 367).

동과 C에서 B까지의 운동이라는 질적으로 서로 다른 두 운동이 있게 될 것이다.

즉 운동은 그 자체로 불가분한 것이며 만일 나뉜다면 운동 전체가 질적으로 변화하는 것인 반면에, 공간은 무한히 분할가능하며 나뉘어도 항상 동질적인 것으로 남아 있다는 점에서 운동은 결코 공간으로 환원될 수 없다. 운동의 불가분성이란 운동의 질적 연속성을 의미한다. 질적 연속성으로 지속하는 "운동의 불가분성은 무엇보다 순간의 불가능성을 함축한다."[7] 운동의 실재적 지속은 결코 부동하는 정지들, 기하학적 선분 위의 점과 같은 추상적인 '순간들'로 재구성할 수 없다. 아무리 선분 AB가 A에서 B로 지나가는 운동이 실행될 때의 지속을 상징한다 해도, 그것은 결국 부동화된 상징일 뿐 결코 진행 중인 운동, 흐르고 있는 지속 자체를 표상할 수는 없다. 운동의 비실재성을 논증한 제논의 역설들은 지속과 공간의 혼동 속에서 "시간과 운동을 그것들 아래에 놓여 있는 선과 일치시키고, 선의 등질적인 가분성을 그것들에다 귀속시키며, 결국 그것들을 선처럼 다루는 데"[8]서 성립한 것이다. 제논의 논증이야말로 운동 그 자체의 불가능성이 아니라 오히려 운동을 공간으로 환원시켜 나누면 운동 그 자체가 사라지고 만다는 것을, 그리고 부동하는 순간들로부터는 운동 그 자체를 연역할 수 없다는 것을 역설적으로 보여 준다.[9]

그러나 제논의 역설이 가능할 수밖에 없는 '자연적 가상' 논리가 있다. 실재를 표상하는 우리의 심리학적 능력은 유동하는 실재를 마치 어두운 밤에 번개가 칠 때 순간적으로 나타나는 풍경처럼 순간 포착된 이미지 형

---

7) MM 212/326(『물질과 기억』 317).

8) MM 213/326~327(『물질과 기억』 319).

9) "형이상학은 사실상 변화와 운동에 관한 엘레아의 제논의 논증들로부터 태어났다"(PM 156/1376). 제논의 역설은 운동의 실재성을 주장하는 베르그손에게는 결정적인 철학적 통찰을 제공했던 것으로 그의 전 저작에 걸쳐 등장한다.

태로 잘라내어 고정시키고,[10] 이렇게 부동화된 순간적 표상들을 모아서 불가분한 운동의 '진행'le progrès을 재구성할 수 있다고 믿는 불가피한 경향이 있다. 이것은 우리의 표상적 의식이 순수 사유의 능력이기 이전에 먼저 삶의 필요와 실천적 유용성에 따라 작동하는 행위 능력이라는 데서 비롯한다. 생명체의 의식은 "마치 노동자가 자기 도구의 분자적 구조에 대해서는 고려하지 않는 것처럼"[11] 물질의 실재적 본성에 관심을 갖는 것이 아니라 우선은 물질을 자신에게 유리한 방향으로 이용하는 데 일차적인 관심을 갖기 때문이다.

따라서 모든 운동은 질적 연속체로서 불가분한 것이며, 운동의 가분성은 운동 그 자체에 기인하는 것이 아니라 운동을 공간으로 환원시키는 심리학적 의식의 실천적 작용에서 기인하는 것이다.

② 실재적 운동들이 있다

이 명제는 위에서 밝혀진 불가분한 질적 연속체로서의 운동이 절대적으로 실재하는 물질의 운동임을 해명한다. 데카르트-뉴턴의 근대 역학은 공간상에서 한 점과 좌표축 사이의 거리 변화로 운동을 측정하지만, 이렇게 측

---

10) "운동을 지각하는 감각적 소여들과 그것을 재구성하는 정신의 기교들을 혼동해선 안 된다. 감각들은 실재적인 두 정지 사이의 실재적인 운동을 하나의 견고하고 불가분한 전체처럼 우리에게 나타낸다. 나눔은 이미지화(l'imagination)의 산물인데, 이미지화한다는 것은 우리의 일상적인 경험에서 움직이는 이미지들을, 마치 밤 동안에 뇌우의 장면을 비추는 순간적인 번갯불처럼, 고정하는 기능을 갖는다"(MM 211/325, 『물질과 기억』 316).

11) MM 213/327(『물질과 기억』 319~320). "상식과 언어는 여기서 당연한 권리를 행사하며 어찌보면 자신들의 의무를 다하는 것이라고 볼 수 있는데, 왜냐하면 그것들은 항상 **생성**을 사용할 수 있는 **사물**로 간주하면서, 마치 노동자가 자기 도구의 분자적 구조에 대해서 고려하지 않는 것처럼, 운동의 내적 유기화에 대해서는 염두에 두지 않기 때문이다. (……) 상식은 운동을 그 운동의 궤도처럼 나눠질 수 있는 것으로 다루면서 오직 실천적 삶에서만 중요한 단 두 가지 사실들을 표현한다. 첫째 모든 운동은 공간을 묘사한다는 것. 둘째 이 공간의 각 지점에서 운동체는 **정지할 수 있을 거라**는 것. 그러나 운동의 내적 본성에 대해 추론하는 철학자는 그 본질인 운동성을 그것에 되돌려 주어야만 하는데, 바로 그것을 제논은 하지 않았다."

정되는 운동은 상대적인 장소 이동에 불과한 것이다.[12] 물질의 절대적인 실재 운동은 불가분하게 연결된 실재 전체 안에서의 질적 변화이다.

　　예컨대 나는 내가 운동을 해야겠다고 생각하고서 운동을 시작했을 때 내 근육감각에 대한 의식을 통해서 운동의 실재성을 확신한다. 즉 나는 운동이 나의 내면에서 하나의 상태 변화 혹은 질적 변화로 나타날 때 운동의 실재성을 느낀다. 이와 마찬가지로, 사물 안에서의 질적 변화를 지각할 때

---

12) 베르그손은 ① 우선 운동을 바라보는 기하학적 관점을 비판한다. 기하학적 공간상에서 한 점과 좌표축 사이의 거리 변화로 측정되는 운동은 상대적인 것으로서 비실재적이지만, 물질적 우주 안에서 일어나는 구체적인 질적 변화들은 절대적인 사실이다. 기하학적 관점에서는 실재적인 운동을 포착할 수 없다. 그 단적인 예가 데카르트의 수학적 물리학이 안고 있었던 근본적인 모순이다. 데카르트는 개별적인 운동의 상대성과 총체적인 운동의 절대성을 동시에 인정하고 있다. 라이프니츠가 지적했듯이, 데카르트의 이런 모순은 모든 운동이 상대적이라고 기하학적인 관점에서 정의해 놓고서 운동의 법칙들은 마치 운동이 절대적인 것처럼 물리학적인 관점에서 정식화했다는 데 있다. 베르그손은 데카르트의 모순이 오히려 절대적인 실재 운동을 표현할 수 없는 수학적 상징의 본래적인 한계를 드러내 주는 것이었다고 평가한다. "운동체가 관계 맺는 좌표축들과 점들이 아니라 움직이는 운동체 자체를 표현할 수 있는 수학적 상징은 없다"(MM 217/330, 『물질과 기억』 324). 따라서 물질의 실재적인 운동은 공간적-기하학적 차원에서는 있는 그대로 설명될 수 없고 왜곡될 수밖에 없다. ② 그 다음 운동을 바라보는 물리학적 관점을 비판한다. 뉴턴 물리학이 주장하듯이 물질의 운동을 공간 안에서의 장소 변화만으로 간주하는 것은 데카르트적 기하학주의의 변주에 지나지 않는다. 뉴턴은 절대 공간 안에 절대적인 위치와 장소들을 확정하였다. 하나의 장소는 공간 전체와의 관계에 의해서 또는 그 자신의 질에 의해서 다른 장소와 절대적으로 구분된다. 그러면 공간은 이질적인 부분들로 구성되거나 아니면 유한해야 할 것이다. 그런데 우리는 공간의 이질적인 부분들 아래에 이를 떠받치고 있는 동질적인 공간을 상상할 수 있고, 하나의 유한한 공간 옆에 울타리로서의 다른 공간을 놓을 수도 있다. 이는 결국 동질적이고 무한한 기하학적 공간을 도입하는 것이고, 모든 장소의 상대성과 절대적인 운동의 불가능성으로 귀착될 수밖에 없다. ③ 데카르트의 모순을 지적했던 라이프니츠적 주장은 어떨까? 그는 상대적인 운동과 구분되는 실재적인 운동을 이것이 실재적인 어떤 원인으로서의 '힘'으로부터 야기된다는 점에서 찾았다. 그런데 자연 과학적 의미에서 힘이란 질량과 속도의 함수이다. 여기서 측정되는 힘으로서의 운동은 '속도＝거리/시간'을 재는 것에 지나지 않는다. 즉 측정 가능한 공간 안에서 산출된 운동에 한해서만 운동은 고려될 수 있다. 따라서 운동에 결부되어 있는 이 힘은 여기서 이미 공간적 상대성을 나누어 가질 수밖에 없다. 이 역시 뉴턴 식의 절대적 공간으로, 나아가 데카르트의 기하학적 공간으로 돌아가 운동을 바라보는 것에 지나지 않는다. 따라서 베르그손은 운동의 절대적인 실재성을 운동 그 자체의 운동성에서 찾지 않고, 이것과 구분되는 외재적인 어떤 것에 근거 짓고자 하는 모든 시도들이 결국은 기하학적 관점에서와 같은 상대성으로 귀결될 수밖에 없음을 강조한다.

운동의 실재성을 파악할 수 있어야 한다. 질적 변화는 단지 내재적인 것만이 아니라 외재적인 운동으로도 존재한다!

> 한 소리가 다른 소리와 다른 것과 마찬가지로, 소리는 절대적으로 침묵과 다르다. 빛과 어둠 사이에, 색깔들 사이에, 뉘앙스들 사이에, 차이는 절대적이다. 하나에서 다른 하나로의 이행, 그것 또한 절대적으로 실재하는 현상이다.[13]

공간화된 상대적 운동이 아니라 절대적인 운동은 질적인 변화로서의 이행이다.[14] 불가분한 질적 변화로서의 운동이 물질적 우주 안에 절대적으로 실재한다.

③ 물질을 절대적으로 결정된 윤곽을 가진 독립적인 물체들로 분할하는 것은 모두 인위적인 분할이다

앞의 두 명제에 따라서 물질이 질적 변화로서 불가분한 운동성을 지닌다면, 독립적인 실체들로서 운동을 연결하는 항들, 즉 물체들les corps의 본성은 도대체 무엇인가? 우리는 왜 실재적 운동을 운동체들의 운동으로 바라보는가? 여기서는 이 문제에 답하면서 절대적인 물질의 연속성 안에 도입

---

13) MM 219/331~2(『물질과 기억』 328).
14) 베르그손은 여기서 아리스토텔레스적인 '변화의 물질적 실재성'과 질적 차이를 사상시킨 데카르트적 '공간의 수학적 상대성'을 화해시키면서 운동과 변화를 연결시키는 독창성을 보여 주고 있다. 베르그손은 데카르트에 대하여서는 모든 운동의 질적 실재성, 즉 공간상의 단순한 자리바꿈조차도 질적인 변화에 해당된다는 것, 마치 하나의 소리가 다른 소리로 또는 침묵으로 이행하는 것처럼, 마치 빛에서 어둠으로 지나가는 것처럼 분명한 질적 차이를 갖는 이행이라는 것을 보여 주고, 아리스토텔레스에 대하여서는 질들의 실재성이 물체들이나 장소들 안에 있는 게 아니라 그것들을 연결하는 운동 자체에 있다고 주장하고 있다(Worms, *Introduction à Matière et mémoire de Bergson*, 221 참조).

된 모든 불연속성이야말로 인위적이고 상대적인 것임을 보여 준다.

• **질의 객관적 연속성** 데카르트적 사유에 물들어 있는 우리는 항상 독립적인 대상을 절대적인 것으로 실체화하고 질들을 이 실체의 속성들로 상대화한다. 그러나 베르그손은 물체가 독립적인 대상이라는 점보다도 먼저 질들의 체계라는 점에 주목한다.[15] 질들은 절대적인 물질적 실재의 표지이며, 시각이나 촉각은 하나의 장場으로서 총체성과 연속성을 띠고 있는 감각질들을 일차적으로 제공한다. 문제는 어떻게 물질적 연장의 이러한 질적 연속성이 개별화된 물체들의 불연속적이고 상대적인 속성으로 나누어질 수 있느냐 하는 것이다. 예컨대 『성찰』 II의 '밀랍 덩어리' 분석에서 데카르트는 감각질들이 박탈된 물질적 연장 안에서 대상의 질적 특성이 어떻게 형상화되는지를 보고자 했다면, 이와 반대로 베르그손은 감각질들의 일차적인 연속성이 어떻게 개별화된 하나의 대상으로 형상화되는지를 설명하고자 한다. 즉 절대적인 질들의 연속적인 전체를 개별화된 물체의 것으로 나뉘어 인식하는 주관화 작용을 문제 삼는 것이다.

• **물질 전체의 질적 변화와 공간상의 부분 운동** 질적 연속성은 독립된 윤곽을 지닌 물체로 형성되기 이전에 물질 전체 안에서의 질적 변화이다. 예컨대, '밀랍 덩어리'가 변했다고 하자. 데카르트는 이 밀랍의 변화를 밀랍이 차지하고 있는 순수 공간 안에서의 단순한 자리바꿈으로 설명하고 이것이 우리의 주관에 질적 변화로 나타난다고 말할 것이다. 그러나 베르그손에게 변

---

15) "하나의 물체, 즉 독립적인 하나의 물질적 대상은 우선 우리에게 질들의 체계로 제시되는데 여기선 저항과 색이라는 촉각과 시각의 소여가 핵심적으로 드러나고 나머지 다른 감각 소여들은 유보된 채로 주어진다. 그런데 다른 한편으로 보면, 이 시각과 촉각의 소여들은 공간을 가장 분명하게 차지하고 있는 것들이고, 공간적 연속성의 본질적인 특성을 나타낸다"(MM 220/332, 『물질과 기억』 329).

화한 것, 그것은 단지 그 밀랍 덩어리만이 아니다. 그 밀랍 덩어리를 하나의 독립적인 대상으로 절단해 내었던 시각적·촉각적 장의 총체가 변했다. 즉 밀랍 덩어리라는 물체의 변화는 보편적 상호작용으로 특징지어지는 물질적 우주의 총체적인 질적 변화와 연속적이다. 질적 변화는 물체가 차지하고 있는 공간적 위치의 국지적 변화에 그치는 것이 아니라, 마치 만화경을 돌렸을 때처럼, 물질적 실재 전체의 총체적인 변화 속에서 이해되어야 한다. 즉 질적 변화로서의 절대적인 운동이란 전체^{le tout} 안에서 일어나는 양상^{aspect}의 변화인 것이다.[16]

   물질의 운동은 분명 공간 안에서 물체(운동체)의 이동으로 나타난다. 그러나 단지 이것에 그치는 것이 아니라, 이것은 또한 전체 안에서의 질적 변화이기도 하다. 예를 들면, 동물들의 운동에서 아무런 질적인 변화없이 순수하게 공간적인 이동만 있는 운동은 없다. 먹을 것이 없는 어떤 장소 A에서 먹을 것이 있는 어떤 장소 B로 동물들이 이동한다고 해보자. 이 운동은 단순히 A에서 B로의 위치 이동에 그치는 것이 아니라, 상황 전체에 질적 변화를 낳는다. 배고픈 동물들에서 배부른 동물들로, A는 먹을 것이 없는 장소에서 무언가가 있는 장소로, B는 더 이상 먹을 것이 없는 장소로 변화할 뿐만 아니라 A와 B의 관계조차도 모두 변화한다. 아킬레스가 거북이를 따라잡을 때 변하는 것은 단순히 둘 사이의 공간적 거리가 아니라 아킬레스와 거북이 자신들(피로하고 지친다든지) 그리고 이들을 둘러싼 전체

---

16) "물론 이 연속성은 한 순간에서 다음 순간으로 갈 때 그 양상이 변화한다. 그런데 우리는 왜 마치 만화경을 돌렸을 때 그런 것처럼 총체가 변화했다는 것을 단적으로 인정하지 않는 걸까?"(MM 220~221/333, 『물질과 기억』 330). 바로 이 점에서 베르그손의 '설탕 조각'은 데카르트의 '밀랍 조각'과 결정적으로 다르다. 데카르트가 밀랍 조각을 통해서 물질 현상을 떠받치고 있는 근본적인 실재가 기하학적 공간에 있음을 보여 주었다면, 베르그손은 설탕 조각의 용해 과정을 통해서 물질세계에서조차도 근본적인 실재는 지속임을 보여 주었기 때문이다 (Thibaudet, *Le Bergsonisme*, I, 28 참조).

상태(공기의 교란, 이산화탄소의 양, 땅의 파임 등)가 변화하는 것이다. 운동은 항상 변화와 관계가 있고, 철새들의 이주에도 계절적인 변화라는 이유가 있다. 단순한 물체들의 경우에도 마찬가지이다. 한 물체의 낙하는 단순히 그 물체만의 공간 이동에 그치는 것이 아니라, 그 물체를 끌어당기고 있던 힘들 간의 전체적인 질적 변화를 야기한다.

> **하나의 운동하는 연속체**une continuité mouvante가 우리에게 주어진다. 거기서 모든 것은 변하면서 동시에 그대로 있다.tout change et demeure à la fois[17)]

전체로서의 물질은 하나의 운동하는 연속체다. 물질의 운동은 모든 걸 그대로 두고 어떤 부분들에서만 일어나는 것 같지만 실은 보이지 않게 연결된 전체 속에서의 질적인 변화다.

• **물질 전체의 연속성에 도입되는 불연속성의 원인** 불가분한 질적 연속체인 물질적 실재 전체에 가해지는 가분성과 불연속성의 기원은 생명체로서의 인간적 행위가 갖는 '실천적 삶의 필연성'에서 찾아야 한다. 생명체들은 그 자체로 이미 물질의 보편적 연속성 안에서 자신의 욕구와 욕구를 실현시키는 데 유용한 것들을 분리시켜 냄으로써 형성된 원초적인 불연속성의 산물이다.[18)] 그리고 이 생명체들은 자신을 둘러싼 물질적 세계로부터 자신의 개체성을 유지하기 위해서 끌어들여야 할 '영양섭취의 대상'과 자신을 포함한 종의 보전을 위해서 '피해 가야 할 대상들'을 독립적인 대상들로 구분시켜야 할 필연성을 갖는다. 생명체의 욕구들은 "연속체 안에서 하나의 물

---

17) MM 221/333(『물질과 기억』 330).

체를 재단해 내어 다른 물체들과 경계를 지어 놓고서 마치 사람들 사이에 그런 것처럼 그 물체들 사이를 서로 관계 맺게 함으로써만 만족될 수가 있다. 이렇게 감각적 실재로부터 절단해 낸 부분들 사이에 아주 특수한 이런 관계들을 설정한다는 것, 그것이 바로 '산다'vivre는 것의 의미이다."[19] 따라서 연속적인 전체를 독립된 윤곽을 지닌 개별화된 물체로 재단하여 축소하고 제한하는 것은 일차적으로 생명체의 작용이다. 그러나 또한 이 "나눔은 상상력imagination의 산물"[20]이기도 하다. 즉 심리학적 표상화의 작업이라는 것이다. 물질의 연속성을 절단하는 생명의 운동은 생명체의 유용한 행동을 통해서 실현되는데, 이때 생명체의 의식은 이 행위의 유용성에 몰두하는 의식, 즉 '삶에 주의하는 의식'이기 때문에 생명체의 행위는 반드시 그 분리된 대상들에 대한 지각 표상을 수반한다. 따라서 지각적 차원에서의 '이미지들'은 일차적으로 심리생물학적인 필연성에 상응하여 재단된 것이다.[21]

---

18) "행위들을 통해서 표현되는 개별적인 의식들의 능력은 생명체들 각각에 해당하는 분리된 물질적 영역의 형성을 요구한다. 그런 의미에서 나 자신의 몸은 그리고 이것과 유비적인 다른 생명체들은, 내가 우주의 연속성 안에서 가장 잘 구분할 수 있는 것들이다"(MM 221~2/333, 『물질과 기억』 331). "물질의 본성이 무엇이든지 간에, 생명은 욕구와 이를 만족시키는 데 유용한 것이라는 이원성을 표현하면서 이미 일차적인 불연속성을 확립할 것이다"(MM 222/334, 『물질과 기억』 331).

19) MM 222/334(『물질과 기억』 332).

20) MM 211/325(『물질과 기억』 316).

21) 여기서 초점이 되는 것은 물질적 우주 전체 안에서 개별화된 생명체들로 생성되는 개체화 문제가 아니라 심리학적 의식의 인식 대상으로서의 물체의 형성이다. 베르그손이 『창조적 진화』에서 밝히고 있는 것처럼, 생명체는 그 자체로 완벽한 개체성을 형성하지 못한다. 자연 안에서 유기체 자신의 불연속성은 엄밀하게 생물학적인 방식으로만 형성되는 게 아니다. 완벽한 개체성이란 오히려 의식의 자유로운 행위 능력과 관련해서 상징적이고 심리학적인 지위를 가질 뿐이다. 생명체들을 자율적인 개체로 만들어 주는 것은 오히려 대상들을 분리시켜 내는 행동(표상화 작용)을 산출하는 심리학적이고 주관적인 능력이다. 여기서는 물질의 실재적인 연속성에 불연속성을 도입하고 이미지들의 윤곽을 형성하는 요인은 우리의 심리학적 표상화 작용에 있음을 강조하고 있다.

• **물질의 흐름** 이상의 논의를 종합하면, 결국 상식과 과학이 채용하고 있는 원자론적인 물질관은 생물학적이고 심리학적인 의식의 자연적 산물에 지나지 않는다. 여기서 베르그손은 당시의 기계론적 과학의 토대와 한계를 드러내 보이면서 물질의 본성을 해명할 수 있는 가장 그럴듯한 가설로 '흐름이론'flux theory을 제시한다. 이것은 물질을 견고한 입자들로 환원시키는 원자론적 관점보다는 긴장된 힘(=에너지)의 총체로 보는 톰슨J. J. Thomson과 패러데이M. Faraday의 물리학적 관점을 수용한 것이다. 예컨대 패러데이에 의하면 원자는 무수한 방향으로 퍼져 가는 힘들의 중심이며, 이 힘들에 의해서 모든 원자들은 상호 침투한다. 또 톰슨에 의하면 우주는 연속적인 하나의 완전한 유동체이며 이 속에서 원자들은 각자의 방식으로 진동하는 마디들에 지나지 않는다. 패러데이의 '힘의 방향'과 톰슨의 '진동'이라는 개념은 단지 과학적 예측을 위해 유용한 물리학적 개념에 지나지 않지만, 이런 상징적 기호들은 분명 실재를 설명하는 데 풍부한 함축을 지닌다고 베르그손은 지적한다.

> 그것들(두 개념들)이 가리키는 방향은 의심의 여지가 없다. 그것들은 구체적인 연장을 가로질러 나아가면서, **변양들, 교란들, 긴장이나 에너지의 변화들**, 그 외의 다른 아무것도 아닌 것을 우리에게 보여 준다.[22]

물질의 운동은 빈 공간 위에서 일어나는 원자와 같은 견고한 입자들의 운동이 아니라 우주 전체에 연속적으로 연결되어 있는 보편적인 흐름으로서의 운동이다.

---

22) MM 226/337(『물질과 기억』337).

게다가 과학이 모든 반론들 위에 놓는 진리가 있다면, 그것은 물질의 모든 부분들이 상호 작용한다는 것이다. 물체들을 구성한다고 가정된 분자들은 인력들과 반발력들을 행사한다. 중력의 영향은 혹성 사이의 공간을 통해 펼쳐진다. 따라서 원자들 사이에는 무언가가 존재한다. 사람들은 그것이 더 이상 물질에 속하는 것이 아니라 힘에 속한다고 말할 것이다. 사람들은, 원자들 사이에 당겨져 있는 선들을 상상하고 그것들이 점점 더 얇아져 보이지 않으며 심지어 비물질적인 것이라고 믿게 될 때까지 그것들을 상상할 것이다. (……) 실제로 우리는 힘과 물질이, 물리학자가 그 효과들을 깊이 탐구함에 따라, 서로 접근하고 다시 결합되는 것을 본다. 우리는 힘이 물질화되고, 원자가 관념화되며, 이 두 항들이 하나의 공통적 경계로 수렴하고, 이렇게 해서 우주가 자신의 연속성을 회복하는 것을 본다.[23]

따라서 물질적 우주는 자신의 모든 부분들에서 상호작용하며 진동하고 있는 연속적인 질적 변화로 열려 있는 전체이다. 이 전체를 분리된 윤곽을 가진 사물들로 나누고 이 사물들 간의 상호관계에 의한 장소 변화로 운동을 설명하게 되는 것은 순전히 심리생물학적 의식의 주관적 표상화작용에 지나지 않는다.

④ 실재적 운동은 한 사물의 이동이라기보다 한 상태의 이동이다
이상에서 확증된 물질의 보편적 흐름이자 불가분한 질적 연속성으로서의 운동은 물질의 실재적 지속을 말해 준다. 따라서 우리가 물질의 운동을 지각할 때 그 운동은 독립된 윤곽을 가진 물체의 이동이라기보다 하나의 질

---

23) MM 224~225/335~336(『물질과 기억』334~335). "실제로 최근의 위대한 이론적 발견들은 물리학자들을 파동과 입자 사이에 ── 내 식으로 말하자면 운동과 실체 사이에 ── 일종의 융합을 상정하는 데까지 이끌었다"(PM 77~78/1313).

적 상태에서 다른 질적 상태로의 이행이라고 봐야 한다.

3장 5.1절에서 이미 해명되었듯이, 지각한다는 것은 물질의 무수한 진동들과 떨림들을 우리 의식의 한 순간으로 수축하는 것이고 물질의 흐름을 순간으로 부동화시키는 것이다. 예컨대, 노란 탁자 위에 놓인 빨간 찻잔을 우리가 한 순간에 지각한다고 해보자. 두 색깔의 환원불가능한 차이는 물질의 무수한 진동들을 우리 의식의 한 순간으로 수축하는 것에서 비롯되는 것이다. 만일 이 수축을 이완시킬 수 있다면, 색깔들의 선명한 차이는 점점 흐려지고 질들은 점점 더 순수한 "내적 연속성에 의해서 연결되어 있는, 반복적이고 연속적인 진동들"로 환원될 것이다.[24] 마치 1초라는 한 순간에 우리가 본 영화의 장면 속에는 사실 24번의 반복된 운동이 숨어 있는 것처럼, 또한 빛의 스펙트럼이 보여 주듯이 1초의 순간에 지각한 붉은 빛이 4백조의 연속적인 진동인 것처럼. 따라서 지각하는 의식을 제거한다면, 우리에게 감각질로 번역되었던 물질의 운동은 그 자신의 리듬들로 복귀할 것이다.

> 물질은 무수한 진동들로 분해된다. 이 진동들은 단절되지 않은 연속체 안에서 모두 연결되어 있고, 서로서로 연대하고 있으면서, 무수한 떨림들로 모든 방향으로 흐른다.[25]

우리가 물질로부터 감각하는 질적 내용은 사실상 단단한 번데기 안에서 일어나고 있는 내적 진화의 운동들과 마찬가지이다. "감각은 표면에서 부동한 채로 펼쳐지지만, 심층에서는 살아 있고 진동한다."[26] 의식적인 지

---

24) MM 228/338(『물질과 기억』 339~340).
25) MM 234/343(『물질과 기억』 347~348).
26) MM 229/339(『물질과 기억』 341).

각에 의해서 부동화되고 수축된 질로 나타나기 이전의 물질은 "무한한 반복들"[27]이고 "무한히 빠른 순간들의 연속"[28]이다.

> 우리의 내적 상태들의 속도보다 훨씬 더 빠른 연속들이 자연 안에서 예측된다. (……) 우리의 상상을 초월하는 용량을 지닌 이런 지속이란 도대체 무엇인가? 그것은 분명히 우리 자신의 것이 아니다.[29]

현실적인 지각의 차원에서 볼 때 세계는 물론 독립된 윤곽을 가진 대상들, 사물들, 물체들, 신체들로 존재한다. 그러나 지각의 차원 **이하에서** 보자면, 그런 실체들과 그 주변과의 경계는 분명하게 그어지지 않는다. 물질적 우주의 모든 대상들을 묶는 긴밀한 연대성, 상호작용의 연속성은 우리가 지각하는 바와 같은 정확한 경계선들을 지니지 않는다. 연속적인 전체 안에서 분리된 윤곽과 경계를 긋는 것은 오로지 심리생물학적인 필요와 욕구에 따르는 지각 주체의 주관화 작용일 뿐이다. 동질적인 시공간은 이런 주체의 작용을 위해서 유동적인 물질 위에 놓은 "물질에 대한 우리의 **행위** 도식"이다.[30]

이상의 네 명제가 확증하고 있는 것처럼, 물질은 반복이다. 물질은 우리가 계산하고 예측할 수 있는 추상적 반복 **아래에서는** 이미 실재적인 반복이다. 물질의 추상적인 반복은 우리의 지속과 물질의 지속이 만나는 지점, 우리에게 가시적인 물질의 표층에서 형성된다. "무한히 빠른 일련의 반

---

27) MM 234/343(『물질과 기억』348).
28) MM 248/354(『물질과 기억』368).
29) MM 232/342(『물질과 기억』345).
30) MM 237/345(『물질과 기억』352).

복들"을 "가시적이고 예측가능한 변화들"로 "요약하는" 것이 바로 우리의 의식적인 지각 작용이기 때문이다. 이미지들의 세계는 바로 이런 요약의 산물이요, 추상의 결과물이다. 추상적 반복이 물질의 표층이었다면 실재적 반복은 물질의 심층인 셈이다.

그런데 물질의 표층과 심층의 관계는 단순히 가상으로서의 현상과 실재의 관계가 아니다. 순수 지각은 "진정으로 우리를 물질 안으로 인도"[31] 하였고, 물질이 지각적 차원에서 이미지들의 추상적인 반복으로 인식될 수밖에 없는 존재론적 근거가 바로 그 실재적인 반복에 있기 때문이다. 물질은 우리에게 추상적인 반복으로 현상할 수 있을 정도로 실재적으로도 여전히 반복, '**거의**' 반복이기 때문이다. 물론 실재적인 반복은 "유사–반복들", '**거의**' 추상적인 반복들이지 그 자체로 추상적인 반복으로 환원될 수 있는 것은 아니다. 이 '거의'가 추상적인 공간으로 환원불가능한 물질의 실재적 지속을 말해 준다. 그러나 지각하는 의식의 능력을 넘어설 정도로 "무한히 빠른 반복", 연속이라기보다 거의 진동이나 떨림과 같은 이런 반복은 우리가 지각적 차원에서 추상적 반복으로 요약할 수 있을 정도로, 우리의 실천적 목적에 비추어 무시해도 좋을 정도로 낮은 차원의 연속적인 운동이다.

따라서 추상적이든 실재적이든 물질의 고유성은 반복에 있다. 그리고 이러한 물질의 반복이 궁극적으로 의미하는 것은 물질의 세계에서는 어떠한 새로움도 그 자체로부터는 도출될 수 없는, 따라서 창조적 잠재력이 결여되어 있는 필연의 세계라는 점이다.

---

31) "순수 지각이 우리를 인도하는 곳은 실로 물질 안이고, 기억과 함께 우리가 침투할 곳은 실로 정신 안이다"(MM 200/317, 『물질과 기억』 301).

1.2 이완^{détente}과 해체 경향

물질은 우리의 현실적 의식 바깥에서 자기 고유의 속도와 리듬으로 지속한다. 물질은 과거와 현재 사이의 간격이 더 이상 수축이 불가능할 정도로 벌어진 상태이며, 그래서 과거를 붙들어 현재 속에 연장시킴으로써 현재를 변화시키지 못하고 항상 새로 시작하는 현재처럼 동일한 과거를 현재 속에서 그대로 반복한다. 물질의 실재적 본성이 이러하기에 순수 지각은 물질과 부분적이지만 절대적으로 접촉할 수 있었다. 기억의 수축력이 거의 없는 물질과 '순간적인 정신'인 순수 지각은 서로 일치하였기 때문이다. "정신의 가장 낮은 정도 —— 기억 없는 정신 —— 일 순수 지각은 우리가 이해하고 있는 대로의 물질의 진정한 일부를 이룰 것이다."[32] 이렇게 『물질과 기억』에서는 물질을 가분적인 공간과 혼동되는 연장^{étendue}이 아니라, 공간 '이전에' 구체적으로 지각될 수 있는 확장^{extension}으로 정의한다. 연장으로서의 물질이 아니라 확장으로서의 물질을 인식한다는 것은, 공간 표상을 매개로 인식하는 지성적 의식 바깥에서, 즉 인간적 경험의 전환점 너머에서, 물질의 질적 본성을 직접 접촉한다는 것을 의미한다. 그리고 이것은 불가능한 것이 아니다. 왜냐하면 우리는 이미 지성적 인식 이전에 감각적으로 실재를 직관하고 있기 때문이다. 우리는 다만 지성 이전으로 우리의 주의를 확장함으로써 지성의 허구적 형식에 의해 잃어버린 또는 망각한 이 직접적인 경험을 회복하기만 하면 된다.

그런데 기억의 수축력이 거의 없기 때문에 '확장된' 물질은 『창조적 진화』에 오면 정신적 긴장이 가장 '이완된' 상태로 재정의된다. 여기서 확장^{extension}과 이완^{détente} 사이의 차이는 무엇일까? 우선, 확장으로서의 물질이란 정신적 긴장의 한 정도에 해당하지만, 이완으로서의 물질이란 정신

---

32) MM 250/356(『물질과 기억』 370).

적 긴장의 반대를 의미한다. 전자는 기억의 수축 정도에 따라 상이한 지속의 리듬들과 관련해서 물질의 지속이 심리학적인 지속과는 다른 리듬의 지속임을 강조한다. 다시 말해, 물질은 지속 바깥의 공간에 속하는 것이 아니라, 지속 안에 속하지만 의식의 지속과는 다른 수준의 지속을 갖는다는 것이다. 반면에 후자는 물질의 지속과 정신(또는 생명)의 지속이 서로 다른 방향으로 흐른다는 것, 즉 두 운동의 경향tendance을 강조한다. 그렇다면 『물질과 기억』의 확장으로서의 물질과 『창조적 진화』의 이완으로서의 물질 사이에는 꼭 들어맞지는 않는 면이 있다는 것을 지적할 필요가 있을 것이다.[33]

　나는 바로 이 '이완'이야말로『물질과 기억』에서는 충분하게 해명되지 않았던 것, 즉 물질이 왜 지속의 최소치인 반복에 해당하는지, 의식의 지속과 물질의 지속 사이의 간격이 왜 벌어질 수밖에 없는지를 설명해 주는 보완적 원리라고 본다.[34] 즉『창조적 진화』는『물질과 기억』에서의 물질 개념을 보다 더 심화시키고 있다는 것이다. 두 저서를 연결시켜 줄 수 있는『물질과 기억』의 한 구절을 보자.

---

33) 정신적 긴장의 한 정도로서의 물질과 정신적 긴장의 반대로서의 물질은 엄밀히 말하자면 의미의 차이가 있다. 전자가『물질과 기억』에서의 물질이라면, 후자는『창조적 진화』에서의 물질이다. 전자의 경우, 연장과 구분되는 확장으로서의 물질은 정신적 긴장의 한 정도로서 공간과는 다른 계열에 속한다. 반면 후자의 경우, 생명의 수축과 구분되는 이완으로서의 물질은 공간의 방향으로 하강하는 경향으로 드러난다. 따라서 장켈레비치는 이 두 물질이 서로 꼭 들어맞지 않는다고 주장한다(Jankélévitch, *Henri Bergson*, 170). 캉길렘은 이런 차이를 "만일 EC의 물질을 MM의 물질로 환원불가능하다면, 그 이유는 물질과 생명의 진화 사이의 관계 속에서 찾아야 할 것이다. MM에서 연구된 것은 유기화된 개별적인 신체의 물질과 개별적인 의식 사이의 관계였고, EC에서는 우주적인 물질과 유기화의 노력을 기울이고 있는 보편적인 의식 사이의 관계가 문제였다"라고 말하고 있다(Canguilhem, "Commentaire au troisième chapitre de L'évolution créatrice", 200).
34) "『물질과 기억』에서는 긴장과 확장의 문제만 다루었는데,『창조적 진화』에서는 긴장과 확장 사이에 이완을 삽입시키고 있다"(Canguilhem, 같은 논문, 202).

절대적인 필연성이란 지속의 연속적인 순간들이 서로서로 완벽하게 등가를 이루는 것으로 표현될 수 있을 것이다. 물질적 우주의 지속이 이런 것일까? 그것의 순간들 각각이 선행하는 것으로부터 수학적으로 연역될 수 있을까? 우리는 이 작품 전체에서 연구의 편의를 위해 그렇다고 상정해 왔다. 그리고 사실 우리 지속의 리듬과 사물의 흐름의 리듬 간의 거리가 그러한 것이다. 최근의 철학에 의해서 아주 깊이 연구된 자연의 흐름의 우연성은 우리에게는 실천적으로 필연과 등가적임에 틀림없다. 따라서 **완화시킬 여지는 있지만** 우리의 가설을 보존하도록 하자.[35]

여기서 "완화시킬 여지가 있는 것"에 대해 생각해 봐야 한다. 그것은 우선 물질의 반복이 수학적 반복만큼 결정적인 필연성을 지니지 않는다는 것, 따라서 절대적인 필연성으로 물질의 운동을 환원시킬 수는 없다는 것을 의미할 것이다.

그런데 물질의 반복이 수학적 반복과 같이 절대적인 결정성과 필연성을 지니는 것이 아니라면, 이 반복은 이전 것과 이후 것 사이에 어떤 차이를 생성할 수 있는 반복이어야 할 것이다. 과연 그러한가? 『물질과 기억』에서 물질은 과거와 현재를 연결시키지 못하는 무능력, 미래를 향하여 과거를 이용하고 현재를 새롭게 할 수 있는 기억의 부재, 순간적인 진동들과 연속적인 떨림들에 지나지 않는다. 즉 물질의 반복은 그 자체로부터는 어떠한 새로운 차이도 생성할 수 없다고 되어 있다.

따라서 만일 물질의 반복이 결정적인 반복이 아니라면, 따라서 실재적인 반복이긴 하지만 그럼에도 생성하는 반복은 아니라면, 그렇다면 이 반복은 오히려 그나마 남아 있던 무언가조차 해체하는 방향으로 나아가

---

35) MM 279/376~377(『물질과 기억』 407). 강조는 인용자.

야 하지 않겠는가? 결정적인 반복이 아니라 비결정적인 반복이라면, 당연히 반복에 차이가 있다는 것이고, 따라서 이 차이가 적극적으로 생성되는 차이가 아니라면 오히려 그 반대로 차이를 해체하는 방향으로 진행되어야 하지 않겠는가? 따라서 과거와 현재 사이의 간격을 더 벌리고 점점 더 펼쳐지고 점점 더 이완되면서, 간격으로서의 질적 차이가 완전히 무화되는 공간의 방향으로까지 계속해서 진행해 나가야 하지 않을까?

『물질과 기억』의 마지막 페이지에 남겨진 이런 주저의 흔적이 결국 『창조적 진화』에서 이어지고 있다고 생각된다. 그러면, 긴장의 이완détente이란 무엇을 의미하는지 구체적으로 분석해 보도록 하자. 이것은 물질의 반복이 갖는 진정한 의미, 즉 물질은 창조적 생성을 낳을 수 없는, 아니 오히려 생성을 해체하는 흐름에 지나지 않는다는 것을 보여 줄 것이다.

과거의 반복과 수축은 분명 생명적 활동이고, 정신적 긴장이란 생명적 의지의 표현이다. 따라서 긴장의 이완이란 생명적 의지와는 반대 방향의 경향tendance을 나타낼 수밖에 없다. 순수 기억의 원뿔이 보여 주었듯 우리의 정신은 잠재적인 과거를 끌어 모아 현재 속에 수축함으로써 자유로운 행위를 수행한다. 원뿔의 꼭짓점인 우리의 신체는 수학적인 점le point이 아니라 미래로 밀고 들어가는 의식의 첨단la pointe[36]이다. 우리는 이 꼭짓점을 중심으로 물질적 우주를 만곡시키면서 과거의 잠재적인 평면들로 축적시키고 이 내재화된 과거를 다시 현재의 행위로 현실화시킨다. 이때 미래를 향한 과거와 현재의 수축은 물론 완벽하게 이루어지지 않는다. 과거는 무한히 현재를 넘어서기 때문에, 과거와 현재를 일치시키려는 노력은 과거와 현재 사이의 왕복운동 속에서 부단히 계속되어야 하며 결코 완성되

---

36) "우리의 인격 전체는 하나의 점으로 아니 더 정확히 하자면 뾰족한 끝으로 수축한다"(EC 202/666, 『창조적 진화』 304), "뇌는 뾰족한 칼끝과 같고 그 끝으로 의식은 사건들의 치밀한 조직에 침투한다"(EC 263/718, 『창조적 진화』 391).

지 않는다. 즉 긴장의 정도들, 수축의 정도들이 있을 수밖에 없다는 것이다.

이제 긴장을 풀고, 과거를 끌어 모으려는 수축의 노력을 "중단해 보자"interrompons.[37]

이완détente이 완성된다면, 더 이상 기억도 없고 의지도 없을지 모른다. 이 말은 우리가 절대적으로 자유로워질 수 없는 것과 마찬가지로 이런 절대적인 수동성에 떨어지는 일도 결코 없다는 것이다. 그러나 그 극한에서, 우리는 끊임없이 새로 시작하는 현재로 이루어진 존재를 엿보게 된다. 거기에는 무한히 죽고 다시 태어나는 순간성 이외에 실재적 지속은 더 이상 없다. 그것이 물질의 존재인가? 아마 완전히 그렇다고는 할 수 없을 것이다. 왜냐하면 분석해 보면 물질은 요소적 진동들로 용해되며, 이것들은 아무리 짧은 것이라 해도 아주 약하고 거의 사라져 가는 지속에 속하는 것이지 무無는 아니기 때문이다.[38]

이완의 극한에는 실재적 지속이 없는, 그래서 끊임없이 새로 시작하는 현재의 순간성만이 존재한다. 이것이 바로 기하학적 공간이다. 그런데, 물질은 이런 이완의 극한에는 도달하지 않는다. 물질의 반복, 요소적 진동들의 운동은 "거의 사라져 가는 지속"일지언정 무화되지는 않기 때문이다. 따라서 물질은 가장 덜 긴장된 것이지만 그럼에도 불구하고 추상적인 공간의 수준에 이르기까지 이완되는 것은 아니다. 물질은 반복이지만, 공간의 방향으로 무한히 이완되어 가는 반복, 과거와 현재 사이의 거리를 점점 더 벌리고 둘 사이의 연대성을 점점 더 약화시켜 가는 반복, 그러나 결코 공

---

37) EC 201/665(『창조적 진화』 303).
38) EC 202/665(『창조적 진화』 303~304).

간 그 자체와 일치하지는 않는 반복이다.

그런데, 물질에 대한 관념은 정신적 긴장의 이완에서 얻을 수 있다는 이런 생각에서 주목해야 될 것이 있다. 그것은 바로 이완이란 단지 긴장을 멈추고 수축을 중단하는 것으로 가능하다는 점이다. 즉 정신적 긴장과 수축의 방향과 물질적 반복의 이완 방향은 분명 서로 다른 반대 방향인데, 긴장으로부터 이완으로 '방향을 전환'하는 것이 어떻게 단순히 '중단'만으로 가능한 것일까? 문제는 바로 이것이다. 한편으로는 긴장과 수축의 방향이 있고, 다른 한편으로는 반복과 이완의 방향이 있는데, 이 두 방향의 운동이 과연 하나의 것이냐 아니면 두 개의 것이냐 하는 것이다. 이것은 우주의 존재론적 무의식이 생명성과 물질성으로 이원화된 것이냐 아니면 둘을 내재화하는 일원적인 것이냐를 결정하는 문제이기도 하다.

베르그손은 분명 "전환inversion과 중단interruption이라는 두 용어는 여기서 동의어로 간주되어야 한다"[39]고 주장한다. 즉 긴장의 방향으로 가는 수축 운동을 중단시키는 것, 차단시키는 것, 막는 것은 단순히 그 운동의 **정지**를 의미하는 데 그치는 것이 아니라는 것이다. 차이의 생성을 그만두는 것, 창조를 포기하는 것은 단순히 멈추고 가만히 있는 것이 아니라 그것이 곧 **해체의 시작**이고 파괴의 진행이다. 바로 이 점에서 물질의 운동은 생명의 운동이 저항으로 느끼는 반대 방향의 운동이 되는 것이다. 긴장의 중단이 곧 해체의 경향임을 보여 주는 단적인 예가 바로 꿈이다. 삶에 주의하는 의식은 행동하기 위하여 수축하고 긴장한다. "반대로 우리를 그대로 내버려 두어 보자. 행동하는 대신에 꿈꾸어 보자."[40] 그러면 수축되어 있던 과거는 흩어지고 우리의 인격은 "공간의 방향으로 내려온다."[41] 꿈은 덜 긴

---

39) EC 202/666(『창조적 진화』304).
40) EC 202/666(『창조적 진화』304).
41) EC 203/666(『창조적 진화』305).

장되고 더 이완된 그래서 연장된 물질의 상태를 보여 준다. 우리는 단지 **내버려 둠**, 행동의 포기, 중단, 관심의 철회만으로 물질적 연장의 상태로 접어들 수 있다.[42)]

따라서 이완은 수축과 연속적이다. 수축한 것이 이완되는 것이고, 이완된 것이 수축될 수 있다. 다시 말해서 수축과 이완은 동일한 에너지의 두 운동 경향이라는 것이다. 우주 전체는 수축하고 이완하면서 생성과 해체를 부단히 이어간다는 것이다.

그런데, 수축과 이완이 과연 동등한 힘일까?

정신적 긴장의 이완이란 수축을 멈추는 것, 생명적 창조의 노력을 중단하는 것, 물질화하도록 내버려 두는 것, 창조를 해체하는 것을 의미한다. 예컨대 공중으로 날아 올라가던 수증기가 물방울로 응축되어 떨어질 때, 이 낙하가 의미하는 것은 단지 "무언가의 상실, 중단, 결여", 즉 상승하고자 하는 노력의 상실을 나타낼 뿐이다. 물질화하는 것, 하강하는 것은 이토록 쉽다. 반면 어려운 것은 이 하강하는 물질의 사면을 거슬러 올라가는 것이다. 생명의 노력, 정신적 긴장과 수축이 바로 이 힘겨운 노력의 표현이다. 따라서 수축 운동과 이완 운동은 전혀 동등한 힘의 운동이 아니다.

---

42) 이 책 3장 4.3절 '꿈의 의미'에서 이미 정리했듯이, 『창조적 진화』에서의 꿈은 『물질과 기억』에서와 정반대로 정신성이 아닌 물질성으로 인도한다. 『물질과 기억』에서 정신적 긴장이 가장 이완된 꿈의 차원은 원뿔 바닥에 해당하는 순수 기억의 잠재적 무의식 세계로 들어가는 입구였다. 표상적 의식의 관점에서 볼 때 꿈의 세계는 보다 풍부한 경험의 확장을 위해서 더 많은 자유의 획득을 위해서 참조해야 할 무한한 잠재성의 영역이었다. 반면 『창조적 진화』에서는 생명의 의지가 가득 차 있는 피라미드의 꼭대기에서 바닥으로 하강하듯이 꿈은 오히려 공간과 물질의 영역으로 들어가는 입구가 된다. 꿈이 공간 속에 펼쳐진 물체들처럼 외재화되고 분산된 요소들, 감각적인 이미지의 형태로 물질화된 기억들을 보여 준다는 것은 『물질과 기억』이든 『창조적 진화』든 마찬가지이다. 꿈의 원리가 물질이나 공간과 마찬가지로 이완의 원리 하에 작동한다는 점에서는 동일하다. 다만, 이 꿈의 의미를 더 많은 과거의 기억들을 현재 속으로 수축하기 위한 잠재성으로 볼 것이냐 단지 생명적 의지의 해이해짐으로 볼 것이냐에서 가치 평가가 달라질 뿐이다.

해체되는 창조적 동작geste créateur qui se défait의 이미지와 더불어 우리는 물질에 대한 더욱 정확한 표상을 갖게 될 것이다. 그러면 우리는 생명의 활동성이란 거꾸로 가는 운동 속에서 바로 가는 운동으로 존속하는 것, **즉 해체되는 운동을 가로질러서 생성되는 실재**réalité qui se fait à travers celle qui se défait라는 것을 알게 될 것이다.[43]

해체는 단지 중단에 의해서만 이루어진다. 중단이 곧 해체다. 즉 해체는 적극적인 부정과 능동적인 분해 작업이 아니고 그냥 내버려 두면 일어난다는 것이다. 이완과 해체는 결코 능동적인 어떤 힘이 아니라는 것이다. **적극적이고 능동적인 것은 오로지 수축이고 긴장이다. 수축하고 긴장하는 힘만이 진정한 노력이자 힘이며 이를 통해서만 생성과 창조가 가능하다.** 따라서 보편적 생성의 우주 안에는 긴장된 노력과 수축의 힘, 즉 생명적 의지가 능동적인 창조의 주체로서 작동한다. 생성을 가능하게 하는 것, 생성의 근원적 조건이자 주체는 순수 생명의 잠재성, 현실화하는 잠재성에 있지 결코 물질에 있지 않다. 우주는 이러한 창조적 에너지의 존재론적 무의식에 의해서 현실적인 존재자들을 생산해 낸다. 생명의 노력이 멈출 때 드러나는 것, 그것이 자연의 현실화된 표면이고 하강하는 물질이다.

생명체는 생명의 상승 운동과 물질의 하강 운동이 교차하는 지점에서 형성된다. 따라서 생명체 안에는 생명적 의지를 나타내는 수축과 긴장의 무의식이 흐르고 있는 반면, 반복과 자동주의, 이완과 해체 경향의 무의식이 또한 흐르고 있다. 신체의 감각-운동적 체계처럼 반복과 자동주의는 행위의 자유를 확보하기 위한 기초가 될 수도 있지만 도약을 가로막는 고착화로 이끌 수도 있다. 또 이완과 해체 경향은 삶의 피곤을 나타내며 궁극적

---

43) EC 248/705(『창조적 진화』 370).

으로는 생명의 포기에 이르게 할 수도 있다.[44] 그렇다면, 물질적 무의식의 반복과 이완과 해체 경향이 프로이트가 말하는 무의식의 궁극적 원리, 즉 죽음 충동에 비교할 수 있을까? 이는 불가능하다. 물질의 경향은 생명의 충동이 중단되면 드러나는 것이지 **적극적으로 생명체를 이끌어 가는 충동이 아니다!**

2. 정신의 반복

> 정신이란 정확히 말해서 자신이 담고 있지 않은 것 이상을 자기 자신으로부터 끌어낼 수 있고, 자신이 받지 않은 것 이상을 돌려줄 수 있으며, 자신이 지니지 않은 것 이상을 줄 수 있는 힘, 바로 이것이다.[45]

앞에서 분석했듯이, 물질은 본성상 반복이고, 따라서 자기 자신으로부터 자기 자신과 다른 무언가를 산출할 수 있는 능력이 없으며, 심지어 자기 자신조차 잃어버리는 방향으로 흘러간다. 반면 정신은 본성상 자기-차이화이고, 따라서 자기 자신을 보존하면서도 자기 자신을 넘어가는 방식으로 스스로 달라지면서 새로운 무언가를 창조한다. 정신은 어떻게 "자신이 담고 있지 않은 것 이상을 자기 자신으로부터 끌어낼 수 있고, 자신이 받지 않은 것 이상을 돌려줄 수 있으며, 자신이 지니지 않은 것 이상을 줄 수" 있는가? 정신의 활동에서 외재적 요인으로부터 비롯되지 않은 그 이상의 무언가가 나타난다면, 당연히 다른 원천을 상정할 수밖에 없을 것이고, 그것은 아마 정신 내적인 어떤 것이 되어야 할 것이다.

---

44) "물질은 의식 주위를 감싸고 있고, 자신의 고유한 자동주의 쪽으로 의식을 구부리고, 자기 고유의 무의식 속으로 의식을 잠재운다"(ES 20/829).
45) ES 31/838.

따라서 정신은 드러나는 것과 드러나지 않는 것, 현실적인 표면과 잠재적인 심층, 즉 의식과 무의식으로 나누어진다. 정신은 잠재적인 것을 현실화하면서, 무의식 속의 무언가를 의식의 표면으로 가져오면서, 자신의 현실을 새롭게 만든다. 물질은 지니지 못한, 정신의 잠재성이란 무엇인가? 바로 순수 기억이다. 순수 기억이란 정신이 체험한 모든 과거를 하나도 놓지 않고 붙들고 있는 것, 과거 전체를 모조리 수축하여 현재 속에 연장하고 있는 것이다. 아니 순수 기억은 정신의 체험이 시작되기 이전부터 정신의 현실적 활동 자체를 가능하게 하는 조건으로서 선-존재하는 근원적 과거 그 자체이다. 잠재적인 것을 현실화하는 것, 과거를 현재 속으로 연장하면서 연속적인 새로움을 창조하는 것, 이것이 정신이고 또한 지속이다.

2.1 개체적 반복과 전체적 반복

베르그손에서 정신의 구조는 마치 프랙탈처럼 개체의 차원과 전체의 차원에서 동일하게 반복된다. 요컨대, 우주적 지속은 심리학적 지속과 동일한 구조를 갖는다.

심리학적 지속의 경우, 정신의 활동은 순수 기억과 기억-표상 사이를 왕복 운동하면서 새로운 관념 체계를 만들어 내고, 외부 지각에다가 주관적 기억을 덧붙인다. 과거 속으로 팽창했다가 보다 많은 과거를 붙들어 현재로 수축하는 것은 생명의 요구에 따라 유용한 과거를 현재 속에 연장하는 수축 기억의 작용이다. 순수 기억이 이완되는 과거의 방향으로 무한히 팽창된다면, 수축 기억은 미래를 향해 나아가는 현재의 행위 속으로 긴장된다. 따라서 정신은 서로 상반되는 순수 기억의 방향과 수축 기억의 방향으로 끊임없이 왕복하는 긴장과 이완의 운동, 수축하고 팽창하고, 묶고 푸는 활동성이다. 이러한 정신의 현재는 항상 과거로 지나가면서 동시에 미래로 나아가는 분열의 지점이자 이행의 지점이며, 따라서 정신은 항상 과거에 의해 물들어 있는 현재, 자기 자신이면서 동시에 자기 자신을 넘어서는, 불안한 도약과 생성의 현재를 산다.

전체로서의 우주 역시 이와 같은 방식으로 지속하며, 여기서 정신의 활동은 생명의 진화와 종의 창조를 통해서 전개된다. "우주는 지속한다. (……) 지속은 발명, 형태들의 창조, 절대적으로 새로운 것의 연속적인 정교화를 의미한다."[46] 우주는 "하강하는" 운동과 "상승하는" 운동 사이에서 형태들, 즉 살아 움직이는 존재자들을 창조한다.[47] 상승하는 운동이 긴장과 수축의 경향이라면, 하강하는 운동은 이완과 해체의 경향이다. 전자는 생명과 의식의 창조적 운동의 방향이고 후자는 물질적 반복의 운동 방향이다. 하강하는 물질의 운동은 마치 늘어나면서 직선이 되는 용수철처럼 무한히 이완되며 질적 차이를 해체하는 방향으로 전개된다. 이것은 이전 것과 이후 것 사이에 수축이 되지 않아 개별화된 것들이 펼쳐진다는 점에서 무한히 이완되고 팽창되는 순수 기억과도 같다.[48] 순수 기억과 물질은 정신적 긴장이 이완된다는 점에서 같은 '방향'을 취하며, 단 잠재적인 것과 현실적인 것이라는 본성 차이를 지닌, 거울쌍이라고 할 수 있다. 반면, 상승하는 생명의 운동은 하강하는 물질의 흐름을 붙들어 묶어 에너지를 축적함으로써 자유로운 행위를 통해 발산하는 방향으로 전개된다. 이것은 무한히 이완되는 과거의 계기들을 수축하여 현재 속에 연장하는 수축 기억의 작용과 '방향'이 같다. 따라서 전체로서의 우주 역시 긴장과 이완, 수축

---

46) EC 11/503(『창조적 진화』 35).

47) "물론 우주 그 자체 안에서도 (……) '하강하는' 운동과 '상승하는' 운동이라는 두 대립된 운동을 구분해야 한다. 전자는 이미 준비된 두루마리를 펼치는 것에 불과하다. 그것은 이완되는 용수철이 그러하듯이 원칙적으로 거의 순간적인 방식으로 이루어질 수 있을지도 모른다. 그러나 후자는 성숙과 창조의 내적 작업에 대응하는 것으로서 본질적으로 지속하며, 자신과 분리되지 않는 전자에게 자신의 리듬을 부과한다"(EC 11/503, 『창조적 진화』 35~36).

48) 순수 기억과 물질, 꿈, 공간의 친화성에 대해서 3장 2.4절에서 이미 언급하였다. 이들은 모두 정신적 긴장과 수축이 이완된 상태에서 만날 수 있다는 점에서 공통점을 지닌다.

과 팽창의 이중 운동을 통해서 창조적으로 지속한다.

　이렇게 개체 차원에서든 전체 차원에서든, 정신의 활동은 수축-이완의 이중 운동 속에서 이루어진다. 그러나 물질과 구분되는 정신의 고유성을 드러내 주는 것은 바로 수축 운동에 있다. 왜냐하면 창조적 생성은 잠재성의 축적 그 자체에서가 아니라 이 잠재성을 '현실화'하는 데서 비로소 드러나는 것이고, 이것이 바로 수축 작용이기 때문이다. 다시 말해 물질의 고유성이 '반복'에 있다면, 정신의 고유성은 '수축'에 있다. 그러면, 수축은 반복과 달리 어떻게 차이를 생성하는가?

　물질의 '반복'이란 하나가 나타났을 때 다른 것이 이미 사라졌기 때문에 가능한 것이라면, 정신의 '수축'이란 하나가 나타났을 때 다른 하나가 아직 사라지지 않았기 때문에 가능한 것이다. 이것은 다시 말해 과거를 보존하면서 동시에 현재 안으로 연장한다는 것을 의미한다.[49] 물질은 과거를 현재 속으로 연장할 수 없기 때문에, 즉 과거와 현재를 수축할 수 없기 때문에 라이프니츠의 "순간화된 정신"[50]과 같이 반복 운동하며, 이전 것으로부터 이후 것으로 새로운 무언가를 창출할 수 없다. 반면 정신은 과거를 현재 속에 연장하는 기억의 수축 작용이기 때문에, 물질 그 자체로부터는 나올 수 없는 새로운 무언가를 창출할 수 있고, 바로 이 점에서 물질과 본성상의 차이를 지닌다.

　수축의 구체적인 예를 개체 차원과 전체 차원에서 들어 보도록 하자.

---

49) "만일 물질이 과거를 기억하지 못한다면, 그것은 물질이 끊임없이 과거를 반복하기 때문이고, 필연성에 종속되어 각각의 순간들이 이전 순간과 동등하고 이전 것으로부터 연역될 수 있는 그런 일련의 순간들을 펼치기 때문이다. 그래서 그것의 과거는 진정으로 그것의 현재 속에 주어진다"(MM 250~1/356, 『물질과 기억』 371).

50) "자신의 과거를 전혀 보존하지 않는 의식, 끊임없이 자기 자신을 망각하는 의식, 매 순간 사라졌다가 다시 태어나는 의식, 이것을 어찌 무의식과 다르다고 정의하겠는가? 라이프니츠가 물질을 '순간화된 정신'이라고 정의했을 때 좋든 싫든 그가 주장한 것은 그것이 아니었을까?"(ES 5/818).

3장에서 이미 분석했듯이, 우리의 정신은 항상 과거 '전체'가 상이한 의식의 수준에서 현재 속으로 수축하는 기억의 활동이다. 정신의 낮은 수준인 지각적 의식의 수준에서 보면, 물질에 대한 우리의 감각적 지각은 '거의' 등질적인 물질의 무수한 진동들을 '기억함으로써' 우리 지각의 한 순간으로 수축하는 것이다. 우리가 1초의 순간에 지각한다고 여기는 붉은 빛이란 사실상 250세기에 걸쳐야 셀 수 있는 4백조의 진동들(물질의 반복 운동)을 모조리 붙들어 현재 속으로 수축한 것이다. 정신의 높은 수준에 해당하는 추상적 의식의 경우에도, 일반 관념들이나 추상적 표상들의 체계는 항상 과거 전체를 현재의 수준 속으로 수축함으로써 형성된다. 정신이 생성하는 주관적 질, 표상들의 체계는 물질 그 자체로부터만 비롯될 수 없는, 정신적 반복의 결과물이다. 원뿔 도식은 순수 기억을 현실화하는 정신의 수축 작용이 바로 과거 전체의 반복임을 단적으로 보여 주었다. "S점이 나타내는 감각-운동 기제들과 AB에 펼쳐져 있는 기억들의 총체 사이에는 원뿔의 A′B′, A″B″……의 단면들이 나타내는 만큼 우리의 정신적 삶을 무수히 반복하는 자리가 있다."[51] 원뿔의 단면들은 "우리의 과거 삶 전체의 반복"[52]이 그만큼 가능하다는 것과 각 단면의 수축 정도에 따라 의식의 수준이 결정됨을 보여 준다. "동일한 정신적 삶이 기억의 연속적인 단계들에서 무수히 여러 번 반복될 것이다."[53] "모든 것은 마치 우리의 기억들이 우리의 과거 삶을 얼마든지 축소 가능한 그런 상태 안에서 무한히 여러 번 반복하는 것처럼 일어난다."[54]

우주 안에서의 생성, 예컨대 생명체들의 진화 현상 역시 과거를 현재

---

51) MM 180~181/302(『물질과 기억』 275).
52) MM 188/307(『물질과 기억』 284).
53) MM 115/250(『물질과 기억』 184).
54) MM 188/308(『물질과 기억』 284).

속으로 연장하는 수축 작용이자 과거 전체의 반복임을 보여 준다. 다음 절에서 자세히 설명되겠지만, 순수 생명은 모든 생명체들의 발생적 기원에 있는 잠재성이다. 이 잠재성이 물질의 흐름에 부딪쳐 최초의 근원적 충동으로 폭발한 이후, '생명의 약동'은 지금의 우리에게까지 이어져 생명의 분화를 계속하고 있다. 순수 생명의 잠재성은 마치 하나의 유탄이 폭발하면서 파편화되고, 이 파편화된 조각들이 다시 하나의 유탄이 되어 폭발하면서 파편화되듯이, 생성하고 소멸하는 개별 생명체들 안에서 배아胚芽적 무의식의 형태로 "스스로를 반복하면서 자기 차이화"한다. 모든 현실적 생명체들 이전에 존재하던 과거의 잠재성 전체가 스스로를 반복하면서 우주 안에 새로운 생명체들을 창조한다.

따라서 잠재적인 것의 현실화 과정은 과거 전체를 현재 속으로 수축하는 것이며 또한 과거 전체를 반복하면서 차이를 산출하는 과정이다. 그러고 보면 정신의 운동, 정신의 수축 작용 역시 반복이다. 그러나 이 반복은 요소들의 반복이 아니라 과거 '전체'의 반복이고, 전체를 수축하는 반복이기에 새로운 무언가를 창출할 수 있다. 물질의 반복과 달리 정신의 반복은 과거 '전체'의 반복이기에 현재의 순간을 두 번 다시 동일하게 반복될 수 없게 만든다. 따라서 정신의 반복은 차이를 생성하는 반복이고 차이를 생성하면서 정신 스스로가 달라지는 반복이다.

원뿔 도식은 개체의 차원이든 전체의 차원이든 정신 일반의 구조를 나타낸다고 할 수 있다. 과거 전체의 반복은 현실적인 의식(또는 현실적인 생명체)의 상이한 수준들에서 가능하며, 그 수준들은 곧 물질의 필연성을 벗어나는 자유의 정도를 함축한다. 수축과 긴장의 정도에 따라서, 즉 과거 전체를 어떤 수준에서 현재 속으로 수축하느냐에 따라서 상이한 지속의 리듬들이 산출된다. "기억은 분명 긴장이나 생명력에서 연속적이면서도 구분되는 자신의 정도들을 갖는다."[55] 순수 기억은 우주 전체의 존재론적 무의식이며, 인간 정신은 원뿔의 단면들 중의 한 수준에서 현실화한 정도에 해당한다. 순수 기억의 잠재적으로 공존하는 과거의 수준들은 심리학적 의식의 수준들뿐 아니라 존재론적 의식의 수준들(종적 수준)로 현실화한다. 과거 전체의 반복은 개체의 차원에서 그리고 전체의 차원에서 동시에 작동한다.

그러면 여기서 다시 물질의 반복에 대해 생각해 보자. 순수 지각은 기억의 수축 정도가 가장 낮은 "순간적 정신"의 수준에 해당하는 것이다. 그런데 이 순수 지각은 물질 그 자체와 부분적이나마 절대적으로 일치하였다. 물질의 연속적인 진동들, 즉 반복 중에 있는 한 요소와 정신의 한 순간이 접촉한 것이다. 그런데 순수 지각과 물질의 일치는 또한 물질이 정신의 극단적 표면이며, 물질적 반복은 정신적 반복의 가장 낮은 정도에 해당한다는 것을 말해 준다. 물질의 실재적 반복은 과거와 현재의 간격이 가장 덜 수축된, 그래서 과거의 현재 속으로의 연장이 겨우 이어지는, 그래서 매번 새로 시작하는 현재일 수밖에 없는 정도의 '정신적 반복'인 것이다. 물질적 반복이 정신적 반복의 한 정도라는 것은, 다시 말해 물질적 반복도 정신적 반복처럼 어떤 '차이'를 산출할 수 있다는 것을 의미한다. 그런데 물질은 그 자신으로부터는 어떠한 새로운 것도 산출할 수 없는 방식으로 반복한다. 이것은 물질의 반복이 오로지 '정도의 차이나 양적 차이'밖에는 산출할 수 없다는 것을 의미한다.

2.2 수축과 창조적 생성

이제 이 반복과 수축의 관점에서, 우리 사유의 출발점이었던 "인간적 경험"의 현재에 대해서 다시 생각해 볼 수 있다. 우리 자신의 현실적 현재는

---

55) MM 189/308(『물질과 기억』 286).

수평적으로 펼쳐지는 물질-공간의 차원과 수직적으로 깊어지는 정신-시간의 차원이 서로 교차하는 지점에서 성립한다. 따라서 혼합물로서의 이 현재가 '수축된 과거'라면 이것은 이중적인 의미를 지닌다. 현재는 물질적 반복이 수축되는 지점이면서 동시에 정신적 반복이 수축되는 지점이다. 현재는 물질의 차원에서 볼 때 서로 외재적이고 계기적인 순간들이 수축된 상태라면, 정신의 차원에서는 잠재적으로 공존하는 과거의 수준들 가운데 한 수준 전체가 수축된 상태이다. 수축된 과거로서의 이 현재는 동일한 것의 단순 반복이 아닌 '새로운 것'이고, '차이'이다. 우리는 결코 동일한 삶을 두 번 살 수 없다. 그러면, 이 수축의 능동적 주체는 무엇인가?

신체의 감각-운동 체계든 의식의 표상-관념 체계든 모든 수준의 현재는 항상 과거의 경험을 수축하여 현실화한 것이며, 따라서 현실적인 하나의 삶une vie이란 과거의 수축에 의해 현재화된 심리-생리학적 체계라고 할 수 있다. 더욱이 표상-관념 체계를 형성하는 의식의 능동적인 종합은 신체의 감각-운동 체계에 의해 조정되며 그 방향이 설정된다. 그러면 하나의 삶을 생산하는 이 수축의 주체는 무엇이며, 나아가 '삶에 대한 주의'라는 의식의 행위 경향을 결정짓는 능동적 무의식이란 무엇인가?

따라서 순수 기억과 순수 생명의 관계를 해명해야 한다. 순수 기억의 잠재성과 순수 생명의 잠재성은 과연 동일한 것인가? 순수 기억은 무한히 팽창되어 가는 과거로서 오히려 물질과 유사한 방향으로, 즉 삶이 아닌 죽음의 방향으로 나아가지 않는가? 반면에 순수 생명은 수축 기억과 나란히 삶을 창조하는 미래의 방향으로 나아가지 않는가? 만일 순수 기억과 순수 생명이 동일한 잠재성이라면, 이완과 수축의 상반된 두 경향 사이의 관계가 또한 해명되어야 할 것이다.

먼저 현실적으로 주어진 개별화된 정신에서 출발해 보자. 우리 정신의 현실적인 현재를 출발점으로 놓고 보았을 때, 무한히 팽창하며 하강하는 순수 기억의 '바닥' 그리고 수축하며 상승하는 수축 기억의 '근원'은 어디인가?

순수 기억은 이미 지적했듯이, 심리학적 의식의 영역을 넘어서는 과거 일반이다. 순수 기억의 바닥은 우리 자신으로서는 도달불가능한 곳에 있으며, 개별화된 정신의 차원을 넘어서 모든 생명체들과 모든 의식적인 존재자들이 탄생하기 '이전부터' 존재하는 태곳적 과거, 우주적 과거 속으로 무한히 내려간다. 물론, 이 과거, 이 바닥은 '무'無가 아니라 '존재'이다.

수축 기억은 우리 자신의 의지를 넘어서는 근원적인 생명적 의지, 즉 모든 살아 있는 것들과 모든 의식들을 초과하는 초-의식으로서, 살아 있는 또는 의식적인 모든 존재자들이 출현하기 '이전에' 이들의 발생적 근거로 존재하는 순수 생명으로까지 거슬러 올라간다.

이제 우리의 경험적 차원을 넘어서, 순수 기억의 바닥과 수축 기억의 근원이 마주치고 있는 지점을 보면, 거기는 바로 우주의 잠재적 심층이라는 것을 알 수 있다. 이 우주는 유물론의 우주도 아니고 정신주의의 우주도 아니다. 이 우주는 현실적인 표면에서 물질의 경향을, 잠재적인 심층에서 정신의 경향을 지닌다. 우주의 현실적 표면은 거의 사라져 가는 지속으로, 거의 반복에 가까운 운동으로 흘러간다. 과거를 현재 속에 삽입하여 현재를 새롭게 하는 것, 과거와 현재 사이의 질적인 차이를 생성하는 것, 이러한 능력이 우주의 물질적 표면에서는 드러나지 않는다. 우주의 현실적 표면에서는 점점 더 벌어지는 시간적 간격의 이완이자 확장이 펼쳐지고, 질적 차이가 점점 더 동질화되어 엄밀한 결정론의 방향으로 흩어진다. 우주의 표면에서 전개되는 물질의 반복은 이미 다 현실화된, 이미 다 드러낸 잠재성의 끝자락이다. 이것은 단지 우주의 겉표면에 지나지 않는다. 이 표면의 아래에는 이 세계 안에 차이를 생성하며 새로운 것을 창조하는 진정한 잠재성으로서의 무의식이 존재한다. 하강하는 물질의 표면을 뚫고 심층에서 분출하는 힘, 상승하는 생명적 의지가 또한 존재한다. 우주를 보편적 생성으로 만드는 창조적 에너지, 순수 생명의 잠재성, 정신적 반복의 운동이 있다.

따라서 베르그손의 우주는 '현실적으로' 이원적이다. 잠재성이 깨어나 생명체들로 현실화됨과 동시에 생명의 힘이 거슬러 올라가야 할, 부정할 수 없는 물질적 현실이 또한 드러나기 때문이다.[56] 생명과 물질의 현실적 이원성은 우주가 보편적 생성을 산출하기 위한 필연적인 조건이기도 하다. 상승하는 수축의 힘과 하강하는 이완의 힘이 서로 부딪칠 때 비로소 어떤 형태가 창조될 수 있기 때문이다. 그러나 이러한 이원성은 절대적인 것이 아니라 단지 상이한 방향으로 움직이는 '경향'이라는 것이 강조되어야 한다. 완벽하게 분리된 경계를 지닌 두 실체였다면 어떠한 혼합물도 두 실체 사이에서 산출될 수 없기 때문이다.

"만일 물질을 지배하고 있는 결정론이 그 엄격함을 완화시킬 수 없었다면"[57] 생명이나 의식이 필연 속에 자유를 새겨 넣으며 자신의 존재 리듬에 맞게 전환시키는 작업 자체가 불가능했을 것이라는 점에 주목해야 한다. 작용과 반작용 사이에, 물질이 열어 놓은 간격이 없었다면, 순수 기억은 표면으로 상승할 수 없었을 것이다. 거의 반복에 가까운, 거의 사라져 가는 지속으로 존속하는 것이기는 하나 비결정성과 우연성의 요소를 지니고 있으며, 과거와 현재 사이의 차이와 연대성을 지니고 있었기에, "물질은 굼뜨고도 어려운 작업을 통해서, 단번에 운동 에너지가 될 잠재적인 에너지를 축적"할 수 있었고, 따라서 생명은 "필요한 만큼의 시간 동안 물질이 축적

---

56) "생명에는 카르노의 원리가 결정하는 바와 같은 물리적 변화들의 방향을 돌려놓을 힘은 없다. 그러나 생명은 절대적으로 하나의 힘처럼 작용하는데 그 힘은 그대로 내버려 두면 반대 방향으로 진행할지도 모르는 것이다. 물질적 변화의 진행을 **멈출** 수는 없으나 생명은 그것을 **늦출** 수는 있다"(EC 246~247/703, 『창조적 진화』 368).

57) ES 824/13.

했을 에너지"를 마치 방아쇠를 당기듯이 순간적으로 사용할 수 있었던 것이다.[58]

따라서 베르그손의 우주는 '잠재적으로' 일원적이다. 물질의 반복은 정신적 반복의 현실적 표면일 뿐이다. 전체로서의 우주는 지속하며, 우주에는 상이한 수준의 지속들이 동시적으로 공존한다. 우주는 지속들의 공존체로서 현실적 다양체이면서 또한 잠재적 다양체이다. 우주의 현실적 양상은 심리학적 의식의 차원에서 상이하게 흘러가는 지속들, 종적 차원에서 상이하게 흘러가는 생명체들의 지속들, 비유기적 물질의 지속이 각기 다른 속도와 리듬으로 흘러가는 양적 다양성을 띤다.[59] 반면 우주의 잠재적 양상은 이 모든 현실적 지속들을 하나로 묶는 순수 과거의 잠재적 공존체이다. 거대한 우주적 기억의 원뿔, 현실적 다양성을 산출하는 하나의 잠재적 무의식이 존재한다.

우리는 이미 과거와 미래의 상반된 방향으로 분열하는 것이 창조적 지속의 고유성임을 보았다. 순수 기억과 수축 기억은 과거로 팽창하면서 동시에 미래로 수축하는 존재론적 시간의 양상 그 자체이다. 우주적 자연의 현재, 존재 일반의 현재는 따라서 순수 과거의 방향으로 하강하면서 동시에 창조적 미래의 방향으로 상승하는 생성의 지점이다.

우주적 기억의 원뿔을 보면, 꼭짓점은 과거 전체가 가장 수축된 지점으로서 현실적 표면으로 상승한 바닥이다. 이미 살펴보았듯이, 순수 기억은 바닥에서 꼭짓점에 이르기까지 무한한 수준에서 자기 자신을 반복할 수 있고 수축할 수 있다. 따라서 순수 기억은 그 자체로 이미 수축 기억이

---

58) ES 825~6/14~15.
59) "실제로 지속에 단 하나의 유일한 리듬만 있는 것이 아니다. 더 느리거나 더 빠른, 그래서 의식들의 긴장이나 이완의 정도를 측정하는, 그리고 바로 그 때문에 존재의 계열 안에서 그들 각각의 위치를 고정시킬 수 있는, 그런 상이한 리듬들을 분명 상상할 수 있다"(MM 232~233/342, 『물질과 기억』 346).

다. 가장 바닥에 놓여 있는 순수 기억을 수축 기억으로 보면, 이것이 바로 순수 생명임을 알 수 있다. 따라서 과거 전체의 반복, 과거 전체의 수축은 곧 미래의 방향으로 나아가는 작용이다. 현재는 가장 수축된 과거의 지점으로서 과거 자신이 미래를 향하여 자기를 던진 지점이다. 과거의 수축으로 생긴 '새로움'으로서의 차이는 또한 예측불가능한 미래로 개방된 것이라는 점에서 '비결정성'으로서의 차이이다.

따라서 자연 전체에 내재하는 잠재성, 창조적 생성을 가능하게 하는 힘은 바로 순수 기억이자 수축 기억인 순수 생명이다. 이 존재론적 무의식은 하강하는 표면과 상승하는 바닥의 이완-수축 운동 속에서 우주 전체를 매 순간 다르게 생성한다. 보편적 생성이란 스스로 질적 변화를 꾀하는 자연 전체의 자기 관계에 다름 아니다. 전체로서의 우주는 "하나의 운동하는 연속체"이며 "거기서 모든 것은 변하면서 동시에 그대로 있다."[60] 우주는 마치 스피노자의 능산적 자연과 소산적 자연의 관계처럼 자신의 심층을 자신의 표면으로 현실화하면서 자기 변화하는 존재다.[61] 만약 이 보편적 생성의 잠재성을 '신'이라고 부른다면, 그 신은 "전혀 완성된 존재가 아니며 끝없는 생명이고 행동이며 자유"일 뿐이다.[62] 왜냐하면 이 신의 창조

---

60) MM 221/333(『물질과 기억』330).

61) 『도덕과 종교의 두 원천』에서 베르그손이 순수 생명의 창조적 에너지를 스피노자의 능산적 자연에 비유한 구절이 있다. 그러나 베르그손의 잠재적 무의식은 스피노자의 신이 아니다. 무엇보다 비결정적이고 비완성적이며 예측불가능한 발명의 활동이라는 점에서 그렇다. 이에 대해서는 이 장의 4절에서 자세히 밝히고 있다.

62) EC 249/706(『창조적 진화』372). 『창조적 진화』에서 순수 생명을 우주의 창조적 에너지로 정의하고 이것의 운동을 '신적인 것'으로 보고 있다면, 『도덕과 종교의 두 원천』에서는 이 창조적 에너지를 그 자체로 신적인 사랑으로 정의하고 있다. "사랑에 의해 정의되어야 하는 창조적 에너지……이 에너지 자체인 신"(MR 273/1194, 『도덕과 종교의 두 원천』276). 베르그손은 모든 창조의 기원에 있는 신을 생명의 창조적 노력 그 자체로 보고 이것의 표현을 순수한 감동으로서의 사랑이라고 말한다. "신성한 사랑은 신에 속하는 무언가가 아니다, 그것은 신 그 자체이다"(MR 267/1189, 『도덕과 종교의 두 원천』271).

는 플라톤의 경우처럼 이미 주어져 있는 완성된 어떤 모델을 복사함으로써 이루어지는 재현적 생산도 아니고, 무로부터^ex nihilo 어떤 실재를 출현시키는 것도 아니기 때문이다. 순수 기억이자 순수 생명인 존재론적 무의식은 바로 이러한 의미에서의 창조적 에너지, 단지 그것을 의미할 뿐이다.

따라서 우리 자신을 포함한 현실적 존재자들은 개체 차원에서 보면 생명의 필요, 욕구, 실천적 행위의 구속에 종속되어 있지만, 전체 차원에서 보면 창조적 자유의 매개물이자 실현 장소이다. 개체의 소멸과 죽음은 또 다른 창조를 위한 근원적 잠재성으로의 회귀, 존재 자신의 자기 귀환이다. 우주 안에 진정한 새로움을 창조하는 주체는 결국 우리의 개별적 의식이 아니라 존재론적 무의식이다.

3. 생명의 창조적 진화

순수 생명의 잠재성은 존재론적 무의식으로서 심리생물학적 존재들로 현실화한다. 물질적 우주 안에서 생명체의 탄생과 진화라는 현상은 잠재적인 것의 현실화 운동이 무엇인지 보여 준다. 작용과 반작용 사이의 결정적 관계 사이에 시-공간적 간격을 확보하고, 이 간격을 통해 점점 더 많은 비결정성과 자유를 삽입하는 힘. 개별 생명체들의 존재 자체는 하강하는 물질의 현실적 표면을 뚫고 솟아오르는 바닥의 이 무의식적이고 잠재적인 힘을 표현한다. 이 힘에 의하여 생명체들은 무한한 변이의 길로 이끌린다. 자기 보존적 코나투스나 에로스적 생존 본능은 유한한 개체의 관점에서나 보여지는 것이고, 생명 전체는 개체를 초월하여 흐르는 변이의 경향, 반복하면서 스스로 달라지는 차이화의 경향에 사로잡혀 있다. 순수 생명은 생명체의 생성과 소멸을 반복하면서 차이를 산출한다. 생명적 의지는 그 자신을 결코 한꺼번에 표현하지 않으며, 항상 새롭고, 비결정적이며, 예측불가능한 하나의 삶을 통하여 조금씩 자신을 표현할 뿐이다. 대지를 파고드는 뿌리처럼 물질적 우주 안으로 스스로 갈라져 들어가면서 갈라진 끝뿌리마다 부딪친 문제들을 나름대로 해결해 나가며 자유를 확장하는 방식으로 생명의 잠재성은 자신을 현실화한다.

3.1 기계론과 목적론을 넘어서

과학적 진화론에 대한 베르그손의 비판은 진화의 원인을 생명체의 내재적 힘에서 찾지 않고 외재적이고 우연적인 요인들에서 찾고 있다는 점에 있다. 한마디로 발생적 힘으로서 작동하는 잠재적인 무의식의 존재를 간과한다는 것이다. 그러나 과학적 진화론은 그럴 수밖에 없다. 과학은 기본적으로 자연지각에 기초한 지성적 인식의 체계이다. 표상적 의식의 지성적 인식 작용은 그 발생적 근거 자체가 생명체의 행위에 있고, 따라서 그 원리 역시 행위의 유용성이라는 관점에서 보편적 생성을 절단하여 부동화하는 것이기 때문에, 그 자체로서는 실재 생성의 원리를 파악하는 데는 한계가 있다. 자연지각에 기초한 지성적·과학적 인식은 그러나 생명체로서의 우리의 조건이다. 자신의 발생적 근원으로 거슬러 올라가야 하는 통찰은 그래서 우리의 조건을 넘어서는('경험의 전환점을 넘어서') 형이상학적 노력에서 가능할 수밖에 없다. 아무리 많은 스냅 사진들을 모아 본들 생동하던 현장 그 자체를 복원할 수 없듯이, 과학은 이러한 한계 안에서만 실재에 접근한다는 상대적 의미만 지닐 뿐이다. 베르그손의 '창조적 진화' 개념은 이런 점에서 과학적 진화론의 실증적 탐구 저편에서 얻어지는 형이상학적 통찰이라고 할 수 있다.

과학적 진화론과 베르그손의 진화론 사이의 관점의 차이를 보여 주는 가장 기본적인 문제 : 물체와 생명체는 동일한 원리에 의해 형성된 체계들인가?[63] 과학적 진화론은 본성상 다른 이 둘을 동일한 원리로 설명할 수 있다고 믿고 있다. 그러나 베르그손의 진화론에서는 이들의 본성 차이를 강조한다. 생명체는 물체와 달리 고립되고 닫힌 체계가 아니다. 생명체는 상대적으로 완결된 닫힌 체계처럼 보이지만 실재 전체와 연결되어 있는 열린 체계이며, 수평적-공간적 차원에서의 인과 관계에 의해서는 설명될 수 없는, 수직적-시간적 차원에서의 발생적 관계에 의해서 설명되어야 하는 생성물이다. 과거의 수축에 의해 부단히 질적 변화하는 생명체의 존재 논리는 물체의 기계적이고 목적적인 조합 원리로는 환원불가능한 독특성을 지닌다. 무엇보다 생명체는 물체와 달리 스스로 변화하려는 내재적인 잠재적 힘을 지니고 있기 때문이다.

베르그손의 진화론이 주목하는 생물학적 사실은 개체발생적 차원에서 나타나는 개체화individuation 와 생식reproduction 현상, 그리고 계통발생적 차원에서 나타나는 변이variation 의 현상이다. 왜냐하면 이 현상들은 물체와 달리 생명체의 경우에는 하나의 개체나 종이 그 자체로 완성되거나 안정된 형태를 취하고 못하고 계속해서 변화한다는 것, 즉 진화 또는 변이를 통해서 자기-차이화self-différenciation 한다는 것을 보여 주고 있기 때문이다. 긴 지속의 차원에서 볼 때, 이러한 차이 생성의 흐름은 한편으론 상대적으로 정지된 것처럼 보이는 상태(유기체나 종의 형상들이 창조될 경우)가 있고, 다른 한편으론 이렇게 고착된 결정적 상태를 해체하고 변화해 나가는 흐름(진화와 변이)이 있어서, 체계화와 해체화라는 두 경향 사이에 끊임

---

63) "우리가 알아야 할 유일한 문제는 생명체라 불리는 자연적 체계가 과학이 무기 물질에서 절단해 내는 인공적 체계와 동일시되어야 하는가, 아니면 차라리 그것은 우주 전체인 이 자연적 체계에 비교되어야 하는 것 아닌가 하는 것이다. 생명이 일종의 기계장치(mécanisme)라는 것에 나는 동의한다. 그러나 그것은 우주 전체 또는 실재 전체에서 인공적으로 고립될 수 있는 기계장치인가? 실재 전체는 하나의 불가분적 연속성일 수도 있을 것이라고 우리는 말한 바 있다. 그때 우리가 거기서 절단해 내는 체계들은 엄밀히 말해 그것의 부분들이 아닐지도 모른다. 그것들은 전체 위에서 취해진 부분적 외관들(vues)일지도 모른다"(EC 30~31/520, 『창조적 진화』 65).

없이 일어나는 갈등 양상으로 나타난다.

베르그손적 우주에서는 완전한 무無, 공허空虛가 존재하지 않기 때문에[64], 우주 안에 존재하는 부분적 존재자들은 항상 우주 전체와 연속적이며 소통한다. 따라서 인위적인 체벽을 지닌 물체들조차 물질적 우주 전체와 연결된 끈을 지니고 있으며, 자연적인 분할에 의해 자발적으로 체벽을 형성한 생명체들은 더더욱 주변 환경과의 사이에 절대적인 경계나 완전한 분리가 불가능하다. 예컨대 하나의 안정적(인 듯한) 체계로서의 생명체가 지니는 자기 동일적 개체성은 그 자체로 완성되는 것도 아니고 결정적인 것도 아니다. 심리-생리학적 체계의 형성 자체가 환경에 대한 적응과 조정의 맥락에서 끊임없이 이루어지는 이완과 수축의 운동이자 동요로서 결코 정지될 수 없는 작업이다. 생명체의 성장과 노화 과정은 이와 다른 것이 아니다. 생명체는 이질적인 요소들의 상호 침투에 의한 유기적 종합을 통해서 자기동일성을 유지해 나가면서도 동시에 항상 질적 변화의 실현 도중에 있다. 특히 생식 현상은 새로운 생명체를 낡은 생명체로부터 분리시켜 재생산하는 것이기 때문에 완벽하게 닫힌 체계란 성립하지 않음을 결정적으로 보여 준다.

---

64) 베르그손은 무(無)를 실재가 아니라 인간 주체의 기대나 바람이 투영된 심리적 관념이라고 본다. 무라는 관념은 "우리의 관심을 끌지 않는, 우리의 노력이나 주의에 실망을 안겨 주는 사물 혹은 질서의 존재를 지칭하는 것"(PM 67~68/1305), 즉 실재 대상이 주체의 기대에 부합하지 않는 존재일 때 주관적 감정의 실망을 표현하는 것에 불과하다. 또 무 관념은 실재 대상에 대한 직접적 인식을 나타내는 긍정판단에 해당되는 것이 아니라, 긍정판단에 대한 간접적이고 부차적인 판단인 부정판단에 근거하고 있다. "긍정이 사물에 직접 관계하는 반면에, 부정은 개입된 긍정을 통해서 간접적으로만 사물을 겨냥하고 있다. 긍정명제는 한 대상에 대한 판단을 옮기지만, 부정명제는 판단에 대한 판단을 옮긴다"(EC 287~288/738 [『창조적 진화』 428]). 예컨대, "책이 없다"는 표현은 "책이 아니라 책상이 있다"는 사실에 대한 부정이고, 책의 '없음'은 책상의 '있음'에 따르는 주체의 실망과 부정적 표현이라는 것이다. 베르그손에게 실재는 충만한 연속적 운동이고 이 연속성에는 무가 끼어들 자리가 없다. 무의 문제는 거짓 문제의 일종이다. 무 개념 비판에 대해서는 EC 275~298/728~747(『창조적 진화』 409~442) 참조.

베르그손이 당시의 과학적 진화론을 넘어서 보여 주고자 하는 것은, 상대적으로 닫혀 있는 체계들(생명체로서의 개체들)을 초과하여 흐르는 그 무엇, 체계들을 산출하되 이 체계들을 결코 한번에 완결시키지 않고 끊임없는 차이화로 움직이고 있는 힘, 그러나 바로 이 체계들 안에 내재하고 있는 잠재적인 힘, 바로 그것이다. 중요한 것은 창조된 형태들, 독립적인 개체들 자체가 아니라, 이러한 결과물들을 산출하는 발생적 원인, 잠재적 무의식의 연속적인 활동성, 차이화 운동이다. 이 운동의 본성을 간파하지 못하기 때문에, 과학적 진화론은 근본적으로 왜 하나의 삶이 그 자체로 새로운 것이고 비결정적인 것이며 예측불가능한 것으로 발생하는지 설명하지 못한다.

그러므로 진화 운동의 연구는 일정수의 분기分岐하는 방향들을 파악해 내고 각각에서 발생한 일의 중요성을 음미하며, 한마디로 말해 분리된 경향들의 본성을 규정하고 그것들의 배분을 정하는 것으로 이루어질 것이다. 이 경향들을 상호 조합하면 그것들의 **약동이 유래한 불가분적 운동 원리**로 접근하거나 또는 그것의 모방을 얻게 될 것이다. 그것은 우리가 진화에서 **기계론**이 주장하는 환경에 대한 적응과는 아주 다른 것을 보게 될 것이고 또한 **목적론**이 원하는 전체 계획의 실현과도 아주 다른 것을 보게 될 것이라는 말이 된다.[65]

베르그손에 의하면 당시의 과학적 진화론의 결정적인 오류는 생명적 차이-변이의 발생적 원인을 '우연적인 요소'로 돌리고 형태창조의 진정한 '발명'적 특성을 간과한다는 데 있다.

다윈주의Darwinism는 생명체의 변이를 환경에 대한 기계적인 적응

---

65) EC 102/581(『창조적 진화』163~164). 강조는 인용자.

adaptation에 기초하여 설명하는데 여기서 핵심적인 개념이 '우연'이다. 베르그손은 바로 이 '우연' 개념 때문에 다윈주의를 기계론적 설명 방식이라고 비판한다.[66] 다윈주의에 따르면 우연은 개체변이의 차원과 자연선택 차원에서 다 분출한다. 개체변이의 차원에서 우연은 유전적 생식과 조합의 과정에서 출현하는데 그 원인은 알 수 없지만 어쨌든 이러한 우연적인 미소변이들이 있다는 것, 그리고 자연선택의 차원에서는 생존경쟁에 유리한 변이들은 선택하고 그렇지 못한 것은 제거하는 데 있어서 외부 조건의 우연한 변화에 대한 적응이 우연적 요소로 들어간다. 결국 다윈주의는 생명체들의 변이와 진화의 원인은 우연적인 것이며 이 우연적인 미소변이들 위에서 자연선택이나 지리적 격리를 통해 새로운 종이 만들어진다고 보는 것이다. 베르그손에 의하면, 이렇게 변이의 원인을 생명체에 외재적인 우연성에 두는 경우, 서로 독립된 진화의 여러 계열들에서 복잡한 동일 구조가 병행해서 발달하는 사실은 설명할 수가 없다. 예컨대 상이한 두 계열에서 발견된 '눈'의 구조, 즉 연체동물인 조개의 눈과 척추동물의 눈이 유사한 구조를 갖는다는 사실은 우연변이들의 단순한 축적에 의해서는 설명될 수 없다.[67] 이것은 유기체 외부의 환경적 원인들이 제공하는 '우연'들의 기계적인 첨가에 의해서는 설명할 수 없는, 마치 생명의 진화가 갖는 일종의 내적 의도나 목적성이 있는 것처럼 생각하게 하는 현상이기 때문이다.

그러면 종의 변화라는 생명 현상을 설명하는 데 목적론적 관점은 설득력이 있는가? 아리스토텔레스의 목적론에 의하면 생명체는 합목적성의

---

66) "우리가 보기에 신다윈주의자들은 변이의 중요한 원인은 개체가 보유하는 배에 내재적인 차이들에 있는 것이지 이 개체가 자신의 활동 경로에서 보여 준 행보에 있는 것은 아니라고 했을 때 옳은 것 같다. (그런데) 우리가 이러한 생물학자들을 따르기 어려운 것은 그들이 배에 내재하는 차이들을 순전히 우연적이고 개체적인 것으로 간주할 때이다"(EC 86/567~568, 『창조적 진화』 141).
67) EC 64~70/549~554(『창조적 진화』 113~119).

최종적인 형상인을 향하여 존재의 위계적인 단계를 따라 단선적으로 진화해 간다. 라이프니츠의 목적론에서도 자연 전체는 미리 정해진 계획과 목적에 따라 완벽한 질서를 구현하고 있으며, 여기서 개체는 자신의 정해진 목적에 따라 환경에 적응할 뿐만 아니라 다른 개체들 사이에서도 완벽한 조화를 이루고 있다. 그러나 이런 주장은 실제로 관찰되는 생명계의 부조리와 갈등 현상, 즉 진보와 퇴보가 병존하는 종들의 세계와 개체들의 생존 경쟁조차도 설명할 수 없다. 이런 외적 목적론을 극복하는 것처럼 보이는 생기론生氣論, vitalism 또한 외적 목적론을 모나드적 차원으로 축소시킨 내적 목적론에 지나지 않는다. 생기론은 개별 생명체 안에 생명체의 각 부분들 간의 유기적인 조화를 주관하는 '생명원리'가 있어서 개체 전체의 생존이라는 공통 목적을 실현하고 있다고 본다. 그러나 베르그손은 생기론의 내적 목적론 역시 자기모순적이라고 지적한다. 우선 개체의 생존을 목적으로 볼 만큼 개체성 자체가 완전하거나 독립적이지 않다는 점, 그리고 개별 생명체를 이루고 있는 각각의 요소들 자체도 하나의 유기체라 할 수 있을 정도의 자율성을 지니고 있기 때문에 각 부분들이 전체 개체에 완벽하게 종속되지 않는다는 점을 들 수 있다. 따라서 개체 전체가 아닌 개체의 부분들에도 생명원리를 인정해야 하거나, 아니면 부분들의 자율성을 인정하면서도 그것들이 전체에 종속된다고 하려면 이들에 대해 다시 외적 목적성을 상정하거나 해야 한다는 점에서 생기론 역시 설명력을 잃는다.[68]

---

68) EC 41~43/529~531(『창조적 진화』 79~83). 베르그손의 이런 비판에도 불구하고, 베르그손의 생명철학에 대한 가장 만연한 오해는 이를 생기론의 일종으로 취급하는 것이다. 생기론은 17세기 말 데카르트의 동물기계론을 비판하는 생리학적 가설로부터 출발한 것으로, 생명체에는 기계론적 설명방식이 적합하지 않으며 생명체의 각 부분들 간의 조화나 합목적성, 생명체의 감수성과 운동성 등은 '생명 원리'라는 독자적인 방식으로 설명해야 한다고 주장하는 입장이다. 생기론에서는 주로 생명체 내의 생리적 현상들을 다루며, 유기적인 생명과 비유기적인 물질을 나누어 생명의 비결정성과 개방성을 물질 그 자체에 대해서는 거부한다. 그러나 베르그손의 생명철학은 생명을 운동과 시간, 진화, 지속의 우주론적 차원에서 다루고 있으며,

과학적 진화론은 기본적으로 "생명은 생산이며 차이의 창조이다"라는 명제를 부정하진 않는다. 그러나 결정적인 문제는 바로 '이 차이의 발생이 어떻게 이루어지는 것인가?'에 대해서 설명하지 못한다는 것이다. 이것은 생명적 차이의 발생적 근거를 오로지 외재적인 요인에서만 찾고 있었기 때문이라고 베르그손은 지적한다. 기계론적인 것(물리-화학적 차원에서의 물질적인 요소들이 야기하는 우연성)이든 목적론적인 것(추상적인 목적성의 실현)이든 생명적 변이의 과정에 대한 설명 방식의 공통된 문제점은 **변이 발생의 내재적 차원에 속하는 운동성**을 전혀 고려하지 않았다는 데 있다. 기계론적 설명 방식은 "미래와 과거를 현재의 함수로 계산할 수 있다고 간주하고, 그렇게 해서 **모든 것이 주어졌다**고 주장하는 것이다."[69] 마치 수많은 스냅 사진들을 모아서 짜맞추면 생동하는 실재 전체를 현실화할 수 있다는 듯이! 어떠한 변이도 미리 정해져 있는 프로그램에 따라 실현되는 거라는 목적론적 설명 방식 역시 "거꾸로 된 기계론"[70]이나 마찬가지다. 만약 예측 불가능한 것이 없다면, 우주에는 발명도 없고 창조도 없으며, 시간은 그 자체로 아무런 효력도 발휘하지 못하는, "아무것도 아닌 것"[71]이다. 그러나 생명체들은 그 자체로 "시간이 기입되는 장부"의 존재를 입증한다. 하나의 삶은 항상 지나가고 이행하며 다른 삶으로 변이할지언정 결코 멈추지는 않는다. "모든 것이 주어졌다"가 아니라, "모든 것은 한꺼번에

무엇보다 물질 그 자체의 비결정성과 지속 역시 인정하고 있다. 베르그손은 생기론이 주장하는 '생명원리'가 기계론의 맹목성과 우연성을 상기시키는 데 유용한 역할을 한다는 점은 인정하지만, 이 생명원리가 생명체 내부에서 개체 유지를 위한 부분들 간의 조화만을 고려한다는 점에서는 외적 목적론과 동일한 모순에 처하는 내적 목적론에 지나지 않는다고 비판한다. 생기론과 베르그손의 생명철학과의 차이에 대해서는 황수영, 「생명적 비결정성의 의미」(『베르그손』, 24~27) 참조.

69) EC 38/526(『창조적 진화』 74).
70) EC 39/528(『창조적 진화』 77).
71) EC 39/527(『창조적 진화』 76).

주어지지 않는다!" 이미 현실화되고 부동화된 생산물들의 관점에서는 그 아래에서 꿈틀거리고 있던 변화하려는 경향, 새로운 형태를 발생시키려고 하던 그 충동을 보지 못한다. 오로지 현실적인 형태들, 단단하게 결정되어 있는 듯한 그 겉표면들만을 본다면 진화-변이의 본질을 파악하지 못한다.

베르그손이 주장하는 생명의 진화-변이의 본질은 바로 잠재적인 측면, 고정된 형태들에 내재되어 있는 비가시적인 경향들, 변이하려고 하는 그 방향, 미래로 향하여 열려 있는 그 차이화 경향이다.

3.2 순수 생명, 생명의 약동élan vital, 배아胚芽적 무의식

생명은 물질과의 접촉에 있어서 충동이나 약동에 비교되지만 그 자체로 고찰되었을 때는 막대한 잠재성virtualité이며 수천의 경향들의 상호 침투이다. 그러나 [물론] 그 경향들이 '수천으로' 되는 것은 일단 상호관계에 있어서 서로 외재화된 다음 즉 공간화된 다음이다. 물질과의 접촉은 이러한 분리를 결정한다. 물질은 단지 잠재적으로 다수였던 것을 실제적으로 분할하며 이런 의미에서 개체화는 부분적으로는 물질의 작품이고 부분적으로는 생명이 자신 안에 포함하는 것의 결과이다.[72]

생명체들의 진화 현상은 결국 생명체들의 공통된 발생적 근원이자 변이의 충동인 잠재적인 어떤 힘을 상정하지 않을 수 없게 한다. 나는 베르그손적 우주 안에 존재하는 이 잠재적인 힘을 '**순수 생명**'이라 부르고자 한다. 이는 지각과 결합하여 구체화된 기억 표상이 그 발생적 근원인 순수 기억과 구분되듯이, 물질성과 결합하여 현실화된 생명체도 그 발생적 원천으

---

72) EC 259/714(『창조적 진화』385).

로서의 잠재성과 구분된다는 것을 강조하기 위한 것이다. 표상적 의식의 상태이든 생명체의 의식이든, 의식은 현실적인 것(혼합물)이며, 이 의식의 발생적 힘은 잠재적인 것으로서의 무의식에 있다. 그리고 이 무의식은 물질(뇌-신체)에 속하는 것이 아니라, 기억-생명에 속하는 것이다. 따라서 우주 안에 보편적 생성을 일구어 내는 잠재성을 '순수 생명'으로 부르는 것이 베르그손적 무의식을 이해하는 데 유용할 것이라 여겨진다.

순수 생명은 그 자체로 단일한 것도 아니고 복수적인 것도 아니다. 순수 생명은 『시론』에서의 순수 지속과 마찬가지로 이질적인 요소들(수많은 경향들)이 상호 침투하고 있는 질적 다양체로서 한마디로 개념화하기 힘든 역설적인 특성, 즉 "다양적 단일성unité multiple이자 단일한 다양성 multiplicité une"[73]을 지니는 **하나의 잠재적 다양체**라고 할 수 있다. 이것이 현실화하면서 수많은 계열의 생명체들로 분화하여 현실적 다양체를 이루게 된다. 그러니까 우주적 자연 전체는 심층에서는 하나의 잠재적 다양체이고 표면에서는 현실적 다양체인 셈이다. 우주의 보편적 생성이란 하나의 잠재적 다양체가 현실적 다양체로 표현되는 것, 그래서 우주 자신의 자기 변화와 자기 차이화를 꾀하는 것이다.

순수 생명은 모든 현실적 생명체들 또는 이 생명체들이 구현하고 있는 의식들 일반의 발생적 기원으로서 의식 일반을 넘어서 있는 것, 따라서 의식 초월적인 것이라고 할 수 있다. 베르그손은 이를 "초의식"超意識, supraconscience[74]이라 부르기도 하는데, 이것은 세계 자체를 벗어난다는 의미에서 '초월적인 의식'이라는 의미가 아니라, 현실적인 의식들의 총합을 초과하며 얼마든지 다른 의식들을 생성할 수 있는 근원으로서 **잠재적 의식**'이라는 의미이다. 순수 기억이 심리학적 영역에 속하지 않으면서 심리

---

73) EC 259/714(『창조적 진화』384).

학적 현상으로 현실화하듯이, 순수 생명 역시 생물학적 영역에 속하지 않으면서 생물학적 현상들로 현실화한다. 바로 이런 의미에서 순수 생명은 순수 기억과 마찬가지로 심리학이나 생물학이라는 현실적 영역 바깥에 존재하는 잠재적인 실재이다. 따라서 순수 생명은 당연히 현실화되지 않은 의식, 육화되지 않은 의식이며, 그렇기 때문에 잠재적인 의식으로서의 **존재론적 무의식**이라고 할 수 있다.

　순수 생명은 따라서 **생물학적인 것이 아니며**, 의식적인 존재자들(생명체 일반)을 생성하는 존재론적 무의식으로서 자연 전체에 내재하는 **창조적 에너지** 그 자체이다. 생명체들의 진화가 가능하기 위해서는 "첫째 에너지의 점진적인 축적이 있어야 하고, 둘째 변화 가능하고 비결정적인 방향으로 이 에너지의 통로를 만들어 그 끝을 자유 행위로 통하게 하는 것"[75]만이 요구된다. 순수 생명은 이러한 필연성의 다른 이름에 지나지 않으며, 따라서 에너지의 축적과 소비, 즉 잠재성을 현실화하는 창조적 에너지 그 자체를 의미할 뿐이다.[76] 베르그손은 이러한 순수 생명의 작용이 비록 현재의 지구상에서는 태양에너지의 축적과 이용을 통해 오늘날 우리가 관찰할 수

---

74) 생명이란 기본적으로 "물질을 가로질러 나아가는 의식"(EC 183/649, 『창조적 진화』 274)이기 때문에, "생명의 기원에 있는 것은 의식이다, 아니 차라리 초의식(超意識, supra-conscience)이 있다고 하는 것이 더 적절한 말이겠다"(EC 261/716, 『창조적 진화』 389). 그러나 이것은 심리학적 의식과는 무관하다. "지성과 본능은 단일한 토대 위에서 서로 분리된 것이라는 것도 역시 우리는 덧붙였다. 이 단일한 토대는, 더 좋은 말이 없으므로 의식 일반이라고 부를 수도 있으며, 그것은 우주적 생명과 동일한 범위의(coextensif) 것임에 틀림없다"(EC 187/653, 『창조적 진화』 282). "원인의 중단이 여기서 결과의 역전과 등가인 경우 도대체 이완되기만 하면 확장되는 원리란 무엇인가? 더 좋은 말이 없어 우리는 그것을 의식이라 불렀다. 그러나 문제가 되는 것은 우리 각자의 안에서 기능하고 있는 감소된(diminuée) 의식이 아니다"(EC 238/696, 『창조적 진화』 355).

75) EC 256/711(『창조적 진화』 380).

76) EC 116~117/592~594, 255~257/710~713(『창조적 진화』 181~183, 379~382). 이 부분은 베르그손의 생명 개념을 생물학적인 차원을 넘어선 것으로 해석할 수 있게 하는 핵심적인 부분이다.

있는 현재의 생물학적 형상들을 창조했지만, 다른 조건에서라면 얼마든지 다른 형태로, 즉 우리의 생물학, 생화학, 생리학, 해부학의 대상들과는 전혀 다른 형상들로 창조적 생성을 이룰 수 있다는 것, 나아가 다른 행성, 다른 태양계에서도 이러한 진화의 운동이 가능하리라는 것까지 언급하고 있다. 베르그손의 이러한 통찰은 현대의 과학적 진화론에서 주장하는 견해들에 결코 뒤처진다고 할 수 없다. 베르그손의 잠재성 개념은 베르그손 당시뿐만 아니라 현대의 과학적 진화론에도 유효한 어떤 비판적 관점을 제시할 수 있다(이에 대해서는 아래 5절에서 자세히 밝혀볼 것이다).

　　'생명의 약동'$^{élan\ vital}$은 이 순수 생명이 물질과 접촉하였을 때 드러나는 '생명적 의지'를 표현하는 사유의 이미지라고 할 수 있다.[77] 순수 생명은 자연 안에 내재하는 창조적 에너지로서 순수 기억의 원뿔이 상징하듯이 하나의 잠재적 다양체로 존재하다가 어느 순간 폭발하듯이 현실적인 생명체들을 생성하기 시작했다. 생명체의 진화는 이 잠재적 충동의 발산, 분화, 갈라짐이다. 이 과정은 원인과 결과 사이의 기계적인 결정 관계도 아니고, 이미 계획되어 있던 어떤 목적의 실현도 아니다. 이것은 비결정적이고 예측불가능한 차이를 생성하는 과정이다. 개별 생명체들을 초과하여 흐르는, 그러나 개별 생명체들에 내재하는, 잠재적인 힘은 현실화하면서, 스스로 분화하면서, 스스로 갈라지면서, 새로운 개체들을 생산한다.

　　베르그손에 의하면, 생명의 진화는 두 계열의 원인을 갖는다. 하나는 "생명이 무기 물질 쪽에서 느끼는 저항"이고 다른 하나는 "생명이 자기 안에 보유하고 있는 ── 경향들의 불안정한 평형에서 기인하는 ── 폭발적

---

77) "생명은 약동에 비교되어야 하는데, 그 이유는 물리적 세계에서 빌려올 경우 생명의 관념을 더 근사적으로 부여할 수 있는 이미지가 없기 때문이다"(EC 258/713, 『창조적 진화』 283). 생명의 약동은 "우리가 생명에 대해 가질 수 있는 직관"(MR 119/1072, 『도덕과 종교의 두 원천』 128)의 가장 근접한 이미지이다.

인 힘"[78]이다. 그러나 이 두 계열의 원인 중에서 "분열의 진정한 심층적 원인은 생명이 자신 안에 보유한 것이었다. 왜냐하면 생명은 경향이며 경향의 본질은 다발의 형태로$^{de\ gerbe}$ 발달하는 것인데, 생명은 단지 커진다는 그 사실로 인해 자신의 약동을 공유한 채로 갈라지는 방향들을 창조하는 것이기 때문이다."[79] 물질적 무의식은 스스로 변화하려는 잠재력을 지니지 않는다. 이미 다 현실화된 것, 무한히 이완되어 수축이 불가능한 것이기 때문이다. 정신적 무의식, 생명체에 내재적인 잠재적 무의식이야말로 자기 분열의 진정한 힘이다.

이미 다 완성되고 실현된 듯한 생명체들은 왜 변이하며 차이를 발생하는가? 그것의 일차적인 요인은 바로 생명 자체에 내재적인 충동^{impulsion}에서 비롯되는 것이다. 이 충동이 바로 "배胚와 배胚 사이에서 연결부를 형성하는 성체를 매개로 한 세대에서 다음 세대로 경과하는 생명의 **근원적 약동**"$^{élan\ originel}$[80]이다. 생명 진화의 최초의 충동이었던 생명의 약동은 이렇게 배아적 충동의 형태로 개별 생명체들 안에 내재하여 이어진다.[81] 나는 순수 생명의 잠재성이 개별 생명체에 내재하여 자기 반복하는 이 배아적 충동을 순수 생명 그 자체와 구분하여 '배아胚芽적 무의식'이라 부르고자 한다. 왜냐하면, 순수 생명이 현실화되기 이전의 모든 생명 종들의 경향들이 잠재적으로 공존하는 하나의 근원적 잠재성이라면, 배아적 무의식은 이 근원적 잠재성이 종적 계열을 따라 분화하여 개별 생명체들에 내재한 종적 경향으로서의 잠재성을 의미한다고 할 수 있기 때문이다. 따라서 나는 '순수 생명'과 '배아적 무의식'을 통해서 베르그손의 '생명의 약동' 개념

---

78) EC 99/578(『창조적 진화』 160).
79) EC 100/579(『창조적 진화』 161).
80) EC 88/569~570(『창조적 진화』 144).
81) "생명체의 진화는 배의 경우에서처럼 지속의 연속적인 기록, 즉 현재 속에 과거의 존속, 따라서 적어도 유기적인 기억의 외형을 함축한다"(EC 19/510, 『창조적 진화』 47~48).

이 다소 모호한 신비적 색채를 벗고 분명해질 수 있으리라 생각한다.

현실적 개체의 관점에서 보았을 때 생명의 약동은 이 배아胚芽적 무의식을 통해서 순수 생명의 근원에 대한 참여를 입증한다. 순수 생명은 "진화의 여러 노선들로 나뉘어 그 위에서 보존되면서 적어도 규칙적으로 유전되고 서로 첨가되어 신종을 창조하는 변이들의 심층적 원인"[82]이다. 생명의 약동에 외부 환경으로 주어진 물질적 세계는 이 약동의 발현을 가로막는 장애물이면서 또한 그 현실화를 돕는 필요조건이라고 할 수 있다. 그러나 아무리 외적 조건이 형성된다 하더라도 내적 충동력이 없다면 분화는 일어나지 않을 것이기 때문에, 변이의 진정한 발생적 잠재력은 내적 요인에 있다고 해야 할 것이다.

베르그손이 당시 진화론들의 난점을 지적하면서 생명의 약동이라는 내재적 원인을 설명하기 위하여 이론적 출구를 찾은 것은 라마르크의 '노력' 개념과 바이스만A. Weismann의 '생식질 연계설'이었다. 라마르크주의는 획득형질의 유전과 용불용설을 통해서 변이의 원인을 외부 조건에 따른 우연적인 것이 아니라 생존조건에 적응하고자 하는 생명체 자체의 노력으로 본다. 이것은 생명의 내적 목적 현상을 설명하는 데 유리하긴 하나 여전히 개체의 의지와 노력이라는 심리학적이고 인간주의적 관점이 들어가 있다는 점에서 문제가 있고, 게다가 체세포 변화가 아닌 생식세포의 변화만이 유전된다는 바이스만을 비롯한 여러 실험적 결과에 의해서 결정적으로 폐기된 이론이기는 하다. 그러나 베르그손은 이 '노력'에 주목하여 이를 **개체 초월적이고 비인격적인 것**으로 재해석함으로써 생명의 진화 운동에 있어서 **잠재적인 힘**을 설정하는 데 한 걸음 더 다가갈 수 있었다.

이 과정에 보다 직접적인 이론적 근거를 제공한 것은 1885년에 발표

---

82) EC 88/570(『창조적 진화』 144).

된 바이스만의 생식질 연계설la continuité du plasma germinatif이었다.[83] 바이스만은 생식세포와 체세포를 명확하게 구분하여 체세포에서 일어난 변화가 생식질에 영향을 준다는 당시의 이론을 부정했다. 따라서 성체의 체세포에 획득된 형질은 유전될 수 없고, 오히려 생식세포가 체세포의 분화 및 개체발생의 전과정을 유도하고 조절한다고 주장했다. 이것은 개체의 죽음에도 불구하고 생식세포는 불멸할 수 있음을 함축하는 것으로, 오늘날의 유전 프로그램에 가까운 선구적 이론이었다. 이런 관점에 따르면 생명의 진화는 배胚에서 배胚로 직접 진행되는 것이며 성체로서의 개체란 단지 생명의 연속성을 전달하기 위한 수단에 지나지 않는 것이 된다.[84] 베르그손이 바이스만의 이론으로부터 얻은 것은, 우선 유전되는 것은 개체 차원에서 획득된 습관이 아니라 이미 실현과정에 있던 자연적인 성향으로서의 어떤 '경향'이라는 생각, 그리고 이 '경향'이야말로 오히려 개체들의 습관 형성을 돕고 이를 통해 외부 조건에 적응하게 하면서 다양한 형태 변이도 야기한다는 생각이다. 따라서 베르그손은 차이-변이의 발생은 어디까지나 개체의 노력에 의해서 이루어지는 것이 아니라, **개체 이전 또는 개체 이하의 배胚** 차원에서 이어지는 무의식적인 노력에 의해서 이루어진다고 보았다.

"개체적 노력보다는 훨씬 더 심층적이고, 환경에서 더욱 독립적이며, 한 종의 대부분의 대표자들에게 공통적인, 그리고 개체가 아니라 배胚에

---

83) EC 26/516(『창조적 진화』 58). 베르그손은 당시의 신라마르크주의와 반진화론 학파의 주류에 밀려 학계의 정설로 수용되지 못했던 바이스만의 이론으로부터 오늘날의 진화생물학과 유사한 통찰을 얻어 내었다.

84) "이 관점에서 볼 때 생명은 **성체를 매개로 하여 배(胚)에서 배로 가는 흐름처럼 나타난다.** 모든 일이 진행되는 양상을 볼 때 마치 유기체 그 자체는, 낡은 배를 돌출시켜 새로운 배로 연속되도록 노력하는, 하나의 혹 또는 싹에 불과한 것 같다. 본질적인 것은 무한히 계속되는 과정의 연속성이다. 눈에 보이는 각 유기체는 자신에게 살도록 주어진 짧은 시간의 간격 동안 이 보이지 않는 과정 위에 말 타듯 걸터앉아 있다"(EC 27/517, 『창조적 진화』 59).

내재적인, 따라서 후손들에 유전될 것이 보장된 노력"[85], 이것이 바로 바이스만적 의미에서의 '유전적 에너지'를 수용하여 베르그손이 '생명의 약동'이라고 부른 것이다. 생명체에 내재적이며, 개체를 초과하여 흐르는 잠재적이고 무의식적인 충동. 이 배아胚芽적 무의식의 힘은 잠재적인 것으로서 모든 생명체들에게 "동일한 충동"으로 내재하지만, 개체 차원이 아니라 개체 이전 또는 개체 이하의 배胚 차원에서 전달되는 "차이들", 즉 "변화하려는 경향들"의 형태로 전개된다.[86] 이 발생적 에너지는 결코 동일한 것의 생산을 보장하지 않는다. 이것은 생명이 자신의 진화와 생성을 영속적으로 발명할 수 있도록 하는 새로움의 원천이다.

개체로서의 생명체와 그 개체가 실어 나르는 경향의 분할은 베르그손주의의 중심 명제이다. 배아胚芽적 무의식은 개체를 초과하여 흐르는 차이화 경향이다. 여기서 물론 혼동하지 말아야 할 것은, 이 경향이 그 자체로 '생식질'이나 'DNA'로 환원되는 것은 아니라는 것이다. 베르그손에게 있어서, 생명의 진화를 통해서 전달되는 것은 생식세포의 물리화학적 요소가 아니라 영속적인 발명을 보장하는 생명적 에너지, 즉 배아발생과 형태변형을 가능하게 하는 창조적 역량들이다.[87] 배胚에 내재적인 차이-경향은 어디까지나 잠재적이고 정신적이고 비가시적인 것이지 그 자체로 물질적인 어떤 것이 아니다. 따라서 하나의 삶 자체를 DNA의 숙주로 만들어 버리는, 예컨대 리처드 도킨스의 '이기적 유전자'가 함축하는 생물학적 허

---

85) EC 88/569(『창조적 진화』143~144).
86) "우리는 그 차이들이 배에서 배로 개체를 통해 나아가는 어떤 충동의 전개이기 때문에 순수한 우연이 아니며, 그것들은 같은 종의 모든 대표자들에서 또는 적어도 그것들 중 일정한 수에서 동시에 같은 형태로 충분히 나타날 수 있다고 믿지 않을 수 없다. (……) 그것(돌연변이론)에 따르면 종은 오랜 기간이 흐른 후 어떤 주어진 순간에 전체가 변화하려는 경향에 휩싸인다. 따라서 그 말은 변화하려는 경향은 우연적이 아니라는 것이다"(EC 86/568, 『창조적 진화』141)
87) Ansell-Pearson, *Germinal Life*, 40(『싹트는 생명』84).

무주의는 베르그손주의와 거리가 멀다. 생물학적 허무주의는 개체중심적이고 인간중심적인 관점에서 이러한 생물학적 사실을 바라볼 때 일어나는 것이다. 베르그손의 배아적 무의식은 물질적 무의식으로 환원될 수 없는 정신적 힘의 창조적인 잠재력을 강조하며, 하나의 삶을 어디까지나 개체초월적이고 탈인간중심적인 흐름 안에 놓여진 전체와의 연대 속에 있는 것으로 바라본다는 점에서 그러한 허무주의를 뛰어넘는다. 생명의 약동은 모든 생명체들이 동일한 생명적 근원에서 비롯되었기에 상호간에 존재론적 위계를 정할 수 없는 다양한 경향성들의 실현이라는 것, 따라서 서로 긴밀한 상호 관련성과 상보성을 가질 수 있다는 것, 무엇보다 개체의 변화와 소멸은 또 다른 생성과 변화로의 개방이라는 것을 긍정적으로 함축한다.

개별 생명체에 내재하는 배아적 무의식은 **자기 자신과의 차이를 산출하려는 경향, 스스로 변화하려는 경향, 새로움을 창조하려는 경향**이다. 생명체에 내재하는 의지라고 해서 이것을 스피노자의 코나투스[88]나 프로이트의 에로스와 동일시해서는 안 된다. 코나투스나 에로스는 어디까지나 개체중심적이고 자기보존적인 생존 본능에 지나지 않는 것이지만, 베르그손의 생명적 무의식은 탈개체중심적이고 탈인간중심적인 자기 변신의 충동, 달라지려는 힘, 새로워지려는 경향이기 때문이다. 이것은 닫힌 체계에 대한 지향, 완전한 개체성의 이념하고는 거리가 멀다. 프로이트의 에로스가 완전한 개체성에 대한 욕망이 지나쳐서 아예 일자화하려는 죽음 충동에

---

88) 스피노자의 코나투스(conatus)는 유한양태로서의 개체가 갖는 존재 보존의 추구와 노력을 의미한다. "각각의 사물은 자기 스스로 할 수 있는 만큼 자신의 존재 속에서 스스로의 보존을 추구한다"(Ethics, III, P6). 스피노자의 유한양태들은 내재적 원인인 신에 의해 규정되는 한에서 원초적 역량을 부여받지만, 다른 사물들과의 타동적 관계 속에서 자기 역량의 발현에 제약을 갖는다. 따라서 유한양태의 존재보존 추구는 수동적인 자기보존에 그치는 것이 아니라 자신의 실존조건을 구속하고 수동화하는 경향에 맞서 원초적인 실존역량을 확대 능동화하는 방향으로 전개한다. 그러나 이러한 코나투스는 어디까지나 개체 안에서의 자기 역량 보존과 강화일 뿐이고, 베르그손의 배아적 충동은 개체를 넘어서 변이하려는 경향이다.

사로잡혀 있다면, 생명의 약동은 예측불가능한 미래로 열린 비결정적 체계에 대한 지향이자 변화하려는 경향이다. 이것은 완전하게 닫힌 체계이고자 하는 개체의 노력에도 불구하고 개체를 초월하여 흐르는 차이화-변이의 힘이다.

3.3 잠재성의 현실화 : 갈라짐bifurcation과 분화différenciation

우주의 잠재적 무의식인 생명의 약동은 어떻게 현실화하는가? 이것은 마치 하나의 유탄이 폭발하면서 흩어진 파편들이 다시 유탄이 되어 폭발하듯이, 자기 자신을 반복하면서 갈라지는 방식으로 분화différenciation 한다. 이것은 현실적인 차원의 한 항에서 다른 항으로 이행하는 등질적이고 단선적인 계열에서의 운동이 아니다. 이것은 잠재적인 차원에서 다양한 경향들의 총체로 존재하는 단순체가 스스로 분화의 여러 계열들을 창조하면서 자기 분열하는, 분열하면서 현실적인 차원의 다양한 항들로 갈라지는 bifurquer 운동이다.

> 생명은 경향이며 경향의 본질은 다발의 형태로 발달하는 것인데, 생명은 단지 커진다는 그 사실로 인해 자신의 **약동을 공유한 채로 갈라지는 방향들**을 창조하는 것이다.[89]

> 자연은 성장하면서 갈라진 다양한 경향들을 보존하고 있다. 그것은 따로따로 진화하는 종들의 갈라지는 **계열들을 그 경향들과 함께 창조**한다.[90]

---

89) EC 100/579(『창조적 진화』161). 강조는 인용자.
90) EC 101/580(『창조적 진화』162). 강조는 인용자.

생명은 요소들의 연합^{association}과 축적^{addition}에 의해서가 아니라 **분리 dissociation와 이분**二分, dédoublement에 의해 진행한다.[91]

진화는 외재적인 요인들의 "연합이나 축적"에 의해서가 아니라 이미 내재하고 있던 힘의 "분리와 이분"에 의해서 진행한다. 생명에 내재하는 잠재적인 무의식, 이것은 우선 "경향들의 다발"이다. 이 "경향들의 불안정한 평형에서 기인하는 폭발적인 힘"이 잠재적인 일자를 여러 종의 생명체들로 분화하게 만든다. 그러나 경향들은 잠재적 차원에서 존재하는 것이기에 오로지 현실화함으로써만, 어떤 경향을 실현하고 있는 종의 계열과 더불어서만 현실적으로 존재할 수 있다. 현실화된 종의 계열들은 그 각각이 모두 잠재적 경향들의 총체이다. 각 계열에서 발생하는 현실적인 분화의 정도에 따라 잠재적 경향들의 수도 증가할 수 있다. 이러한 약동의 분화 과정을 잠재적 무의식의 구조, 원뿔 도식을 통해서 설명해 보도록 하자.

우선, 진화의 계열들, 현실화된 종種이란 무엇인가? 우주적인 기억의 원뿔 안에서 잠재적으로 공존하던 과거의 수준들에 상응한다. 원뿔의 각 단면들은 수축의 정도 차이는 있지만 각각 과거 전체를 담고 있다. 갈라지는 진화의 계열들은 이렇게 잠재적인 차원에서 공존하고 있던 상이한 수준의 단면들이 현실화한 것에 해당된다. 따라서 현실화된 각각의 종들은 유탄의 파편들처럼 잠재적인 전체로서의 약동을 자기 나름의 수준에서 내재적인 힘으로 지니고 있다.

그러면 경향^{tendance}, 갈라지는 진화의 계열들과 더불어 창조되는 경향들이란 무엇인가? 우주적 기억의 원뿔에서 잠재적인 과거의 수준들, 각각의 단면들은 차이들-경향들의 총체로서 각기 다른 '빛나는 몇몇'을 중심

---

91) EC 90/571(『창조적 진화』 146). 강조는 인용자.

으로 수축되어, 상이한 체계화를 형성하고 있다. 심리학적 현실화와 관련해서 과거의 한 수준을 형성하는 '차이들'은 개별자로서의 기억-차이들에 해당하였다. 이 개별자로서의 기억-차이들은 그 자체로 완성된 것들인데 수축됨으로써 새로운 것으로서의 차이들로 현실화되고 생성될 수 있었다. 이제 생물학적 현실화와 관련해서 과거의 한 수준을 형성하는 것은 '경향들'이다. 이것들은 그 자체로 완전하게 결정된 생물학적 속성이 아니라 미리 정해지지 않은 어떤 형태로 변화하려는 경향들이다. 이 경향들은 개별자로서의 차이들과 마찬가지로 그 자체 독특성^{singularité}을 지닌다. 잠재적인 과거의 수준들은 이러한 독특한 경향들의 총체이고, 더욱이 '우세한 경향'을 중심으로 수축되어 있다. 따라서 상이한 종의 계열로 현실화한다는 것은 어떠한 경향을 우세한 것으로 함축하고 있는 과거의 한 수준에서 잠재적인 전체가 현실화한다는 것을 의미한다.

　　따라서 생명의 약동은 자신의 잠재력 전체를, 각기 다른 경향들의 형태로 표현하고 있는 진화의 계열들 전체에서 반복하며 현실화하는 것이다. 진화의 각 계열들은 근원적인 생명의 힘을, 각기 다른 수준에서, 각기 다른 경향들을 우세한 것으로 내세워 표현하고 있는 것이다. 잠재적인 경향들은 종의 계열과 동시에 분화/차이화하고 갈라지면서 현실화한다. 경향들의 창조는 종의 계열들의 창조와 같이 이루어진다. 현실화된 종의 계열이 있는 만큼 잠재적인 경향들도 존재한다. 현실적인 분화가 지속될수록, 차이화가 진행할수록, 잠재적인 차원에서의 경향들의 수도 그만큼 증가할 것이다. (이것은 경향들이 새로이 창조된다는 것이 아니라 잠재적인 차원에서 상호 침투하여 공존하던 경향들이 그만큼 나누어진다는 것을 말한다.) 예컨대 생명이 식물과 동물의 두 경향으로 나누어지고, 다시 동물이 본능과 지성의 두 경향으로 나누어지는 것은 잠재적인 차원에서 공존하던 경향들이 갈라지면서 두 계열로 현실화하는 것이라고 볼 수 있다. 순수 생명

안에서 잠재적으로 공존하던 경향들은 현실화하면서 그에 상응하는 종적 계열을 창조한다. 따라서 '본능적인 동물'과 갈라져 진화 계열의 첨단에 있던 '지성적인 인간'이 다시 인간의 조건을 넘어서는 '정서적인 초인'의 종으로 분화할 때 또 다른 경향이 현실화되면서 새로운 현실적 계열을 창조하는 방식으로 진화는 계속되는 것이다(이 점에 대해서는 이 장의 6절 '인간의 조건과 초월' 참조).

그러면 현실화된 경향들은 그 자체로 고착화되거나 전체와의 완벽한 분리 상태를 형성하는가? "마치 생명은 특정한 종으로 수축되자마자 방금 생겨난 종과 관련된 한 두 가지 점은 제외하고 그 나머지와는 접촉을 잃어버리는 것"[92]같지 않은가? 그러나 분리는 완전하지 않다. 잠재적인 것은 하나의 종-경향으로 분화되면서, 잊혀진 과거처럼 나머지를 잠재성 속에 남겨 두고, 분화된 하나의 종-경향은 다만 '상대적으로' 안정적이며 부동적인 형상을 얻게 할 뿐이다. 현실화되면서 갈라진 하나의 종-계열은 자신과 더불어 창조된 하나의 경향을 '지배적인 것'으로서 표현할 뿐이다. 예컨대 식물 계열이 에너지의 축적과 고착성을, 동물 계열이 에너지의 소비와 운동성을 각기 우세한 경향으로 지닌다 하더라도, 식물 안에는 여전히 동물적인 것이 있고 동물 안에도 여전히 식물적인 것이 있다.[93] 인간이라는 종은 지성을 지배적인 경향으로 하여 현실화된 종이지만 여전히 동물적 본능을 잠재적인 상태로 지니고 있으며 또한 자신의 지성 경향 자체를 넘어서 정서적 인간이라는 새로운 종으로 도약할 잠재력도 지니고 있다. 이 것은 각각의 계열들이 비록 우세한 어떤 경향을 중심에 두고 있기는 하지

---

92) EC 168/637(『창조적 진화』254).

93) "끈끈이주걱이나 끈끈이대나물 류의 식충식물이 먹이를 잡아먹는 수단에 대한 연구나 아카시아나 미모사 잎의 운동에서 보여지는 것", "기생충의 고착성이나 기생생활하는 동물의 마비 현상"(EC 110/587, 『창조적 진화』174).

만 모두 잠재적인 전체의 하나를 실현하고 있다는 것을 보여 주는 것이다.

생명의 진화는 이렇게 잠재적인 것을 여러 경향들-수준들로 나누면서 현실화한다. 현실화된 부분들의 총합은 그러나 잠재적인 전체를 복원하지 못한다. 잠재적인 것은 현실적인 것으로 되면서 나누어지기 때문에 전체는 결코 한꺼번에 주어지지 않는다. 현실성 속에는, 자신을 향해 닫혀 있는 생명체만큼의 세계들이, 자신들이 분화되어 온 잠재성으로 환원불가능한 다원성이 존재할 뿐이다. 생명은 진화의 계열들을 통해서 자신의 잠재성을 제한되고 유한한 방식으로 현실화하고 실험하고 시도함으로써 항상 다른 현실화, 다른 실험, 다른 창조의 여지를 남겨 둔다.

그러면 잠재적인 것이 왜 스스로 갈라지면서 자기 분화/자기 차이화하면서 매번 유한한 실험을 반복하면서 현실화할 수밖에 없는지 생각해 봐야 한다. 앞에서 언급했듯이, 진화에는 두 요인이 있다고 했다. 하나는 잠재적이고 내재적 요인이고 다른 하나는 현실적이고 외재적 요인이다. 전자가 생명의 약동이라면, 후자는 물질의 저항이다.

생명의 약동이 잠재적인 전체로서 단일한 충동이라면, 이것이 부분적으로 현실화하며 더욱이 갈라지면서 분화할 수밖에 없도록 만드는 것은 바로 물질이다. "물질은 나누는 것이고 분명하게 하는 것이다."[94] 혼동된 사유를 분명하게 하는 것이 분절된 언어이듯이, 생명의 원초적 도약 안에서 나눠지지 않고 잠재적인 전체로서 상호 침투되어 있던 경향들을 구분하고, 분리하고, 개별화시키는 것은 물질이다. 이는 물질의 원리가 이완이고 분산이며 양적 다양성이기 때문이다.

그러나 앞서 1절에서 밝혔듯이, 생명이 느끼는 물질의 저항이란 물질의 운동이 생명의 흐름과 반대 방향의 것이기 때문에 비롯되는 것이지 물

---

94) ES 22/831.

질이 적극적인 어떤 힘을 행사한다는 것이 아니다. 물질의 해체 경향은 생명의 충동이 중단되고, 생명적 긴장이 이완되면 드러나는 것이지 **적극적으로 생명체를 이끌어 가는 힘이 결코 아니다!** 생명체의 죽음은 결코 물질적 해체의 충동에 의해서 적극적으로 이끌린 결과가 아니다. 베르그손에서 생명체의 죽음이란 단지 생명적 약동의 유한성을 드러내고 또 다른 차이화를 위한 개방일 뿐이다.

3.4 생명의 약동과 죽음 충동

프로이트는 인간의 정신적 삶을 의식과 무의식 사이의 역동적인 운동 속에서 파악하면서 이를 동일한 에너지(리비도)의 수축과 이완 작용으로 정의하고 있으며, 나아가 이러한 심리학적 통찰을 생물학적 영역에까지 확장하여 살아 있는 모든 존재자의 삶 자체가 에로스(수축)와 타나토스(이완)의 본능충동에 따라 전개된다고 주장하고 있다. 이것은 일견 현실적 의식과 잠재적 무의식 사이를 수축과 이완의 이중 운동에 따라 왕복하는 베르그손의 존재론적 무의식 개념과 동일한 통찰에 도달한 것처럼 보인다.

그런데 그 사색의 귀결은 정반대이다. 베르그손의 무의식이 활기찬 생명의 약동으로 가득 차 보편적 생성을 산출한다면, 프로이트의 무의식은 어두운 죽음 충동에 사로잡혀 모든 차이를 무화시키고 있기 때문이다. '생명의 약동'이 차이화-다양화 경향이라면 '죽음 충동'은 동일화-일자화 경향이다. 베르그손은 생명의 운동을 차이를 생성하는 반복으로 보고 물질의 기계적인 반복과는 본성상 다르다고 규정하지만, 프로이트는 이 구별을 무화시키고 생명을 물질의 차원으로 환원시킨다. 베르그손은 생성의 힘을 무의식에 연결시키고 죽음을 지성적 의식의 산물에 지나지 않는 것으로 간주하는 반면, 프로이트는 죽음이야말로 무의식의 힘이며 삶은 그 외관에 지나지 않는다고 주장한다. 베르그손의 생명적 무의식은 잠재적인 것으로서 진정한 창조와 생성의 힘이다. 그리고 잠재적인 것의 현실화는 스스로를 반복하면서 자기-차이화하는 운동이다. 이런 관점에서 본다면 반복 강박에 사로잡혀 있는 프로이트의 죽음 충동은 진정한 무의식의 반복인 정신적 반복의 효과가 아니라 그 겉표면에 불과한 물질적 반복의 효과에 지나지 않는다.

베르그손과 프로이트의 관점 차이를 가장 잘 보여 주는 예가 바로 '바이스만의 이론'에 대한 양자의 해석이다. 앞에서 이미 언급했듯이, 베르그손은 바이스만으로부터 '생명의 약동'을 확증할 수 있었지만, 프로이트는 그와 정반대로 '죽음 본능'을 확인했던 것이다.

베르그손이 파악하고 있듯이, 바이스만의 이론에서 중요한 것은 생식세포의 불멸성이고 죽음은 오히려 생식질의 보존에 필수적이지 않은 체세포의 소멸에 지나지 않는다. 그런데 프로이트는 바이스만의 체세포와 생식세포 구분이 자신의 죽음 본능과 생존 본능의 구분과 유사하다고 여기면서도, 바이스만이 "필멸의 체세포와 불멸의 생식질 사이의 구분을 '다세포' 생물에 연관시키고 있을 따름"[95]이라고 말하면서, 바이스만이 죽음을 오직 다세포 후생 동물에게만 나타나는 것으로 잘못 보고 있다는 점을 지적한다. 다시 말해 프로이트는 바이스만이 죽음을 생명체의 속성 그 자체에 기초한 절대적 필연성이라고 보지 않고 외부 조건에 대한 적응의 편의적인 표현에 불과한 것으로 잘못 생각하고 있다는 것이다. 프로이트는 특히 단세포 생물인 짚신벌레의 실험 결과를 인용하면서 바이스만의 주장과 달리 단세포 생물도 노화와 죽음을 겪으며, 죽음 본능은 "처음부터 원생동물 속에서 작동"하고 있었다고 주장한다. 따라서 죽음이 늦게 취득된 것이라는 바이스만의 주장은 "오직 죽음의 '명시적' 현상에만 적용되는 말이지

---

95) 프로이트, 「쾌락원칙을 넘어서」, 『정신분석학의 근본 개념』, 319.

그것이 결코 죽음을 '향해 가는' 과정에 대한 가정을 불가능한 것으로 만들지는 못할 것"[96])이라고 프로이트는 강변한다.

프로이트는 「쾌락원칙을 넘어서」와 「자아와 이드」에서 모든 생명체는 생명 충동과 죽음 충동의 이중 운동 속에서 삶을 영위하고 있다고 주장한다. "죽음 충동은 유기적 생명체를 무생물 상태로 되돌리는 과제를 맡고 있는 반면, 에로스는 입자로 흩어진 살아 있는 물체를 점점 더 광범위한 결합체로 묶는 가운데 생명을 복잡하게 만들고 또한 당연히 그 상태에서 보존하는 목적에 따라 움직인다."[97]) 삶 그 자체가 이 두 경향 사이의 갈등이요, 타협이라는 것이다. 그런데 문제는 "두 본능 모두가 엄격한 의미에서 보수적"이어서 "둘 다 생명의 출현에 의해서 흐트러진 사태를 재정립하려고 노력"한다는 데 있다.[98]) 다시 말해 생명의 출현 이전 사태로의 회귀를 꿈꾼다는 것이다. 결국 생명을 유지하려는 생명 충동은 무기물의 상태로 회귀하려는 죽음 충동에 봉사한다. 정신 기관을 자극에서 완전 해방시키고 그 속에 있는 자극의 양을 일정 수준이나 가능하면 낮은 수준으로 유지하고자 하는 쾌락원칙의 경향은 결국 생명체의 가장 보편적인 노력, 즉 "무생물의 상태로 돌아가려는 본능"[99])에 지나지 않는다. 유동적인 에너지를 안정되고 고정된 에너지로 묶어 내어 쾌감을 얻는 생명 충동은 궁극적으로 모든 에너지를 아예 수평적 상태로 평형화하고 부동화하는 죽음의 상태를 지향한다. 따라서 프로이트의 초심리학적 사색은 결국 삶의 궁극적인 의미를 죽음에 두는 역설적 결론에 이르게 된다. 프로이트에 따르면, "모든 삶의 목표는 죽음"[100])이며, 우리는 모두 죽지 못해서 사는 셈이 된다. 과연 우리

---

96) 같은 책, 323
97) 프로이트, 「자아와 이드」, 『정신분석학의 근본 개념』, 382.
98) 같은 책, 383.
99) 프로이트, 「쾌락원칙을 넘어서」, 『정신분석학의 근본 개념』, 310.
100) 같은 책, 310.

의 삶을 사로잡고 있는 것이 죽음 충동인가?

베르그손의 관점에서 보면 프로이트의 죽음 충동은 다음과 같이 비판될 수 있다.

1. 죽음 충동은 개체중심주의적 관점에서 삶을 보기 때문에 비롯된 생각이다. 프로이트는 개별 생명체가 갖는 전체 생명체와 물질적 환경과의 연대적인 관계를 무시하고 있다. 프로이트는 마치 개별 생명체가 전체 환경으로부터 독립적인 주체로서 진화하는 것인 양 간주한다. 그러나 베르그손의 관점에서 보면 생명체의 진화는 탈개체중심적이며 항상 전체와의 연대 속에서 진행된다. 이것은 현대 생물학적 연구들을 통해서도 지지되고 있는 통찰이다.

예컨대 생명체와 환경은 서로 분리되어 작용하는 두 실체가 아니다. 생명체의 본성 자체가 환경과 맞물려 변화되며 환경 또한 생명체에 의해서 변화된다. 최근에 등장한 복잡계 생물학 및 자기 조직화 이론까지 들지 않더라도 이런 사실은 오늘날 너무나 자명하게 받아들여지고 있다. 생명체는 환경과 더불어 진화하는 존재이며, 생식질이나 DNA로 환원되지 않는 창발적 특성을 지닌다. 생명체가 초기 조건을 복원하고자 한다고 하지만, 이 초기 조건은 생명체가 외부 환경의 압력 때문에 '버리지 않을 수 없었던 것'이다. 생명체의 진화 자체가 환경과 생명체 사이의 상호작용 관계를 변화시켜 온 역사라는 사실을 프로이트는 보지 못하고 있는 것이다. 그래서 그에게는 유기체의 생존 본능도 환경과 독립적으로 자족적인 항상성을 얻음으로써 자기 개체성을 보존하려는 욕망이며,[101] 이러한 욕망을 압도하며 궁극적으로 이끌어 가는 죽음 충동 또한 너무나 "개인주의적이고

---

101) 생존 본능에 충실한 쾌락원칙이란 쾌를 추구하고 불쾌를 피하는 것, 즉 흥분과 긴장을 낮추어 항상성을 유지하는 것이다.

주관적이며, 유아론적이거나 단자적"인 것이다.[102] 바이스만의 생식세포를 결국 '자기 방식대로 죽고 싶은 욕망'으로 해석할 때 프로이트의 주장은 마치 리처드 도킨스의 '이기적 유전자'와 같은 생물학적 허무주의biological nihilism를 보여 준다.

그러나 베르그손의 관점에서 볼 때 바이스만의 생식세포에 해당하는 배아적 무의식은 항상 전체와의 연대 속에서 개체를 초월하여 흐르는 생명의 약동이다. 그리고 생명의 약동은 물질적 저항이 제기한 문제들을 해결해 나가는 힘겨운 노력이다. 물질의 상태로 회귀하고자 한다는 죽음 충동이란 단지 생명의 약동이 이완되고 정신적 긴장이 풀어지면서 노정되는 개체의 유한성을 드러내는 뿐이지 결코 생명체 자체를 이끌어 가는 본질적이고 적극적인 충동이 아니다.

2. 죽음 충동은 생명체를 엔트로피의 법칙에 종속시킨다. 이것은 베르그손의 관점에서 볼 때 정신적 반복과 물질적 반복의 진정한 차이를 혼동하는 것이다. 베르그손에 의하면, 엔트로피의 법칙은 완전히 기하학적인 공간성으로 환원될 수 없지만 그럼에도 불구하고 그리로 향하는 물질의 경향성을 가장 잘 드러내는 것이라고 할 수 있다. "그것은 물리학의 가장 형이상학적인 법칙이다. 그것은 매개된 상징 없이도, 측정의 기교들 없이도, 세계가 진행하는 방향을 우리에게 직접 보여 주는 것이다. 그것은 서로 이질적이고 가시적인 변화들이 점점 더 비가시적이고 동질적인 변화들로 희석될 거라고 말한다. 우리가 풍부하게 했던 불안정성과 우리 태양계 안에서 증가하는 변화들의 다양함이 조금씩 무한히 서로 반복될 요소 진동들의 상대적인 안정으로 대치될 거라고 말한다."[103] 이것은 프로이트의 죽

---

102) Deleuze, *Différence et Répétition*, 137(『차이와 반복』 237).
103) EC 244/701(『창조적 진화』 364).

음 충동이 지향하는 세계가 바로 물질의 반복 운동이 갖는 등질화 경향임을 단적으로 보여 준다.

그러나 유일하게 우주 안에서 엔트로피 법칙을 거슬러 운동하는 것이 있는데 그것이 바로 생명체다. 베르그손은 이 "엔트로피의 사면을 거슬러 올라가려는 노력"이 생명체의 근원적인 본능이고 생명 진화의 본질이라고 본다. 생명의 운동은 과거의 보존과 반복을 통해서 우주 안에 진정한 차이를 생성하고 새로움을 도입하는 정신적 반복의 운동이며 이것은 결코 물질적 반복 운동으로 환원될 수 없다.

그런데 프로이트는 생명체들이 물질과 마찬가지로 엔트로피의 법칙을 실현하고 있다고 본다. 생명체 안에서 '관성의 법칙'을 본다는 것 자체가 이미 생명체를 물질로 환원시키고 있는 것이다. 프로이트는 생명체의 진화가 오로지 외부 환경과 우연적인 요소에 의해서만 이루어진다고 보기 때문에 주어진 환경 속에서 상대적으로 자율적인 가능성의 조건들을 만들어 나가는 생명체의 내재적인 힘들을 간과하고 있다. 그래서 프로이트는 외부적인 영향이 아니라면, "기본적인 생명체는 바로 그 시작에서부터 변화에의 의지를 가지고 있지 않았을 것이다. 만약 상황이 그대로라면 그것은 항상 같은 삶의 진로를 되풀이하는 일만을 할 것이다"[104]라고 주장한다. 이것은 생명체의 운동을 철저하게 물질적 반복의 운동으로 환원시키고 있는 것이다.

그러나 생명체의 습관은 물질의 기계적이고 자동주의적인 반복과 동일한 것이 아니다. 생명체의 습관은 완전한 자동주의로 환원될 수 없으며 항상 어떤 차이를 산출하는 수축의 산물이기 때문이다. 결국 죽음 충동은 차이를 산출하는 진정한 반복이 아니라 "김빠지고 헐벗은 반복"[105] 단순한

---

104) 프로이트, 「쾌락 원칙을 넘어서」, 『정신분석학의 근본 개념』 309.

물질의 반복에 지나지 않는다. 죽음 충동은 결코 생명체에 본질적인 것이 아니다. 죽음 충동은 오로지 생명의 본질을 물질적 차원으로 환원시키고 새로움을 창조하는 생명적 힘 자체를 부정함으로써만 얻어질 수 있는 것이다.

3. 죽음 충동은 진정한 차이들을 무화시키고 다양성을 소멸시킨다. 프로이트의 관점에 따르면, 무엇보다 생명체들이 왜 진화했는지를 설명할 수가 없다. 진화 현상은 생명체들의 내적 본능과는 무관한 단지 우연한 사태에 지나지 않게 된다. 유기체의 본성이 보수적인 보존 본능이기 때문에 기본적으로 진화의 욕망을 가질 수가 없다. 단지 외부 환경의 우연성들 때문에, 적응하기 위해 더 복잡해졌을 뿐이다. 또 적응을 통해 새로운 특징들을 획득한다 해도, 모든 유기체가 최초의 물질적 상태로 되돌아가고자 하는 원초적인 본능은 결코 진화하지 않는다. 진화에서의 형태 변이가 초기 상태를 복원하려는 원초적 본능을 무화시키는 데 아무런 영향력을 끼치지 않는다는 것이다. 따라서 생명체는 원초적인 안정 상태를 희구하며 결코 변화나 진화를 원하지 않는다. 오로지 초기 상태로 되돌아가기 위해서 삶의 새로운 수단들을 창조한다는, 결국 '죽기 위해서 산다'는 이상한 진화를 겪을 뿐이다.

그러나 베르그손의 관점에서 보자면, 생명체의 진화란 생명의 내재적인 충동이 물질의 저항에 부딪혀 폭발하면서 마치 파열된 유탄 조각이 다시 유탄이 되어 파열되듯이 '반복하면서 차이를 생성하는' 연속적인 과정이다. 생명은 잠재성 그 자체이며 물질과의 만남 속에서 개별화되고 분리되면서 다양한 형상들(차이들)로 현실화한다. 그리고 이 차이화 작업은 생명의 약동 자체가 멈추지 않는 한 결코 중단되지 않는다. 생명체의 본성은

---

105) Deleuze, *Différence et Répétition*, 147(『차이와 반복』253).

끊임없이 '변화하려는 경향'이기 때문이다.

그런데 프로이트의 죽음 충동은 생명체의 이러한 본성을 간과하고 있으며, 모든 차이화 과정 자체를 무시하고 생성된 차이들조차 무화시켜 버린다. 프로이트에게는 "이전의 상태를 복원하려고 하지 않는 본능", "아직 획득된 적이 없는 상태를 목표로 하는 본능", "고도의 발전을 지향하는 보편적인 본능"은 아예 존재하지 않는다.[106] 기본적으로 '새로운 것'을 부정하는 퇴행적 사유인 것이다. 죽음을 향한 욕망은 다양성, 이질성, 차이들을 완전히 무화시키고 동일화한다. 에로스가 함축하고 있는 자기 보존적 욕망, 개체의 자기 완결성에 대한 집착은 급기야 아예 일자화하려는 죽음 충동에까지 이르게 된 것이다. 따라서 완전하게 분리된 개체로서 개별성을 완성하려는 프로이트적 욕망은 오히려 도달 불가능한 욕망일 수밖에 없다. 모든 차이들은 자기-동일화하려는 닫힌 체계 속에서 무화되며 모두 동일한 운명에 이르게 되기 때문이다.

과거를 반복한다는 것은 결코 과거로 회귀한다는 것이 아니다. 프로이트의 반복이 '앞으로 나아가는 것이 결국은 뒤로 가는 것'이라는 퇴행적 이미지를 담고 있다면, 베르그손의 반복은 '뒤로 감기면서 동시에 앞으로 나아감'이라는 창조적 이미지를 담고 있다. 전자의 방향이 현재로부터 과거로 회귀하는 것이라면, 후자의 방향은 과거로부터 미래로 나아가는 것이다. 베르그손의 관점에서는, 생명체들의 죽음이란 사실 생명의 흐름 전체의 관점에서 보았을 때 극히 사소한 것에 지나지 않는다. 이것은 생명적 힘의 유한성, 또는 단지 '피곤'을 나타낼 뿐이다. 개체들의 죽음은 단지 생명의 연속적인 진화 도중에 발생하는 우발적인 계기에 불과한 것이다. 그것은 오히려 차이의 생성을 가능하게 하는 조건이다. 개체의 죽음이란 오로

---

106) 프로이트, 「쾌락 원칙을 넘어서」, 『정신분석학의 근본 개념』, 314.

지 그 개체의 경우에 한에서만 소진된 생명의 노력을 나타낼 뿐이다. 그런 개체들의 유한성 자체가 새로운 개체들의 생성에 밑거름이 되는 것이고, 생명의 흐름이 계속적인 발명과 창조의 힘으로 지속하는 것임을 입증하는 것이다. 프로이트의 에로스가 그토록 열망했던 완전한 개별화는 개체중심적이고 자기-동일적인 체계에서가 아니라 오히려 탈개체적이고 자기-차이화하는 열린 체계에서야 가능한 것이다.

4. 죽음 충동은 무의식의 본성이 아니라 오히려 지성의 산물이다. 베르그손의 관점에서 보면, 죽음 충동이 지향하는 무無야말로 인간적 의식의 허구적 구성물이기 때문이다.

생명의 운동은 연속적인 질적 변화의 운동, 자기-차이화의 운동이다. 이 운동의 연속성에는 사실상 무가 끼어들 자리가 없다. 무는 실재가 아니며 단지 인간 주체의 기대와 바람을 투영한 것, 즉 현재 있는 것에 대한 부정의 표현에 지나지 않는다. 예컨대 '여기에 책이 없다'는 것은 책을 기대했던 마음의 좌절을 표현할 뿐이고 실재로는 '여기에 책상이 있다'는 것이기 때문이다. 무는 실재하는 것이 아니라 어디까지나 인간적 관심이 투영된 관념에 지나지 않는다.

마찬가지로 '죽음'이라는 개념 역시 인간적 관념의 산물일 뿐이다. 죽음 충동이라는 것이 생명체에 내재적인 본능으로 실재하는 것이 아니라, 단지 죽음에 대한 인간적 관념이 있을 뿐이라는 것이다. 베르그손은 『도덕과 종교의 두 원천』에서 죽음을 '지성적 산물'이라고 규정하고 있다. 요컨대, 동물들은 자신들의 죽음에 대한 관념을 갖지 않는다. 동물들은 자신들의 생명적 충동에 직접적으로 충실할 뿐이다. 그러나 인간은 죽음에 대한 관념을 갖는다. 왜냐하면 인간의 지성은 직접적인 유용성에서 벗어나서 사실들을 관찰하고 귀납하고 일반화하는 반성적 능력이기 때문에 자신을 둘러싸고 있는 생명체들의 죽음을 목격하면서 죽음의 일반성을 확인할 수 있기 때문이다. "생명의 약동은 죽음을 무시한다. 이 약동의 압력을 뚫고 지성이 솟아나면, 죽음의 불가항력적인 관념이 나타난다."[107]

생명은 죽음이라는 것을 모른다. 살아 있는 자연은 결코 죽음을 의도하지 않는다는 것이다. "사는 것만을 생각하기 위해 만들어진 생명체들의 세계 속에서 반성과 함께 나타나는 죽음의 확실성은 자연의 의도와 대립된다."[108] 그래서 생명의 연속적 운동에 오히려 방해가 되는 죽음에 대한 인간적 관념을 처리하기 위해서 종교가 있는 것이기도 하다. "종교는 죽음의 불가피성에 대한 지성의 표상에 대항하는 자연의 방어적 반작용이다."[109] 이런 관점에서 보면 프로이트의 죽음 충동이야말로 가장 인간적인 관념이라고 할 수 있다. 생명의 약동은 개체의 죽음에 대한 이러한 인간적 관심을 넘어서 작동하는 비인간적이고 냉혹한 자연의 법칙일지 모른다.

결론적으로 말해서 생명체의 본능은 생명의 약동이지 죽음 충동이 아니다. 베르그손의 무의식에는 개별적인 삶 자체를 초월하여 일자화하려는 프로이트식의 죽음 충동이란 없다. 오히려 개체의 죽음을 초월하여 흐르는 영원한 생명의 약동, 부단히 차이를 산출하려는 경향만이 있을 뿐이다. 한마디로 베르그손의 생명 철학에서 죽음이란 무화나 물질화가 아니라 개체의 차원에 본래부터 한정되어 있던 노력의 소진이자 하나의 삶의 피곤이며, 현실화되기 이전의 잠재성으로 되돌아가는 것이다. 개체의 죽음은 생명 자체의 관점에서 보았을 때, 다른 출구를 찾기 위해서 자기 자신으로 복귀하는 생명의 또 다른 양상이다.[110]

---

107) MR 144/1092(『도덕과 종교의 두 원천』152).
108) MR 136/1086(『도덕과 종교의 두 원천』144).
109) MR 137/1086(『도덕과 종교의 두 원천』145).
110) 『창조적 진화』의 한 페이지에서 베르그손이 직접 붙인 각주에는 죽음에 관한 이러한 그의 생각이 단적으로 드러나고 있다. "앙드레 랄랑드(André Lalnde) 씨는 풍부한 사실들과 사상들로 가득 찬 자신의 저서(『진화에 대립하는 해체』*La dissolution opposée à l'évolution*)

4. 생성의 논리와 인과 논리

창조적 진화의 사실이 보여 주었듯이 변이-차이의 생성은 외재적이고 우연적인 요소들을 더해 감으로써 이루어지는 것이 아니라 내재적이고 잠재적인 전체로부터 분화되어 나오는 것이다. 그리고 이 분화는 자기 안에 내재하는 다른 경향들을 부정하고 배제함으로써가 아니라 현실적인 물질과의 마주침 속에서 단지 분리하고 나누어짐으로써 이루어진다. 이렇게 갈라지면서 자기 분화auto-différenciation하는 방식은 기존의 인과 논리로는 설명할 수 없는 것이다.

> 여기서 원인이라는 말을 어떤 의미로 이해해야 할까? (……) 하나의 원인은 **충격**impulsion, **유발**déclenchement 또는 **풀림**déroulement에 의해 작용할 수 있다. 당구공을 다른 공을 향해 던지면 그 운동은 충격에 의해 결정된다. 화약의 폭발을 야기하는 불꽃은 **유발**에 의해 작용한다. 조여 놓았던 태엽이 점점 느슨해져 축음기가 돌아가게 되면 판 위에 기록된 선율이 **풀려나게** 된다. 내가 연주되는 선율을 결과로, 태엽의 느슨해짐을 원인으로 간주한다면 나는 여기서 원인이 풀림에 의해 진행된다고 말할 것이다. 이 세 경우는 원인과 결과 사이의 연대성이 더 있거나 덜 있음에 의해 서로 구분

에서 유기체들이 죽음에 마주하여 나타내는 순간적 저항에도 불구하고 모든 것은 죽음을 향해 간다는 것을 보여 준다. ── 그러나 비록 무기 물질에 관해서라도 우리 태양계의 현 상태에서 도출한 결과를 우주 전체에까지 확장하는 것이 정당한 것일까? 죽어 가는 세계 옆에 태어나는 세계가 있을지 모른다. 다른 한편 유기적 세계에서는 개체들의 죽음은 전혀 "생명 일반"의 감소나 또는 생명 일반이 마지못해 따르는 필연성으로 나타나지 않는다. 사람들이 여러 번 지적했듯이 생명은 개체의 존재를 무한히 연장하려는 노력은 결코 하지 않는다. 반면 다른 많은 점에 있어서 생명은 그만큼 다행스런 노력을 한다. 모든 일이 진행되는 양상은 [자연이] 이 죽음이란 것을 생명의 최대의 진보를 위해 의지하였거나 또는 적어도 감수했던 것처럼 보인다"(EC 247/704 각주1, 『창조적 진화』 369).

된다. 첫번째 경우 결과의 양量과 질質은 원인의 양과 질에 따라 변화한다. 두번째 경우에서는 결과의 양과 질 모두가 원인의 양과 질에 따라 변화하지 않는다. 결과는 불변적이다. 마지막으로 세번째 경우에는 결과의 양은 원인의 양에 의존하지만 원인은 결과의 질에 영향을 주지 않는다. 태엽의 작용에 의해 판이 더 오래 돌수록 내가 듣는 선율의 부분은 더 길어진다. 그러나 들려진 선율의 본성 또는 내가 거기서 듣는 부분의 본성은 태엽의 작용에 의존하지 않는다. 사실상 원인이 결과를 **설명**하는 것은 단지 첫째 경우뿐이다. 나머지 두 경우에서 결과는 다소간에 미리 주어져 있으며, 결과보다 앞선 것으로 제시된 것은 원인이라기보다는 —— 물론 다양한 정도를 갖지만 —— 기회l'occasion이다."[111]

그러면, 예컨대 물의 염분이 아르테미아 새우의 형질변환transformation의 원인이라고 말할 때 또는 어떤 번데기가 나비로 될 때 띠게 되는 날개의 색과 무늬를 온도가 결정한다고 말할 때, 원인이란 어떤 의미에서 사용되는 것인가? 생명체의 변이transformation가 잠재적인 것의 현실화, 분화/차이화라고 말할 때, 잠재적인 것은 어떤 의미에서의 원인에 해당하는가? 첫번째 것이 기계론적 원인이고 세번째 것이 목적론적 원인이라면, 잠재적인 것은 두번째와 세번째 사이, 즉 "유발과 풀림의 중간적 의미"를 갖는다고 할 수 있을 것이다.

4.1 잠재적인 것은 외재적인 충격으로서의 기계적인 원인이 아니다

기계론적 생물학mechanistic biology은 아리스토텔레스의 목적론적 설명방식(기능 중심의 형태학적 논의)에서 벗어나 생명 현상에 대한 인과적 설명

---

111) EC 73~74/557(『창조적 진화』124~125).

방식을 추구한다. 여기서 인과적 설명 방식이란 원인과 결과 사이에 결정론적이고 법칙적인 관계가 있음을 전제하는 것으로서 근대 물리학의 성공 이래로 자연 과학의 기본 모델이 되고 있는 것이다. 그 대표적인 예가 당구 공의 세계, 원자론과 라플라스적 결정론의 세계이다.

여기서 원인과 결과 사이의 관계는 상호 외재적이다. 따라서 원인은 결과의 필연성을 담보할 수 없다. 흄의 고찰대로 둘 사이의 법칙적 관계는 그 관계의 반복을 바라보는 정신에 의해서 외재적으로 부여된 것일 뿐이다. 둘 사이 관계의 필연성은 오로지 정신 안에서만 주어지는 것일 뿐 현상 자체의 필연성은 아니다. 바로 이런 점에서 베르그손은 신다윈주의를 기계론이라고 비판하는 것이다. 즉 생명체의 변이-진화 현상을 외재적인 원인(외부 환경에 대한 적응, 물리화학적 요인)에 의해서 설명하고 있기 때문이다. 외재적이란 것은 생명체의 체벽 바깥의 환경만을 의미하는 게 아니라, 생명체 내부의 기관들을 포함하여 생명체 자체의 가시적이고 물질적인 요소 전체를 의미한다. 베르그손에 의하면, 생명체의 변이는 이러한 물질적 조건들의 변화에 의해서만 진행되는 것이 아니라는 것이다. 이러한 조건에 부딪치고 이를 해결하려고 하고 이 물질적 흐름을 거슬러 올라가려고 애쓰는 생명체 내부의 잠재적인 무언가가 또한 있어야 한다는 것이다. 이 잠재적인 것은 가시적인 물리화학적 요인으로 환원될 수 없는 것이다. 이것은 정신적인 것이고 비가시적인 것이며 무의식적인 어떤 힘이다.

베르그손의 잠재적인 힘, 배아적 무의식 개념은 기계론이 설명하지 못했던 진화 현상을 설명한다. 즉 상이한 진화 계열 상에서 나타난 유사한 결과(눈 기관의 예)에 대해서 "생명이 진화의 다양한 노선 위에서 서로 다른 수단들에 의해 동일한 도구를 제작했다"[112]는 것으로 설명할 수 있다. 이런

---

112) EC 55/541(『창조적 진화』 100).

설명 방식은 원인과 결과의 단선적인 관계에 대해 새로운 관점을 도입하는 것이다. 즉 잠재적인 차원에서 단순한 일자였던 것이 현실화되면서 미처 예측할 수 없었던 다양한 형태들로 발전한다는 창조적 발명의 관계로 인과관계를 보는 것이다. 진화의 산물들 사이에서 보여지는 유사성은 애초에 차이에 따라 분화했던 생명 자체의 발생적 운동에 의한 결과물일 뿐이다. 잠재적인 생명은 현실화하면서 다양한 진화의 노선들뿐 아니라 각 노선에서 이용하는 수단 또한 창조해야 한다. 유사성은 차이의 파생물, 이차적인 범주에 지나지 않는다.

4.2 잠재적인 것은 목적론에서 말하는 목적인도 아니다

아리스토텔레스 이래로 물리화학으로 환원불가능한 생물학의 특성을 얘기할 때 항상 언급하는 것이 '목적성'이다. 생명체는 마주친 환경 속에서 기계적으로 적응하는 것이 아니라 어떤 '계획'에 따라 스스로를 형성하고 조절한다는 것이다. 라이프니츠의 외적 목적론이나 유기체의 기능적 조직화를 의미하는 내적 목적론, 생기론, 모두 여기에 해당한다.

　　잠재적인 것이 목적인이 아니라는 것은 현대 생물학의 생기론적 입장과도 다르다는 것을 의미한다. 목적론이 기계론과 달리 물질적 차원으로 환원불가능한 생명의 특성을 드러내고자 한다는 점에서는 의미가 있을지 모르나, 목적론도 어쨌든 결과에 외재적인 원인이라는 점에서 결과의 필연성을 담보하지 못하기는 마찬가지다. 또한 베르그손의 비판대로 결과의 예측불가능한 새로움 역시 설명하지 못한다.

　　잠재적인 것은 이미 결정되어 있는 현실화될 어떠한 계획이나 프로그램이 아니다. 잠재적인 것은 현실화될 계열들의 창조와 동시에 현실화한다. 진화가 동질적이고 단선적인 계열 안에서 하나의 현실적인 항에서 다른 항으로 이행하는 것이 아니라, 잠재적인 것으로부터 임의의 계열들에 따라 현실화하는 이질적인 항들로 이행한다는 것은, 그만큼 어떤 계획의 실현이 아닌 임의성이 따른다는 얘기다. 잠재적인 것은 오로지 현실화됨과 동시에 현실화되는 만큼 표현될 뿐이며, 어떻게 현실화되느냐에 따라 잠재적인 것 자체가 변화하는 것이기 때문에 계획이라는 것을 얘기할 수가 없다. 따라서 잠재적인 것으로서의 전체는 항상 열려 있다. 전체는 한꺼번에 주어지지 않으며, 항상 현실화되는 만큼 현실화된다. 이런 의미에서 자연은 끊임없이 변화하며 새로운 무언가를 생산한다.

베르그손의 잠재적 무의식은 목적론이 설명하지 못했던 생명계의 조화와 갈등 현상에 대해서 설명할 수 있다. "조화는 충동의 동일성에서 기인하는 것이지 공통의 열망에서 기인하는 것이 아니다."[113] 이것은 생명계 전체의 조화나 통일성을 미리 정해져 있는 그래서 도달될 현실적 목적으로 두고서 현상적인 생명계의 불규칙성, 갈등, 투쟁 양상을 설명하려는 관점 자체를 전환시킨다. 한마디로 미리 정해진 그리고 도달될 공통의 목적이란 없다는 것이다. 생명계 전체의 조화나 통일성을 군이 언급하자면 그것은 동일한 생명의 충동에서 비롯되었다는 점에서, 잠재적인 차원에서나 존재한다는 것이다. 현실적으로 존재하는 것은 공통된 기원으로부터 비롯되었지만 서로 다른 방향으로 분산된 경향성들 사이에서 서로에게 부족한 것을 이기적인 방식으로나마 보완하려는 상보성complémentarité의 관계 정도라는 것이다.[114]

결국, 기계론적 원인과 목적론적 원인은 모두 결과에 외재적인 원인이라는 점에서 잠재적인 것과 다르다. 잠재적인 것은 현실적인 것 안에 내재

---

113) EC 51/538(『창조적 진화』94).
114) "각 종이나 개체조차도 생명의 전체적 충동으로부터 일정한 약동만을 취하며 이 에너지를 자신의 고유한 이익에 사용하는 경향이 있기 때문이다. (……) 말하자면 원초적 약동은 공통의 약동이며, 위로 거슬러 올라갈수록 다양한 경향들이 더욱 더 상보적인 것으로 나타난다는 것이다"(EC 51/537~538, 『창조적 진화』93~94).

하면서 현실적인 것과 동시적으로 공존하는 것이기 때문이다. 더욱이 기계론적 원인과 목적론적 원인 개념은 잠재적인 것의 고유한 특성, 즉 비결정적이고 예측불가능한 생성을 전개한다는 점에서 대해서도 전혀 설명할 수가 없다.

4.3 잠재적인 것은 스피노자적 의미에서의 작용인도 아니다

그러면 잠재적인 것은 자신의 결과에 내재적인 원인, 자기 원인으로서의 작용인을 의미하는가? 만일 그렇다면 결과에 대해 필연적인 관계를 가질 수는 있을 것이다. 그러나 작용인으로서의 원인 개념이 잠재적인 것에 고유한 특성, 즉 결과의 비결정성과 예측불가능성까지도 담보한다고 할 수 있는가?

마이클 하트M. Hardt는 들뢰즈의 베르그손주의를 해석하면서, 베르그손의 잠재적인 것을 스피노자적 작용인과 동일시하는 측면이 있다.[115] 그러나 여기서 놓치지 말아야 할 것은 베르그손과 스피노자의 결정적인 차이이다. 물론 베르그손 자신뿐만 아니라 들뢰즈도 언급하고 있듯이, 베르그손과 스피노자의 친화성이 없는 것은 아니다.[116] 그러나 엄밀하게 말하자면 베르그손의 잠재적인 것은 스피노자의 능산적 자연이 아니다. 스피노자의 능산적 자연은 결과에 내재적인 원인으로서 작용인의 성격을 지니

---

115) Michael Hardt, *Gilles Deleuze; An Apprenticeship in Philosophy*, 특히 1장 '베르그송의 존재론' 참조.
116) 베르그손은 『도덕과 종교의 두 원천』에서 생명의 약동은 의지의 천재를 통하여 닫힌 사회의 개방과 도약을 이끌어 낸다는 점을 언급하고 있는데, 이에 대하여 "스피노자적 표현으로 그것의 의미를 둘러 말하자면, 우리가 소산적 자연에서 분리되어 나오는 것은 능산적 자연으로 되돌아가기 위한 것이라고 말할 수 있을 것이다"(MR 56/1024, 『도덕과 종교의 두 원천』 68)라고 표현하고 있다. 들뢰즈는 『베르그송주의』에서 "지속은 능산적 자연과 같고, 물질은 소산적 자연과 같다"(Deleuze, *Le Bergsonisme*, 94 [『베르그송주의』 129])라고 언급하면서 베르그손의 '존재론적 자연주의'를 말하고 있다.

고 있지만 이러한 의미에서의 작용인이란 개념은 베르그손의 잠재적인 것에 고유한 '비결정성'과 '예측불가능성'은 설명할 수 없는 개념이기 때문이다.[117] 베르그손 자신의 스피노자 비판에서도 이 비결정적이고 예측불가능한 창조적 발명성의 간과, 시간성의 무시, 지속의 배제가 핵심이다.

안셀 피어슨이 섬세하게 잘 지적하고 있듯이[118], 스피노자의 인과론과 결정론으로 환원할 수 없는 베르그손의 독특성은 잠재적인 것의 현실화 과정 자체가 과거를 현재 속에 연장하는 지속의 과정이고 질적 변화의 과정이기에 예측불가능한 발명성을 지닌다는 것에 있다. 과거의 반복은 결코 동일한 것의 반복이 아니다. 동일한 것의 반복은 물질에게조차 불가능하다. 항상 새로운 무언가를 덧붙이면서 이전 형상들로부터 흘러나오는 베르그손적 생성은 생성된 형상들이 표현하고 있다고 가정해야 할 하나의 완전한 존재를 상정할 필요가 전혀 없다.[119] 만일 잠재적인 것을 능산적 자연과 같은 의미에서의 작용인으로 본다면 원인과 결과 사이의 논리적인 필연성은 담보할지 몰라도 둘 사이에 존재하는 진정한 시간성, 즉 지속의

---

117) "신은 무한한 지성에 의해서 파악할 수 있는 모든 사물의 작용인(effcient cause)이다"(*Ethics*, I, P16, Cor.1). "신은 만물의 내재적 원인이며 외재적(transitive) 원인이 아니다"(*Ethics*, I, P18). 그러나 만일 스피노자의 실체 개념을 발리바르(Etienne Balibar) 식으로 해석한다면 베르그손과 좀더 가까워질지도 모르겠다. 발리바르는 시몽동의 개별화이론을 사용해서 스피노자의 실체를 새롭게 해석하고 있다. 발리바르에 의하면, 스피노자의 실체는 개별자들 이외의 다른 것이 아니다. 이때의 개별자들은 주어진 질료도 아니고 완전한 형상들도 아니며 개별화 과정의 효과들로 간주된다. 이런 관점에서는 실체란 이러한 활동성 안에서 무한히 다양한 양상들의 '인과적 단일성'을 지시하기 위해 사용된 이름에 지나지 않는다(Ansell-Pearson, *Germinal Life*, 227 n.4 [『싹트는 생명』 149, n.15]).

118) Ansell-Pearson, *Germinal Life*, 36(『싹트는 생명』 77~78).

119) "실재적 지속에서는 각각의 형태가 이전의 형태들로부터 파생되면서 거기에 무언가를 덧붙인다. 그리고 각각의 형태는 그것이 설명될 수 있는 한도 내에서 이전의 형태들에 의해 설명된다. 그러나 이러한 형태를 그것이 나타낸다고 가정된 보편적 존재로부터 직접적으로 연역하는 것은 스피노자주의로 돌아가는 것이다. 그것은 라이프니츠나 스피노자처럼 지속에서 모든 생산적 작용(action efficace)을 부정하는 것이다"(EC 361/801, 『창조적 진화』 530).

과정에서 겪게 되는 변화의 특성은 사라지게 될 것이다. 또한 만일 잠재적인 것을 작용인으로 본다면, 작용과 작용의 주체는 분리 설정될 수밖에 없다. 어떤 '실체'의 '작용'이라는 관점에서 벗어나는 것, 이것이 바로 베르그손의 독창적인 관점이다. 베르그손의 가장 핵심적인 명제는 '운동체 없는 운동'이 존재한다는 것, 운동과 변화가 그 자체로 실체라는 것이다.[120] "운동은 운동체를 함축하지 않는다."[121]

잠재적인 것은 자기 자신은 불변한 것이면서 변화를 야기하는 실체적 주체로서의 작용인이 아니다. 잠재적인 것은 그 자체로 불변하는 실체가 아니라 스스로 현실화하면서 동시에 그 자신이 또한 변화하는 것, 스스로 자기 차이화하는 것이다. 잠재적인 것의 현실화 운동은 운동의 주체를 설정하지 않은 채 변화와 운동이 존재함을 말해 주는 것이다. 전체가 생성에 앞서 미리 주어진다는 것은 스피노자에게는 해당되어도 베르그손에게는 결코 해당되지 않는다. 잠재적인 것은 미리 주어지는 것이 아니라 현실적인 것과 항상 공존할 뿐이다. 따라서 전체는 잠재적인 것의 현실화 운동 자체인 전체는 결코 미리 주어지지도 한꺼번에 주어질 수도 없다.

4.4 잠재적인 것은 원인 개념으로는 설명할 수 없는 것이다

잠재적인 것은 질료인도 목적인도 작용인도 아니다. 한마디로 스콜라 철학의 전통에서 입각한 원인의 계열에서 벗어나 있다. 그렇다면 도대체 잠재적인 것이란 무엇인가? 여기서 원인이라는 말의 의미부터 다시 생각해 볼 필요가 있다. 베르그손에 의하면, 원인이란 어떠한 종류의 것이든 항상 결과로부터 회고적으로 얻어지는 것이다. 따라서 잠재적인 것은 원인

---

120) PM 174/1390.
121) PM 163/1382.

이 될 수 없다. 잠재적인 것은 차라리 결과와 원인 모두에 대해서 일차적인 것, 인과 이전의 것이라고 해야 할 것이다. 왜냐하면 잠재적인 것은 경향들이기 때문이다. 경향이라는 것은 완성된 사물들도 아니고, 사물들의 속성도 아니며 "발생적 상태에서의 방향 변화"[122]를 의미하는 것으로서 실재하는 것이다. 그런데 이 경향들은 그 자신의 현실화된 생산물에 대해서뿐만 아니라 이 생산된 결과물로부터 회고적으로 사유된 원인에 대해서도 일차적인 것이다. 예컨대, 인간의 뇌와 동물의 뇌를 비교해 볼 경우, 생산된 결과물과 그 원인의 관점에서 보면 복잡성의 정도 차이밖에 드러나지 않지만, 경향의 관점에서 보면 본성의 차이가 드러난다.[123] 이것은 현실적인 사물 그 자체의 본성을 파악한다는 것, 그것의 발생적 근거를 찾는다는 것은 항상 원인의 관점에서가 아니라 경향의 관점에서 이루어져야 한다는 것을 보여 준다. 베르그손에게 있어서 현실화된 것은 원인의 결과물이기 이전에 먼저 잠재적인 경향의 표현인 것이다.

따라서 **잠재적인 것은 원인이 아니라 경향이라는 것**, 이것이 바로 기계적 원인도 목적적 원인도 아닌, 그러면서 풀림과 유발 사이에서 성립하는 것이다. 이것이야말로 **생성된 것의 비결정성과 예측불가능성, 새로운 것으로서의 발명성을 보장할 수 있는 개념적 장치**이다. "비결정성, 예측불가능성, 우연성, 자유는 언제나 원인들과 관련해서 독립적임을 의미한다."[124]

---

122) PM 211/1420.

123) "인간의 두뇌는 모든 두뇌가 그렇듯이 운동기제들을 설치하고, 임의의 순간에 그것들 중 하나를 선택하여 촉발 장치를 가동시킴으로써 그것을 움직이게 하도록 만들어졌다. 그러나 인간의 두뇌는 그것이 설치할 수 있는 운동기제들의 수, 즉 그것이 선택할 수 있는 촉발 장치의 수가 무한하다는 점에서 다른 두뇌들과 다르다. 그런데 제한된 것과 무제한의 것 사이에는 닫힌 것과 열린 것 사이에 존재하는 것과 같은 만큼의 거리가 있다. 그것은 정도 차가 아니라 본성의 차이다"(EC 264/718, 『창조적 진화』 392). "인간의 뇌가 아무리 동물의 뇌와 유사하다 해도, 그것은 습관에 다른 습관을, 자동주의에 다른 자동주의를 대립시킬 수단을 제공한다"(ES 20/830).

124) Deleuze, "La conception de la différence chez Bergson", 111. "베르그손은 그의 전

베르그손은 바로 이런 의미에서, 외재적인 원인이 아닌 잠재적인 경향들의 관점에서, 생명의 약동에 주어진 그 많은 우연들을 인정했던 것이다.[125]

따라서 잠재적인 것의 현실화 과정은 단순히 변화의 과정이라고 하기보다는 발명의 과정이라고 해야 정확할 것이다.[126] 왜냐하면 현실화될 어떠한 형상도 미리 주어지지 않기 때문이다. 기존의 인과적인 연역 모델은 비결정적이고 예측불가능한 차이를 창출하는 베르그손적 생성에는 적용할 수 없다.

5. 잠재적인 것(le virtuel)과 가능한 것(le possible)

베르그손의 무의식은 한마디로 잠재적인 것이다. 이것은 무의식이 무언가를 진정으로 생산하고 발명하고 창조한다는 것을 의미한다. 무의식은 어떠한 경우에도 이미 다 완성되어 있고 계획되어 있는 무언가를 재구성하거나 재배열하는 방식으로 또는 재현하는 방식으로 생산하지 않는다. 잠재적인 무의식은 언제나 예측불가능하며 비결정적인 어떤 것, 새로운 것, 진정한 차이들을 창조한다. 이는 무의식의 운동이 실재적 지속과 일치하기 때문이다. 생명체의 진화 현상은 무의식의 생산적 운동, 즉 '잠재적인 것

작품을 통해서 경향은 그 생산물과 관련해서도 일차적이지만 동시에 이 생산물의 시간 속에서의 원인들과 관련해서도 즉 항상 생산물 자체로부터 출발해서 소급하여 얻어지는 원인들과 관련해서도 일차적임을 보이고 있다……. 사물은 원인의 결과이기에 앞서 경향의 표현이다"(Ibid., 83).

125) "따라서 진화에는 우연의 몫이 크다. 적응한 또는 차라리 창안된 형태들은 대개의 경우 우연적이다. 원초적 경향이 이러저러한 상보적 경향들로 분리되어 진화의 분기되는 노선들을 창조하는 것도 우연적이며, 이러저러한 장소와 시기에 마주친 장애물에 상대적이다. 정지와 후퇴 현상도 우연적이다. 적응들도 크게 보면 우연적이다. 단 두 가지만이 필연적이었다. ① 에너지의 점진적 축적, ② 변화 가능하고 비결정적인 방향으로 이 에너지의 통로를 만들어 그 끝을 자유 행위로 통하게 하는 것"(EC 255~256/711, 『창조적 진화』 380).

126) "경향은 노력이고, 그 결과는 놀라움이다"(MR 317/1228, 『도덕과 종교의 두 원천』 321).

의 현실화'를 통해서 비결정적이고 예측불가능한 차이가 산출되는 과정을
보여 준다.

여기서 주의해야 할 것은 이러한 '잠재성의 현실화'를 '가능성의 실현'
과 혼동하지 않아야 한다는 점이다. 왜냐하면 과거의 존속이 창조적 생성
의 원리가 될 수 있는 것은 오로지 잠재성의 현실화 과정에서만 성립하기
때문이다. 바슐라르의 베르그손 비판은 바로 이 점을 간과한 데서 비롯되
었다고 할 수 있다. 바슐라르는 새로운 것이란 이전 조건을 초과하는 것인
데 만일 이것이 이전 것(즉 과거)과 연속적이라면 진정으로 새로운 것이라
고 할 수 없다고 주장하였다. 이미 다 주어져 있는 것으로부터 어떻게 진정
으로 새로운 무언가가 창출될 수 있단 말인가? 근원적인 충동에서의 동일
성에도 불구하고 현실화된 종-계열들의 비결정성과 발명성이 보장되는
근거는 무엇인가? 이러한 물음에 대한 해답은 베르그손의 잠재성 개념을
일반적인 가능성 개념과 혼동하지 않는 것에서 주어진다.

5.1 '잠재적인 것'은 라이프니츠적 의미의 '가능한 것'이 아니다

라이프니츠의 '가능한 것'은 그의 '가능세계' 개념에서 그 의미를 찾을 수
있다. 라이프니츠는 "이성진리는 필연적이며, 그것의 반대는 불가능하다.
사실진리는 우연적이며, 그것의 반대가 가능하다"[127]는 전제로부터 가능
세계의 의미를 정의한다. 라이프니츠에 따르면, 가능세계는 일정한 공리적
전제하에 논리적으로 모순이 되지 않는 한 구성되어질 수 있는 사건들의
집합을 지칭한다. 즉 어떤 사건이 가능하다는 것은 비록 경험적 사실은 아
니지만 그것을 생각하는 것이 논리적으로 모순되지 않음을 의미한다. 예

---

127) Leibniz, *Monadologie*, Nr. 33. 여기서 이성진리는 분석명제에, 사실진리는 경험명제에
　　해당한다.

컨대 '네모난 삼각형'이란 개념은 논리적으로 불가능한 개념이지만, 시저가 브루투스에 의해 암살되지 않았다고 가정하는 것은 가능하다. 이러한 의미에서 가능한 것들의 세계가 바로 가능세계이다.

그런데 논리적 가능성들이 다 실재하는 것이 아니라, 수많은 가능성들 중 현실에 해당하는 한 경우들의 집합만이 현실세계로 실재한다. 따라서 가능성은 어떤 것이 실재하기 위한 필요조건이기는 하나 충분조건은 되지 못한다는 논리적 사실과 관련된다. 즉 가능하다고 해서 다 현존하는 것은 아니다, 그러나 현존한다면 가능했어야 한다는 것이다.[128] 이런 가능세계들은 모두 대등한 진리값을 가진다. 그래서 라이프니츠는 수많은 가능세계들 중 특정한 하나의 가능세계가 현존세계로 되는 근거를 '충족이유율'에서 찾는다. 충족이유율이란 모든 존재하는 사물과 사실은 그것이 존재해야 하는 그리고 오직 그렇게밖에는 달리 있을 수 없는 충분한 이유가 있어야 한다는 것을 의미한다.[129] 라이프니츠는 왜 우리가 현재 이러한 현실세계에 살고 있는가에 대한 충족이유를 신의 선택에서 찾는다. 신은 모든 것들 가운데 가장 완전하고 가치 있는 것을 추구하는 선의지에 따라 선택하기 때문에, 우리가 살고 있는 이 세계는 논리적으로 동등하게 가능한 수많은 가능세계들 중 신에 의해 최선의 것으로 선택된 세계라는 것이다.

베르그손의 관점에서 보면, 이와 같은 의미에서의 라이프니츠적 가능성은 논리적 가능성에 지나지 않는다. 그리고 이러한 가능성은 이미 현실적으로 주어져 있는 것을 과거로 투사하여 그려 낸 상상적인 것에 지나지 않는다. 이러한 가능성의 논리는 시간을 공간화하는 지성의 "회고적 논리" logique de rétrospection에서 비롯된다.[130] 회고적 논리란 과거와 현재 사이

---

128) Leibniz, *Monadologie*, Nr. 44~45.
129) Ibid., Nr. 32, 36 참조.
130) PM 19/1267.

의 불가역적인 실재적 지속을 공간 속에서의 두 사물이 갖는 가역적인 위치 관계로 환원시켜서 사고하는 것이다. 이러한 논리적 가능성으로는 현재의 현실이 갖는 진정한 새로움과 창조적 특성을 설명할 수 없다. 라이프니츠적 의미의 가능성으로부터 선택된 현실성이란 사실 이미 주어진 현실로부터 뽑아 낸 가능성들 중에서의 선택이기 때문에 현실의 단순한 반복에 지나지 않는다. 이러한 가능성 개념은 지성의 일상적 사유에서뿐만 아니라 과학적 사유에서도 그 핵심을 차지하고 있다. 베르그손은 이러한 가능성 개념을 비판하고 잠재성 개념을 통해서 진정한 생성과 창조를 사유한다. 잠재성은 논리적인 것이 아니라 존재론적인 것이다. 잠재성은 공간화되지 않은 실재적 시간의 존재론적 운동과 실재적인 창조를 설명하는 개념이다. 논리적 가능성과 존재론적 잠재성의 차이에 대해서 아래 5.3과 5.4에서 보다 자세히 설명될 것이다.

5.2 '잠재적인 것'은 아리스토텔레스적 의미의 '뒤나미스'가 아니다

베르그손의 잠재성 개념과 가장 혼동하기 쉬운 것이 바로 아리스토텔레스의 뒤나미스dynamis 개념이다. 아리스토텔레스는 '가능적 존재'라는 개념을 도입하여, 현실적 존재와 비존재 사이의 중간적인 것, 즉 현실적으로 존재하는 것은 아니지만 그렇다고 없는 것은 아니기 때문에 다만 가능적으로 존재하는 것을 설명할 수 있게 했다. 뒤나미스는 궁극적으로 있는 것과 없는 것 사이의 사태인 운동과 변화, 존재론적 생성을 설명하고자 한 개념이다. 이런 점에서 잠재성은 뒤나미스와 같은 계열에 속하는 개념인 것 같지만, 사실 뒤나미스가 함축하는 목적론적 결정론을 근본적으로 거부한다는 점에서 잠재성은 뒤나미스와 혼동해선 안 되는 개념이다.

아리스토텔레스는 『형이상학』 9권에서 뒤나미스를 크게 두 가지 의미로 구분하고 있다. 첫번째 의미는 그 용어의 일반적인 사용에서 비롯된 것으로 주로 운동kinēsis과 관련해서 쓰이는 개념으로서의 뒤나미스이다. 이때 뒤나미스는 변화와 운동의 원리가 되는 능력 또는 가능성을 가리킨다.[131] 예컨대 '젖은 장작은 불에 잘 탈 수 없다'고 말할 때처럼 어떤 작용을 잘 할 수 있거나 잘 받을 수 있는 능력을 뒤나미스라고 한다. '에네르게이아'energeia는 바로 이런 뒤나미스(능력, 가능성, 가능한 것)의 실현으로서 '현실적인 것', '현실적인 작용'의 뜻을 갖는다. 집을 지을 수 있는 능력이나 볼 수 있는 능력이 뒤나미스라면, 에네르게이아는 그런 능력이 현실적으로 작용하는 운동의 상태를 가리킨다. 즉 '본다'는 것은 '볼 수 있는 능력'의 현실적인 발현이고, 건축가가 집을 짓는 과정은 집을 지을 수 있는 능력이 현실적으로 작용하는 것이다.[132]

두번째 의미는 아리스토텔레스가 그 사용범위를 더 확장시킨 경우로서, 뒤나미스와 에네르게이아를 각각 '어떤 것이 될 수 있는 가능성을 갖고 있는 질료'와 '그 가능성이 실현된 상태에 있는 실체'에 대해 사용할 때의 의미이다. 예컨대 건축 재료는 집이 될 '가능성의 상태로 있는 것'dynamei on이라면, 이 건축 재료를 사용해서 완성된 집은 '현실적인 상태에 있는 것'energeiai on이 된다.[133]

따라서 아리스토텔레스의 경우, 가능성과 현실성은 운동을 할 수 있는

---

131) Aristoteles, *Metaphysics*, vol. 9, 1046a 1.
132) Ibid., 1046a 12.
133) 뒤나미스의 이중적 의미에 따라 현실태도 에네르게이아와 엔텔레키아의 이중적 의미를 갖는다. 능력으로서의 뒤나미스에 상응하는 운동과 관련된 에네르게이아는 en-ér-geia(도중에-작동-있음), 즉 작동-도중에-있음을 의미한다는 점에서 변화의 과정이나 활동 중에 있음을 강조한다. 배움의 예를 들자면, 에네르게이아는 하나하나 배우고 있는 현실적 활동을 말한다. 반면, 질료로서의 뒤나미스에 상응하는 에네르게이아는 엔텔레키아(entel cheia)의 의미를 또한 갖는다. en-telé-cheia(도상에-목적-있음)는 목적-도상에-있음을 의미한다. 예컨대, 배움을 통하여 지향하고 있다가 마침내 도달한 영속적인 앎, 목표에 도달한 현실을 말한다. 이 현실태는 텔로스와 관련되며, 변화과정의 완료형태, 목적 달성 상태로서의 '완전 현실태'라고 한다.

능력과 그 능력의 실현으로서의 운동의 관계, 또는 어떤 질료에 대한 실체의 관계로 설명할 수 있다. 예컨대 가능성과 현실성은 "집을 지을 수 있는 자와 집을 짓고 있는 자의 관계, 잠자는 자와 깨어 있는 자의 관계, 눈을 감고 있지만 눈이 있는 자와 보고 있는 자의 관계, 질료와 질료를 다듬은 것의 관계, 만들어질 수 있는 것과 만들어진 것의 관계, 완성되지 못한 자와 완성된 자의 관계"[134]라고 할 수 있다.

그런데 아리스토텔레스의 뒤나미스 개념에서 가장 중요한 특징은 바로 "현실성은 개념, 시간, 실체에 있어서 가능성보다 우선한다"[135]는 점에 있다. 아리스토텔레스에 의하면, 현실성은 우선, 로고스(정의, 개념)에서 가능성보다 앞선다. 왜냐하면, '집을 지을 수 있다' 또는 '볼 수 있다'는 가능성 안에는 항상 현실적인 작용에 대한 로고스, 즉 '집을 짓다' 또는 '본다'는 것이 이미 전제되어 있기 때문이다.[136]

그 다음, 현실적인 것은 시간에서도 가능한 것에 앞선다. "가능한 것과 종에 있어 동일한 현실적인 것은 가능한 것보다 먼저이다."[137] 예컨대 현실적 인간보다 가능적 인간으로서의 수정란이 먼저인 것 같지만, 이 수정란은 그보다 먼저 있는 현실적 인간으로부터 비롯한다. 인간(자식)은 종적으로는 같은 인간이지만 수적으로는 다른 인간인 인간(어머니)으로부터 태어난다. 따라서 가능성(자식인간)에 앞서 현실성(어미인간)이 시간상 먼저 존재한다.

마지막으로 현실적인 것은 실체에서 가능한 것보다 앞선다. 예를 들면, 생성 과정은 가능성이 실현되는 과정인데, 이것은 아직 덜 실현된 것이

134) Ibid., 1048b 30.
135) Ibid., 1049b 4.
136) Ibid., 1049b 14~16.
137) Ibid., 1049b 18~19.

더 실현된 것으로 되는 과정이다. 그리고 모든 생성은 어떤 것을 실현하기 '위해서' 진행되는데, 이때 생성의 마지막에 오는 현실적인 것이 바로 그 목적에 해당한다. "생성하는 것은 모두 어떤 목적[télos]을 향하여 움직이는데 그것의 현실태가 바로 그 목적이며 가능성을 갖는 것은 바로 이것을 위한 것이다. 예컨대 동물은 시각능력을 갖기 위하여 보는 것이 아니라 보기 위하여 시각능력을 갖는다. 집 짓는 능력을 습득하는 것은 집을 짓기 위해서이다. (……) 질료는 형상에 도달할 수 있는 능력을 가지고 있기 때문에 가능적인 것이라고 부른다."[138] 또한 소멸하는 것과 영원한 것을 비교해 보면, 소멸하는 것은 소멸가능성을 포함하지만 영원한 것은 그런 가능성이 없이 현실적으로 있다. 따라서 현실적인 것이 가능한 것에 실체에서 앞선다.

　베르그손의 잠재적인 것은 이상에서 살펴 본 아리스토텔레스의 뒤나미스 어느 것에도 해당하지 않는다. 잠재적인 것은 능력으로서의 뒤나미스처럼 단순히 이미 갖고 있는 능력을 그대로 발현하느냐 안 하느냐의 맥락에 속하지 않는다. 뿐만 아니라 잠재적인 것은 이미 완성되어 있는 어떤 목적을 향해서 역량을 발현하는 것도 아니다. 아리스토텔레스의 가능태는 결정적으로 그 자신으로부터 비롯하는 창조적 역량을 갖지 않는다. 가능태의 자기 동일성, 자기 규정성, 실현 방향은 전부 이미 앞서 존재하는 현실태로부터 온다. 아리스토텔레스의 운동과 변화는 이미 주어져 있는 어떤 목적의 실현일 뿐, 진정한 창조의 과정이 아니다. 그러나 베르그손의 잠재성 개념은 무엇보다 비결정적이고 예측불가능한 차이를 창출하는 실재적 변화를 설명하려는 개념이다.

---

138) Aristoteles, *Metaphysics*, vol. 9, 1050a 9~17.

5.3 '가능한 것'에 대한 베르그손의 비판

베르그손은 「가능한 것과 실재적인 것」[139]에서 "예측불가능한 새로움의 연속적인 창조"를 설명하는 데 있어서 '가능한 것'이 갖는 결함들과 이에 연루된 착각들을 지적한다. 베르그손에 의하면, 가능한 것에는 두 가지 착각이 관련되어 있다. 하나는 가능한 것이 항상 실재적인 것보다 선행한다는 것이고, 다른 하나는 가능한 것이 실재적인 것보다 덜 있다는 것이다. 이 착각들은 결국 잠재적인 것을 가능한 것으로 혼동한 데서 비롯된다.

예컨대 어떤 음악가가 교향곡을 작곡하는데 그 작품이 아직 실재하기도 전이지만 그 작품에 대해서 그 음악가에게 "그것이 가능할까요?" 하고 묻고, 또 이에 대해서 "예, 가능합니다"라는 대답을 들을 수 있는 경우를 생각해 보자. 이때 가능한 것의 의미는 분명, "그 작품을 만드는 데 있어서 극복할 수 없는 어떤 장애가 있는 것은 아니다"라는 부정적인 의미, 즉 "불가능하지 않다"non-impossibilité는 의미를 지닌다. 이것은 "일단 5km를 걷고 나서 다른 심신 장애가 없다고 판단되면 10km까지 가는 것도 가능하다"에서와 같이, 가능한 것이 실재적인 것에 대해 갖는 논리적인 선행성을 나타내는 것에 지나지 않는다.

그런데, 이러한 의미의 가능한 것을 마치 "나는 내가 만들 작품에 대한 완전하고 정확한 관념을 이미 갖고 있다"라는 긍정적인 의미로 받아들일 때, 가능한 것이 실재적인 것에 존재론적으로 선행한다는 착각을 갖게 된다. 이것은 엄밀히 말해서 가능한 것을 말하는 것이 아니라 이미 잠재적인 것, 잠재적인 상태로 실재하는 것을 말하는 것이다. 이 경우, 관념의 형태로 존재하는 잠재적인 것은 비-실재적인 것으로서의 논리적 가능성이 아니라 그 자체로 실재적인 것이다. 존재론적 선행성으로 착각된 논리적 가능

---

139) PM 99~116/1331~1345.

성은, 앞서 라이프니츠의 가능성 개념 비판에서 언급되었듯이, 항상 현실적 실재에 입각해서 현실적 실재 이후에, 사후적으로 생산되는 것이다. 이 착각의 논리가 바로 지성의 회고적 논리이다. 가능성을 마치 실재적 잠재성이었던 것처럼 간주하는 것. 그러나 "가능한 것을 만들어 내는 것이 실재적인 것이지, 가능한 것이 실재적인 것으로 생성하는 것이 아니다."[140]

그리고 가능한 것이 실재적인 것에 선행한다는 이런 착각은 또한 가능한 것이 실재적인 것보다 '덜' 있는 것이라는 또 다른 착각과도 결합되어 있다. 무언가 부족한 가능성이 더 충만하고 완전한 실재성으로 된다는 착각. 그러나 베르그손은 오히려 가능한 것이 실재적인 것보다 '더' 있다고 주장한다. 왜냐하면 가능한 것에는 실재적인 것을 과거로 투사하는 정신의 작용에 의해서 덧붙여진 실재적인 것의 이미지가 더해져 있기 때문이다. 실재적인 것보다 선행하는 가능한 것이란 "일단 나타난 실재와 그 실재를 시간을 거슬러서 투사시키는 장치가 결합하여 나타난 효과"[141]에 지나지 않는다. 마치 고전주의의 낭만적 측면이 낭만주의가 나타난 이후에 그 낭만주의의 소급효과에 의해 부각된 것에 지나지 않는 것처럼 말이다. 한마디로 "가능한 것은 과거 속에서 보는 현재의 신기루이다."[142]

5.4 잠재적인 것과 가능한 것에 대한 들뢰즈의 해석

들뢰즈는 베르그손의 잠재적인 것을 가능한 것le possible과 엄격히 구분해야 한다고 주장한다.[143] 가능한 것은 실재적인 것le réel에 대립하는 것이고

---

140) PM 115/1344.
141) PM 112/1341.
142) PM 111/1341.
143) 베르그손은 사실 그의 전 저작에서 '잠재성 또는 가능성' 식으로 둘 사이를 엄격하게 분리하지 않고 중립적으로 사용한 것처럼 보이는데, 이 둘을 엄격하게 분리하여 베르그손의 전 철학을 잠재성의 철학으로 읽어낸 것은 들뢰즈이다. 뿐만 아니라 들뢰즈는 베르그손

실재화réalisation하는 것이다. 그러나 잠재적인 것은 실재적인 것에 대립하는 것이 아니라 현실적인 것l'actuel에 대립한다. 잠재적인 것은 잠재적인 한에서 그 자체로 어떤 충만한 실재성을 소유한다. 잠재적인 것은 덜 실재적이거나 비-실재적인 것이 아니다. 잠재적인 것은 실재적인 것이면서 현실화actualisation하는 것이다. 진정한 발명으로서의 운동, 새로운 것을 생산하는 창조적 운동은 '잠재적인 것의 현실화'에서 이루어지는 것이지 '가능한 것의 실재화'에서 이루어지는 것이 아니다.

들뢰즈는 베르그손의 창조적 진화의 논리를 따라 다음과 같이 거짓 운동의 원리와 참된 운동의 원리를 정리한다. 가능한 것에서 실재적인 것으로의 이행은 거짓 운동이고, 잠재적인 것에서 현실적인 것으로의 이행은 참된 운동이다. 전자는 '유사성'ressemblance과 '제한'limitation의 원리에 의해 지배된다. 실재적인 것은 가능한 것을 그대로 복사한다는 점에서 유사성의 원리에 따른다. 가령 실재적인 어떤 실존existence에 대해서, 이것이 실존하지는 않지만, 개념적으로는 가능하다면, 이것은 실존 가능한 것이 된다. 실존하는 것은 자신과 동일한 가능한 것에다가 단순히 실재성의 범주를 덧붙인 것에 불과하기 때문이다. 이때 실존 가능한 것은 실존하는 것의 모든 속성들을 보유하는 것이기 때문에, 실존하는 것과 실존하지 않는 것 사이에는 아무런 차이가 없다. 또한 어떤 실재적인 실존은 이미 완성된 채로 선재하는 다수의 가능한 것들 가운데서 추려내어진 것이라는 점에서 부정과 제한의 원리에 따른다. 이때 선재한다고 가정되는 가능한 것들의 풍부함이란 실재하는 것의 회고적 투사에 의해 개념적으로 주어지는 것에

의 잠재성 개념을 자신의 존재론을 확립하는 데 핵심적인 개념으로 활용하고 있다(Ansell-Pearson, *Philosophy and the adventure of the virtual: Bergson and the time of life*, 3 참조). 베르그손의 잠재적인 것과 가능한 것에 대한 들뢰즈의 논의는 *Le Bergsonisme*, 99~100(『베르그송주의』135~137) ; "Bergson", 296~9 ; *Différence et Répétition*, 272~274(『차이와 반복』455~457) 등에서 반복적으로 나온다.

지나지 않는다. 여기서 실존은 개념을 통해 규정된 부정성 이상의 어떤 것이 될 수 없다. 그런데 실재적인 실존은 가능한 것으로서의 개념과 똑같은 것이긴 하지만 사실 그 개념의 바깥에서 성립하는 것이다. 여기서는 가능한 것으로 개념화하기 이전에 출현한 실존의 실재적인 발생 자체에 대해서는 설명할 길이 없다. 실존은 단지 우연히 주어지는 것으로 전제될 수 있을 뿐이다.

반면에, 잠재적인 것에서 현실적인 것으로 이행하는 참된 운동은 창조적인 분화/차이화^{différenciation}의 원리에 따라 진행한다. 현실적인 것은 잠재적인 것을 동일하게 복사하거나 닮지 않을 뿐만 아니라, 잠재적인 것의 부정과 제한을 통해 성립하는 것도 아니다. 잠재적인 것은 추상적인 가능성이나 결여된 실재성이 아니라 그 자체로 충만한 실재성을 지닌다. 잠재적인 것의 풍부한 실재성은 마치 특별히 반짝이는 몇몇 별들을 중심으로 뭉쳐 있는 성운처럼, 배아적 요소와도 같은 차이들, 경향들, 지배적인 몇몇 기억들을 중심으로 수축-이완되어 있는 상이한 체계들, 상이한 수준들의 공존 구조에 있다. 잠재적인 것이 현실화한다는 것은 이 미분화되어 있는 잠재적 내용이 분화한다는 것이다. 그리고 분화한다는 것은 발산하는 선들을 창조한다는 것, 갈라지면서 차이화하는 노선들을 적극적으로 창조하면서 현실화한다는 것을 의미한다.

이런 관점에서 보면, 실존은 잠재적인 것의 실재성으로부터 분화되어 산출된 것, 현실화된 것이다. 가령 생명체들의 발생은 현실적인 어떤 두 항 사이에서 일어나는 것이 아니고, 시간 속에서 잠재적인 것이 현실화되는 과정이다. 이것은 잠재적인 어떤 구조가 구현되어 몸을 얻는 과정이기도 하고, 생명체가 구성되는 장 안에서 제기된 문제들이 그 해답을 찾아 나아가는 과정이기도 하다. 생명체는 그 자체로 어떤 문제(물질이 생명에 제기한 문제)의 해결이고, 생명체 안에 분화된 각각의 기관들도 마찬가지다. 가령 눈은 빛이 제기하는 어떤 문제의 해결이다. 이런 점에서 보면 발산하는 진화의 선들 위에 출현하는 유사성들(예컨대 연체동물과 척추동물의 상사 기관인 눈의 경우)은 동일한 발생적 근원에서 비롯된다 하더라도 생산 방식의 질적 다양성이 가능함을 보여 주는 것이라고 할 수 있다. 분화의 과정은 획일적인 것이 아니며 현실화의 상이한 리듬들을 상정한다.

베르그손에게 있어서 잠재적인 것의 창조적 현실화란 바로 거대한 기억과도 같은 존재론적 무의식의 분화에 다름 아니다. 원뿔 도식이 보여 주듯이, 거대한 기억이란 모든 절단면들이 잠재적으로 공존하고 있는 하나의 다양체다. 이 원뿔에서 각각의 절단면은 다른 모든 절단면들의 반복에 해당하고 오로지 비율적 관계들의 질서와 특이점들의 분배에 의해서만 다른 모든 절단면들과 구별된다. 그래서 이 잠재적 기억의 현실화가 발산하는 선들의 창조로 나타날 때, 각각의 발산하는 선은 어떤 한 잠재적 절단면에 상응하고 또 문제를 해결하는 한 가지 방식을 대변한다. 이 잠재적인 것 안의 차이(수축과 체계화의 정도에 따른 절단면들 간의 존재론적 차이)와 반복(각각의 절단면에서 내용 전체의 반복)은 현실화의 운동, 창조로서의 분화 운동을 근거 짓는다.

따라서 잠재적인 것의 현실화는 언제나 진정한 창조이다. 잠재적인 것과 현실적인 것들 사이에는 동일성과 유사성이 아닌 차이가 있다. 달리 말하자면, 잠재적인 것은 갈라지면서 분화하는 방식이 아니고서는 현실화할 수 없는 것이다. 실존은 가능한 것의 실재화에 의해서가 아니라 잠재적인 것의 현실화에 의해서 창조적으로 생성된다.

5.5 베르그손과 데닛 : 진화를 바라보는 두 관점

안셀 피어슨은 잠재적인 것이 아니라 가능한 것의 관점에서 진화를 바라보는 현대적 사유 ── 특히 대니얼 데닛D.C.Dennett ── 의 한계를 지적한다.

요컨대, 잠재적인 것의 관점에서는 진화 현상 안에서 진정한 차이와 새로움의 출현을 볼 수 있고 따라서 사유를 확장시킬 수 있지만, 가능한 것의 관점에서는 오로지 기존 것의 반복만을 볼 뿐이며 그만큼 사유는 제한된다는 것이다.[144]

베르그손의 과학적 진화론 비판과 창조적 진화라는 개념은 잠재성 개념을 중심으로 이루어진다. 베르그손은 근본적으로 반-다윈주의자도 아니고 반-과학주의자도 아니다. 베르그손은 오늘날 대부분의 철학자와 과학자들이 공유하는 생각, 즉 "의식을 가진 지성이란 적절히 조직화된 물질의 활동이며, 적어도 이 행성에 있어서 그런 활동의 기반이 되는 복잡한 생물체는 수십 억 년에 걸친 화학적·생물학적·신경생리학적 진화의 결과이다"[145]라는 것을 부정하지 않는다. 뿐만 아니라 기본적으로 진화에는 수많은 다른 결합이 가능한 물질적 요소들(원자들과 같은)의 체계와 이 요소들의 체계 전체를 관통하는 에너지의 흐름(태양광선 같은)을 필요로 한다는 것도 자명하게 인정하고 있다.

그러나 베르그손은 물질을 수축하여 신체들을 조직하고, 조직화된 신체들을 가로질러 종들과 개체들에게로 분배되는 발생적 에너지(생명)의 작동을 단순히 기계적인 반복으로 볼 수 있는지를 문제 삼는다. 베르그손의 주장은 한마디로 생명의 진화는 단순히 우연적인 환경에의 적응으로도, 어떤 계획이나 프로그램의 실현으로도 간주될 수 없다는 것이다. 베르그손은 기계론과 목적론에 부합하지 않는 실재적 진화의 창조적 측면을 설명하고자 하며, 그 노력이 바로 '변화하려는 경향'이라는 그의 개념 속에 녹아 있다. 변화의 내용은 우연이지만 변화하려는 경향 자체는 우연이 아

---

144) Ansell-Pearson, *Philosophy and the adventure of the virtual : Bergson and the time of life*, 79~89.
145) 처치랜드, 『물질과 의식』, 257.

니다. 그렇다고 해서 그 경향들이 어떤 목적이나 계획을 향해 실현되는 것도 아니다. 중요한 것은 경향들이 실재적인 것이고, 이것들이 잠재적인 상태에서 현실적인 상태로 이행하면서 예측불가능한 새로움을 창출한다는 데 있다. 말하자면, 진화의 핵심 요소인 자연선택은 단순히 기계적인 과정이 아니라 창조적인 과정이라는 것이다.

반면에, 데닛은 『다윈의 위험한 생각』(1995)에서 진화를 여전히 기계론적 관점에서 접근하고 있을 뿐만 아니라 잠재적인 것을 가능한 것의 관점에서 해석하고 있다. 안셀 피어슨에 의하면, 데닛은 자연선택을 알고리즘적 설계에 기초한 기계적인 과정으로 보고 있다. 데닛은 이 알고리즘을 "그것이 실행되거나 예화될 때마다 일정한 종류의 결과를 낼 것이라고 논리적으로 믿을 수 있는 어떤 종류의 형식적 절차"[146]라고 정의한다. 진화는 하나의 프로그램이며, 진화의 현실화는 로봇과 같이 마음이 없는 비지성적인 조물주가 가진 어떤 '디자인'을 프로그램으로 실행하는 것이다. 그러나 그렇다고 해서 진화의 결과가 미리 예측가능하다는 것은 아니다. "진화는 우리를 생산하기 위해 디자인되었던 어떤 과정이 아니다. 하지만 이로부터 진화는 사실상 우리를 생산한 어떤 알고리즘적 과정이 아니다, 라는 것이 도출되는 것은 아니다."[147] 즉 알고리즘적 과정으로서의 자연선택이란 필연적인 어떤 결과물을 산출한다는 것이 아니라 그런 결과물을 만들어 낼 가능성이 크다는 것, 그런 결과물을 낳을 어떤 '경향'이 있다는 것을 의미할 뿐이다.

그런데 이때 데닛이 말하는 '경향'은 실재적인 것이 아니라 오로지 논리적 가능성에 의거해 생각된 것에 지나지 않는다. 데닛의 '디자인 공간'은

---

146) Dennett, *Darwin's dangerous idea*, 50.
147) Ibid., 56.

잠재적인 것이 아니라 가능한 것에 해당한다. 데닛에 의하면 진화의 실제 궤적과 경로는 어마어마하게 다양하고 다차원적인 이 디자인 공간의 극히 일부를 현실적인 디자인으로 채워 가는 것이다. 이 디자인 공간을 데닛은 '멘델의 도서관'에 비유하는데, 이것은 모든 가능한 책들의 논리적 공간이라는 보르헤스의 도서관을 생물학적으로 변형한 것이다. 여기에는 모든 가능한 게놈이나 DNA 배열이 있다. 그러나 여기에 속하는 것은 오로지 지구라는 우리 행성의 생명체에 대해서 우리가 아는 것 전부일 뿐이다. 보르헤스의 도서관이 알파벳이 아닌 한자나 한글로 이루어진 책들은 무시했던 것처럼, 우리에게 아직 알려지지 않은 유전자 코드는 배제된다. 다시 말해서 데닛은 논리적인 유전적 가능성과 실제 진화의 문제를 생각하면서 내내 '공간적으로' 사유하고 있다. 예컨대, 호랑이의 가능성에 대한 데닛의 생각은, 가능한 것의 구성은 오로지 회고적 논리에 의해서 사후적으로만 일어난다는 베르그손의 통찰에 정확히 맞아 떨어진다. "뒤돌아보면, 우리는 호랑이가 사실상 처음부터 가능했었다고 말할 수 있다. 비록 그 확률이 낮았을지는 몰라도."[148]

데닛은 결국 진화의 시간을 논리적인 유전적 가능성의 공간으로 환원시켜 사유하고 있다. 즉 실재적 시간의 효력을 인정하지 않는다는 것이다. 진화를 바라보는 이러한 관점은 진화가 산출하는 새로움의 요소는 보지 못하고 오로지 현재 주어진 것의 반복이나 옛것의 재배열만을 설명할 수 있을 뿐이다. 데닛의 사유는 결국 진화에 관한 현대의 사유가 여전히 '공간화'하는 버릇에서 벗어나지 못하고 있으며 회고적 논리에 사로잡혀 있다는 것을 단적으로 보여 준다.

---

148) Dennett, *Darwin's dangerous idea*, 119.

6. 인간의 조건과 초월

생성의 주체로 작동하는 탈개체적이고 비인격적인 베르그손의 존재론적 무의식은 이제 근대적 주체를 해체한 탈근대 사유의 공통된 과제에 해당하는 문제, 즉 실존적 인간의 삶과 역사의 의미가 무엇인지에 대해 답해야 한다. 말하자면, 베르그손적 관점을 따를 때, 인간이 자신의 조건을 넘어 자신의 발생적 근거와 조건을 사유하면서 인식론적 경험을 확장할 수 있다는 사실이, 끊임없이 자기 분화하며 잠재성을 현실화하는 생명의 생성 운동에서 어떤 의미를 갖는 것인가? 변이의 주체가 생명적 무의식이라면, 베르그손이『도덕과 종교의 두 원천』에서 '닫힌 사회'와 '정적 종교'라 부르는 사회적 억압의 체계로부터 인간 지성의 도약은 어떻게 가능한 것인가? 나아가 인간 사회의 진보에 대해서는 어떤 의미를 부여할 수 있는가?

인간을 진화의 산물로 보는 베르그손의 관점에 따르면, 인간은 호모 사피엔스^{Homo sapiens}라기보다는 원시적인 도구의 제작으로부터 현대의 기계문명에 이르기까지 진보해 온 호모 파베르^{Homo faber}이다. 이러한 인간 종을 특징짓는 경향은 지성^{l'intelligence}이며, 인간은 이 지성을 통해서 물질에 대해 작용해 왔다.[149] 인간을 이성적 존재자 또는 사유하는 존재자로서 특권적 지위에 올려놓게 했던 인간 고유의 의식성은 사실 동물의 본능과 마찬가지로 물질이 제기한 문제를 해결하면서 자신의 자유를 확장해

---

149) "우리가 생각하는 인간 지성은 플라톤이 동굴의 비유에서 보여 준 것과 같은 지성은 전혀 아니다. 그것의 기능은 공허한 그림자들이 지나가는 것을 바라보는 것도 아니고 뒤로 돌아서서 눈부신 태양을 관조하는 것도 아니다. 우리는 일하는 소처럼 중노동을 하도록 매여 있어 우리의 근육과 관절의 움직임을 느끼며 쟁기의 무게와 흙의 저항을 느끼고 있다. 행동하는 것과 행동할 줄 아는 것, 실재와 접촉하고 심지어 그것을 사는 것, 그러나 단지 우리가 수행하는 일과 우리가 파는 밭이랑에 관계되는 한도 내에서 그렇게 하는 것이 바로 인간 지성의 기능이다"(EC 192/657,『창조적 진화』289).

온 생명적 활동의 하나로 발달해 온 것이다.[150] 지성은 실재 자체의 본성을 파악하려는 순수한 인식능력이라기보다는 삶에 대한 관심과 물질에 대한 주의를 기울이면서 과거의 경험을 현재에 이용하는 기억의 활동이자 추리 작용이며 도구를 발명하고 제작하는 기능이다. 물론 본능과 구별되는 지성의 독특성이 있으며, 이것은 도구의 제작과 용도를 무한히 변화시킬 수 있다는 점에 있다.[151] 따라서 인간은 물질적인 도구, 관념적인 도구, 기술적인 도구, 논리적인 도구 등 여러 가지 도구들을 사용해서 물질적 세계의 대상들을 자신에게 유용하게 재단하고 또 재단된 대상들 간의 "관계"[152]를 설정함으로써 물질적 세계에 대한 인식과 경험을 획득한다.

　'인간적 경험'을 형성하는 우리의 표상적 의식이란 이러한 생물학적 종으로서의 인간 지성의 작용과 다른 것이 아니다. 불가분한 연속체인 물

---

150) 베르그손에게 있어 본능과 지능은 생명체가 물질적 세계에 작용하는 행위양식이자 인식방법이다. 본능은 유기적인 도구를 한정된 대상에 사용하여 확실한 행위의 성과를 낳는 것이라면, 지능은 무기물을 조작하여 도구를 발명한다는 점에서 그 사용의 성공여부는 불확실하지만 사용과 대상의 무한한 가변성을 지닌다. 본능과 지능은 생명체가 물질에 부딪쳐 겪게 되는 문제를 푸는 상이하지만 동등한 해결 방법이라고 할 수 있고, 상호보완적인 경향으로서 둘 중의 하나를 우월한 경향으로 지니는 생명체 안에도 다른 경향이 항상 잠재적으로 잔존한다. 예컨대 본능을 지배적 경향으로 드러내는 곤충에게도 집 짓는 장소, 시기, 재료를 선택할 때 지능의 잔광이 어느 정도 수반하며, 역시 본능적인 척추동물의 경우에는 곤충보다 지능의 특징이 더욱 활발하게 드러남을 볼 수 있다. 그러나 이러한 본능과 지능은 인간의 경우에는 직관과 지성의 형태로 드러난다. 인간의 지성은 생명체의 지능 경향이 만개된 형태라고 할 수 있고, 직관은 지성 주변에 남아 있던 본능을 자기의식적인 상태로 발전시킨 형태라고 할 수 있다. l'intelligence는 동물에게는 잠재적인 경향이지만 인간에게는 현실화된 경향이라는 점에서, 또 발현의 정도 차이를 보이기 때문에 동물의 경우에는 지능으로, 인간의 경우에는 지성으로 번역하기로 한다.
151) "지성을 그 본래적인 행보로 나타나는 것 속에서 고찰할 경우 그것은 인공적 대상들을 제작하고, 특히 도구를 만드는 도구들을 제작하고, 그 제작을 무한히 변형시키는 능력이다"(EC 140/613, 『창조적 진화』 214).
152) "지성은 무기적인, 즉 인공적인 도구를 제작하는 능력이다. (……) 그것이 가진 선천적 특성은 관계를 세우는 경향이며 이 관계는 아주 일반적인 어떤 관계들에 대한 자연적 인식을 함축한다. 이 관계들은 각 지성에 고유한 활동이 그것을 더 특별한 관계들로 재단하게 될 진정한 소재이다"(EC 151/622~623, 『창조적 진화』 230).

질을 잘라내는 지각 작용과 과거를 현재 속에 수축하여 주관적 질을 형성하는 기억의 작용은 삶의 필요에 따라 유동적인 실재를 부동화하는 지성적 경향의 작용이다. 물질의 흐름을 재단하여 독립된 물체들로 고정시키고, 이렇게 분리된 대상들 간의 관계를 설정하고 형식화하는 지성적 의식의 여러 범주들과 사유의 틀들은 따라서 절대적인 형식으로서 '선험적인 것으로' 우리에게 주어져 있는 것이 아니다. 세계는 물론 우리 지성의 형식에 의해 '인간적 경험'의 대상들로 재단되지만, 지성 자체나 지성의 형식이 세계 자체를 벗어난 초월적인 것으로서 절대 불변의 것도 아니고, 또 우리가 '인간적 경험' 너머의 실재 자체와 접촉불가능한 것도 아니다. 지성은 잠재적인 생명이 현실화되면서 물질화된 의식적 기능이고, 지성의 형식이란 지성의 작용으로 드러난 생명의 운동과 물질 사이의 기나긴 상호 적응 과정에서 형성된 공통의 결과물이다.[153]

예컨대 칸트의 선험적 감성론은 물자체와 직접 접촉하는 감성적 직관의 형식을 동질적인 시간과 동질적인 공간으로 놓고, 물자체에 대한 인간적 경험의 가능 조건은 바로 인간 정신의 이러한 선험적 형식에 있다고 주장한다. 그러나 베르그손에 의하면, 동질적인 시간과 동질적인 공간은 사물 그 자체의 속성이 아닐 뿐만 아니라 우리 인식의 본질적인 조건도 아니다. 그것들은 절대적인 인식 형식이 아니라, 유동하는 실재를 고정시켜 우리에게 유용한 변화를 이끌어 내기 위해 우리가 수행하는 '나눔'(지각)과 '응축'(기억)의 이중 작용을 추상적으로 표현한 "물질에 대한 행위의 도식"이다. 베르그손에게 시간이란 인간 정신 안에 주어져 있는 형식이 아니라

---

153) "물질이 지성의 형식을 결정하는 것도 아니고, 지성이 물질에 자신의 형식을 부과하는 것도 아니며, 물질과 지성이 내가 모르는 어떤 예정조화에 의해 상호 조정되는 것도 아니고, 지성과 물질은 점진적으로 상호 적응하면서 결국 하나의 공통된 형식에 이르게 되었다"(EC 207/670, 『창조적 진화』 311~312).

인간 정신이 몸 담고 있는 절대적인 실재로서 공간과는 전혀 다른 것이고, 공간은 인간적 경험의 형식으로서 간주될 수는 있으나 물자체와 직접 접촉하는 감성적 직관의 형식이 아니라 지성의 형식이다. 공간이 지성의 형식이라는 것은 공간이 그 발생적 기원을 알 수 없는 절대적 형식으로서 지성 안에 주어진다는 것이 아니라, 지성의 제작적 본성이 주어진 재료를 부동의 고체로 상정하고 다루어야 한다는 점에서 비롯된 경험적 산물이라는 것을 말한다. 지성의 관점에서 유동하는 물질적 실재가 항상 부분들 간의 상호외재성, 불연속성, 가분성, 불가침투성으로 나타날 수밖에 없는 것은, 지성이 공간 형식을 매개로 물질에 작용하기 때문이다.

그러나 공간 형식이 오로지 지성의 산물인 것만은 아니다. 앞서 '물질의 반복'에서 분석했듯이, 물질 역시 공간적 특성을 지니고 있기 때문이다. 분리되고 독립된 연장적 물체들로 지각되는 물질세계는 우리의 공간 표상을 매개로 한 것이지만, 이 공간 표상의 바깥에, 즉 우리 지성의 바깥에 존재하는 물질은 불가분한 연속적 흐름으로 자기 고유의 반복 운동을 펼치고 있다. 이 물질의 반복 운동은 '거의' 동질화될 수 있는 변화의 연속으로서 이완되어 흘러가지만, 결코 완전하게 공간화되지는 않는다.[154]

따라서 지성과 물질은 점진적으로 적응하면서 공간 표상이라는 공통된 형식에 도달하게 된 것이다. 물질의 공간적 특성을 지성이 극단적으로 추상화하여 순수 공간 형식으로 표상하고, 이 순수 공간 형식을 다시 물질에 적용시켜 물질을 연장적 물체들로 파악하는 과정이 바로 그것이다. 결국, 공간 표상을 매개로 하는 인간 지성과 인간 지성에 의해 형성되는 인간적 경험은 생명의 흐름과 물질의 흐름 사이의 상호 타협의 산물로서 주어진 혼합물인 셈이다. 그러나 지성의 발생 자체는 생명의 잠재성이 물질에 부딪쳐 분화됨으로써 생성된 것이기 때문에 물질이 적극적인 요인이라고 할 수는 없다. 인간적 경험의 발생적 근원은 어디까지나 우주적 무의식인 생명의 잠재성에 있다.

그러니까 지성 자체의 발생적 의미와 지성의 형식을 구분해야 한다. 지성의 발생적 의미는 물질에 침투하여 물질을 이용하고 지배함으로써 자신의 자유를 확장하려는 생명의 가장 수축된 첨단이라는 데 있다. 반면, 지성의 형식은 물질에 대한 앎이자 적응으로서 가장 이완된 물질로부터 가져온다. 신체적 존재자로서 우리의 현실적 의식을 상징하는 원뿔의 꼭짓점이 바로 이러한 지성의 이중성을 단적으로 보여 준다. 순수 기억이자 순수 생명의 가장 수축된 지점이면서 동시에 가장 이완된 물질 안에 삽입되어 있다는 것. 우리의 현재는 항상 가장 수축된 과거이면서 동시에 가장 이완된 과거 가운데 있다.

따라서 지성은 인간의 독특성을 나타내는 것이긴 하지만, 그 자체로 인간의 특권을 증명하는 것이 아니고 오히려 인간의 조건이자 한계를 의미한다. 지성적 인간은 순수 생명의 발명이며 진화의 산물이다. 지성은 본성상 물질을 인식하고 물질에 대해 행위하려는 경향이기 때문에 기본적으로 물질을 닮는다. 따라서 지성은 상호 침투의 이질성과 불가분한 유동

---

154) 베르그손의 공간은 사물들의 속성이 아니라 다만 사물들의 경향과 일치한다는 점에서 데카르트적 공간이 아니다. 또한 외부 현상을 인식하는 감각적인 우리 직관의 선험적 형식이 아니라 정신과 물질의 상호 작용 속에서 실재의 경향에 부합하여 형성된 지성의 산물이라는 점에서 칸트적 공간도 아니다. 베르그손은 공간의 발생적 기원을 추적한다는 점에서 독특하다. "공간은 우리가 상상하는 것만큼 그렇게 우리의 본성에 낯선 것이 아니며, 물질 또한 우리의 지성과 감관이 표상하는 것만큼 그렇게 완벽하게 공간 속에 연장되어 있는 것이 아니다"(EC 204/667, 『창조적 진화』 306). 공간은 물질과 지성의 상호 간섭과 상호 조정의 정신 안에서 태어났다. 따라서 공간은 그 자체로 절대적인 완성물이 아니다. 공간성에도 정도가 있다. 체험된 공간이 질적 혼합물로서의 연장체라고 한다면, 순수 사유의 공간은 기하학적 공간, 과학적 공간이라고 할 수 있다. 그러나 이러한 기하학적 공간조차도 순전히 허구적 산물은 아니다. 왜냐하면 물질적 실재의 경향에 부합하여 형성된 것이기 때문이다. 즉 사물들의 내재적 기하학과 일치되기 때문이다. 물질의 경향은 반복이고 해체 경향이기 때문에, 기하학적 공간의 추상적 반복과 거의 동일시해도 실천적으로 무리가 없기 때문에, 수학적 물리학, 과학의 성공이 가능하다.

성인 생명을 이해하고 인식하는 기능이 아니며, 이러한 생명을 오히려 공간 도식을 매개로 하여 물질화하여 표상함으로써만 이해할 수 있을 뿐이다.[155] 생명공학과 유전자 조작으로 특징지어지는 현대 과학과 기술의 발명은 이러한 지성적 인식의 연장선에서 생명을 이해하고 있음은 물론이다. 지성은 "밖으로 시선을 두고 자기 자신에 대해 외화된 생명"[156]이기 때문에, 자신의 발생적 원천인 생명을 그 자체로 인식할 수가 없다. 지성적 의식은 오로지 표상적 형태로 현실화되고 부동화된 것만을 인식할 수 있기 때문에, 자신의 발생적 원천이자 잠재적 실재인 생명 그 자체와 생명의 운동성을 사유할 수 없다. 이것이 바로 베르그손이 말하는 '인간 조건의 한계'이다. 아이러니하게도 잠재적 생명의 창조적 발명품인 인간의 지성은 항상 새로운 것을 창조하고 발명하지만, 그 자신의 발생적 원천으로서 그 자신을 매개로 흘러가는 창조적 지속의 흐름 자체를 사유하지는 못한다. 우리는 우리 자신의 진화 또는 보편적 생성의 창조적 특성은 깨닫지 못한 채, 지성 바깥의 잠재적 전체와 과거 일반을 잃어버린 채 살아간다. 지성적 존재자로서의 인간은 더 이상 자연 전체 안에서 특권적 지위를 누릴 수 없을 것처럼 보인다. 인간은 최초의 진화 운동에서 미리 계획되어 있던 것도 아니고 진화 자체의 도달점도 아니기 때문이다. 또한 자연의 나머지가 인간을 위해 존재하는 것은 더더욱 아니기 때문이다.

그럼에도 불구하고, 베르그손은 "결국 인간은 우리 행성 위에서 생명적 유기조직 전체의 존재 이유일지도 모른다"[157]라고 말한다. 진화의 비결정적이고 우연적 산물에 불과한 인간에 대해서 "진화의 '종점'terme이자 '목적'but "[158]을 부여하는 것은 결국 목적성과 인간중심주의를 거부하는

---

155) "지성은 생명에 대한 자연적인 몰이해로 특징지어진다"(EC 166/635, 『창조적 진화』 251).
156) EC 162/632(『창조적 진화』 246).
157) EC 186/652(『창조적 진화』 279).

생명의 운동 자체와 모순이 아닐까? 베르그손이 말하는 인간의 특권적 의미는 과연 무엇인가?

결론적으로 말하자면, 그것은 인간만이 자신의 조건을 넘어설 수 있으며, 이러한 의미에서의 인간인 경우에서야 생명의 잠재성이 개방된 미래 속에서 자신의 자유를 확장할 수 있다는 점에서 비롯된 것이다.

생명 진화의 역사를 볼 때, 생명의 기원에 있던 잠재적인 의식은 작용과 반작용 사이에 '간격'이 설정되면서 선택의 가능성이 열리자마자 깨어나기 시작한다. 자극과 반응 사이의 메커니즘이 분화되고 복잡해진 뇌-신경체계는 그 자체로서는 물리-화학적 속성들을 넘어서지 않으면서도 자극의 수용과 반응 사이에 '간격'을 마련함으로써 과거의 기억이 끼어들 수 있는 조건을 제공하고 이를 통해 행위의 자유를 현실화할 수 있게 한다. 특히 "인간의 뇌는 그것이 설치할 수 있는 운동기제들의 수, 즉 그것이 선택할 수 있는 촉발 장치의 수가 무한하다는 점에서 다른 뇌들과 다르다. 그런데 제한된 것과 무제한의 것 사이에는 닫힌 것과 열린 것 사이에 존재하는 것과 같은 만큼의 거리가 있다. 그것은 정도 차가 아니라 본성의 차이다."[159] 즉 생명의 약동은 인간의 경우에 이르러, "자연의 결정론을 이용하여 그것이 쳐 놓은 그물코를 관통"할 수 있는, "기계장치를 제압하는 기계"를 자유의 도구로서 창조해 내었던 것이다.[160] "인간과 더불어 의식은 사슬을 부순다. 인간에서, 그리고 오로지 인간에서만 의식은 자유로워진다."[161] 인간의 이러한 물질적 조건은 가능적 행위를 나타내는 지각의 보다 확장된 형태로, 또 뇌의 간격 속으로 현실화하는 유용한 기억들의 형태로, 나아

---

158) EC 266/720(『창조적 진화』394).
159) EC 264/718(『창조적 진화』392).
160) EC 264/719(『창조적 진화』393).
161) EC 264/719(『창조적 진화』392).

가 물질을 이용하고 지배하는 지성의 형태로, 인간적 수준에서 의식의 자유를 전개하게 한다.[162]

그러니까 인간은 생명 진화의 최종적인 목적이라서가 아니라 생명의 약동이 진행하는 방향과 일치하는 쪽에 서 있다는 점에서 특권적 위치를 차지할 수 있다는 것이다. 즉, 생명의 약동이 물질의 필연성에 되도록이면 가장 많은 양의 비결정성과 자유를 도입하는 방향으로 흘러가고 있다는 점에서, 그리고 인간의 경우 생명의 이러한 특성이 가장 잘 실현되고 있다는 점에서 말이다. 생명의 진화와 분화의 목적이 단지 물질에 대한 적응과 생존이었다면 인간보다 더 탁월한 생명체들이 많다. 그러나 물질에 대한 적응은 생명의 자유를 실현하기 위한 필요조건이지 충분조건은 아니다. 인간적 수준에서의 의식이 존재하는 이유는 자유의 실현이지 적응이 아니다. 의식적인 존재자로서의 인간은 생명의 자유를 더 많이 실현하는 종이라는 점에서 다른 진화의 계열보다 의미가 있다.

그러나 앞에서 언급했듯이 인간 지성의 한계 또한 명백하다. 지성은 물질에 대한 행위 능력으로서 물질의 필연성을 넘어서는 것에는 유용할지 모르나 생명의 생성 운동과 창조적 지속 자체를 사유하는 데에는 무기력

---

162) "기억은 개의 의식과 인간의 의식에서 아주 다른 것임에 틀림없을 것이다. 개에 있어서는 기억은 지각의 포로인 채로 남아 있을 것이다. 그 기억은 유사한 지각이 같은 광경을 재생하면서 그것을 상기시킬 때만 깨어날 것이다. 그것은 기억 자체의 진정한 재생이기보다는 현재적 지각을 식별(reconnaissance)함으로써 나타나는데 이는 사유되기보다는 작동하는 (jouée) 것이다. 반대로 인간은 기억을 현재 지각과 무관하게 어떤 순간에든 마음대로 상기할 수 있다. 인간은 과거의 삶을 [현재 속에] 작동하게 하는 데 그치지 않고 그것을 표상하고 꿈꾼다. 기억이 부착된 뇌의 국부적 변양은 양쪽에서 같지만 두 기억의 차이는 두 가지 뇌의 작동기제들 사이의 이러저러한 세부적 차이에 근거하는 것이 아니라 두 뇌를 전체로서 취했을 때의 차이에 근거한다"(EC 181~2/648, 『창조적 진화』 272~273). 즉 인간의 뇌와 동물의 뇌는 복잡성의 정도 차이밖에 없는 것 같지만, 뇌의 간격 속에서 실현되고 있는 경향의 관점에서 보면 본성의 차이를 볼 수 있다. 동물의 뇌는 자동주의에 갇혀 있지만 인간의 뇌는 창조적 발명의 조건으로 작동한다.

하다. 뿐만 아니라 지성은 과학과 기술의 발전을 통해서 인간 사회의 물질 문명을 가속화시킬지언정 인간 사회의 폐쇄성과 닫힌 구조를 개방하는 능력으로는 작동할 수 없다. 따라서 인간이 자신의 지성성을 넘어설 수 없다면, 생명은 굳이 인간을 자기실현의 첨단에 세워 둘 필요가 없을 것이다.

그러면, 인간이 자신의 조건을 넘어설 수 있다는 것은 무엇을 의미하며 어떻게 가능한가? 인간의 특권이 자신의 조건을 넘어섬에 있다면, 그것이 어떻게 가능한 것인지가 설명되어야 한다. 베르그손은 그 해답으로 '직관'과 '감동'을 제시한다.

6.1 직관l'intuition의 의미

우선 지성의 한계를 넘어 인식의 장을 확장시키는 **직관**의 능력에 대해서 살펴보자. 베르그손의 자연화된 인식론에 의하면, 더 이상 칸트의 경우처럼 지성적인 인식의 범위를 제한하는 것이 직관의 감성적 한계라고 할 수 없다. 오히려 연속적이고 유동적인 실재와 직접 접촉하는 직관의 범위를 제한하는 것이 지성의 생물학적 기능이라고 해야 한다. 따라서 세계에 대한 경험의 '인간화'는 분명 우리 지성의 경향에서 기인한다. 그러나 이러한 지성의 경향 자체는 우리 인식 능력의 절대적인 한계가 아니다. 인간의 정신은 지성을 보완하는 직관이라는 또 다른 인식 능력을 지니고 있기 때문이다.

직관은 지성이 사유하지 못하는 생명의 내부로 우리를 인도해 준다. 직관이란 무사심하게désintéressé 자신의 대상에 대해 반성적이고 자기 의식적이 되어 대상에 대한 경험을 무한히 확장할 수 있게 된 본능이다.[163] 본능은 공간 표상을 매개로 실재를 주관화하는 지성과 달리 생명과 동연

---

163) EC 178/645(『창조적 진화』 268).

적이며 생명적 의지와 하나로 작동한다. 직관은 지성 주변에 잠재적으로 남아 있던 이러한 본능적 경험이 의식적으로 깨어나게 된 것이며, 따라서 표상적 의식의 '인간적 경험'으로 축소되기 이전의, 전체로서의 무의식적 실재 세계로 우리의 경험을 확장시킨다.

본능은 지능(지성)과 마찬가지로 생명체의 물질에 대한 행위 능력이자 인식 능력이다. 그러나 본능은 지능(지성)과 달리 생명의 고유한 유기화 작업의 연장선상에 있는 것으로서 인공적인 도구가 아니라 "자연적이고 유기적인 도구를 사용하는 능력"이며 "이 도구가 적용되는 대상에 대한 (물론 잠재적이거나 무의식적인) 선천적 인식을 포함"한다.[164] 따라서 본능은 자신의 대상이 되는 "사물에 대한 선천적 인식"일 뿐만 아니라 또한 자신의 발생적 원천인 "생명과의 공감"인 것이다.[165] 인간의 정신은 물론 지성의 경향이 지배적인 특성이지만, 인간 정신 안에는 지성의 의식성 주변에 잠재적인 무의식의 형태로 본능이 존재한다.[166] 지성적 인식 능력의 본성적 한계를 극복할 수 있는 가능성은 결국 인간 자신 안에 내재해 있는 본능적 무의식에 있다.

직관이란 바로 이러한 본능을 의식적인 것으로 자각한 것에 다름 아니다. 직관은 현실적인 이해와 관심에서 벗어나서 지성적 의식의 외부 세계에 대한 주의를 정신 안으로 돌려 무의식적이고 잠재적인 본능을 자기

---

164) EC 151/622(『창조적 진화』 230).

165) "본능은 공감(sympathie)이다. 만약 이 공감이 자신의 대상을 확장할 수 있고 또한 자기 자신에 대해 반성할 수 있다면 그것은 우리에게 생명적 작용들의 열쇠를 줄지도 모른다"(EC 177/644, 『창조적 진화』 267).

166) "지성의 영역에 있지 않다고 해서 본능이 정신의 한계 밖에 위치하는 것은 아니다"(EC 176/643, 『창조적 진화』 265). 『물질과 기억』에서 인간 정신은 표상적인 의식과 비표상적인 무의식으로 구분되었듯이, 『창조적 진화』에서는 지성적 의식과 본능적 무의식이 인간 정신 안에서 구분된다. 두 경우에서 의식은 모두 현실적인 것이고 무의식은 잠재적인 것으로서 의식의 발생적 근거와 관련된다.

의식화하면서 지성의 형식에 의해서 배제되었던 실재의 연속성에 대한 경험을 회복하는 것이다.[167] 그래서 직관의 능력이야말로 '인간적 경험의 전환점을 넘어서' 잃어버린 경험, 망각되었던 과거, 형식 밖으로 빠져 버린 질들을 회복하는 것이라고 했던 것이다. 그러나 이러한 직관은 본능 그 자체로 환원될 수 없다. 왜냐하면 본능은 그 자신만으로는 자신의 대상을 확장시키거나 자기 의식화하는 것이 불가능하며, 오로지 대상을 일반화하고 추상화할 줄 아는 지성의 매개를 통해서만 직관의 형태로 고양될 수 있기 때문이다. 그러니까 지성과 직관은 인간적 의식의 형태로 현실화한 잠재적 생명의 두 양상이라고 할 수 있는데, 지성이 직접적으로 발현된 생명의 경향이라면, 직관은 재발견된, 자기 의식적이 된 생명의 경향이라고 할 수 있다.

따라서 인간은 이러한 직관 능력을 통해 자신의 조건을 넘어 사유할 수 있는 존재로 창조되었다는 바로 그 점에서 진화의 계열에서 특권적 의미를 지닐 수 있다.

6.2 감동émotion의 의미

그러나 생명 진화의 관점에서 보았을 때, 인간의 직관이 갖는 의미는 과연 무엇인가? 다시 말해, 인간이 자신의 조건을 넘어 자신의 발생적 근거와 조건을 사유하면서 인식론적 경험을 확장할 수 있다는 사실이, 끊임없이 자기 분화하며 잠재성을 현실화하는 생명의 생성 운동에서 어떤 의미를 갖는 것인가?

마치 순수 기억으로부터 현실화된 기억-표상이 자신의 발생적 근원

---

167) "지성은 그것이 가진 선천적 특성에서는 **형식**에 대한 인식이며, 본능은 **질료**에 대한 인식이다"(EC 149~150/621, 『창조적 진화』 228).

이었던 잠재성을 잃어버리듯이, 생명의 잠재성은 하나의 종으로 현실화되자마자 현실화된 종은 나머지 전체와의 소통을 잃어버리는 것처럼 보인다. 인간 지성에 내재해 있는 사회적 삶 역시 예외는 아니다. 인간 지성의 사회는 본능의 사회와 마찬가지로 현실적으로 '닫힌 사회'의 특성을 지니고 있기 때문이다.[168]

달힌 사회란 한마디로 생존의 본능에 충실하여 다른 사회와 인류 전체와의 유대를 고려하지 않고 타자를 경계·배제하는 사회라고 할 수 있다. 물론 곤충의 경우와 같은 본능의 사회와 인간의 사회 사이에는 차이가 있다. 전자가 개체의 생리적 구조에 의해 유기조직화되어 있고 모든 규칙들이 자연 자체에 의해 부과된다면 후자의 규칙들은 가변적이며 합리적인 조직화를 이루고 있다는 점에서 그렇다. 그러나 인간 사회를 유지하는 규칙 '일반'의 필요성과 의무 '일반'의 강제력은 어디까지나 지성 자체의 산물이 아니라 본능의 산물이다. 사회적 관습, 규율, 규칙, 의무들 자체는, 그 개별적인 내용의 상대적 자율성에도 불구하고, 본성상 합리적인 토대 위에 설립되는 것이 아니라 사회적 응집력을 요구하는 생명의 존재 방식에서 비롯된 거대한 습관의 체계일 뿐이다. 사회적 질서는 의무들을 가지라는 의무, "의무 전체"에 대한 복종을 통해서 구축되며, 이것은 "해야 하니까 해야 한다"Il faut, parce qu'il faut는 맹목적인 본능의 요구이지 이성의 정언명법이 아니다.[169] 사회적 결속을 지향하는 본능에 토대를 둔 이러한 사회는 인류 전체의 진보를 향하여 개방하는 대신에 자신의 사회를 하나의 유기체로 간주하여 폐쇄시키고 다른 사회와의 생존 경쟁과 자기 보호에 몰두할 뿐이다. 이러한 닫힌 사회의 도덕은 억압의 도덕으로서 지성 이하infra-

---

168) "종을 형성하는 모든 작용과 마찬가지로 인류도 하나의 정지였다"(MR 50/1019, 『도덕과 종교의 두 원천』 63).

169) MR 20/995(『도덕과 종교의 두 원천』 32).

intellectuelle의 차원에서 사회적 생존을 유지할 뿐이다.

베르그손의 모든 분석이 그러하듯이, 사실 인간 사회의 현실적 양상은 혼합물의 형태를 띤다. 한편으로는 지성 이하의 차원에서 유지되는 '억압'과 '닫힌 도덕'의 특성, 다른 한편으로는 지성 이상의 차원에서 가능한 '열망'aspiration과 '열린 도덕'의 특성, 이 두 특성이 혼합된 형태에서 인간 지성의 사회는 동요하고 있다고 봐야 한다.[170] 문제는 전자에서 후자로의 도약이 과연 가능한가 하는 것이다. 인간이 생명의 진화에서 특권적 지위를 차지한다고 얘기하려면, 인간의 조건을 넘어서는 인간 종의 진화가 생명의 창조적 자유를 확장하는 방향으로 전개된다는 전제가 있어야 되는 것이고, 이것은 다시 인간성의 탈지성적 고양 가능성을 보여 주는 것이어야 하기 때문이다.

인간의 지성은 물론 맹목적인 관습과 의무의 체계에 저항하는 측면이 있다. 지성은 본성상 개인의 의식이고 지성의 발명들은 개인의 독창성에 기인한다. 자연 전체의 관점에서 보면 지성의 활동들은 개인주의적이며 이기적이다. 또한 지성의 일반화와 추상화 능력은 죽음에 대한 표상을 통해 예측불가능한 미래에 대한 두려움을 유포하며 사회적 생명력을 약화시킨다. 그러나 생명의 본능은 이러한 지성의 저항을 잠재우며 사회적 질서 속으로 편입시키는 수단들을 또한 발명하였는데, 그것이 바로 우화寓話작용fabulation이다.[171] 우화작용이란 이야기를 허구적으로 꾸며내어 환영이나 착각 등을 만들어 내는 작용인데, 베르그손은 이를 소설적 상상력 이전부터 존재해 왔던 종교적 상상력에 결부시킨다. 신들과 미신적 현상들로

---

170) "다른 종류의 진화였다면 훨씬 더 지성적이거나 또는 더 직관적인 인류가 되었을 수도 있다. 사실 우리가 속하는 인류에서 직관은 거의 완전히 지성에 희생되어 있다. 물질을 정복하고 자기 자신을 재정복하느라고 의식은 자신의 최대의 힘을 고갈시켜야만 했던 것 같다"(EC 267~268/721~722,『창조적 진화』397).

171) MR 111/1066(『도덕과 종교의 두 원천』121).

나타나는 종교적 표상들은 우화작용을 통해서 지성의 저항을 최소화하여 사회의 생존을 유지하려는 본능의 소산에 다름 아니다.[172] 요컨대, 인간 지성의 주위에 희미하게 잔재하던 생명적 본능은 직관의 형태로 자기의식화되어 깨어난 본능이 될 수도 있지만, 우화작용의 경우처럼 여전히 무의식적인 형태로 작동하는 본능이 될 수도 있다.

그렇다면, 베르그손이 '닫힌 사회'와 '정적 종교'라 부르는 이러한 사회적 억압의 체계로부터 지성의 도약은 어떻게 가능한 것인가? 인간의 지성이 이러한 사회적 차원에 머무른다면 인간은 다른 종의 계열들과 마찬가지로 여전히 자신의 조건 안에서 안주할 뿐이며, 창조적 진화를 향한 생명의 노력 그 첨단에 놓여 있다고는 할 수 없을 것이다.

잊지 말아야 할 것은, 변이의 주체 또는 진화의 주체는 인간 자신 특히 인간 지성이 아니라는 것이다. 순수 기억이자 우주적 무의식인 생명의 잠재성은 지성과 본능 사이에 마치 새로운 경향을 탄생시키듯이 감동 émotion을 삽입시킨다. 감동이란 창조적 행위를 불러일으키는 동력으로서, 지성적인 판단에 의한 행위도 본능적인 습관에 의한 행위도 아닌 바로 감성sensibilité에 의한 행위를 가능하게 한다.[173] 지성도 본능도 아닌 감동은, 마치 작용과 반작용 사이의 뇌의 간격 속으로 순수 기억 전체가 수축되어 기억-표상이라는 새로운 질을 현실화하듯이, 지성과 본능 사이의 간격 속으로 순수 생명 전체를 수축하면서 탁월한 "의지의 천재들"volontés

---

172) "종교는 지성의 해체하는 힘에 대항하는 자연의 방어적 반응이다"(MR 127/1078, 『도덕과 종교의 두 원천』 135). "종교는 죽음의 불가피성에 대한 지성의 표상에 대항하는 자연의 방어적 반응이다"(MR 137/1086, 『도덕과 종교의 두 원천』 145).

173) "창조는 무엇보다 감동을 의미한다"(MR 42/1013, 『도덕과 종교의 두 원천』 55). "감동은 초-지성적인 것이다"(MR 85/1046, 『도덕과 종교의 두 원천』 96). 감동은 감각적 표상들과 관념들, 구체적인 대상들에 결부되어 야기되는 것이 아니라 오히려 표상들과 관념들을 산출하는 잠재성으로서 우리 안에 존재하는 감성이라고 할 수 있다. 예컨대 예술적 창조는 예술가의 정신 심층에서 솟아나오는 감동을 현실화함으로써 이루어진다.

géniales[174]로 현실화한다.

베르그손이 의지의 천재들이라 부르는 몇몇 선각자들은 마치 지성적 인간을 넘어서는 새로운 종인 것처럼 인류 전체뿐만 아니라 모든 자연에까지 보편적 사랑이라는 자신의 열정을 확대하며 경계를 넘어서는 실천적 행위를 보여 준다.[175] 이러한 위대한 도덕적 영웅들의 행위가 우리를 감동시키고 우리의 지성을 자극하여 그들을 따라 행위하게 만든다. 이것이 바로 생명이 인류를 더 높은 차원으로 이끌어 가는 방식이다. 개인과 사회의 생존에 몰두하는 폐쇄성을 넘어서 인간 종을 새로운 차원으로 고양시키는 것, 이것은 선구자들의 감동적인 실천에 의해서, 구체적인 행위를 통해서 이루어진다. 즉 인간 사회의 변혁과 인간성의 탈지성적 고양은 추상적인 이론에 의한 것이 아니라 오로지 감동에 의해 자발적으로 실행되는 행위를 통해서만이 가능한 것이다.[176]

가족애와 애국심의 자기중심주의와 생존 본능에 갇혀 있는 사회를, 보편적 인류에 대한 사랑, 전체의 진보에 대한 개방, 타자에 대한 환대로 열려 있는 사회로 도약시키는 것은 결국 인류를 인도하는 초인들의 행위이

---

174) MR 56/1023(『도덕과 종교의 두 원천』 68). 또는 "신비체험의 천재(un génie mystique)" (MR 332/1240, 『도덕과 종교의 두 원천』 335).

175) "이들 각각의 출현은 단독적인 개인으로 구성된 새로운 종의 창조와 같았다. (……) 이 특권적인 영혼들을 불러일으켰고 충만한 생명성이었던 창조적 감동(l'émotion créatrice)은 그 영혼들 주위로 퍼져나갔다"(MR 97/1056, 『도덕과 종교의 두 원천』 107).

176) 베르그손의 윤리는 결국 존재의 본성에 대한 깨달음을 토대로 개인과 사회를 초월하는 보편적 사랑의 실천에 있다고 할 수 있을 것이다. 이런 관점에서 볼 때, 의무주의나 공리주의의 윤리는 결국 닫힌 사회의 도덕에 봉사할 뿐이다. 의무주의에서 이성의 판단에 기초한다는 의무의 법칙들은 사실상 닫힌 사회를 유지하는 습관의 산물들이거나 아니면 이성 자체가 이미 닫힌 사회를 합리적으로 정당화하는 것일 수 있다. 공리주의의 합리적 계산과 공익 역시 닫힌 사회의 이익에 관련해서만 가능한 것이며 전체의 이익이라는 것은 고려할 수도 계산할 수도 없다. 베르그손에게 인간의 조건을 초월한다는 것은 단지 인식론적 문제에 국한된 것이 아니며 존재자 일반의 자유를 미래로 확장하는 실천적 의미를 갖는다.

다.[177] 지성의 차원을 넘어서는 초인들, 의지의 천재들, 도덕적 영웅들은 "자연의 저항을 파괴하였고, 인류를 새로운 운명으로까지 고양시켰다."[178] 또한 그들은 "생명을 나타나게 한 창조적 노력과의 접촉, 따라서 그것과의 부분적인 일치"[179]를 체험한 신비가들이다. 그러나 그들의 신비주의 mysticisme는 정적 종교의 미신적 특성과는 무관하며, 또한 관조적 명상과도 무관하다. 이것은 무엇보다 역동적인 활동이며, 자신의 체험을 행위로 실천하고 창조를 실현하는 것이다. 바꿔 말하자면, 이러한 신비주의는 직관이다.

바로 여기서, 직관의 실천적 의미가 제대로 드러날 수 있다. 삶의 유용성에 봉사하는 지성성을 초월한다는 것은 단순히 정신의 관조적 자유에 머무름을 의미하는 것이 아니다. 직관은 지성의 고정된 틀을 깨고 인간중심적 관점을 벗어나 다른 생명체들과의 공감과 소통을 가능하게 하며 생명적 감수성의 근원을 밝힌다. 지성이 외부로 향하던 자신의 주의를 안으로 돌려, 자신의 발생적 근원을 자각하게 되는 직관은 무엇보다 잃어버렸던 생명적 감수성을 회복하는 것이고 잠재적 전체에 대한 확장된 경험을 가능하게 하는 것이다. 그러나 이것은 그 자체로 창조적인 생명의 운동에 대한 체험이며 이 체험은 막힌 곳을 개방하며 전체를 열린 미래로 나아가게 하는 역동적인 창조 행위의 토대가 된다. 직관이 신비체험이라면 바로 이러한 의미에서, 즉 역동적이고 창조적인 실천 행위로 이어진다는 점에서 그렇다고 해야 한다.

---

177) 가족과 국가에 대한 사랑과 인류에 대한 사랑 사이의 본성 차이에 대하여 MR 35/1007(『도덕과 종교의 두 원천』 49) 참조. 그리고 전자로부터 후자로의 이행은 점진적인 것이 아니라 수준의 도약에 의해서만 이루어진다는 것에 대하여 MR 27~28/1001~1002(『도덕과 종교의 두 원천』 42~43) 참조.
178) MR 47~8/1017(『도덕과 종교의 두 원천』 61).
179) MR 233/1162(『도덕과 종교의 두 원천』 239).

따라서 인간은 그 자체로 진화의 최종 목적은 아니지만, 생명의 잠재성을 실어 나르는 탁월한 매개자라는 점에서 특권적 의미를 지닐 수 있다. 우리 자신의 조건을 넘어가야 하는 것이 바로 우리의 주어진 운명인 것이다. 인간적 경험의 전환점을 넘어서 잠재적인 전체와 접촉하려는 직관의 노력을 통해서 "우리가 소산적 자연으로부터 우리 스스로를 분리하는 것은 (결국) 능산적 자연으로 돌아가기 위해서다."[180]

MR 56/1024(『도덕과 종교의 두 원천』 68). 베르그손의 잠재적 실재와 스피노자의 능산적 자연과의 차이에 대해서는 5장 4절 참조.

6

창조적 생성의 존재론

6장_창조적 생성의 존재론

의식이란 고도로 추상화된 사유 능력이기 이전에 먼저 자신의 신체적 조건에 제한되어 구체적인 삶을 영위해 나가는 현실적 의식이며 외부 세계와 상호작용하는 실천적 행위 능력이다. 의식적인 존재자의 삶이란 체험된 과거의 전부를 잠재적인 상태로 보존했다가 현실적 필요에 따라 현재 속으로 연장하여 이용한다. 그렇기 때문에, '인간적 경험'을 이루는 의식적 표상들은 항상 현재의 지각에 과거의 기억이 덧붙여져 해석된 혼합물이다. 과거의 기억을 배제한다면 순수 의식은 순수 지각으로서 물질 그 자체와 부분적이지만 절대적으로 일치할 것이다. 순수 지각은 의식과 물질이 불연속적인 대립 관계에 있는 것이 아니라 실재의 동일한 현실적 표면에서 접촉한다는 것을 보여 준다.

순수 기억, 순수 생명, 순수 과거는 현실적 경험의 심층적 배후에 존속하며 심리–생물학적 의식으로 현실화되지 않은 잠재적 실재로서 존재론적 무의식을 이룬다.

순수 기억은 심리학적 의식의 관점에서 발견된 존재론적 무의식이다. 순수 기억은 현실적인 표상적 의식의 배후에 잠재적인 과거의 총체로 억압되어 있다가 현재의 실천적 필요에 따라 기억 표상으로 현실화하며 지각 표상에 덧붙여져 의식의 표상적 경험을 주관화한다. 순수 기억은 개인의 정신적 심층에 갇혀 있는 심리학적 과거나 불멸하는 혼에 불과한 것이 아니라 살아 있는 모든 존재자들의 삶에 내재하는 존재론적 과거의 총체로 확장된다.

순수 생명은 생물학적 의식의 관점에서 발견된 존재론적 무의식이다. 순수 생명은 육화된 생명이 아니라 그 발생적 배후에 존재하는 잠재성으로서, 현실적으로 존재하는 모든 종적 형상뿐만 아니라 그러한 형상들로 분배된 의식 일반의 공통된 발생적 근원이다. 순수 생명의 잠재성은 비유기적인 물질을 수축하여 심리-생물학적 존재자들로 현실화하면서 우주 안에 새로운 형상들을 창조한다. 순수 생명은 개별 생명체들에 내재하는 배아胚芽적 무의식으로 스스로를 반복하면서 개체 초월적이고 비인격적인 충동으로 작동하며 자기-분화한다.

순수 과거는 순수 기억과 순수 생명 사이에 개념적 연속성을 제공하며, 심리학적 과거와 생물학적 과거라는 상이한 수준의 과거들을 존재론적 지속의 잠재성으로 통합한다. 순수 과거는 거대한 기억의 원뿔이 상징하듯 과거 전체를 상이한 존재론적 수준들에서 반복하는 잠재적 다양체로서 각각의 현재와 공존할 뿐만 아니라 모든 현재들의 이행 조건으로 선재하는 과거 일반이다. 순수 과거는 경험의 장場에 초재적인 것이 아닌 내재적인 것으로서, 현재의 부단한 변화와 생성을 가능하게 하는 일종의 초월론적 근거로 작동한다.

따라서 **베르그손의 존재론적 무의식은 의식과 생명의 창조적 지속을 가능하게 하는 초월론적 근거로서, 현실적인 심리-생물학적 의식의 심층적 배후에 존속하며, 의식 현상의 실재적 조건이자 의식 존재 자체의 발생적 근원으로 작동하는 잠재적 실재이다.** 순수 기억이 의식적인 표상으로 상기되는 과정, 순수 생명이 생물학적 종의 형상으로 분화되는 과정은 상이한 수준에서 전개되는 잠재적인 과거 전체의 현실화 과정이다. 이 과정 자체가 비결정적이고 예측불가능한 새로움을 생성하는 창조적 지속이다.

　　물질은 잠재적인 것의 개별화, 분리, 축소의 요인이지 그 자체로 생성의 원동력은 아니다. 물질을 변형시키는 것, 물질을 수축하여 새로운 질을 창출하는 것, 물질적 세계로부터 새로운 무언가를 생성하는 것, 그것은 의식의 힘도 아니고 물질 자신의 힘도 아니다. 변화와 생성은 시간이 걸려야 벌어지는 사태이고, 이때 시간의 힘이라는 것은 바로 어떤 잠재성의 축적과 현실화 과정에 다름 아니다. 의식만으로 또는 물질만으로는 설명할 수 없는 창조적 생성의 역량을 설명할 수 있게 하는 것, 이것이 바로 베르그손의 존재론적 무의식이 갖는 궁극적 의미이다.

1. 초월적 의식에서 잠재적 무의식으로 : 경험의 확장 가능성

근대 사유는 의식과 그 바깥 세계를 주관과 객관, 정신과 물질의 이원적 대립 관계로 나누고, 바깥 세계에 대한 '인간적 경험'의 가능 근거와 조건을 정신과 동일시된 의식의 형식과 구조에서 찾았다. 이로부터 의식은 자신의 자연적·신체적 조건으로부터 분리되어 세계로부터 벗어나 있는 초월적 존재가 되었고, 세계는 이 초월적 의식의 상관자로서 객관화되면서 자기 고유의 질적 특성을 잃어버리게 되었다. 이로 인해 결국 근대 사유의 방향은 두 갈래로 나아가면서 실재의 구체적인 실증적 내용에 도달하지 못하는 허무주의로 귀착하고 만다. 한편으로는 초월적 의식을 따라 점점 더 추상화되고 일반화된 관념으로 경험을 종합하여 올라가면서 마지막에는 공허한 관념의 세계만이 남는 '유아론적 관념론의 허무주의'에 이르게 되고, 다른 한편으로는 객관화된 물질을 따라 점점 더 잘게 부수어지고 부동화된 입자들의 세계로 경험을 분석하여 나아가면서 최종적으로는 기하학적인 텅 빈 공간만을 얻게 되는 '환원주의적 유물론의 허무주의'에 이르게 된다. 이러한 근대 사유의 맹점은 무엇보다 객관 세계로부터 '인간적 경험'을 추출해 내는 초월적 주관 자신의 발생적 근거에 대해서 사유할 수 없었다는 데 있다. 초월적 의식의 형식과 구조에 대한 발생적 검토 없이 이를 절대적인 조건으로 받아들임으로써 궁극적으로는 '인간적 경험의 장場' 역시 그 한계의 불가피성을 인정할 수밖에 없도록 하였다는 것, 이것이 바로 근대 사유가 남긴 근본적인 문제점이다.

베르그손의 존재론적 무의식 개념에 의하면, 우리는 정신과 물질의 근대적 이분법을 성공적으로 해체시키고, 실재의 실증적 내용에 도달하지 못하는 관념론과 유물론의 허무주의적 귀결을 극복하여, 우리 의식의 바깥으로 경험의 장場을 확장시켜 나갈 수 있는 가능성을 확보할 수 있다. 베르그손에 의하면, 우리 의식에 주어지는 '인간적 경험'의 실재적 근거는 의식의 보편적 형식이 아니라 잠재적 무의식이다. 잠재적 무의식은 우리 의식에 표상들로 주어지는 경험의 내용적 원천일 뿐만 아니라, 경험을 '인간적인 것'으로 형성하게 하는 우리 의식의 지성적 형식 자체의 발생적 근거이기도 하다.

순수 생명의 잠재성은 스스로를 반복하면서 차이화하는 창조적 진화의 방식으로 분화하여 다양한 종의 계열로 현실화되었고 인간적 의식의 수준에서 현실적인 극단에 이르렀다. 초월적인 의식을 자처하며 세계를 주관화했던 인간적 의식의 특권적인 경험들은 사실상 물질을 이용하여 자신의 자유를 실현하는 생명적 무의식의 진화론적 산물에 지나지 않는다. 인간을 비롯하여 삶을 살아가는 모든 존재자는 물질의 필연을 극복하는 행위 능력의 정도와 자유의 정도에서 그 존재 수준이 가늠되며, 이는 잠재성의 현실화 정도에 따라 결정된다. 그러나 생명의 진화가 보여 주듯이 잠재성의 현실화 과정은 물질의 기계적인 반복 운동으로는 환원될 수 없는 창조적 생산의 과정이며 끊임없는 자기 차이화의 과정이다. 인간 안에 내재하는 생명의 잠재성은 지성적 인간의 조건을 넘어서 탈지성적 존재자로 변이할 수 있는 인간 존재 자체의 창조적 진화 가능성을 열어 놓는다. 따라서 인간 의식의 지성적 형식은 그 자체로 절대적인 것이 아니며, 실재에 대한 인간적 경험의 장場은 현실적인 물질과 잠재적인 무의식을 왕복하는 인간 정신의 노력에 따라 확장 가능하다. 인간적 경험의 장은 현실적 의식의 존재 수준만큼 축소된 무의식인 셈이다.

2. 부정적·형식적 무의식에서 긍정적·생산적 무의식으로

베르그손의 존재론적 무의식 개념은 무의식에 관한 현대적 사유에 새로운 가능성을 개방한다. 베르그손적 무의식은 과학적 심리학에서 주장하는 뇌의 신경생리학적 상태나 정보처리 과정의 기제를 넘어서는 것으로서 오히려 그것의 발생적 근원에 해당하는 잠재적 에너지를 보여 준다. 또한 베르그손적 무의식은 죽음 충동에 사로잡힌 프로이트적 무의식의 부정성이나 언어분석에 몰두하는 라캉적 무의식의 형식주의적 측면을 넘어서, 결여로서의 삶이 아닌 창조적 생산으로서의 삶을 복원하고 구체적 삶에 대한 긍정을 실현하게 한다.

베르그손적 무의식에 의하면, 이완과 수축은 동등한 힘이 아니다. 왜냐하면 생성은 잠재성의 축적 그 자체에서가 아니라 이 잠재성을 현실화하는 수축 작용에서 드러나기 때문이다. 무한히 이완하는 물질의 순간들을 붙들어 묶고 수축하여, 하강하는 현실적 표면을 솟아오르는 힘, 이것이 바로 생명의 약동이고 모든 생명체의 삶을 이끌어 가는 본능적 충동이다. 물질은 실재의 현실적 표면으로서 무한히 이완되어 가는 반복에 지나지 않는다. 정신과 생명이야말로 잠재성 전체를 수축하여 현실적 표면 위로 새로운 무언가를 산출하는 힘이다. 따라서 개체의 죽음이란 무화나 물질화가 아니라, 그 개체의 물질적 조건에 한정된 생명적 노력의 소진이자 하나의 삶의 피곤을 의미할 뿐이며, 현실화되기 이전의 잠재성으로 되돌아가는 것을 말한다. 끊임없이 생명체를 생성하는 존재론적 무의식의 관점에서 보았을 때, 개체의 죽음은 다른 출구를 찾기 위해서 자기 자신으로 복귀하는 생명의 또 다른 양상일 뿐이다.

이런 관점에서 보자면, 프로이트의 초심리학적 사색은 정신을 의식으로 환원하는 근대적 사유에 문제를 제기하며 무의식 개념을 발견했음에도 불구하고 여전히 근대적 사유의 이원론적 틀에서 벗어나지 못했으며 이를 더욱 고착시켰다고 할 수 있다. 프로이트는 의식과 그 바깥 세계의 관계를 여전히 정신과 물질의 이원적 대립 관계 속에서 파악하였으며, 무의식을 물질의 대립항인 정신의 심층에 가두어 그 창조적인 생산적 힘을 약화시켰다. 뿐만 아니라 정신적 삶의 궁극적 원리를 죽음 충동에 둠으로써 결국 정신과 생명을 물질로 환원시켜 버렸다. 그는 정신적·생명적 반복 운동과 물질적 반복 운동 사이의 본성 차이와 존재론적 연속성을 볼 수 없었고, 개체를 초월하여 흐르는 존재론적 무의식의 생산적 운동을 보지 못했다. 베르그손식으로 말하자면, 현실적 경험의 초월론적 근거는 잠재적인 것으로서의 무의식이다. 현실적 경험을 지배하는 쾌락원칙 '너머'에서 이러한 경험적 삶의 실재적 근거로서 작동하는 것은 잠재적인 것이며, 죽음 본능은 이 잠재성으로의 회귀에 다름 아니다. 죽음 본능은 차라리 삶의 근원적 토대인 에로스의 이면에 지나지 않는다.

프로이트의 무의식을 초월론적 형식주의의 관점에서 재해석함으로써 프로이트의 한계를 극복하고자 한 것은 라캉이다. 라캉적 프로이트에 의하면, 무의식의 본령은 본능적 충동의 실재성과 어떤 내용적 측면에 있다기보다는 그 자체로는 아무런 내용도 의미도 없는 텅 빈 기호들의 형식적 측면에 있다. 예컨대 꿈의 기호는 외부 대상의 재현이나 비유가 아니다. 기호들 각각의 내용이나 그러한 기호들로 표현된 어떤 기의의 실재성이 문제가 아니라 오히려 그 기호들 간의 상관관계가 분석되어야 할 초점이다. 꿈의 기호들 간의 결합과 분리, 압축, 전치, 중층결정, 은유, 환유 등 무의식에 고유한 어떤 형식 논리가 문제라는 것이다. 라캉에 의하면 무의식은 오로지 언어적 행위를 통해서만 드러나고 경험될 수 있는 탈존재론적인 것이다. 실재는 칸트적 의미의 물자체로서 전제되지만 언어적 상징의 그물 밑으로 빠져 버린 잔여물로서 상징계에 종속되지 않으면서 상징계에 탈을 내는 방식으로만 드러날 뿐이다. 상징계에 진입함으로써 거세된 채로 살아갈 수밖에 없는 주체에게 욕망의 대상인 실재는 도달불가능한 것일 뿐만 아니라 도달되어선 안 되는 것으로서(실재가 노출되는 상징계의 빈틈을 오히려 부인할 정도로) 존재한다. 실재는 무의식적 욕망의 상징적 구조에 의해 제한적이고 부정적으로만 규정된다.

베르그손은 인간적 필요에 따른 언어적 상징주의의 불가피성을 인정하면서도 그러한 인간적 조건을 넘어서 상징체계의 성긴 그물망을 벗어나는 역동적 실재 자체의 미세한 차이들을 붙잡고자 노력한 철학자다. 베르그손의 형이상학적 관심은 삶을 살아가는 인간 실존의 심리적 경험에 대한 설명과 정당화에 있는 것이 아니라 언어적이고 지성적인 인간의 조건을 넘어서 실재 그 자체에 대한 인식과 경험의 확장 가능성에 있다. 따라서 베르그손의 존재론적 무의식은 라캉적 무의식의 인간학적 영역을 훌쩍 뛰어 넘는다. 그것은 인간의 실존 방식을 — 욕망하는 주체로든 뭐든 — 정의하기 이전에, 인간을 포함한 모든 심리-생물학적 의식 현상이나 의식 자체의 발생적 과정과 구조를 지배하는 원리로서 작동한다. 베르그손의 무의식은 실재를 부정성과 결여에 의해 규정하는 것이 아니라 차이를 생산하는 잠재력으로 규정하게 함으로써 의식적인 존재자로서의 우리 자신을 병리적 주체가 아닌 창조적 삶의 주체로 긍정하게 만든다.

3. 생성의 존재론과 새로운 일원론의 개방

존재와 생성, 일자와 다자의 전통적인 존재론적 대립은 베르그손의 존재론적 무의식 개념을 통하여 새로운 시간의 일원론 안에서 극복된다.

시간을 질적이고 잠재적인 다양체로 정의한 베르그손의 독창적인 지속 개념에 의하면, 존재와 생성은 일치한다. 시간은 그 내용과 분리된 텅 빈 형식이 아니라 존재 자체의 질적 변화와 생성적 양상을 표현하며, 또한 시간의 작동은 오로지 현실적인 차원에서만 전개되는 불가분한 연속적 흐름이 아니라 현실적인 차원과 잠재적인 차원으로 분열하면서 스스로 달라지는 자기-차이화의 존재론적인 운동 그 자체이기 때문이다. 자기 보존적인 과거와 자기 분열적인 현재의 동시적 공존은, 항상 자기 자신을 예측불가능한 미래로 열어 놓는 생성으로서의 존재가 어떻게 가능한지를 보여 주는 초월론적 원리이다. 존재는 시간적 실재로서 잠재성을 축적하고 현실화하는 연속적인 자기-변용 과정을 통해 끊임없이 달라지는 창조적 생성 그 자체다.

베르그손의 무의식 개념은 이러한 시간 실재의 잠재적 다양체로서 새로운 일자성을 제시한다. 순수 과거는 현실적 존재자들과 현실적 경험의 발생적 근원이자 실재적 조건으로 작동하지만 결코 초월적 위치에서 현실적 다자를 묶는 자기 동일적 일자가 아니다. 또한 순수 과거는 그 자신의 창조적인 현실화와 분리불가능한 잠재성이기에 그 자체로 완결된 이데아적 존재도 아니다. 잠재적인 것은 비-초월적이고 비-결정적인 방식으로 현실적인 것들로 분화하며, 현실적인 것들은 잠재적인 것의 모방이나 재현이 아닌 창조적 발명으로 생성한다. 존재론적 무의식과 현실적 의식의 관계는 일자와 다자 사이의 추상적이고 변증법적인 자기 동일적 관계가 아니라, 지속의 차원에서 전개되는 실질적이고 자기 차이적인 내재적 관계를 갖는다. 이는 차이와 다양성을 긍정하는 열린 전체의 일원론적 세계상을 제시한다. 실재 전체는 획일적이고 결정적인 자기 동일적 일자로 머무르지 않고 부단히 스스로 달라지는 열린 전체로 존재한다. 잠재성을 현실화하는 실재의 운동은 부정과 배제의 방식이 아닌 긍정적 분화의 방식으로도 얼마든지 새로운 현실적 차이들의 생성이 가능함을 보여 준다. 바로 이 점에서 베르그손의 존재론적 무의식 개념은 셸링의 자기 동일적 일원론이나 헤겔의 변증법적 일원론과는 차별되는 새로운 일원론을 제시한다고 할 수 있을 것이다.

보론_물질과 개체 생성의 관계[1)]

1. 서론

이 글의 목표는 베르그손의 물질 개념을 해명하고, 표현적 유물론[2)]의 가능성과 관련하여 베르그손의 물질 개념이 함축하는 의의와 한계를 짚어 보는 데 있다. 특히 『물질과 기억』과 『창조적 진화』 사이의 개념적 부정합성에 대한 의혹을 해소시키면서, 개체 생성의 문제에서 물질이 수행하는 역할에 초점을 맞추어 논의를 진행시켜 보고자 한다.

---

1) 이 글은 '베르그손에서 잠재성과 물질의 관계'라는 제목으로 『시대와 철학』(2008년 6월)에 게재한 글이다.

2) 표현적 유물론(expressive materialism)이란, 한편으로는 원자론적이고 기계론적인 물질 개념에 기초한 과학적 유물론의 환원적이고 결정론적인 사유를 넘어서고, 다른 한편으로는 현실적인 생물들의 조직화와 창발적인 새로움을 초월적인 작인(作因)에 의해 근거 짓는 목적론적이고 정신주의적인 사유를 넘어서면서, 물질에 관한 새로운 이해를 토대로 세계의 창조적 생성을 설명해 나갈 수 있는 유물론적 형이상학을 말한다. 표현적 유물론은 비환원적-비결정론적-비목적론적인 방식으로 생성을 사유할 수 있는 새로운 자연 철학의 패러다임을 세우기 위해 내가 설정한 개념이다. 나는 이 용어를 존 라이크만의 『들뢰즈 커넥션』에서 발견하였다("베르그손을 따라, 들뢰즈는 정신 상태의 환원적 유물론을 표현적 유물론으로 대체하자고 제안한다", 35쪽). 그러나 내가 그리고 있는 표현적 유물론의 구체적인 내용은 베르그손-시몽동-들뢰즈로 이어지는 자연 철학적 연구를 통해서 장차 드러나게 될 것이며, 여기서는 우선 그 출발점으로서 표현적 유물론의 가능성을 모색하는 관점에서, 생성의 잠재력과 분리되지 않는 관계를 지닌 베르그손의 물질 개념을 검토하고자 한다.

2. 본론

베르그손은 불가분한 연속체로서의 물질과 독립된 윤곽을 지닌 불연속체로서의 물질을 구분한다. 전자는 전체로서의 물질이고, 후자는 개체화된 물질이다. 개체화된 물질은 물체와 같이 인위적인 체계일 수도 있고 유기체와 같이 자연적인 체계일 수도 있다. 물질은 물체들로 개체화될 수 있지만 물체들의 집합으로 환원되지 않는다. 베르그손은 물체로 개별화되기 이전의 물질을 생명과의 연속적인 관계 속에 놓음으로써 유기체의 생성을 해명한다. 물질은 생명과 대립하지만 절대적으로 불연속적인 것은 아닌 것이다.

> 물질을 분리된 물체들로 세분하는 것은 우리의 지각에 상대적이고, 물질적인 지점들의 닫힌 체계들을 구성하는 것은 우리의 과학에 상대적이지만, 생명체는 자연 자체에 의해 분리되고 닫혀져 있다.[3]

무기체(물체와 닫힌 체계)는 인간 지성에 의해 분할된 인위적인 체계이지만, 유기체(생명체)는 자연적으로 분할된 체계이다(물질의 이러한 분할가능성과 개체화는 무기체의 경우든 유기체의 경우든 절대적인 것은 아니다. 인위적인 무기체로 개체화되든, 자연적인 유기체로 개체화되든, 베르그손의 물질계에서 개체화는 완전하게 이루어지지 않으며 완벽하게 분리된 체계는 성립할 수 없다).[4]

베르그손은 무엇보다 무기체와 유기체 사이의 차이를 강조한다. 무기

---

3) EC 12/504(『창조적 진화』 38).
4) cf. EC 10/503, 12/505, 15/506(『창조적 진화』 34, 38, 41).

체는 지속하지 않지만(또는 지속이 제거되어 있지만) 유기체는 지속하기 때문이다.[5] 『창조적 진화』는 생명체의 발생과 진화에 대한 긴 분석을 통해서 바로 이 차이를, 즉 무기체들의 집합으로 환원할 수 없는 생명 고유의 지속을 확증하는 작업이었다. 그런데 베르그손은 또한 "무기물질과 유기물질의 근본적인 동일성을 부정하지 않는다."[6] 이는 양자 모두 물질이라는 점에서 그렇다. 곧 얘기되겠지만, 사실 무기체는 전적으로 인식 주관의 산물은 아니고 물질 자체가 그렇게 분할될 경향성을 지니고 있기 때문에 가능하다. 따라서 무기체와 유기체 사이의 차이는, 지속하지 않는 체계들로 개체화될 수 있는 물질과 지속하는 체계들로 개체화될 수 있는 물질 사이의 차이라고 할 수 있다. 아니면 물질적 실재 자체가 무기체의 방식으로 분할될 경향성과 유기체의 방식으로 분할될 경향성을 다 가지고 있는 셈이다. 과연 두 물질은 동일한 실재일까? 동일한 실재라면 두 경향성의 차이는 어디서 비롯되는 것일까?

2.1 물체들의 집합으로 환원되지 않는 전체로서의 물질

베르그손에 따르면, 데카르트-뉴턴의 근대 물질관에서 전제하는 물질의 연장성과 가분성은 "구체적이고 불가분적인 연장과 가분적인 공간의 혼동"[7]에서 비롯된다. 물질은 연장적으로 지각되지만 이 물질의 연장성은 기하학적 공간과 동일시될 수 있는 것이 아니라, 차라리 심리학적 지속과 마찬가지로 불가분적인 질적 연속성을 갖는다.

　『물질과 기억』 제4장은 공간으로 환원될 수 없는 물질의 실재적 운동성을 논증한다. 운동은 불가분한 것으로서 기하학적 점과 같은 추상적

---

5) cf. EC 31/521(『창조적 진화』 65~66).
6) EC 30/520(『창조적 진화』 65).
7) MM 247/353(『물질과 기억』 367).

인 순간들로 재구성할 수 없고, 나눈다면 운동 전체의 질이 변한다. 그런데 이 불가분한 운동이 바로 물질에 내재하는 실재 운동이다. 이 운동은 기하학적 공간에서 한 점과 좌표축 사이의 거리 변화로 측정될 수 있는 물체의 상대적인 공간 이동이 아니라, 하나의 질적 상태에서 다른 질적 상태로의 이행을 의미하는 질적 변화로서의 절대적인 운동이다. 베르그손은 독립된 윤곽을 지닌 물체들로 개별화되기 이전에 연속적인 질적 변화의 운동 중에 있는 물질에 주목한다. 예컨대 데카르트가 밀랍 덩어리의 변화에서 밀랍이 차지하고 있던 순수 공간에서의 연장적 크기와 자리바꿈을 보았다면, 베르그손은 설탕 덩어리의 변화에서 우주 전체와 불가분하게 연결되어 있는 질적 변화를 보았다.[8] 베르그손이 말하는 질적 변화는 물체가 차지하고 있는 공간적 위치의 국지적 변화가 아니라, 마치 만화경을 돌렸을 때처럼, 물질적 실재 전체의 총체적인 변화 속에서 이해되어야 한다. 물질은 불연속체로 분할된 물체들이기 이전에 **"하나의 운동하는 연속체"**une continuité mouvante[9]로서 불가분한 전체이다.

베르그손은 물체들의 집합으로 환원할 수 없는 이 물질을 '흐름'flux으로 정의한다. 이것은 물질을 빈 공간에서 움직이는 견고한 입자들로 환원시키는 원자론적 관점보다는 긴장된 힘의 장field 으로 보는 맥스웰J. C. Maxwel, 패러데이, 톰슨의 전자기학을 수용한 것이다. "원자의 고체성과 불활성은 운동들이나 역선들les lignes de forces 로 용해될 것이며, 그것들의 상호 연대성이 우주의 연속성을 회복할 것이다."[10] 베르그손에 따르면, 패러데이는 원자란 무수한 방향으로 퍼져 나가는 역선들의 중심에 지나지 않으며 중력장 전체에서 이 역선들을 따라 모든 원자들이 상호 침투한다는

---

8) EC 9/502(『창조적 진화』 33).
9) MM 221/333(『물질과 기억』 330).

것을 보여 주었고, 톰슨은 연속적이고 동질적인 유동체가 공간을 채우고 있으며 이 속에서 원자들은 소용돌이처럼 회전운동하고 있는 마디에 지나지 않는다는 것을 보여 주었다. 패러데이의 '역선'과 톰슨의 '소용돌이 운동' 이라는 개념은 단지 과학적 예측을 위해서 유용한 물리학적 개념에 지나지 않지만, 이런 상징적 기호들은 분명 실재를 설명하는 데 풍부한 함축을 지닌다고 베르그손은 지적한다. "그것들(두 개념들)이 가리키는 방향은 의심의 여지가 없다. 그것들은 구체적인 연장을 가로질러 나아가는 **변양, 교란들, 긴장이나 에너지의 변화들**을, 그리고 그것들 외에 다른 것은 전혀 없다는 것을 우리에게 보여 준다."[11] 한마디로 물질의 운동은 빈 공간에서의 입자 운동이 아니라 우주 전체에 연속적으로 연결되어 있는 에너지의 흐름이라는 것이다. 이는 원자와 파동 사이의 경계를 해체한 현대 양자 역학의 물질관에 상응하는, 당시로서는 상당히 앞서가는 통찰이었다고 할 수 있다.[12]

그렇다면, 왜 모든 부분들에서 상호작용하며 연속적으로 변화하는 불가분한 전체로서의 물질이 불연속적인 물체들로 분할되어 인식될 수밖에 없는가? 베르그손에 따르면, 물체들의 발생 요인은 두 가지이다.

---

10) MM 225/336(『물질과 기억』335). 1830년대 이후 등장한 전자기학은 전자기(electro-magnetic)와 장(field, 자기장)의 실재를 주장했으나, 빈 공간에서 매질의 영향 없이 입자들 간에 힘이 전달된다고 보았던 뉴턴 물리학의 지배력 때문에 당시 물리학 내부에서도 쉽게 받아들여지지 않았다. 예컨대 패러데이의 '쇳가루가 보여 주는 자기력선' 실험(1849년)은 공간이 역선들로 구성된 장으로 채워져 있음을 단적으로 입증하는 것이었다.

11) MM 226/337(『물질과 기억』337).

12) 『물질과 기억』(1896년)보다 훨씬 뒤에 출현한 양자 물리학(1920년)에 따르면, 원자 이하의 소립자들은 개별 실체로는 아무런 의미도 없으며 여러 가지 관찰과 측정 과정에서 전체를 이루는 부분들 사이의 복잡한 상호관계망으로서만 이해될 수 있을 뿐이다. 모든 물리 현상을 견고한 물질 입자들의 특성으로 환원시켜 설명했던 고전 물리학의 확실성이 해체되는 것이다. 『사유와 운동』(1934년)에는 베르그손이 양자론의 출현을 주목하고 있었음이 나타나 있다. "최근의 위대한 이론적 발견들은 물리학자들을 파동과 입자 사이에 — 내 식으로 말하자면 운동과 실체 사이에 — 일종의 융합을 상정하는 데까지 이끌었다"(PM 77~78/1313).

일차적으로는, 생명체의 행위로서 인간 지성의 작용이다. "물질을 절대적으로 결정된 윤곽을 가진 독립적인 물체들로 분할하는 것은 **모두 인위적인 분할**이다."[13] 『물질과 기억』은 신체가 물체와 다른 것은 무엇보다 지각을 산출하는 데 있음을(1장), 그리고 이 신체의 지각 작용은 유동적인 물질 아래에다가 "물질에 대한 우리의 **행위** 도식"[14]인 동질적인 시공간을 펼쳐 놓고서 이 물질의 일부를 선별적으로 잘라내고 응축하는 지성의 작용이라는 것을(4장) 논증했다. 불가분한 연속체인 물질을 개별화된 물체들로 재단하여 '인간적 경험'으로 축소하는 것은 무엇보다 생명체로서 심리 생물학적 필연성에 따르는 인간 지성의 작용인 것이다.

그러나 보다 더 근본적으로는, 물질 자체가 지니고 있는 경향성 때문이기도 하다. 『창조적 진화』는 불가분한 유동체로서의 물질적 실재가 공간 도식에 따라 잘리는 것이 단지 지성의 '인위적인' 작용만은 아님을 덧붙인다. "물질은 기하학적으로 취급될 수 있는, 분리 가능한 체계들을 구성하려는 경향을 지니고 있다."[15] 사실 『물질과 기억』에서는 물질을 기하학적 공간과 구분하고, 이 공간으로 환원될 수 없는 물질 고유의 불가분한 연장성이 있음을 강조했다. 그런데 『창조적 진화』에서는 지성의 공간 도식이 순전한 허구가 아니라 실제적인 근거를 지니고 있음을, 즉 물질에 내재하는 공간화 경향이 있음을 말하고 있는 것이다. 과연 『물질과 기억』과 『창조적 진화』 사이에 물질 개념의 부정합성이 있는 것일까?[16]

---

13) MM 220/332(『물질과 기억』 329). 강조는 인용자.
14) MM 237/345(『물질과 기억』 352).
15) EC 10/502, cf. EC 221/681, 242/700(『창조적 진화』 34, 331, 360).
16) 『물질과 기억』에서 물질은 기하학적 공간과 동일시되는 연장(étendue)이 아니라 정신적 긴장의 가장 낮은 정도에 해당하는 확장(extension)으로 정의된다. 반면 『창조적 진화』에서 물질은 생명의 수축과 반대되는 이완으로서 공간의 방향으로 하강하는 경향을 지닌다. 따라서 장켈레비치는 이 두 물질이 서로 꼭 들어맞지 않는다고 주장한다(Jankélévitch, *Henri Bergson*, 170). 캉길렘은 이런 차이를 "만일 EC의 물질이 MM의 물질로 환원불가능하다면,

2.2 물질의 발생과 창조

해결의 단초는 『창조적 진화』 3장에 나오는 "물질의 관념적 발생"[17]과 "물질의 창조"[18] 논의에 있다. 정확히 말하자면, 여기서 '발생'하고 '창조'되는 것은 물질 자체가 아니라 지성의 대상(불연속적인 물체들과 지속하지 않는 닫힌 체계들)으로 개체화될 수 있는 물질의 그 '경향성'이다. 『물질과 기억』이 지성 이하의 차원에서 실재하는 물질의 연속적인 흐름을 발견했다면, 『창조적 진화』는 우주 전체의 관점에서 **바로 그 물질이 어떻게 지속하지 않는 무기체들로 분할될 수 있는, 따라서 지성의 도식에 상응할 수 있는, 그런 경향성을 지닐 수 있는지**를 해명한다.

그런데 왜 '관념적'ideal 발생인가? 구체적인 실재는 항상 '생명 + 물질'의 복합물로 이루어져 있기 때문에, 생명성을 제거하여 순수한 물질만이 드러나도록 하는 것은 '관념적으로'(추상적으로) 할 수밖에 없는 작업이기 때문이다. 베르그손에게 우주는 우리 의식의 지속과 마찬가지로 지속하는 구체적인 실재이다. 베르그손은 『의식에 직접 주어진 것에 관한 시론』에서 이미 확증한 우리 의식의 지속과 유비적인 방식으로, 우주적 지속 안에서 공간화 경향의 발생이 어떻게 가능한지를 보여 준다. 발생의 원리는 바로 **'수축의 이완'**이다. 한마디로 물질이 무엇인지는 수축과 긴장을 제거하면 나타난다는 것이다.

『물질과 기억』에서도 이미 이러한 원리는 예고된 바 있다. 예컨대, 노란 탁자 위에 놓인 빨간 찻잔을 우리가 한 순간에 지각한다고 해보자. 베르

그 이유는 물질과 생명의 진화 사이의 관계 속에서 찾아야 할 것이다. MM에서 연구된 것은 유기화된 개별적인 신체의 물질과 개별적인 의식 사이의 관계였고, EC에서는 우주적인 물질과 유기화의 노력을 기울이고 있는 보편적인 의식 사이의 관계가 문제였다"라고 말하고 있다(Canguilhem, "Commentaire au troisième chapitre de L'évolution créatrice", 200).

17) EC 238/697(『창조적 진화』 355).
18) EC 240/698(『창조적 진화』 358).

그손의 지각론에 따르면, 분리된 두 물체를 형성하는 색의 질적 차이는 물질의 무수한 진동들을 우리 의식의 한 순간으로 수축한 데서 비롯된다. 만일 이 수축을 이완시킬 수 있다면, "수조 번의 파동들이 응축되어 있는" 우리 의식의 이 짧은 지속을 "잡아 늘일 수 있다면", 지각된 색의 차이는 점점 흐려지고 질들은 점점 더 순수한 "내적 연속성에 의해서 연결되어 있는 반복적이고 연속적인 진동들"로 해체될 것이다.[19] 지각하는 의식을 제거한다면, 우리에게 감각질로 번역되었던 물질의 운동은 그 자신의 리듬들로 복귀할 것이다. 수축을 제거하면, "물질은 무수한 진동들로 분해된다. 이 진동들은 단절되지 않은 연속체 안에서 모두 연결되어 있고, 서로서로 연대하고 있으면서, 무수한 떨림들로 모든 방향으로 흐른다."[20]

사실 물질이 흐름이라는 생각은 물질의 지속이 아주 약해서 거의 반복에 가깝다는 생각과 부합한다. 지속은 미래를 향해 과거를 현재 속에 연장하는 기억의 운동이고, 과거와 현재를 수축하는 이 기억의 정도에 따라 질적 변화의 수준에서 차이가 있다. 지속이 약하다는 것은 질적 변화의 정도가 낮다는 것이고, 과거를 현재 속에 연장하는 수축력이 적다는 것이다. 지성에 의해 물체들로 대상화되기 이전의 물질은 따라서 거의 등질적인 "무한히 빠른 순간들의 연속"[21]이다. "비유기적인 세계는 가시적이고 예측 가능한 변화들로 요약되는 무한히 빠른 일련의 반복들 또는 유사—반복들

---

19) MM 228/338(『물질과 기억』 339~340). 예컨대 1초 동안에 지각한 붉은 빛은 가장 긴 파장임에도 불구하고 4백조의 연속적인 진동들로 이루어져 있다. 그 진동들을 하나하나 셀 수 있다면 아마 2만 5천년 이상의 세월이 소요될 것이다(cf. MM 230~231/340~341, 『물질과 기억』 343~344). 베르그손에서는 순간적인 지각에도 이미 기억의 수축 작용이 들어가 있고, 따라서 감각되는 질은 수축된 양이라 할 수 있다. "지각한다는 것은 무한히 이완된 존재의 광대한 기간들을 더 긴장된 삶의 더 분화된 몇몇 순간들로 압축하는 것, 이렇게 해서 아주 긴 역사를 짧게 요약하는 것이다"(MM 233/342, 『물질과 기억』 347).
20) MM 234/343(『물질과 기억』 347~348).
21) MM 248/354(『물질과 기억』 368).

이다."[22] 물질의 운동은 지성의 실천적인 목적에 비춰 추상적 반복(지속이 제거된 기하학적인 공간에서의 반복, 수학적 법칙으로 측정할 수 있는 반복) 으로 요약할 수 있을 정도로, '거의' 반복이고, '유사–반복'이다. 그러나 바로 이 '거의'가 공간으로 환원불가능한 물질의 구체적 연장성을 말해 준다.

지속하는 의식은 잠재적인 과거를 끌어 모아 현재 속에 수축함으로써 자유로운 행위를 수행한다. 미래의 행위를 향한 과거의 반복과 수축은 생명적 활동이고, 과거와 현재의 왕복운동 속에서 유지되는 정신적 긴장이란 생명적 의지의 표현이다. 따라서 긴장의 이완이란 생명적 의지와는 반대 방향을 나타낼 수밖에 없다. 『창조적 진화』에서는 이 긴장의 이완에서 기하학적 공간의 수준으로 퍼져 가는 물질적 연장에 이를 수 있음을 보여 준다. 예컨대 삶의 행위에 몰두하고 있던 정신적 긴장을 풀고, 과거를 끌어 모으려는 수축의 노력을 '중단'하여, 더 이상의 기억도 없고 의지도 없는 완전히 이완된 상태에 도달한 경우를 생각해 볼 수 있을 것이다. 그러면, 거기에는 지속이 없는, 끊임없이 새로 시작하는 현재만이 존재할 것이다. 그런데 사실 이것은 물질의 상태보다는 기하학적 공간에 가깝다. 물질은 아무리 퍼져도 이완의 극단에는 도달하지 않는다. 물질의 흐름, 요소적 진동들의 운동은 "거의 사라져 가는, 매우 약한 지속에 속하는 것"[23]일지언정 무화되지는 않기 때문이다.

물질은 가장 덜 긴장된 것이지만 그럼에도 불구하고 추상적인 공간의 수준에 이르기까지 이완되는 것은 아니다. **물질은 공간의 방향으로 무한히 이완되어 가며, 과거와 현재 사이의 거리를 점점 더 벌리고 둘 사이의 연대성을 점점 더 약화시켜 가면서 확장되는, 그러나 결코 공간 그 자체와 일치하**

---

22) PM 101/1332.
23) EC 202/665(『창조적 진화』304).

지는 않는 흐름인 것이다. 생명을 특징짓는 정신적 긴장과 수축이 이질적인 요소들의 상호 침투와 조직화의 경향을 나타낸다면, 물질을 특징짓는 확장과 이완은 상호 침투하며 얽혀 있던 이질적인 요소들을 상호 외재화시키고 이질성을 점차 등질화하면서 해체하는 경향을 나타낸다. 그 때문에 물질은 공간의 방향으로 흘러간다고 할 수 있고, 지성의 공간 도식이 적용될 수 있는 것이다.[24]

여기서 잠시, "역전inversion과 중단interruption이라는 두 용어는 동의어"[25]라는 베르그손의 말에 주목해 보자. '중단이 곧 방향 전환'이라는 주장은 우주 안에서 두 경향성의 동시 발생을 설명한다. 즉 생명성과 물질성의 대립하는 두 방향이 한 운동에 뿌리를 두고 있다는 것이다. 흩어지려는 것을 수축하여 새로운 것을 창조하는 생명의 방향과 응축되어 있던 것을 흩어뜨리고 해체하는 물질의 방향이 명백히 상반된 것임에도 불구하고, 양자의 대립은 단순한 중단에 의한 방향 전환의 결과일 뿐이다. 수축한 만큼 해체되고, 거슬러 올라가는 노력만큼 내려가려는 무게가 있다. 흘러가는 물질을 움켜쥐고 주름잡는 생명의 긴장과 수축을 중단하면, 정지 상태 그대로 있는 것이 아니라 풀어지면서 해체가 시작된다. 바로 이 점에서 물질의 운동은 생명의 운동이 저항으로 느끼는 반대 방향의 운동이 될 수 있는 것이다. 그러나 물질의 운동과 생명의 운동은 동일한 하나의 운동 속에서 연속적이다. 연속적인 운동 안에서 반대 방향으로의 전환이 가능하다는 것, 바로 이점에서 어떠한 초월적 원리를 끌어들이지 않고서도, 우주가 생성을 이룩할 수 있는 내재적 원리가 도출되는 것이다.

---

24) 결국 물체의 발생은 지성과 물질의 동시 작용에서 비롯한다. 인식 주관의 공간 도식은 칸트에서처럼 선험적인 것이 아니라, 지성과 물질의 상호적응 과정 속에서 진화론적으로 발전된 것이다(cf. EC 207/670, 『창조적 진화』 311~312).

25) EC 202/666(『창조적 진화』 304).

이제 '물질의 창조'에 대해 살펴보자.

발명의 일부를 포함하는 인간의 모든 작품, 자유의 일부를 포함하는 의지적인 모든 행위, 자발성을 나타내는 유기체의 모든 운동은 세계 안에 무언가 새로운 것을 가져온다. 바로 거기에는, 형태form의 창조들이 있다. (……) 형태를 발생시키는 행동을 단지 멈추는 것만으로 물질을 구성할 수 있다면, (……) 물질의 창조는 이해할 수 없는 것도 아니고 허용될 수 없는 것도 아닐 것이다. 왜냐하면 우리는 매 순간의 형태 창조를 우리 내부에서 파악하며 살고 있기 때문이고, 또 그 형태가 순수한 경우에 그리고 창조적인 흐름이 일시적으로 멈추는 경우에, 물질의 창조가 정확히 거기에 있을 것이기 때문이다.[26]

예컨대 화가가 그리는 그림은 가시적인 어떤 형태를 발생시키면서 창조된다. 화가가 그리는 행위를 멈추었을 때, 우리는 화폭에 나타난 가시적인 형태를 보게 되고, 그 그림의 물질성을 보게 된다. 시인이 시를 지을 때, 시라는 것은 비록 단어들의 집합이긴 하지만 결코 그 단어들로 환원되지 않는 어떤 것이다. 단어들을 모으고 선별하면서 그 단어들 사이의 상호 침투하는 시적 의미를 연결하고 있던 정신적 긴장을 놓아 버릴 때, 그 단어들은 하나의 시를 구성하는 시어들이 아니라 문자들에 불과한 것으로 흩어져 버리게 된다. 이 흩어질 문자들이 바로 시의 물질성을 드러낸다. 마찬가지로 생명체인 우리 자신도 삶의 의지와 생명적 긴장을 놓아 버리면 성장과 노화의 끊임없는 변형 속에 있다가 물체와 같이 부동화된 윤곽을 지닌 신체의 물질성으로 남을 뿐이다.

---

26) EC 240/698(『창조적 진화』 357~358).

여기서 '물질의 창조'란 우주 안에 '새로운 것'으로 등장하는 '형태의 창조'를 의미한다. 물질의 흐름을 관통하며 계속해서 묶어 가던 어떤 운동(수축력)이 중단될 때, 즉 연속적인 질적 변화를 산출하는 긴장된 운동이 멈춘 지점에서 나타나는 굳어진 형태, 그것이 곧 물질의 창조라는 것이다. 요컨대 생명의 흐름은 굳어지려는 형태의 안정성을 뚫고 계속해서 형태 변이를 이어 가려는 힘인데, 이 변형의 힘이 멈추게 되면, 물질화하면서 준準안정적인 형태가 산출되는 것이다. 베르그손에게 발명적 생성은 구체적인 연장을 차지하는 어떤 형태의 형상화이자 개체화이다. 톱밥 더미 속을 뚫고 들어가던 손을 멈추었을 때 나타난 형태가 톱밥 더미의 저항과 손의 운동 사이의 타협지점을 보여 주듯이, 형태의 창조는 결코 물질의 힘만으로 이루어지는 것이 아니라 물질과 생명 양자의 결합에서 이루어지는 것이다. 그럼에도 불구하고 물질의 창조라고 말하는 것은, **물질의 관점에서 물질로부터의 창조를 말하는 것이 아니라, 생명의 관점에서 생명의 작동(긴장과 수축)이 멈추었을 때 그 생명의 힘만큼 수축된 채로 물질적 형태가 나타나기 때문**이다.

홀러가 버리는 것을 수축하여 움켜쥐고 어떤 형태로 계속해서 주름 잡아 나가던 생명력이 빠지면 남는 것, 즉 창조적 긴장력이 이완되면 더 이상의 변화 없이 그 상태에서 굳어진 형태로 나타나는 것, 그러나 점차 형태의 윤곽이 지워지면서 별도의 노력 없이도 불가분한 흐름으로 그대로 돌아가는 것, 그것이 바로 물질인 것이다. 그러니까 물질은 자기 자신의 힘으로 새로운 무언가를 창출할 수 있는 적극적인 생성력은 아닌 것이다. 결국 베르그손이 말하는 물질의 발생과 창조는, 무로부터 물질이 탄생한다는 것도 아니고 물질이 무언가를 창조한다는 것도 아니다. 생명적 운동(긴장과 수축의 힘)의 중단과 이완에서, 그 극단에서 발생하고 창조될 수 있는 것이 바로 공간화 경향을 지닌 물질이라는 것이다.

2.3 엔트로피와 역–엔트로피

의식의 지속으로부터 유비적으로 도출한, '물질이 중단된 긴장^{tension}의 이완에서 얻어지는 확장/연장^{extension}과 같다'는 것은 물리학적 사실을 통해서도 설명될 수 있다. 『물질과 기억』에서 이미 톰슨-패러데이의 에너지론을 수용하여 물질을 원자와 같은 입자가 아닌 에너지와 같은 흐름으로 정의한 베르그손은 '엔트로피 법칙'(열역학 제2법칙)에서도 자신의 물질 개념을 확인한다. 엔트로피 법칙은 "모든 물리적 변화들이 열로 흩어져 가는 경향을 지니며, 또 열 그 자체도 물체들 사이에 균등하게 분배되고자 한다"는 것, 따라서 "상호 이질적이고 가시적인 변화들이 점점 동질적이고 비가시적인 변화로 희석될 것"임을 말해 준다.[27] 물질이 중단된 긴장의 이완에서 나타나는 확장된 실재와 같고, 요소들 사이의 질적 차이를 점점 잃어 가는 반복 운동으로서, 추상적인 공간과 일치하지는 않지만 공간화될 수 있는 방향으로 흘러가는, 불가분한 흐름이라는 것을 엔트로피의 법칙이 증명하고 있는 것이다. 엔트로피의 법칙에 따르자면, 우리의 태양계뿐만 아니라 우주의 미래는 역동적으로 활동하다가 점차 꺼져 가는 심장처럼 암울한 것일 수밖에 없다.

그런데 베르그손은 이 엔트로피의 법칙이야말로 "물리학의 법칙들 중 가장 형이상학적인 것"[28]이라고 말한다. 왜? 엔트로피 법칙은 다른 법칙들과 달리 닫힌 체계의 물질적 실재에만 국한된 것이 아니라, 비–물질적 실

---

27) EC 244/701(『창조적 진화』364). 열역학(thermodynamics)은 1824년 카르노의 작업에서 출발하여 1850년대 톰슨과 클라우지우스에 의해 확립되었다. 열역학의 출현은 그 이전까지 지배적이었던, 입자 운동에 관한 뉴턴의 동역학적 체계를 뒤집는 물리학의 혁신이었다. 특히 열역학 제2법칙(엔트로피 법칙)은 근대 사유를 특징지었던 데카르트-뉴턴-라플라스의 기계론적 물리학에서 추상되어 있었던 비가역적인 시간성을 물질에 회복시키는 데 결정적으로 기여하였다(cf. 『창조적 진화』362 역주 36, 366 역주 38).

28) EC 244/701(『창조적 진화』364).

재에까지도 연결되어 있는 물질 전체의 본성을 보여 주기 때문에, 따라서 전체에 대한 형이상학적인 통찰과도 만날 수 있는 함축을 가지고 있기 때문이다. 베르그손에 따르면, 엔트로피의 법칙은 그 자체로 역-엔트로피의 가능성을 도출한다. 엔트로피의 법칙이 참이라면, 엔트로피의 증가가 측정되는 이 체계 안(태양계)에서 소비하고 있는 최초의 에너지는 어디에서 비롯되었을까? 지구가 태양으로부터 에너지를 가져오는 것처럼 우주의 다른 공간에 존재하는 다른 체계에서 왔을까? 그러나 이는 계속해서 다른 공간의 다른 체계를 상정하게 되고 결국 무한 우주를 상정하게 되는데, 이는 물질적인 우주와 추상적인 공간 자체의 일치를 인정하는 것이고 물질의 모든 부분들 간의 절대적인 외재성을 전제하므로 성립할 수 없다. 에너지를 연장된 입자들에 관련시키며 공간적인 차원에 머물러 있는 물리학의 관점에서는 그 해답을 찾을 수 없고, 물리학의 경계를 넘어서는 "초-공간적인 어떤 과정"un processus extra-spatial[29]에서 에너지의 기원을 찾을 수밖에 없다.

베르그손의 말마따나 물질적 연장이 중단된 긴장과 같다면, 물질의 운동을 지배하고 있는 엔트로피 법칙 역시 그 반대 운동이 제거되었을 때 나타나야 한다. 즉 엔트로피의 존재 자체가 이완될 긴장과 흩어질 에너지를 상정한다는 것이다. 엔트로피 법칙이 등질화하면서 "**해체되는**se défait 어떤 것의 관념"을 암시한다면, 이는 동시에 이러한 과정과 반대방향으로 "어떤 것이 **생성되는**se fait 과정"을 상정하게 한다.[30] 생성 중인 과정이 중단될 때 해체가 시작되는 것이기 때문에, 엔트로피의 증가는 결국 역-엔트로피의 과정을 상정해야만 한다. 실제로 우주 안에는 물질의 흘러내림을 지연시

---

29) EC 245/703(『창조적 진화』 366).
30) EC 246/703(『창조적 진화』 367).

키는 생명체가 존재한다. "생명은 물질이 내려 온 경사면을 거슬러 올라가려는 노력"이고, 이것이야말로 "자신의 운동을 중단하는 단지 이것만으로 물질을 창조하는, 물질성에 역행하는 과정의 가능성, 그 필연성 자체"[31]를 보여 준다. 그런데 "생명은 카르노의 원리가 결정해 놓은 것과 같은 물리적인 변화들의 방향을 역전시킬 능력을 갖지 않는다."[32] 생명의 힘은 "물질적인 변화의 진행을 중단시킬 수 없지만, 그럼에도 불구하고 그것을 **지연**시킬 수는 있다."[33] 우주 안에서 생명체의 출현과 진화는 축적된 에너지를 단번에 소비하여 열평형에 이르게 하지 않고, 떨어지는 무게를 들어 올리는 노력으로, 천천히 소비하게 하는 역할을 할 뿐이다.

엔트로피 법칙은 물질과 반대 방향으로 가는 생명의 흐름이 존재한다는 사실뿐만 아니라, 이 생명의 힘이 어찌할 수 없는 물질 자체의 결정된 흐름이 있다는 것을 보여 준다. 물질은 무나 빈 공간과 동일시될 수 없을 뿐만 아니라 단순히 비결정적인 무질서가 전혀 아니다. 물질은 어떠한 형상이든 부여받을 수 있는 수동적인 질료로 주어져 있는 것이 아니라, 자기 고유의 어떤 경향성을 지니고 있으며 자신의 결정된 운동을 하고 있다. 바로 이점 때문에, 우주 안에서 생성되는 형태의 창조가 생명성(긴장과 수축)과 물질성(이완과 해체) 사이의 우연한 '타협물'일 수 있는 것이다.[34] 그러니까 엔트로피와 역-엔트로피를 모두 고려한 우주 전체의 관점에서 보면, 물질에 대한 정확한 표상은 단지 열평형 상태를 향해 하강하며 '해체되는 것'이라기보다는 "**해체되는 창조적인 동작**"un geste créateur qui se défait이라고 할 수 있다. 그리고 생명적 운동에 대해서는 "거꾸로 가는 운동 안에서 바로

---

31) EC 246/703(『창조적 진화』367).
32) EC 246/703(『창조적 진화』367).
33) EC 247/704(『창조적 진화』368).
34) cf. EC 250/707(『창조적 진화』373).

가는 운동으로 존속하는 것, 즉 **해체되는 실재를 가로지르는 생성하는 실재**" une réalité qui se fait à travers celle qui se défait[35]라고 할 수 있다.

따라서 물질은 생명과 관련해서만 제대로 정의될 수 있다. 일상적인 지각 대상으로서의 분리된 물체들, 과학적 대상으로서의 물질(에너지 흐름, 엔트로피)은 오로지 자연 전체의 표면에 대한 부분적 인식에 해당할 뿐이고, 이러한 물질 개념은 모두 생명성을 포함하고 있는 우주 전체의 관점에서 봐야 제대로 해명될 수 있다. 긴장의 중단과 이완에서 얻어지는 확장이자 등질화-공간화의 방향으로 하강하는 흐름으로 정의될 수 있는 물질은 부분들의 총합으로 환원될 수 없는 전체라는 점에서뿐만 아니라 비-물질적인 생명과 연속적이라는 점에서도 불가분한 실재이다.

2.4 생명체의 발생

물체(인위적으로 닫힌 체계)가 물질과 지성의 상호작용의 산물인 것처럼, 생명체(자연적으로 닫힌 체계)도 물질과 생명의 상호작용의 산물이다. 엔트로피의 법칙에 따르는 물질의 흐름만으로는 생명체의 발생을 설명할 수 없다. 따라서 베르그손은 '생명의 약동'이라 부르는, 물질을 수축하여 신체들을 조직하고, 조직화된 신체들을 가로질러 종들과 개체들에게로 분배되는 생명의 에너지(변화하려는 경향, 잠재적인 힘)를 도입한다. 당대의 과학적 진화론에 대한 비판적 분석을 통해 베르그손은 생명의 진화가 단순히 우연적인 환경에의 적응으로도, 어떤 계획이나 프로그램의 실현으로도 간주될 수 없음을 주장한다. 진화의 과정은 유기체나 종의 형태로 개체화되면서 변이를 멈추려는 경향(물질화)과 이 형태들의 안정성을 해체하고 변이를 계속해 나아가려는 경향(생명의 약동) 사이의 투쟁과도 같다. 생명은

---

35) EC 248/705(『창조적 진화』 370).

잠재적인 다양체인데 물질의 장애를 만나 다양한 형태들로 분화하면서 자신의 경향을 현실화한다. 생명의 약동은 잠재적인 상태에서 현실적인 상태로 이행하면서 예측 불가능한 새로운 것(형태 창조)을 창출하는, 초개체적인 불가분한 흐름이자 끊임없는 형태 변화와 생성 운동이다.

물질과의 접촉에서 생명이 충동이나 약동에 비교될 수 있다면, 그 자체로 고찰된 생명은 수천의 경향들이 상호 침투하고 있는 무한한 잠재성, 그러나 서로 외재화될 때에만, 즉 공간화될 때에만 '수천으로' 갈라질 그런 경향들의 잠재성이다. 물질과의 접촉은 (경향들의) 이 분리를 결정한다. 물질은 오직 잠재적으로만 다양multiple이었던 것을 실제적으로 분할하며, 이런 의미에서 개체화는 부분적으로는 물질의 작품이고 부분적으로는 생명이 자신 안에 지니고 있는 것의 결과이다.[36]

따라서 잠재적인 생명의 개체화와 분화는 "생명이 무기 물질 쪽에서 겪는 저항"과 "생명이 자기 안에 지니고 있는——경향들의 불안정한 평형에서 기인하는——폭발적인 힘"[37] 양자에서 비롯한다. 물질의 반대편에 있을 생명은 비-물질적인 순수 잠재성으로서 생명체들의 연속적인 발생과 진화의 근원이다. 그러나 이 생명의 잠재성은 물질의 저항과 장애에 부딪치지 않았다면 현재와 같은 생명체들로 분화하면서 현실화되지 않았을 것이다.

베르그손은 생명의 진화 운동에 필수적인 것은 "① 에너지의 점진적 축적, ② 그 끝이 자유로운 행위로 연결되어 있는, 가변적이고 비결정적인

---

36) EC 259/714(『창조적 진화』385).
37) EC 99/578(『창조적 진화』160).

방향들로 이 에너지를 유연하게 흐르게 하는 것"[38]뿐이라고 보았다. 그러면, 생명은 최초의 에너지를 어디에서 얻는가? 바로 물질로부터 얻는다. 생명은 물질의 흐름을 멈추게는 하지 못하고 늦출 수는 있다고 하였다. 생명의 운동은 물질의 운동을 이용한다. 물질이 유동적인 실재가 아니었다면, "만일 물질을 지배하고 있는 결정론이 그 엄격함을 완화시킬 수 없었다면"[39], 물질에 침투하여 물질의 흐름을 수축하는 생명의 운동 자체가, 필연속에 자유를 새겨 넣으며 자신의 존재 리듬에 맞게 전환시키는 작업 자체가 불가능했을 것이다. 베르그손은 "생명이 본질적으로 사용가능한 에너지를 포획하여 폭발적인 행동으로 소비하고자 한다면"[40], 생명체의 발생이 우주의 어느 곳에서나 가능하다고 보았다. 설령 우리의 태양이 꺼지고 그 에너지를 다 사용한다고 해도, 우주의 다른 계에서 생성은 계속될 것이다. 왜냐하면 다른 세계들에서도 우리의 세계에서와 비슷한 일들이 진행될 것이기 때문이다. 비록 지구에서 관찰되는 것과 전혀 다른 형태이거나 심지어 비-유기적인 형태까지도 포함하여, 어쨌든 에너지의 축적과 소비가 가능한 곳이라면 어디에서든지, 형태 창조와 생성이 있을 수 있다는 것이다.[41]

따라서 생명의 잠재력은 물질 에너지가 없으면 자신을 실현할 수 없다. "생명은 본질적으로 물질을 가로질러 나아가는 흐름이고, 그 흐름은 자신이 할 수 있는 것을 거기(물질)로부터 끌어낸다."[42] **물질이 결정된 방향으로 흐르는 에너지의 흐름이라면, 생명은 이 에너지를 축적하여 비결정적인 방향으로 소비하는 흐름인 것이다.**

---

38) EC 256/711 (『창조적 진화』 380).
39) ES 824/13.
40) EC 256/712 (『창조적 진화』 381).
41) cf. EC 249/706, EC 257/712 (『창조적 진화』 371, 382).
42) EC 266/720 (『창조적 진화』 394~395).

2.5 살아 있는 자연으로서의 우주

"우주는 지속한다. 우리가 시간의 본성을 심화시켜 볼수록 더욱 더 우리는 지속이 발명, 형태들의 창조, 절대적으로 새로운 것을 연속해서 정교하게 만들어 냄을 뜻한다는 것을 이해하게 될 것이다."[43] 베르그손이 우주 안에서 목격하는 생성은 '새로운 형태의 창조'이다. 자연 전체로부터 개체화된 이 형태들은 완성되지 않은 채로 항상 변이의 도중에 있는 준(準)안정적인 체계들이다. 이 형태들의 생성은 이미 다 완성되어 있는 형상이 무정형의 질료에 부과되는 방식이 아니라, 물질의 흐름과 생명의 흐름이 마주치면서, 물질의 흐름을 수축하는 생명력의 정도에 따라, 비결정적이고 비목적적인 방식으로, 따라서 예측 불가능한 형태들로 발명되는 것이다. 생명의 관점에서 보면, 물질은 잠재성이 갈라져서 현실화하도록 만드는 장애물이면서 동시에 자유로운 활동에 사용될 에너지를 제공한다. 물질의 관점에서 보면, 생명은 물질의 하강을 지연시키면서 물질의 흐름을 비결정적인 방향으로 소비하게 한다. 따라서 생성에 관한 한, 베르그손의 이원론은 분명해 보인다. 한편에는 결정된 방향으로 흘러가는 물질이 있고, 다른 한편에는 이 물질을 이용하는 생명이 있다. 그러면, 우주 전체의 관점에서 볼 때, 물질과 생명의 관계는 이원적인가, 일원적인가?

> 우주 그 자체 안에서 (······) **대립된 두 운동**, 즉 '하강하는' 운동과 '상승하는' 운동을 구분해야만 한다. 전자는 모든 것이 다 갖추어져 있는 두루마리를 단지 펼쳐지게 할 뿐이다. (······) 그러나 후자는 성숙이나 창조의 내적 작업에 해당하는 것으로, 본질적으로 지속하며, **자신과 분리될 수 없는 전자에게** 자신의 리듬을 부과한다.[44]

---

43) EC 11/503(『창조적 진화』 35).
44) EC 11/503(『창조적 진화』 35~36). 강조는 인용자.

물질과 생명은 서로 독립적인 실체는 아니지만, 두 대립된 운동임에는 틀림없다. 분리되지 않으면서 대립하는 관계란 무엇인가? 그것은 바로 한 운동의 긴장과 이완이다. 긴장과 이완은 지속의 연속성 안에서 이해해야 한다. 우주의 지속은 한편으로는 과거를 향해 무한히 팽창하면서 동시에 다른 한편으로는 현재로 수축하여 새로운 미래를 개방하는 운동성이다. 과거를 붙들어 현재 속으로 연장하는 수축 작용은 생명성의 특징이고, 과거와 현재의 연대를 잃어버리는 이완 작용은 물질성의 특징이다.[45] 우주는 물질성의 방향과 생명성의 방향으로 자기 분화하면서 자신의 질적 변화와 생성을 계속해 나간다.

그런데 수축과 이완은 동등한 힘이 아니다. 말려 있던 두루마리가 아래로 펼쳐지는 것과 자신의 리듬을 부여하며 애써 뭔가를 만들어 내려는 노력은 같은 것이 아니다. 물질의 이완과 해체 경향은 생명의 긴장이 중단되면 저절로 흘러내리는 것이지 적극적으로 이끌어 가는 힘이 아니다. 예컨대 생명체의 죽음도 물질의 적극적인 해체 충동에 의해 일어난다기보다는, 그 개체로 한정되어 있던 생명의 수축력이 한계를 드러내면서 다른 개체로의 생성을 개방하는 것일 뿐이다. (생명의 불가분한 흐름은 전체로서는 결코 멈추지 않는 개체초월적인 힘이지만 개체의 경우에는 물질에 의해 제약된 상대적으로 유한한 힘이다.) 우주가 지속하며 연속적인 창조일 수 있는 것은 어디까지나 수축 작용 때문이지 이완 작용 때문은 아닌 것이다. 분명 긴장과 이완 사이에는 비대칭성이 있고, 긴장과 수축이 우선적인 경향임에 틀림없다. 이는 결국 생명으로부터 물질을 설명할 수는 있어도, 거꾸로 물질로부터 생명을 설명할 수는 없다는 것을 보여 준다. **물질은 긴장이 빠**

---

45) 과거는 가만히 있어도 저절로 축적되지만, 현재가 새로워지는 것은 축적된 과거를 현재 속으로 연장하는 적극적인 수축 작용, 즉 (과거 전체인 자신을) 반복하면서 (이전과 질적으로 다른 현재와 미래의 자신으로) 차이를 생성하는 노력에서 비롯한다.

진 우주의 현실적 표면이지만, 생명은 우주의 지속과 생성을 모두 설명해 줄 수 있는 잠재성인 것이다. 물질적 우주는 이 생명의 잠재성 때문에 살아 있는 자연이 된다.

이제 『물질과 기억』 제1장은 『창조적 진화』의 우주를 탁월하게 요약하고 있음을 알 수 있다. 인식론적 차원에서 보면, 이미지들의 총체인 물질 세계는 개체화된 물체들(인위적으로 닫힌 체계)이 부분적인 인식 대상으로 잘려져 나오는 전체, 즉 (지각과 반대로 말하자면) 탈중심적으로 확장된 지각 장場이다. 존재론적 차원에서 보면, 동일한 이 이미지들의 세계는 인식 작용을 수행하는 생명체들의 발생적 근원인 존재론적 실재, 즉 그 이면에 비가시적인 잠재성을 감추고 있는 구체적 실재의 현실적 표면이다. 닫힌 체계들의 지각 장場을 형성할 줄 아는 의식적인 존재자, 즉 생명체(자연적으로 닫힌 체계)가 발생하기 전의 우주는, 마치 아직 깨어나지 않은 의식처럼, 생명성을 품고 있는 물질로 존재한다. "총체적으로 고찰해 보았을 때 연장된 물질은 마치 모든 것이 상호 균형을 이루고 있고 서로 상쇄되어 있으며 서로 중화되어 있는 의식처럼 존재한다."[46] 여기서 지각의 출현은 생명체의 발생과 함께 그 생명체의 역량에 따라 이루어진다. 인식론적 개체화는 존재론적 개체화와 동시에 발생하는 것이다. 불가분한 물질 전체로부터 인위적인 체계(인식 대상)이든 자연적인 체계(인식 작용을 하는 생명체)이든 개체화된 형태들을 생성하는 것은 무엇인가? 그것은 결국 이미지들의 배후에 존속하는 생명의 잠재성이다. 생명체인 우리가 자연의 천에서 무기체들을 오려 내어 응축시키듯이, 살아 있는 자연은 자신의 일부를 유기체들로 수축하여 생성해 낸다. 어느 쪽이든, 생명의 잠재성이야말로 연장된 물질과 결합된 개체 발생(형태 창조)의 방식으로 현실화하면서 우

---

46) MM 247/353(『물질과 기억』 366). (cf. MM 264/365, 『물질과 기억』 388).

주의 현실적인 표면을 다채롭게 하는 것이다.

따라서 **물체들의 집합으로 환원될 수 없는 물질과, 생명을 품고 있는 자연 전체로서의 우주는 구분되어야 한다.** 전자가 무기체들로 분할되는 '물질'이라면, 후자는 유기체들을 생산하는 '자연'이다. 자연은 물질로 환원되지 않는다. 과학이 이미지들의 현실적 차원에서만 실재에 접근한다면, 철학은 잠재적인 차원에서부터 이미지들의 차원에 이르는 실재 전체에 도달할 수 있다. 결국, 과학이 물체들의 집합으로 환원되지 않는 물질을 인식하는 데 이른다 해도, 이 물질을 다시 잠재적인 생명과의 연속성에서 해명할 수 있는 전체에 대한 통찰은 철학이 제공할 수밖에 없다는 것이 베르그손의 전언이다.

3. 결론

베르그손의 물질 개념은 3차원에서 논의된다. ①인간 지성의 도식에 따라 전체로부터 분리되어 인간적 경험 세계를 이루는 물체들의 집합, ②생명과 대립하는, 반복과 해체 경향을 지닌, 불가분한 흐름으로서의 물질, ③살아 있는 자연의 현실적 표면에 해당하는, 생명과 연속적인 물질.

첫번째가 상식적 믿음의 차원이라면, 두번째는 과학적 지식의 차원이고, 세번째는 형이상학적 직관의 차원이다. 베르그손은 과학적 물질 개념이 상식을 넘어서 실재의 본질에 도달하는 측면을 인정하지만 여전히 형이상학적 통찰에 의해 보완되어야 한다고 본다. 전체는 부분들의 집합으로 환원되지 않기 때문이다. **물질이 물체들의 집합으로 환원되지 않듯이, 살아 있는 자연은 물질의 차원으로 환원되지 않는다.** 베르그손은 당대로서는 최신의 과학적 사실들을 수용하면서, 물질을 비결정적인 질료(고대)나 가분적인 연장(근대)이 아니라, '비가역적인 방향을 지닌 불가분한 흐름'으로 정의한다. 단적으로 말하자면, 이 물질은 '거의' 지속하지 않는다. 지속하는 것은 의식, 생명체, 우주(자연)이다. 물질은 우주의 현실적 표면으로서 우주의 잠재적 이면인 생명과 연속적이기 때문에, 지속하는 우주 안에 있기 때문에, 완전한 비-지속으로서의 공간과 일치할 수 없을 뿐이다. 지속한다는 것은 과거를 붙들어 현재 속으로 연장하는 기억의 수축력이 있다는 것인데, 물질은 이러한 수축력이 없다. 그래서 물질은 흩어짐이고 등질화하는 공간의 방향으로 퍼져 가는 흐름인 것이다.

베르그손의 물질 개념은 ①가역적인 운동과 기하학적 공간으로 환원시킬 수 없는 '비가역적인 시간성'을 물질에 부여하고, ②생명과 연속적이면서도 본성상 다른 물질의 고유한 경향성을 해명하면서, ③기계론적 환원주의로는 설명할 수 없는 살아 있는 자연의 창조적인 생성을 설명할 수 있게 했다는 점에서 그 의의를 찾을 수 있다. 베르그손 물질 개념의 이 모든 의의는 무엇보다 베르그손이 당대의 과학보다 한 걸음 더 나아가 지속하는 우주, 즉 살아 있는 자연 전체의 관점에서 물질을 보았다는 점에서 비롯한다. 베르그손이 비판하는 것은 상호 외재적으로 공간 안에 병렬되면서 등질적으로 나누어지는 물체들의 집합으로 물질을 환원시키면서, 물질과 물체 사이의 차이를 지워 버리고, 나아가 물질과 생명의 연속성 또한 제거하려는 시도들이다.

그러나 현대 과학의 관점에서 볼 때, 베르그손의 물질 개념이 갖는 한계 역시 분명하다. 베르그손은 물질을 '흐름'으로 정의하면서, 생성에 관한 물질의 자기 조직화 역량에 대해서는 주목하지 못했다. 베르그손이 인정했듯이 과학은 물질에 관한 한 부분적이나마 실재의 절대적인 인식에 점점 더 가까이 다가갈 수 있다.[47] 과학적 사실들로부터 형이상학의 자료를

---

47) PM 34~47/1278~1289.

찾는 베르그손의 철학적 방법에 따른다면, 베르그손의 물질 개념이 기초하고 있던 고전 열역학으로부터는 더 이상 설명할 수 없는 새로운 물질 현상의 출현과 이에 상응하는 현대 과학의 등장은 베르그손적 물질 개념 자체의 수정과 새로운 형이상학의 수립을 불가피하게 만드는 것 같다.[48)]

1. 베르그손은 행위의 필연성에 몰두하고 있는 지성은 "물질의 생성"[49)] 대해 주목하지 못하고 물질의 부동적인 외관만을 취하는 데 그친다고 지적한다. 베르그손은 상상적 상징에 불과한 공간적 도식을 제거하면 "물질계가 단순한 흐름flux, 흐름écoulement의 연속, 생성devenir으로 용해되는 것을 보게 될 것"[50)]이라고 말한다. 이때 '생성'이란 물질이 원자적인 실체가 아니라 유동적인 흐름이고 불가분한 연속체라는 것을 의미하는 것이지, 적극적으로 어떤 형태를 창조한다는 것이 아니다. 물질은 자발적으로 형태를 창조하기보다는 오히려 생명의 수축력에 의해 어떤 형태로 창조될 뿐이다. 베르그손이 진정한 의미에서 '생성'이라 여기는 새로운 형태의 창조에는 예술작품이나 발명품같이 인간을 포함한 '생명체의 운동'에 의해 만들어지는 것이거나 생명체 자체처럼 '살아 있는 자연의 운동'이 만드는 것이 속한다. 여기서 **생명의 작용이 들어가지 않은 물질 그 자체의 형태**

---

48) 프리고진과 스텐저는 베르그손이 지적했던 고전 과학(뉴턴-라플라스의 기계론적 동역학)의 한계가 자신들의 비선형 열역학에 의해 새롭게 극복되고 있음을 주장한다. 과학적 지성의 합리성으로 물질 안에서 시간을 발견하고 증명할 수 있다는 것이다(Prigogine·Stengers, *Order out of Chaos : Man's new dialogue with Nature*, 91~93). 사실 베르그손의 입장에서도, 결정론적인 기계적 우주를 고집했던 아인슈타인과 싸우기(cf.『지속과 동시성』)보다는 '기계 패러다임'에서 '시간 패러다임'으로 들어간 이들의 물리학을 만날 수 있었다면 훨씬 더 생산적이었을지 모른다. 베르그손은 결코 단 하나의 형이상학을 고집하지 않았으며, 과학과 형이상학이 상호 보완적으로 작업해야만 실재에 대한 확장된 인식을 얻을 수 있다고 주장했다. 인식의 진보라는 관점에서 보자면, 프리고진과 스텐저의 과학은 오히려 베르그손의 형이상학적 통찰과 연속적인 방향에서 발전된 과학이라고 할 수 있을 것이다.

49) EC 273/726(『창조적 진화』 406).

50) EC 368/806(『창조적 진화』 540).

444 베르그손의 잠재적 무의식

창조는 고려되지 않는다.

우선, 베르그손은 생명체만을 개체로 보았고 결정체는 개체로 인정하지 않는다.

> 생명체는 상호 보완하는 이질적 부분들로 이루어져 있다. 그것은 서로 연루되어 있는 다양한 기능들을 수행한다. 그것은 하나의 **개체**un individu이다. 다른 어떤 대상에 대해서도, 심지어 결정結晶, le cristal에 대해서조차도 그렇게 말할 수 없는데, 왜냐하면 결정은 부분들의 이질성이나 기능의 다양성을 갖지 않기 때문이다.[51]

따라서 베르그손은 생명체의 창조만을 개체 생성의 예로 간주한다. 물론 베르그손은 비-유기적인 형태까지도 포함하여 다양한 형태로 생명체의 생성이 가능하다고 보았지만, 이 형태 창조의 원리는 어디까지나 물질과 생명의 결합에, 특히 생명의 수축력에 있었다. 그렇다면 물질의 '결정화' cristallisation는 어떻게 이해해야 하는가? 물질의 원리가 '이완'에 있다면, 생명체가 아닌 결정체를 조직하는(또는 수축하는) 역량은 어디서 찾아야 하는가?

그 다음, 베르그손에 의하면, 우주는 우리의 태양계와 같은 세계들을 생성한다. "우주는 완성된 것이 아니라 끊임없이 만들어지고 있는 중이다. 그것은 아마 **새로운 세계들의 첨가**로 한정 없이 증대할 것이다."[52] 또한 베르그손은 이 세계들이 동시에 형성된 것도 아니라는 것, 즉 아직도 "응집하며 형성 도중에 있는 성운星雲들이 관찰된다"[53]는 것을 인정한다. 그리고

---

51) EC 12/504(『창조적 진화』 38).
52) EC 242/700(『창조적 진화』 361). 강조는 인용자.
53) EC 249/706(『창조적 진화』 371).

이 "세계를 형성하는 것은 불가분한 물질의 흐름"이라고 말한다.[54] 베르그손은 우주 안에서 생성하는 이 세계들 속에서 '오직' 지구에서와 같은 생명체들의 창조가 있을 것이라는 점만을 보았다. 생성된 형태를 생명체에만 국한시킨다면, 생명체라고 할 수 없는 이 '세계들'과 '성운들'의 생성은 어떻게 이해해야 하는가? 물질이 흐름이기 때문에 형태 창조의 역량을 생명의 수축력으로부터 가져와야 한다면, 이 체계들의 생성 또한 생명의 힘으로 봐야 하는가? 그렇다면 물활론과 다를 바 없을 것이다. 그렇지 않다면, "물질을 가로지르면서 생명체들을 절단해 내는 생명"의 역량과 구분되는, "세계를 형성하는 물질"의 역량은 무엇인가?

미시적인 차원에서 결정체의 형성, 거시적인 차원에서 성운의 응축과 계의 형성은, 분명 생명체의 차원과는 다른 차원에서의 형태 창조이다. 그러나 베르그손은 우주 안에서의 생성을 생명체의 차원에서만 검토하고 있다는 점에서 그의 생성 원리를 존재론적 차원 전체로 보편화하기에는 한계가 있다고 할 수 있다.

2. 베르그손의 물질 개념은 우주 전체의 차원에서 생명과의 관계 속에서만 생성에 참여할 수 있다는 점에서 한계가 있다. 베르그손은 기계적인 자연이 아니라 살아 있는 자연을 주장한다. 물질은 이 자연의 표면적 부분에 지나지 않으며, 자연의 살아 있음은 '물질의 이면에 생명의 잠재성이 있기 때문'이다.

그런데 오늘날 기계론적 환원주의에 반대하는 복잡계 이론complex systems theory이나 창발주의emergentism는 유기적이든 무기적이든 모든 물질은 하나라는 점을 인정하면서도 '물질에 내재하는 자기 조직화 역량'으

---

54) "세계를 형성하는 물질은 불가분의 흐름이며, 물질을 가로지르면서 거기서 생명체들을 절단해
내는 생명 역시 불가분한 것이다"(EC 250/707, 『창조적 진화』 373). 강조는 인용자.

로부터 생명체의 창발적인 생성까지 설명할 수 있다고 본다. 복잡계 이론은 전체와 부분 사이의 관계를 비환원적으로 이해하며, 복잡한 체계들의 창발적인 자기 조직화 역량을 인정한다. 체계system란 부분들 사이의 관계에서 창발적인 특성이 발생하는 통합된 전체를 의미한다. 생명체 역시 다층구조를 지닌 하나의 체계이다. 가령 세포들이 모여서 조직을 이루고, 조직이 모여서 기관을 형성하며, 여러 기관들이 하나의 유기체를 구성하는 것이다. 각 층은 부분들로 이루어진 전체이면서 동시에 더 상위에 속하는 전체의 부분이다. 각 단계에서 전체는 그 부분들로 환원되지 않는 창발적 속성과 복잡성complexity의 증가를 얻는다. 이 복잡계 이론은 물리적 우주에서 발견되지 않는 어떤 힘이나 원리에 의존하지 않고서도, 생명체의 비환원적인 독특성을 밝힐 수 있다는 장점을 지닌다.[55] 예컨대 마투라나와 바렐라의 자동 제작autopoiesis은 생명체가 자연적으로 닫힌 체계라는 것을 유물론적 관점에서 설명한다. 이들에 따르면 생명체를 구성하는 분자적 요소들이 연결망을 제작하고 이 연결망이 다시 구성요소들을 제작하는 체계의 자동 제작적 조직화가 연결망의 작동 영역을 구체적으로 획정하면서 체계 자신을 하나의 단위로 규정하는 경계를 창조한다. 결정체, 바이러스, 세포, 행성 등이 살아 있다는 증거는 자동 제작 연결망 체계인지 여부에 달려 있을 뿐이다.[56]

　게다가 개체화된 어떤 체계의 자발적인 생성을 설명하는 자기 조직화self-organisation의 원리는 생명체의 경우에만 국한되는 것이 아니다. 예컨대 1960년대 프리고진은 비평형의 열린 계 속에서 나타나는 자기 조직화

---

55) Capra, *The turning point : science, society and the rising culture*, 285~332(cf. *The web of life: a new scientific understanding of living systems*).
56) Maturana · Varela, *Der Baum der Erkenntnis*(마투라나·바렐라, 『앎의 나무:인간 인지능력의 생물학적 뿌리』).

현상을 기술하기 위해 새로운 비선형 열역학을 수립했다. 프리고진은 생명체가 비평형 상태에서 안정적인 생명과정을 유지하고 있는 신비를 해명하기 위해서, 생물 체계보다 더 단순한 열 대류對流 현상(베나르 불안정성)을 검토하면서 액체의 결정結晶화 작용에서 자연발생적인 물질의 자기 조직화를 발견하고 소산 구조dissipative structure라는 개념을 창안하였다.[57] 고전 열역학에서 열의 전달 과정이나 마찰 등에서 일어나는 에너지의 소산(흩어짐)은 항상 낭비라는 생각과 연관되었지만, 프리고진의 소산 구조는 열린 계에서 소산이 오히려 질서의 근원이 될 수 있음을 보여 주는 것이다. 소산 구조는 평형 상태와 거리가 먼 안정된 상태에서 스스로를 유지할 뿐 아니라 심지어 진화할 수도 있다. 에너지와 물질의 흐름이 증가하면, 그 구조는 새로운 불안정성을 거치면서 스스로를 복잡성이 증가된 새로운 구조로 변환시킬 수도 있다는 것이다. 따라서 **물질은 우주적인 차원으로 넘어가기 이전에 그 자체로 이미 미시적인 차원에서 자발적인 연결과 조직화에 의한 개체화를 작동시키고 있다고 볼 수 있다.**

베르그손의 '수축력'을 이러한 자기 조직화 작용으로 확장시켜 해석해 볼 수 있을까? 베르그손이 우주에서 물질의 엔트로피 흐름에 저항하는 역–엔트로피 흐름을 생명의 수축력에서 찾았다면, 프리고진은 물질의 엔트로피 자체가 질서와 조직화로 변환될 수 있음을 발견했다. 요컨대 베

---

57) '베나르 불안정성'(Bénard instability)은 자연 발생적인 자기 조직화의 고전적인 예이다. 액체를 낮은 온도에서 균일하게 가열하면, 액체 층의 바닥에서 꼭대기를 향해 이동하는 일정한 열의 흐름이 수립된다. 액체는 안정된 상태를 유지하지만, 열은 오직 전도에 의해서만 전달된다. 그러나 바닥과 꼭대기 사이의 온도 차이가 일정한 임계치에 도달하면, 열의 흐름은 열 대류(對流)로 대체된다. 여기서 열은 엄청난 숫자의 분자들의 일관된 운동에 의해 전달된다. 이 때 일정한 질서 패턴을 갖는 육각형의 셀들이 나타난다. 비평형적인 불안정성의 임계점에서 질서와 구조가 자연 발생적으로 창발되는 것이다. 프리고진은 이외에도 '화학시계'의 예를 제시한다(Prigogine · Stengers, *Order out of Chaos: Man's new dialogue with Nature*, ch. V).

르그손은 수축력을 물질의 과정과는 반대로 작동하는 "비물질적인 것" immatériel[58]으로 보기 때문에, 비유기적인 물질 자체의 조직화 역량으로 해석하는 데는 근본적인 어려움이 있다.

프리고진의 물질계를 베르그손의 지속하는 우주 자체와 비교해 본다면 어떨까? 양자 모두 예측불가능한 열린 계로서 자기 조직화 역량을 지닌다고 볼 수 있다. 그러면 미시계의 결정체와 거시계의 성운 모두가 우주의 자기 조직화 역량에 따른 수축물이라고 해석할 수 있을 것이다. 그러나 그렇게 본다 해도 여전히 문제는 남는다. 예컨대 결정체는 규칙을 반복하는 양적 크기의 성장에 그친다면, 생명체는 성장하면서 전체의 질적 변화를 동반한다. 결정체와 생명체가 모두 자연 발생적으로 개체화된 생성물이라 해도 양자 사이의 이런 질적 차이를 베르그손적 수축 개념만으로 설명할 수 있을지는 의문이다. 사실 개체 생성의 관점에서 보면, 베르그손은 존재론적 개체화에서는 유기체의 수준에 대해서만 논의했을 뿐이고, 무기체는 인식론적 개체화의 차원에서만 논의하고 존재론적 차원에서는 검토하지 않았다. 거시계의 태양계에서부터 일상세계의 사물들과 미시계의 미립자들에 이르기까지 닫힌 체계로서의 물체들은 공간화하는 물질에 대한 인간 지성의 인식 작용에서 비롯된 것이지 자연 발생적인 존재론적 생성물로 고찰되진 않았다. 이들의 존재론적 개체화를 논의하기 위해서는, 시몽동의 경우처럼 개체 생성이 일어나는 존재론적 수준 자체를 좀더 세분하는 것이 필요할지도 모른다.[59]

---

58) EC 246/703(『창조적 진화』367).

59) 시몽동은 포텐셜 에너지(énergie potentielle)를 지닌 전(前)개체실재(réalité pré-individuel)로부터 물리화학적 영역, 생물적 영역, 심리사회적 영역에 따라 발생하는 존재론적 개체화의 문제를 다룬다. 시몽동은 베르그손 이후의 현대 과학에 근거하여 각 영역들에서의 개체 생성 사이에 불연속적인 부분과 연속적인 부분을 해명하면서, 모든 개체를 끊임없는 정보(또는 에너지) 소통의 관계망 속에 놓여 있는 준(準)안정적인 열린 계로 보는 형이상학

물론 베르그손에서는 수축의 정도 차이가 존재론적 지속의 상이한 수준들을 산출한다. 그러나 이 지속의 수준들은 앞에서도 언급했듯이, 의식의 수준, 생명체의 수준, 우주의 수준이다. 자연 전체가 환원불가능한 차이를 지닌 여러 수준의 지속들이 공존하는 다양체라는 점에서 베르그손의 우주는 복잡계 이론의 자연관에 상응하는 면이 분명히 있다. 그러나 베르그손에서 물질과 우주는 구분된다. 물질은 거의 지속하지 않지만 우주는 지속한다. 물질은 우주가 지속하기 때문에 지속한다. 다시 말해서 자기 조직화 역량에 해당한다고 해석할 수 있는 수축력은 어디까지나 물질이 아니라 우주적 생명의 것이다. 베르그손에게 지속은 기억이고 생명이지 물질이 아니다. 오히려 현대 과학이야말로 베르그손보다 한발 더 나아가 물질 자체의 지속을 얘기하며 미시적인 차원으로 존재론적 층위를 다양화하고 있는 것인지 모른다.

이상과 같은 점들을 고려해 본다면, 베르그손의 물질 개념으로 창발적인 생성을 오늘날 시도되고 있는 표현적 유물론의 관점에서 설명하기에는 불충분하다. 베르그손의 물질은 거대한 '자연'이라는 이름으로 생성에 참여하거나 아니면 생명의 잠재성이 현실화할 수 있도록 보조하는 역할에 지나지 않기 때문에, 더 근본적으로는 물질 자체의 자기 조직화 역량에 관한 고려가 결여되어 있기 때문이다. 그러나 베르그손의 지속하는 우주, 즉 살아 있는 자연의 형이상학은 현대 과학의 물질론을 흡수하여 정교화한다면, 정신주의나 생기론보다는 표현적 유물론에 훨씬 더 가까울 수 있을 것이다.

을 제시하고 있다. 시몽동에서 물질과 생성의 문제는 졸고 「물질과 생성 : 질베르 시몽동의 개체화론을 중심으로」(『철학연구』 제93집, 2011년 여름호) 참조.

참고문헌

1. 베르그손의 저서

Henri Bergson, *Œuvres*, édition du centenaire, Paris:puf, 1970.
　　Essai sur les données immédiates de la conscience (1889)
　　　(최화 옮김,『의식에 직접 주어진 것들에 관한 시론』, 아카넷, 2001)
　　Matière et Mémoire: essai sur la relation du corps à l'esprit (1896)
　　　(박종원 옮김,『물질과 기억』, 아카넷, 2005)
　　L'évolution créatrice (1907)
　　　(황수영 옮김,『창조적 진화』, 아카넷, 2005)
　　L'énergie spirituelle (1919)
　　Les deux sources de la morale et de la religion (1932)
　　　(송영진 옮김,『도덕과 종교의 두 원천』, 서광사, 1998)
　　　(김재희 옮김,『도덕과 종교의 두 원천』, 지만지, 2009)
　　La pensée et le mouvant: essais et conférences (1941)
　　　(이광래 옮김,『사유와 운동』, 문예출판사, 1993)
　　＿＿＿, *Mélanges*, Paris: puf, 1972.
　　＿＿＿, *Cours I, II*, Paris: puf, 1990.

2. 국내 저서와 논문

김기현,「의식」,『우리말 철학사전 4』, 지식산업사, 2005.
김상환,『니체, 프로이트, 맑스 이후』, 창작과비평사, 2002.
김상환·홍준기 엮음,『라깡의 재탄생』, 창작과비평사, 2002.
김영정,『심리철학과 인지과학』, 철학과현실사, 1996.
김재희,『물질과 기억 : 반복과 차이의 운동』, 살림, 2008.

_____,「베르그송의 이미지 개념」,『철학연구』제56권, 2002 봄.

_____,「베르그손의 기억 개념과 시간의 역설에 대하여」,『철학연구』제63권, 2003 겨울.

_____,「시간」,『현대비평과 이론』제11권(통권21호), 옴니북스, 2004 봄·여름(복간호).

_____,「무의식과 시간: 베르그손의 순수과거 개념에 대한 소론」,『프랑스철학』창간호, 2006.

_____,「베르그손에서 잠재성과 물질의 관계」,『시대와 철학』, 19권 2호, 2008. 6.

_____,「물질과 생성 : 질베르 시몽동의 개체화론을 중심으로」,『철학연구』제93집, 2011 여름.

김진성,『베르그송 연구』, 문학과지성사, 1985.

김형효,『베르그송의 철학』, 민음사, 1991.

박종원,『서양철학의 이해』, 한울아카데미, 2000.

_____,「베르그손 철학에 있어서 의식의 의미」,『철학연구』제59권, 2002 겨울.

박찬국,『들길의 사상가, 하이데거』, 동녘, 2004.

_____,『환경문제와 철학』, 집문당, 2004.

박찬국·이수정,『하이데거 : 그의 생애와 사상』, 서울대학교출판부, 1999.

박찬부,『현대정신분석비평』, 민음사, 1996.

소광희,『시간의 철학적 성찰』, 문예출판사, 2001.

이정모,『인지심리학 : 형성사, 개념적 기초, 조망』, 아카넷, 2001.

이정모 외,『인지심리학』, 학지사, 2003.

이정우,「지속이론의 한 해석」,『담론의 공간』, 민음사, 1994.

차건희,「베르크손의 철학관 I」,『과학과 철학』제4집, 1993.

_____,「베르크손의 시간관과 생명의 드라마」,『과학사상』제17호, 1996. 6.

_____,「인식론과 베르크손의 형이상학」,『대동철학』제6집, 1999. 12.

최정식,「지속과 순간 : 베르크손과 바슐라르」,『서양 고대 철학의 세계』, 서광사, 1995.

_____,「하이데거와 베르크손」, 소광희 외,『하이데거와 철학자들』, 철학과현실사, 1999.

피터 하,「하이데거와 베르그송에 있어서 시간성 문제」, 한국하이데거학회 엮음,『하이데거와 현대 철학자들』, 살림, 2003.

황수영,『베르그손 : 지속과 생명의 형이상학』, 이룸, 2003.

_____,「생명적 비결정성의 의미」,『과학철학』제3집, 1999 가을.

_____,「베르그손의 삶의 철학에서 본 시간과 공간」,『프랑스학 연구』19권, 2000 겨울.

3. 국내 역서

데닛, 대니얼,『마음의 진화』, 이희재 옮김, 두산동아, 1996.

들뢰즈, 질,『베르그송주의』, 김재인 옮김, 문학과지성사, 1996.

_____,『천 개의 고원』, 김재인 옮김, 새물결, 2001.

_____,『차이와 반복』, 김상환 옮김, 민음사, 2004.

_____,『시네마 I : 운동-이미지』, 유진상 옮김, 시각과 언어, 2002.

_____,『시네마II: 시간-이미지』, 이정하 옮김, 시각과 언어, 2005.

라이크만, 존,『들뢰즈 커넥션』, 김재인 옮김, 현실문화연구, 2005.

라플랑슈, 장·장 베르트랑 퐁탈리스,『정신분석 사전』, 임진수 옮김, 열린책들, 2005.

레비나스, 에마뉘엘,『시간과 타자』, 강영안 옮김, 문예출판사, 1996.

로도윅, 데이비드 노먼,『질 들뢰즈의 시간기계』, 김지훈 옮김, 그린비, 2005.

마투라나, 움베르토·프란시스코 바렐라,『앎의 나무: 인간 인지능력의 생물학적 뿌리』, 최
       호영 옮김, 갈무리, 2007.

매슈스, 에릭,『20세기 프랑스 철학』, 김종갑 옮김, 동문선, 1999.

바디우, 알랭,『들뢰즈-존재의 함성』, 박정태 옮김, 이학사, 2001.

브룩, 앤드루·돈 로스,『다니엘 데닛』, 석봉래 옮김, 몸과마음, 2002 참조.

쉐퍼, J. 외,『심리철학』, 이병덕 옮김, 소나무, 1990.

안셀 피어슨, 키스,『싹트는 생명』, 이정우 옮김, 산해, 2005.

처치랜드, 폴,『물질과 의식』, 석봉래 옮김, 서광사, 1992.

카울바하, F.,『칸트 비판철학의 형성과정과 체계』, 백종현 옮김, 서광사, 1992.

프로이트, 지그문트,『정신분석학의 근본 개념』, 윤희기·박찬부 옮김, 열린책들, 2003.

_____,『히스테리 연구』, 김미리혜 옮김, 열린책들, 2003.

_____,『정신분석강의』, 임홍빈·홍혜경 옮김, 열린책들, 2003.

_____,『끝이 있는 분석과 끝이 없는 분석』, 임진수 옮김, 열린책들, 2005.

_____,『정신분석의 탄생』, 임진수 옮김, 열린책들, 2005.

하이데거, 마르틴,『존재와 시간』, 소광희 옮김, 경문사, 1995.

_____,『존재와 시간』, 이기상 옮김, 까치, 1998.

_____,『칸트와 형이상학의 문제』, 이선일 옮김, 한길사, 2001.

하트, 마이클,『들뢰즈 사상의 진화』, 김상운·양창렬 옮김, 갈무리, 2004.

4. 국외 저서와 논문

Alliez, Eric, "On Deleuze's Bergsonism", *Deleuze and Guattari: Critical
      Assessments of Leading Philosophers,* London: Routledge, 2001.

Ansell Pearson, Keith, *Germinal Life*, London; New York: Routledge, 1999.

_____, *Philosophy and the adventure of the virtual*, London; New York:
      Routledge, 2001.

Antonioli, Manola, *Deleuze et l'histoire de la philosophie*, Paris: Kimé, 1999.

Aristoteles, *The Complete Works of Aristotle*, vol. II, The Revised Oxford
      Translation, ed. Jonathan Barnes, Princeton, N.J.: Princeton University
      Press, 1984.

Augustinus, *Confessiones*, Übersetzung von Joseph Bernhart, München: Kösel
      Verlag, 1980.

Bachelard, Gaston, *La dialectique de la durée*, Paris: puf, 1972.

Badiou, Alain, *Deleuze: La clameur de l'Etre*, Paris: Hachette, 1997.

Barthélemy-Madaule, Madeleine, *Bergson adversaire de Kant*, Paris: puf, 1966.

_____, "Lire Bergson", *Les études Bergsoniennes*, VIII, Paris: puf, 1968.

Boothby, Richard, *Death and Desire: Psychoanalytic Theory in Lacan's Return to Freud*, New York: Routledge, 1991.

Boundas, Constantin, "Deleuze-Bergson: an Ontology of the Virtual", *Deleuze: a Critical Reader*, ed. Paul Patton, Cambridge, Mass.: Blackwell, 1996.

Canguilhem, Georges, "Commentaire au troisième chapitre de L'évolution créatrice", *Bulletin de la Faculté des lettres de Strasbourg*, 1943.

Capek, Milic, *Bergson and Modern physics*, New York: Humanities Press, 1971.

Capra, Fritjof, *The Turning Point: Science, Society and the Rising Culture*, New York: Simon & Schuster, 1982.

_____, *The Web of Life: A New Scientific Understanding of Living Systems*, New York: Doubleday, 1996.

Cariou, Marie, "Bergson et Freud", *Lectures bergsoniennes*, Paris: puf, 1990.

Chevalier, Jacques, *Bergson*, Paris, Plon, 1926.

Delbos, Victor, "Compte rendu de l'ouvrage de H. Bergson", *Revue de métaphysique et de morale*. t. V, 1897, pp.353~389.

Deleuze, Gilles, "La conception de la différence chez Bergson", *Les études Bergsoniennes*, 4, Paris: puf, 1956.

_____, "Bergson", *Les philosophes célèbres*, éd. Maurice Merleau-ponty, Paris: Éditions d'art Lucien Mazenod, 1956, pp. 292~299.

_____, "Théorie des multiplicités chez Bergson"[http://www.webdeleuze. com/php/texte.php?cle=107&groupe=Conf%E9rences&langue=1].

_____, *Le Bergsonisme*, Paris: puf, 1966.

_____, *Différence et répétition*, Paris: puf, 1968.

_____, *Logique du sens*, Paris: Minuit, 1969.

_____, *Mille plateaux*, Paris: Minuit, 1980.

_____, *Cinéma 1: L'image-mouvement*, Paris: Minuit, 1983.

_____, *Cinéma 2: L'image-temps*, Paris: Minuit, 1985.

Dennett, Daniel Clement, *Darwin's Dangerous Idea: Evolution and the Meaning of Life*, New York: Simon & Schuster, 1995.

François, Alain, "Entre Deleuze et Bergson: a propos de la deuxième synthèse du temps", *Gilles Deleuze*, Paris: Vrin, 1998.

Fressin, Augustin, *La perception chez Bergson et chez Merleau-Ponty*, Paris: Société d'édition d'enseignement supérieur, 1967.

Freud, Sigmund, *Extracts from the Fliess Papers(1892-1899)*, London: The Hogarth, 1966.

_____, *Pre-Psycho-Analytic Publications and Unpublished Drafts*, trans. James Strachey, London: The Hogarth, 1966.

Gilson, Bernard, *L'individualité dans la philosophie de Bergson*, Paris: J. Vrin, 1978.

Gouhier, Henri, *Bergson et le Christ des Évangiles*, Paris: Fayard, 1961.

Gunter, Pete A. Y., "Bergson and Non-linear Non-equilibrium Thermodynamics: an Application of Method", *Revue internationale de philosophie*, no.177.

Hardt, Michael, *Gilles Deleuze: An Apprenticeship in Philosophy*, Minneapolis: University of Minnesota Press, 1993.

Hayden, Patrick, *Multiplicity and Becoming: the Pluralist Empiricism of Gilles Deleuze*, New York: Peter Lang, 1998.

Heidegger, Martin, *Sein und Zeit*, Tübingen: Max Niemeyer Verla, 1972.

_____, *Logik:Die Frage nach der Wahrheit*, Frankfurt a.M:Klostermann, 1976.

Heidsieck, François, *Henri Bergson et la notion d'espace*, Paris: Le cercle du livre, 1957.

Hude, Henri, *Bergson II*, Paris: Editions Universitaires, 1989.

Husson, Léon, *L'intellectualisme de Bergson: genèse et développement de la notion Bergsonienne d'intuition*, Paris: puf, 1947.

Hyppolite, Jean, "Aspects divers de la mémoire chez Bergson", *Revue internationale de philosophie*, no. 10, octobre 1949.

_____, *Figures de la pensée philosophique*, Paris:puf, 1971.

Janet, Pierre, *L'évolution de la mémoire et de la notion de temps*, Paris: chahine, 1928.

Jankélévitch, Vladimir, *Henri Bergson*, Paris: puf, 1959.

Kant, Immanuel, *Kritik der reinen Vernunft*, Hamburg: Felix Meiner, 1956.

Lacan, Jacques, *Écrits*, Paris: Seuil, 1966.

_____, *Le Séminaire XI: Les quatre concepts fondamentaux de la psych-analyse*, Paris: Seuil, 1973.

Laplanche, Jean, "Interpretation between determinism and hermeneutics: A restatement of the problem", *Jacques Lacan: Critical Evaluations in Cultural Theory*, ed. Slavoj Žižek, London: Routledge, 2003.

Lattre, Alain de, *Bergson: une ontologie de la perplexité*, Paris: puf, 1990.

Lawlor, Leonard, *the Challenge of Bergsonism: Phenomenology, Ontology, Ethics*, London: Continuum, 2003.

Leibniz, G. W., *Monadology and Other Philosophical Essays*, trans. P. Schrecker and A. M. Schrecker, Indianapolis:Bobbs-Merrill, 1965.

Maritain, Jacques, *La philosophie Bergsonienne*, Paris: Rivière, 1913.

Maturana, Humberto & Francisco Varela, *Der Baum der Erkenntnis*,

München:Scherz, 1987.

Ménil, Alain, "Deleuze et le 〈bergsonisme du cinéma〉", *Philosophie*, n.47, 1995.

Merleau-Ponty, Maurice, *Phénoménologie de la perception*, Paris: Gallimard, 1945.

Meyer, François, *Pour connaitre : Bergson*, Paris: bordas, 1985.

Milet, Jean, *Bergson et le calcul infinitésimal : ou, la raison et le temps*, Paris: puf, 1974.

Moore, F. C. T., *Bergson : thinking backwards*, Cambridge: Cambridge university press, 1996.

Mossé-Bastide, Rose-Marie, *Bergson et Plotin*, Paris: puf, 1959.

Moulard-Leonard, Valentine, *Bergson-Deleuze Encounters*, New York: SUNY, 2008.

Mourélos, Georges, *Bergson et les niveaux de réalité*, Paris: puf, 1964.

Mullarkey, John, *the New Bergson*, Manchester, New York: Manchester Univ. Press, 1999.

_____, *Bergson and Philosophy*, Edinburgh: Edinburgh Univ. Press, 1999.

Naulin, Paul, "le problème de la conscience et la notion d'〈image〉", *Bergson: naissance d'une philosophie*, Paris: puf, 1990.

Paradis, Bruno, "Indétermination et mouvements de bifurcation chez Bergson", *Philosophie*, n.32, 1991.

_____, "schémas du temps et philosophie transcendantale", *Philosophie*, n.47, 1995.

Peillon, Vincent, "H. Bergson et le problème du commencement humain de la réflexion", *Revue de métaphysique et de morale*, 1997, 3.

Philonenko, Alexis, *Bergson ou de la philosophie comme science rigoureuse*, Paris: Ed. du Cerf, 1994.

Prigogine, Ilya & Stengers, Isabelle, *Order out of Chaos: Man's new dialogue with Nature*, New York: Bantam Books, 1984.

Ricoeur, Paul, *De l'interprétation : essai sur Freud*, Paris: Seuil, 1965.

_____, "La marque du passé", *Revue de Métaphysique et de Morale*, 1998, n.1.

Robinet, André, *Bergson et les métamorphoses de la durée*, Paris: Seghers, 1965.

_____, "Le passage à la conception biologique de la perception, de l'image et du souvenir chez Bergson", *Études philosophiques*, 1960.

Rodowick, D. N., *Gilles Deleuze's time machine*, Durham, NC: Duke University press, 1997.

Sartre, Jean-Paul, *L'imgination*, Paris: puf, 1936.

_____,*L'être et le néant*,Paris:Gallimard,1943.

Sherover, Charles M., *The human experience of time*, New York:New York Univ. Press, 1975.

Simondon, Gilbert, *L'individuation : à la lumière des notions de forme et d'information*,Grenoble:Millon, 2005.

Spinoza, B., *Ethics*, in *the Collected Works of Spinoza*, trans. E. Curley, N. J.: Princeton Univ. Press, 1985.

Trotignon, Pierre, *L'idée de vie chez Bergson, et la critique de la métaphysique*, Paris:puf, 1968.

Theau, Jean, *La critique bergsonienne du concept*,Toulouse:Privat, 1968.

Thibaudet,Albert, *Le bergsonisme* I, II, Paris:nrf, 1923.

Vieillard-Baron,Jean-Louis,*Bergson*,Paris: puf, 1991.

Worms, Frédéric, *Introduction à Matière et mémoire de Bergson*, Paris:puf, 1997.

_____, "la conception bergsonienne du temps",*Philosophie*,n.54, 1997.

_____, *Le vocabulaire de Bergson*,Paris:ellipses, 2000.

Žižek, Slavoj,*The indivisible remainder*,New York:Verso, 1996.

_____, *The abyss of freedom/ages of the world*, Michigan:Univ. Michigan Press, 1997.

Zourabichvili, François, *Deleuze une philosophie de l'événement*, Paris:puf, 1994.

5. 논문 모음집

Annales Bergsoniennes I, II, III, IV,Paris : puf, 2002, 2004, 2007.

Becomings: explorations in time, memory, and futures, ed. Elizabeth Grosz, Ithaca:Cornell University Press, 1999.

Bergson et les neurosciences,Institue de philosophie synthélabo, 1997.

Bergson:naissance d'une philosophie,Paris:puf, 1990.

Congrès Bergson, Librairie Armand Colin, 1959, 1960, Actes du Xᵉ Congrès, Des sociétés de philosophie de langue française,Paris, 17 - 20 Mai, 1959.

Henri Bergson:essais et témoignages inédits,Neuchatel:A la baconniere, 1941.

Les études bergsoniennes, puf. I(1948), II(1949), III(1952), IV(1956), V(1960), IX(1970),X(1973).

Magazine littéraire, "Henri Bergson",no 386,Avril, 2000.

찾아보기